즐겁고 발랄한 동아시아 문명 2

여자의 **속사정**, 남자의 **겉치레**

『노자도덕경』과 「대학」으로 파보는 남녀의 즐거움

즐겁고 발랄한 동아시아 문명 2

여자의 **속사정**, 남자의 **겉치레**

『노자도덕경』과 「대학」으로 파보는 남녀의 즐거움

2014년 4월 17일 초판 1쇄

글 이호영
펴낸곳 책밭
펴낸이 유광종
편집주간 박수용
디자인 하동현
교정·교열 손시한
일러스트 최민경
출판등록 2011년 5월 17일 제300-2011-91호
주소 서울 중구 필동 1가 39-1 국제빌딩 607호
전화 070-7090-1177
팩스 02-2275-5327
이메일 go5326@naver.com
홈페이지 www.npplus.co.kr
ISBN 979-11-85720-00-5 03150
정가 18,000원

일러두기
이 책의 본문 안에 인용된 내용의 저서는 저자의 의도에 따라 '저자, 연도: 해당 쪽'의 형식으로 표시하였으며,
자세한 정보는 '참고도서' 목록에 수록하였다.

즐겁고 발랄한 동아시아 문명 2

여자의 **속사정,** 남자의 **겉치레**

『노자도덕경』과 「대학」으로 파보는 남녀의 즐거움

Prologue

존 그레이의 『화성에서 온 남자, 금성에서 온 여자』는 남녀의 심리적인 차이를 그린 수작이다. 그는 여자란 자기와 세계를 감성적으로 표현하고, 남자는 세계의 문제를 해결하고 싶어 한다는 도식을 제시했다. 나 역시 이 책을 보면서 무릎을 치며 동감했다. 이 책은 내게 남녀의 차이에 대한 더 깊이 있는 탐구의 출발점에 서도록 이끌었다.

우리는 동아시아 끝자락에서 살아가는 한국인이기에 미국인인 그레이가 심리학과 사회학적 통계를 통해 밝힌 남녀의 차이에는 충분히 공감할 수 없다. 먼저 그가 생각하는 남녀와 우리가 만나는 남녀 사이에는 문화적인 차이가 있다. 그리고 문화를 바라보는 데 있어서 심리학이나 사회학은 좋은 방법이지만 그 한계 또한 명확하다. 심리학이나 사회학은 실험이나 통계에 얽매일 수밖에 없기에 문화의 근거를 밝히기에는 역부족이기 때문이다.

이 책은 『화성에서 온 남자, 금성에서 온 여자』가 지닌 한계를 넘어 언어학적으로 남녀를 분석한 독일의 언어학자 디트리히 슈바니츠의 『남자』를 잇는데서 시작한다. 먼저 인간의 문명이 시작된 팔레스타인 창조신화에 얽힌 여러 설화와 전승을 우선 살폈다. 남녀에 관한 지구촌의 생리적이고 문화적인 토대를 읽는 데는 이만한 텍스트가 없다고 봤기 때문이다. 아울러 나는 동아시아의 고전을 근거로 우리 문화속의 남녀에 대한 차이를 밝히려고 했다.

우리는 고전과 전통은 고루하며 진부하다고 여긴다. 그렇다. 고전은 딱딱하며 전통은 도처에서 우리의 자유를 옭아맨다. 고루하고 진부한 것은 털어내고, 옭아맨 것은 풀어야 한다. 하지만 무엇이 먼지이고 무엇이 밧줄인지 알아야 털어내고 풀어낼 수 있다. 따라서 이 책의 관심은 전통을 설명하는 것이 아니라 전통을 벗어나는 방법, 즉 진정한 해방에 있다.

우리가 살고 있는 동아시아는 유교문명권이자 동시에 도교문명권이라고도 할 수 있을 정도로 두 사상의 영향이 깊다. 동아시아에서 태어나고 자랐다면 이 문명 안에서 자유로울 수 없다는 얘기다. 사상적인 족쇄가 싫어서 이민을 간다고 한들 그곳에는 그리스도교나 이슬람이라는 더 무서운 문화적인 사슬이 기다리고 있다.

남녀는 같은 경험이라도 달리 느낀다. 같은 경험조차 남자는 그것을 외부로 뻗어 내지만 여자는 내부로 끌어들이는 경향이 강하다. 동아시아에서도 남녀를 '안팎'으로 바라본다. 대표적으로 도가는 '안'을 이야기하고 유가는 '밖'을 가르친다. 그리고 우리의 문명에서는 유가를 지배적인 전통으로 여긴다. 하지만 안이 없으면 밖도 없다.

여성적인 원리로 철학적 사유를 펼친 사상가로는 노자(老子)를 들 수 있다. 노자의 『도덕경道德經』은 여성의 원리를 내밀한 경험에 기초를 둔 알맹이라 하고, 그를 '친밀'과 '애착'이라는 내용으로 설명한다. 그래서 노자가 말하는 도(道)에서의 '없음(無)'이나 '계곡(谷)'은 여성 성기(性器)의 철학적인 표현이다. 이에 착안하여 나는 노자를 내밀한 경험이 이루어지는 여자의 동굴 속 탐험가로 그려보았다. 그는 동굴에서 마주친 여자의 내부적인 느낌으로 철학적 원리를 재구성한다. 나는 다시 그의 철학을 통해 우리가 마주치는 여자와 남자의 문제를 풀어봤다.

남자를 만드는 교과서로는 「대학大學」이 있다. 이 책은 예(禮)를 기반으로 삼아 겉을 다스리는 방법인 격물(格物)을 가르치고, 다시 예를 통해 외부사회가 바라는 남자를 만들어 낸다. 즉 「대학」은 남자 개발 지침서이고 '남자의 규격'을 찍어내는 붕어빵틀이다. 「대학」은 남자에게 "나라를 다스리고(治國)" "세상에 평화를 가져오라(平天下)"고 주문한다. 왕만이 하는 일이다. 하지만 모든 남자가 왕은 아니다. 「대학」의 의미는 여기에 있다. 즉 왕이 아니라도 객관적인 외부세계를 다스리라는 지배자의 환상을 제공한다. 그래서 남자는 환상의 존재이다. 나는 「대학」에서 말하는 '세계와 질서'라는 환상을 통해 남자의 모습을 그려보았다.

전통은 안과 밖의 질서를 말하지만 오늘날 여성해방은 좁은 내부에서 벗어난 지 오래며, 이제는 드넓은 외부를 거리낌 없이 얘기한다. 더 이상 전통에 얽매이지 않는다면, 이제 남녀관계는 이전까지의 '안-밖'이 아닌 '밖-밖'이다. 여자의 내밀한 '안'도, 남자의 환상에 기초한 '밖'도 이제는 더 이상 남녀를 가르는 구분이 아니다.

이 책은 우선 남성의 해방을 위해 썼다. '여성 해방'을 넘어 이제 '여성 우위'의 강한 바람이 부는 세상에서 남성 또한 '안-밖'의 구도에 묶여 답보만을 거듭했던 과거의 틀에서 풀려나야 할 필요가 있다는 생각에서다. 남자는 이제 누군가를 위한 허구적인 삶을 끝내고 제 자리를 찾을 필요가 있다. 이제 '남자-아버지'라는 연극은 끝났다는 말이다. 이제 해방된 남자는 여자나 가족과의 관계를 새로 설정하기 위해 고민해야 할 때다.

그러나 다른 한편으로는 여성을 위한 책이기도 하다. 여성이 지배적인 성으로 자리했지만 지배할 영토도, 방법도 없다. 지금껏 '안'을 만들어가던 방법으로는 남자가 펼쳤던 '밖'의 세계를 조정할 수 없는 것이다. 이제는 지배자로서의 능력을 보여야 할 때다. '친밀'의 느낌을 중시하는 노자 철학의 한계가 바로 여기에 드러난다. 이 책에서는 내부에 머물던 여성이 스스로의 한계를 벗고 외부의 세계를 경략하는 길을 함께 생각한다.

나는 이 책을 통해 도가와 유가라는 문화적인 조건 속 생리적인 남녀의 의미를 해석하면서 우리 앞에 놓인 새 즐거움의 조건, 남녀의 진정한 해방을 모색했다. 화성을 떠난 남성과 금성을 떠난 여성이 인류 생존에 최적합한 지구라는 행성에서 유쾌하게 만나지 못할 일이 없지 않은가. 그러나 전제가 있다. 그 둘이 만나는 지구라는 행성은 불필요한 '안팎'의 구분이 없어야 한다는 말이다. 그 조화와 모색의 조그만 길을 독자 제현께 아뢴다.

언제나 선망한 남자, 이한민(1961~2006) 형을 기리며
동네 작은 Cafe에서 이호영

차례

『노자도덕경』 – 여자의 속사정

여자와 남자, 뒤집어 입기

에필로그 : 여성의 수신과 남성의 친밀

주석

참고문헌

表
裏

서로를
알아가는 즐거움

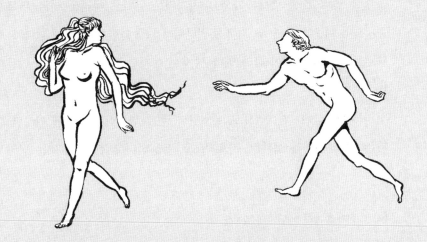

『노자도덕경』과 「대학」으로 파보는
동아시아 남녀의 '속'과 '겉'

어떤 여자가 기르던 개를 보고 "남자친구도 너만 같으면 얼마나 좋을까"라고 한탄했다고 한다. 그의 바람처럼 사실 남자는 개와 많이 유사하다. 유유상종이라 개를 '남자의 가장 친한 친구Man's best friend'라고까지 한다. 수캐와 마찬가지로 남자는 마음에 둔 주인을 잘 배신하지 않지만 암컷이라면 그 어느 상대라도 가리지 않는다. 치마를 입은 여자는 많으면 많을수록 좋다고 생각한다. 개와 마찬가지로 남자도 무리를 이끌 두목을 중시하며 여럿이 함께 떼 지어 몰려다니기를 좋아한다. 그러나 여자가 잘 모르는 남자의 속성이 하나 있다. 남자는 여자를 주인으로 여기지 않는다는 사실이다.

여자는 남자보다 여러모로 우월하다. 현대 생물학적 연구에 따르면, 여자는 남자에 비해 육체적, 사회적으로 우월하다고 한다. 여자는 남자보다 더 많은 어휘를 사용해 하루 평균 세 배 가까운 대화를 나눈다. 여자의 말이 만들어 내는 풍부하고 다양한 의미를 남자는 잘 이해하지 못한다. 자신의 언어가 무미건조하기 때문이다. 이는 마치 어른과 애가 동일한 단어를 사용하더라도 안에 담고 있는 의미의 깊이에서는 차이를 드러내는 것과 마찬가지다.

여자는 양쪽 두뇌를 연결하는 '뇌량Corpus Callosum'이 더 두껍고 긴밀하여 양쪽 두뇌를 동시에 사용한다. 그래서 정보 교환에 더 유리하고 감성이 풍부하다. 그런 증거는 모든 인지과학 실험실에서 산더미처럼 쏟아지고 있다. 그러니까 여자에게 감성이 진한 4B연필과 화려한 물감으로 색색이 아로새긴 도면이라면, 남자에게 감성은 하얀 종이에 흐린 H연필로 써서 읽기 힘든 글씨와 같다. 감성의 시대라고 하지만, 남자는 구조적으로 감성을 알아차리기 힘들다. 태생 자체가 그렇게 생겨 먹었다. 게다가 여자보다 타고난 기억력도 좋지 않다. 즉 여자의 감정을 읽고 이해하지도 못할 뿐 아니라 자기의 잘못도 기억 못한다. 보통 여자들이 남자를 지켜보면서 속이 타는 듯한 답답함을 느끼는 것은 남성의 타고난 머리가 영 신통치 않다는 데 있기에 어쩔 수 없는 것이다.

여기에 어른과 어린아이, 사람과 개가 있다고 치자. 누구의 언어가 먼저 발달하고 누구의 지성이 더 발달했을까를 생각해 보자. 당연히 어른과 사람의 언어와 지성이 보다 탁월하다. 따라서 어린아이와 개는 지적으로나 언어적으로 약자이다. 그렇다면 이제 누가 누구를 이해해야 하는지를 확인할 차례다. 지금껏 우리는, 강자란 약자를 배려하고 사회를 지켜 나간다고 배워 왔기 때문이다. 강자와 약자의 구분에 따라 어른이 아이를 이해해주고, 사람이 개를 이해해줘야 한다. 그러므로 어느 면으로 보아도 우월한 여자가 모자란 남자를 이해해주는 것은 당연하다. 따라서 개에게 이해를 바라는 것은 사람의 할 일이 아니다. 아울러 이해력이 떨어지는 남자의 이해를 바라는 것은 여자의 할 일이 아닌 것이다.

남자는 개의 행태 및 습성과 유사한 면모를 보이지만 진짜 개는 아니다. 개보다 할 줄 아는 게 여러모로 더 많기 때문이다. 개에게 운전을 시킬 수는 없는 노릇 아닌가? 게다가 사람과 유사하게 생겼을 뿐더러 우연찮게도 어머니는 여성이다. 이 때문에 여자는 남자를 종종 사람으로 착각하기도 한다. 하지만 '사람'을 기대하지만 결과는 '개'로 나올 때가 종종 있다. 겉모습과 본성의 엇갈림으로 가끔 실망과 분노에 젖게 하더라도, 지적으로 우월한 존재인 여성은 남성을 너그럽게 이해해주어야 한다.

이탈리아 남자들은 자기들의 두뇌가 돈과 여자에 대한 추구로 꽉 차 있다고 주장한다. 이를 듣고 다른 나라 남자들은 고개를 끄덕이며 '피식' 웃는다. 자기도 그렇기에 고개를 끄덕이는 것이고, 그래도 대놓고 인정하기엔 쑥스러워서 웃을 뿐이다.

먹기와 섹스는 '놀기'라는 이름을 가진 두뇌 안에서 하나로 뭉친다. 그래서 '먹고eat', '섹스sex'하고 '놀기play'는 남자가 이르고자 하는 이상인 것이다. 이상을 향하는 남자는 단순하지만, 의외로 복잡한 모습도 보인다. 놀이는 우선 '재미'가 있어야 한다, 아울러 남자가 바라는 섹스의 대상은 '예쁨'을 갖춰야 한다. 먹는 음식은 '맛'이 있어야 한다. 보기엔 간단해 보이지만 '재미', '예쁨', '맛'에 대한 사람의 취향이 다르기 때문에 문제의 속내는 복잡할 수밖에 없다.

개도 애완견부터 투견까지 용도에 따라 다양하듯 남자도 용도에 따라 크기와 하는 짓이 서로 다르다. 용도에 따라 충성, 용기, 희생, 애교, 인

내, 날렵함, 집요함, 빠름, 공격성, 결단, 예민한 감각이 필요하다. 즉 자그마한 애교덩어리인 말티즈를 집요하고 예민한 감각이 필요한 사냥터에 끌고 갈 수 없고, 공격성만이 두드러지는 투견을 갓난아이와 놀게 둘 수 없는 것이다. 마찬가지로 남자도 용도와 지역에 따라 필요로 하는 성격이 모두 다르다. 하지만 동서고금을 막론하고 그들이 대개 보이는 취향은 몰려다니면서 먹고, 섹스하고 놀기다.

여자는 남자에 비해 가까운 관계를 능숙하고 현명하게 처리하는 동물이다. 그래서 남자처럼 두목을 따라 떼로 몰려다니기보다는 삼삼오오로 비교적 평등하게 짝을 지어 다닌다. 경쟁을 주먹으로 해결하기보다는 인간관계의 대화로 푼다. 특히 사랑을 비롯해 따뜻한 감성이 가득한 자기만의 '둥지' 만들기를 좋아한다.

불행하게도 이토록 뛰어난 여자는 열등한 남자를 좋아한다. 자기만의 둥지에서 자기가 좋아하는 남자와 함께 알콩달콩 살고 싶어 한다. 이는 아마도 세상이 남자보다 더 뛰어난 여자로 채워지지 않는 이유일 것이다. 자기만의 유토피아에 대한 상상만으로도 여자의 가슴은 콩닥거린다. 경쟁과 투쟁의 외부세상과는 달리 둘만의 내부세계에는 따뜻한 친밀감만 있다고 착각하는 것이다. 하지만 모든 개가 말티즈가 아니듯, 모든 남자가 가정적이지는 않기에 여자가 지닌 이런 환상의 결말은 참담하다. 그래서 여자의 꿈은 마치 정치혁명과도 같이 비극적이다.

정치혁명은 보통 차별적인 계급을 통합하고 분열된 세상을 사랑으로 통일하려는 염원을 가지고 시작한다. 그래서 여자는 사랑을 방해하는 모든 위협을 무릅쓰고 사랑하는 남자와 합쳐 둘만의 혁명적 세계인 유토피아를 이루려고 한다.

남자는 연애하는 동안 야만적인 버릇을 잠시 보류한다. 그러다 결혼이라는 방식으로 혁명을 완수하면서 본모습을 드러내기 시작한다. 예를 들자면, 혁명의 임무인 가사를 서로 나눠 분담한다고 했지만 남녀의 청결도에는 보통 차이가 있다. 남자는 설거지건 청소건 분담한 혁명과오를 대충 이행할 가능성이 크다. 하지만 여자는 남자의 혁명성에 만족을 못하고 뒤를 따라다니며 다시 닦는다. 그런 줄도 모르고 남자는 "보라! 번쩍번쩍 보기에 참 좋지 않은가!"라며 업적을 과시한다. 자화자찬에 기가 막힌 여자는 남자의 과업이행 수준을 지적하고는 자기가 다시 닦았다고 말하며 남자의 자아비판을 요구한다. 하지만 극심한 배신감을 느낀 남자는 자아비판은커녕 둥지를 박차고 다시 예전의 보수파 동지를 찾아 연대를 확인하며 소주병을 기울여 잔을 채운다. 그렇게 서로를 바라보고 부비는 사랑은 결혼과 함께 피비린내 나는 내전으로 막을 내리는 것이다.[1]

우리가 살고 있는 동아시아는 유교문명권이자 동시에 도교문명권이라고도 할 수 있을 정도로 두 사상의 영향이 깊다. 다른 대륙으로 이민을 가지 않는 한 이 문명 안에서 자유롭기 쉽지 않다는 얘기다. 사상적인 족쇄가 싫어서 이민을 간다고 한들 그곳에는 그리스도교나 이슬람문명이 문화적 족쇄로 기다리고 있다. 문명에서 자유롭고자 했던 로빈슨 크루소 Robinson Crusoe도 무인도행을 택하면서도 결국 그곳에서 또 다른 문명을 건설하려고 했다. 문명은 인간의 본성이자 진화의 목적이기 때문이다. 그러므로 우리는 결코 문명으로부터 자유로울 수 없다.

동아시아의 끝자락에 자리를 튼 한국에서 남자로 태어나 사랑하고, 실연하고, 고민하고, 결혼하고 살면서 도대체 '여자란 무엇인가'에 대한 의문으로부터 벗어날 수는 없다. 인간의 반이 여자이고, 남자의 관심은 여자에만 온통 쏠리기 때문이다. 간단하고 무식하게 생각해 보자. 여자는 남자와 두뇌를 비롯해 육체적인 표시가 다르다. 이 차이 때문에 복장을 비롯해 만들어 내는 문화도 다르게 나타난다. 그래서 세상을 바라보는 방법과 사고방식도 차이가 날 수밖에 없다.

인간은 말을 사용해서 생각하기 때문에 사고방식이 다르면 말을 사용하는 방식도 달라진다. 그래서 같은 사람이지만 남자와 여자는 서로를 이해하기 힘든지도 모른다. 그래도 남자든 여자든 서로를 이해하고 싶어 한다. 그래서 남녀에 대해 말하려는 이 책의 주제는 결국 서로에 대한 '이해'이자 '앎'이다.

우리가 배우고 알아가는 방식이 과연 책을 읽거나 학교에 앉아 선생님의 말씀을 듣는 한 가지 방법뿐일까? 그렇지는 않을 것이다. 태어나면서부터 아는 것도 있고 체험으로 알 수도 있다. 게다가 알아가는 방법도 학습 위주일 수도, 체험 위주일 수도 있다. 남자와 여자의 사고방식이 서로 달라 이해하기 힘들다면 그 이유는 배우고 실천하는 방법이 서로 다르기 때문일 것이다. 서로가 서로를 알아가는 것은 재미다. 여기에 이 책의 다른 주제인 '재미'가 있다. '남녀상열男女相悅'이 바로 '앎'이고 '이해'이고 '재미'인 것이다.

왜 '앎'인가 하는 이해를 돕기 위해 그리스어 '그노시스Gnosis'에서 비롯한 영어 표현인 '알다Know'의 예를 들어본다. 많이 들어보았을 〈호텔 캘리포니아Hotel California〉로 유명한 '이글스The Eagles'의 노래 〈잊혀진 여인The Girl From Yesterday〉의 가사다.

"그녀는 무엇이 옳은지 무엇이 그른지 모른다(She doesn't know what's

right, She doesn't know what's wrong). 아는 것이라고는 다가온 고통뿐이다(She only knows the pain that comes). 왜냐하면 마음속 깊은 곳을 알기 때문이다(Because she knows deep in her heart)."

우리는 마음속 깊은 곳에 있는 고통을 '느낀다'고 표현하지, '안다'고 하지 않는다. 하지만 갓난아기가 엄마를 알아본다고 했을 때를 생각해 보면 실연한 여인의 마음속에 자리를 잡고 있는 '앎'이란 게 도대체 무엇인지를 알 수 있다.

반면에 안다는 것은 세상을 다스리는 일을 말하기도 한다. 우리가 쓰는 말에 '지사知事'라는 직함이 있다. 미국의 주지사가 이에 해당한다. 여기서 '지知'는 '안다'가 아니라 '통치하다'라는 뜻이다. 여인의 가슴을 저미는 '고통', 세상을 '통치'하는 일이 둘 다 지식임에 틀림없다. 우리가 여기서 다룰 주제도 바로 남녀가 대표하는 이 두 종류의 지식이다.

여자는 약하지만 어머니는 강하다고 한다. 여자가 어머니이기에 사실모두 강하다. 강한 여자가 약하다고 하는 것은 약한 척해야 떨어지는 것이 더 많기 때문이고, 어머니가 강한 것은 약한 척해도 떨어질 게 없기 때문이다. 딸을 키워 보고 아들을 키우며 봐도 남자가 여자보다 더 폭력적이거나 경쟁적이고 권력 지향적이지는 않다. 둘 다 경쟁적이지만 남자가 겉으로는 더 날뛴다. 아들이 확실히 딸보다 더 활동적이고 폭력적으로 보이기는 한다. 하지만 딸도 얌전한 것 같으면서 자세히 들여다보면 투기와 경쟁의 심리적 지향은 아들 못지않다. 아니, 머리를 굴리고 음모를 꾸미는 면에서는 아들보다 더하다. 그러니 남자나 여자나 목표와 욕망의 지향은 같지만 표현방식이 다를 뿐이라고 보아야 한다. 그렇다면 '남성

지배적인 세계'라고 운운하는 세상은 껍데기에 불과할 뿐이고, 그 실제 모습은 보이지 않는 곳에서 여성들이 뿜어내는 피와 경쟁을 통해 남자를 조정하려는 아수라장일지도 모른다.

우리가 지금까지 배워 온 역사는 아마도 거짓말일 것이다. 이토록 열등한 남자가 수천 년 동안 자기보다 우월하고 강한 여자를 지배했다는 것을 믿을 수 없다. 마치 여자가 약한 척하듯 남자는 모를 모종의 농간이 있었을 것이다.

지금 우리가 알아보려는 것은 동아시아 지역의 문명 특성을 지닌 여성과 남성의 모습이다. 그리고 동아시아 여자의 내적인 체험을 통한 '앎', 외부를 향하는 동아시아 남성에 대한 '이해'이다. 동아시아 전통에서 노자의 철학은 여성적인 원리를 담고 있다고 학자들은 입을 모은다. 그리고 유학은 남성의 원리가 중심이라고 한다. 하지만 이 두 사상을 여성과 남성으로 풀이하고 비교한 경우는 찾아보기 힘들다.

조선의 성리학자 율곡 이이栗谷 李珥는 「대학大學」의 중심 개념인 '수신修身'으로 노자를 재해석하여 『순언醇言』을 지었다. 율곡의 『순언』은 '수신'이라는 주제로 노자를 「대학」의 관점으로 바라본다. 이런 율곡을 참고하지 않았다. 대신 몸을 중심으로 『순언』을 뒤집어 보았다. 즉 노자가 말하는 '몸'으로 「대학」을 다시 보는 일이다. 더 나아가 이 여성의 원리를 말한다는 노자와 「대학」을 남녀 문제를 대변하는 동아시아적인 관점으로 바라보려고 하였다.

이 책에서 노자의 사상은 여성의 대화 원리인 '친밀성intimacy'과 '애착affection'을 중심으로 푼다. '친밀성'이라는 말은 의사소통이론이나 여성학에서도 많이 사용하는 용어로서 친구나 애인관계 등에서 기대되는 친근한 감정, 관심, 정서적 지지 등을 의미한다. 이것을 여자의 독특한 앎의 특징으로 보았다. 즉 '친밀성'이라는 앎의 방식을 가지고 노자는 어떻게 인간을 이해했는지를 보려고 하는 것이다.

노자가 가지고 있는 친밀성의 관점은 동아시아에서 '안과 밖을 구분하는 분류內外之分' 중 '안'에 해당한다. 하지만 내부는 외부가 있어야 자리를 잡는다. 즉 껍데기가 있어야 안이 있는 것이다. 외부가 반드시 있어야 한다면 이제 내부의 고민은 어떤 껍데기가 튼튼하면서 아름다울까 하는 것이다. 호도처럼 단단한 껍데기일 수도 있지만 동아시아에서 선택한 것은 명분과 책임을 중시하는 '유학儒學'이라는 껍데기다.

「대학」은 유학에서 바라는 인간관리방법을 잘 정리해 낸 짧은 자기 계발 지침서다. 여기서 짚고 넘어갈 게 있다. 유학은 외부세계의 질서를 중심으로 나라를 다스리기 위한 '체계적인 앎'을 중시한다는 점이다. 그리고 '유학자儒學者'란 갈 데 없이 패거리로 몰려다니며 서로 주민증 꺼내서 서열 정하는 남자일 수밖에 없는 종족이다. 이런 유학에서 생각하는 바람직한 남자를 규격화한 것이 「대학」이다. 그래서 「대학」은 바로 남자계발 지침인 것이다. 즉 「대학」이란 동아시아가 생각하는 이상적인 '남자의 규격'을 찍어내는 붕어빵 틀이다.

「대학」은 남자에게 "나라를 다스리고治國", "세상에 평화를 가져오라平天下"고 주문한다. 그런데 「대학」에서 주문하는 정치를 하려면 먼저 왕이 되어야 한다. 하지만 모두가 왕이 되어 나라를 다스리고 '평천하'를 직접 실현할 수는 없는 노릇이다. 문제는 모두가 왕이 될 수는 없지만, 우리에게 「대학」이라는 남자의 규격이 주어져 있다는 것이다. 이런 현실적인 모순을 해결하는 가장 좋은 태도는 '왕 노릇 연기'이다. 한마디로 「대학」은 왕만이 읽을 수 있는 책이 아니라 남자를 왕으로 느끼게끔 해주는 가상적인 '남자 판타지'라는 얘기다. 남자는 근본적으로 판타지에 목메는 존재이기 때문이다.

우리는 노자로 대표되는 도가와 공자로 대표되는 유가가 고양이와 개처럼 서로 의사소통이 불가능하며, 그로써 결코 양립할 수 없는 두 사상 체계라고 여겨 왔다. 고양이는 좋으면 "그르렁"거리고 싫으면 꼬리를 흔들지만, 개는 위협을 느끼면 "으르렁"거리고 좋으면 꼬리를 흔든다. 언어가 다르기에 절대 서로를 이해하지 못한다. 그러면 여기서 상상력을 발휘하여 도가와 유가의 모순도 해결하고 역사의 농간을 까발리기 위한 가상의 시나리오 하나를 꾸며 보자.

여성적 원리는 내부를 근간으로 삼기 때문에 안에서 여자끼리 은밀하게 치고받더라도 결국은 여자들끼리의 일이다. 유인원類人猿을 봐도 암컷이 침입하면 암컷이 막고, 수컷은 수컷이 막는다. 보통 암컷보다 수컷의 폭력과 약탈이 더 치명적이다. 그래서 쳐들어오는 수컷을 막을 수컷을 '껍데기'로 길러내야 한다. 우리가 사는 동아시아에서 이런 야만과 폭력에 맞서기 위해 필요한 것이 바로 남성의 원리인 유학이라고 가정해 본다. 즉 여성적 원리인 친밀성은 외부의 담벼락이 필요했고, 그에 따라 남자에게 외부의 침입을 막을 울타리를 형성하라고 요구했다는 시나리오다. 진화론에서 말하는 '여자는 가정 지킴이', '남자는 사냥꾼'이라는 지겨운 도식보다는 더 좋은 비유가 아닌가 한다. 이런 내부와 외부의 역할 구분은 여자와 자식을 약탈하려는 외부의 수컷을 막기 위해 여성집단이 남성집단에게 내린 명령으로 바꾸어 말할 수 있다.

문화는 발명된 것이 아니라 인간의 타고난 생리적인 본성에서 나와 발전한 것이다. 그래서 혼인이나 가족 같은 문화적 의례와 구조는 가족의 중심인 '어머니-여성'의 필요에 의해서 시작한 것이라 할 수 있다. 인간만이 아니라 일부일처제를 채택하는 모든 유인원이 가부장제를 구성하고 있지만, 인간에게 가부장제는 계약의 성격이 짙다. 여성과 남성의 계약으로 가부장제를 선택하였다고 볼 수 있다는 얘기다. 아니 남자의 강요로 가부장제를 선택했을 수도 있다. 하지만 성이나 이름이 무엇이든 상관없이 아이는 여성이 낳고, 가정은 혼인과 출산을 토대로 꾸려진다. 즉 남자와 달리 여자에게 친자는 언제나 확실하다. 이런 '결혼-가정'이 모여 사회를 이루고, 부족으로 그리고 국가로 범위를 확대한다.

문제는 그 '확대'에 있다. 친밀성의 영역은 우선 가족이고, 아무리 그 범주를 크게 잡아도 마을과 부족 이상을 넘지 못한다. 직접 얼굴을 대면하면서 스킨십을 키워 가는 그 테두리에 불과하다. 아무리 가깝게 다가서려해도 결국 친밀성으로는 이르지 못하는 소원한 세계가 생겨나니, 이제 담을 쌓아 친밀성의 영역을 지켜야 하는 순간이 온 것이다. 문화적인 공동체를 야만과 야생의 공격으로부터 효과적으로 방어하기 위해 동아시아에서 마련한 울타리가 바로 유교와 「대학」이라는 '외부 규격'이다. 이게 바로 인문학적 상상력을 동원해 그린 인간의 시나리오이고 내가 생각하는 역사다. 그러니까 농간은 여자가 부린 것이고 남자는 여자가 조종한 것이다.

이런 상상은 내가 살아오며 겪은 세 여성에 대한 반성과 의문에서 비롯한다. 통 큰 사업가 어머니, 사귀었던 애인들, 그리고 오랫동안 함께 산 아내, 이 셋이다. 이들 모두 전형적인 한국의 여인들이다. 강단이 세고 인정이 많으시고 손이 큰 사업가셨던 어머니는 언제나 어릴 적 허약했던 자식의 건강을 걱정하셨다. 반면 자식의 학업에는 도통 관심을 보이지 않으셨다. 공부에 대해 물어보신 적이 한 번도 없었다. 아마 관심이 있어도 모른 척하셨는지도 모른다. 어머니에게 그렇게 배워서인지 나도 애들의 학업보다는 언제나 밥이 먼저다. 잊힌 연인들은 땅에 떨어져 비에 젖은 '어제 신문'과도 같았다. 싸울 이유가 없는데 싸웠고, 떼어내어 버리려 해도 잘 떨어지지 않았다. 옛 애인과 이유 없이 싸운 이유를 나는 '오늘 신문'인 아내에게서 배운다. 어제는 그저 서로 전혀 닮지 않아서였다. 닮지 않았기에 마음이 달랐고 몸이 달랐고 앎이 달랐던 것이다. 하지만 그들 모두는 강하고 아름답다.

남자에게 행복의 근원인 여자를 안다고 자부하지만 사실 그것은 언제나 머리를 떠나지 않는 숙제와도 같았다. 그래서 여자와 남자라는 화두를 두고 끊임없이 궁리를 펼쳤고, 그것이 숙제라고 생각해 제법 많은 책도 뒤적였다. 아무리 책을 읽어도 털어버리는 데는 털어놓는 것만큼 좋은 방법은 없을 것이다. 그래서 인간에게 주어진 모든 행복의 근원인 사람과 사랑에 대해 동아시아 끝자락에 자리한 한국에서 우리가 할 수 있는 바를 털어놓는 데 이 책의 목적이 있다.

이 책은 크게 세 부분으로 나누어 볼 수 있다.

처음 부분은 진화생물학에서 주장하는 최초의 현생인류 이야기를 창조신화의 형식에 빗대 풀이한다. 이 창조신화는 태초에 있었을 법한 과학적 가상을 기조로 생리에서 문화가 발생한 일을 여러 신화를 덧대고 바느질하여 만들어 보았다.

다음으로 친밀성의 의사소통과 결합체 이론을 근간으로 노자의 『도덕경道德經』과 「대학」의 사상을 빌미로 동아시아의 남녀관계가 가진 특징을 풀이한다. 이 둘을 통해 서로 필요로 하는 앎의 형식과 마음을 드러내 보이려고 한다. 노자가 아무리 유학을 욕했더라도 「대학」은 여성이 필요해서 부른 것이라고 생각한다. 서로의 필요는 남녀가 '서로 알아가는 즐거움'이라는 목적을 향한 손짓이기도 하다.

마지막으로 뒤집어 입기에서 남녀에 대한 현대적인 모습을 알아본다.

한 처음에···

태초에 딸이 있었다

어슴푸레하게 땅거미가 지는 아름다운 숲.

기분 좋은 숲의 내음을 품은, 산뜻하면서도 따스한 바람이 불어오면 마치 물방울 흩어지듯 아름답다. 하루의 햇볕을 머금은 땅이 목마른 듯 구수한 습기를 올려주면 하늘은 화답하듯 한없는 푸른 손길을 내민다.

작은 동산. 창조를 마친 하느님은 자신이 빚어낸 피조물들의 기쁨에 젖은 노래를 들으며 좋아서 껄껄 웃었다. 오랜 고민과 고민 끝에 이룬 광경은 참으로 아름다웠고 가슴 뿌듯했다. 하지만 그렇게 웃고 또 웃어도 아무도 같이 아름다움에 찬탄하고 화답해 줄 이 없음에 겸연쩍었다. 결국 쓴웃음이 입가를 감돌았다. 옆에서 시봉 드는 천사들도 따라 웃어주었지만 영혼이 없는 것들이니 웃어도 아름다움과 즐거움을 모를 것이다.

하느님은 주변을 둘러싼 표정 없는 인형 같은 천사를 바라보다 미치도록 외로워졌다. 마음속으로는 자신이 손수 빚은 자녀들과 함께 울고 웃었으면 했다. 이렇게 우울해하던 하느님은 어느덧 같이 동문수학하던 동무들과 부비며 싸우고 지낸 시절이 그리워졌다. 하지만 한편으로 경쟁자이기도 한 사형제들에게 절대 지지 않으리라는 호승심好勝心도 들었다. 누구도 생각지 못한 기막힌 존재를 만들리라고 결심한다. 그들이 찬탄할 가장 아름답고 멋진 그 무엇을!

딸의 탄생

마지막 창조를 마쳐 피곤했지만 마음을 가득 채운 열기에 그 밤을 하얗게 밝히며 보냈다. 하느님은 지금까지 만든 모든 것을 다시 생각하며 설계를 변경해 보고 기능을 바꾸어 보았다. 아직까지 답이 나오지 않는다. 모든 아름다움을 다 모아보고, 번쩍이는 모든 것을 다 합쳐 보았다. 그러다 입이 마르면 베어 먹으려고 가져다 놓은 배pear를 본 뒤에 거기서 영감을 얻는다. 영감의 희열로 부르르 떨던 하느님은 정신을 잃고 잠이 든다.

꿈을 꾼다. 깊이를 모를 물속에서 몸이 떠다닌다. 빛을 내는 생물은 하느님의 길을 밝혔고 물고기들은 아름다운 터널을 내어 길을 알렸으며, 부드러운 해초는 하느님을 받들었다. 그렇게 깊이를 모를 물속에서 유영하던 하느님은 꿈속에서 또다시 더 깊은 꿈속으로 들어갔다.

그 꿈속에서, 어둡지도 밝지도 않은 그 꿈속의 꿈에서, 너무나도 또렷한 의식 속으로 저항할 수 없는 무엇인가가 들어왔다. 그 하나는 아주 오래전에 시작한 무수한 길이었고 우주를 시작한 위대한 욕망이고 의지였다. 의지의 끝에는 물거품이 있었고 아름다운 햇살을 받아 무지갯빛으로 터지는 찬란한 아름다움이 있었다. 모든 시간과 모든 질서, 그리고 모든 아름다움과 하나로 어울린 시간이 지나자 어느 순간 하느님은 깨달을 수 있었다. 그리고 몸을 낮추어 아름다운 그 하나에 경배를 올렸다. 오랜 경이의 끝, 서서히 꿈의 수면 아래서 이제 물거품이 떠오른다.

날이 날에게 전하는 말을 들은 하느님도 눈을 떴다. 하느님은 자기가 구할 수 있는 가장 고운 흙과 고귀한 재료를 아낌없이 가져와 자기가 깨달았던 아름다움의 이유와 의미를 손수 빚기 시작한다. 모든 생명의 길이 하나로 만나듯, 햇살에 물거품이 빛나듯 온 정성으로 다듬기 시작했다. 어깨는 좁지만 점점 퍼져 나가는 부드러운 허리 곡선은 궁둥이로 이어지며 마치 탐스러운 배와도 같이 완벽한 비율이다.[2] 마지막으로 잘록한 목에 어울리는 삼단 같이 부드럽지만 또한 강한 머리카락으로 완성한다. 그렇게, 아름다움의 이유와 목적이 이루어진다.

하느님이 모든 것을 부여한 아름다움은 하느님을 닮아 성숙하고 현명하였으며 거울처럼 고요했다. 너무나도 아름다워, 땅에서 태어난 아름다움이라는 뜻으로 하느님은 '딸'이라 이른다. 막 창조한 딸을 한 올 한 올 핥듯 감상하던 하느님은 하늘을 담은 듯 수정 같은 딸의 눈을 바라보다 문득 탐스러운 과실과도 같은 입술에 시선이 머문다. 꿈속의 바다로 다시 끌려 들어가는 느낌을 받으며 자기도 모르게 도톰한 붉은 입술에 입 맞춘다. 입이 마주치자 아득하게 종소리가 울려 퍼지듯 하느님의 영혼 깊은 곳에 있던 생명의 힘이 일어나 딸의 입을 통해 전신으로 흘러들어갔다.

하느님과 영혼을 나눈 후 딸의 가슴은 서서히 봉긋하게 솟아오르고 골반은 더 커지면서 새로운 생명이 문을 열기 시작한다. 변화한 모습은 너무나 그윽하고 그 향기는 감미로웠다. 마치 꿈에서 보았던 아름다움을 완성했다고 알리는 듯했다. 이런 변화를 감지한 하느님은 딸을 통해 자신과 함께 울고 웃을 많은 자녀를 생산할 계획을 수립한다. 하느님은 오랜 시간을 딸과 함께하며 하느님의 짝으로서 알아야 할 것을 공들여 손수 가르쳤다.

어머니의 선택

그리스의 피그말리온Pygmalion 신화와 유태교의 토라Torah를 토대로 이 창조신화를 만들었다. 신화가 어머니나 아들이 아닌 딸로 시작한 것은 인간 발생을 설명하기 위해서다.

레너드 셜레인Leonard Shlain은 "완전히 직립한 제3종 침팬지인 인간의 탄생은 기적 같이 황당한 일이다"라고 지적하고 있다.[3] 그는 이를 마치 동아프리카의 울창한 밀림 한가운데에 놓인 낮잠용 소파 위에 벌거벗은 여인

앙리 루소Henri Rousseau, 〈꿈the Dream〉, 캔버스에 유채, 뉴욕근대미술관MoMA 소장

이 누워 있는 것보다 더 황당한 일이라고 말한다. 그러니까 제3의 침팬지 자손인 우리 인간은 존재 그 자체로 자연이 저지른 거대 실수이거나 황당함 그 자체라고 할 수 있다.

남녀의 결합은 근본적으로 유전자DNA의 감수분열이라는 신비에서 시작한다. 한 쌍의 나선구조로 이뤄진 유전자가 무작위로 갈라져 버리는 것은 아무도 예측할 수 없기에 신비로움 그 자체다. 유전자의 어느 부분에 무엇이 자리 잡을지는 미지수이고, 난자가 정자를 선택하여 수용하는 것도 알 수 없기 때문에 신비이다.

수정란이 엄마 뱃속에서 분열을 시작할 때 사람의 기본 설계도의 원판은 여자의 형태다. 정자와 난자가 수정되고 기하급수적인 세포분열을 하면서 4주간을 고추가 없는 여자의 모습으로 자란다. 그러다 잠시 성장을 멈추며 새로운 생명체에 대한 몸의 '숙고熟考' 기간을 거친다. 숙고란 바로 어머니의 몸이 가진 자기반성을 위한 시간인 것이다.

세포분열을 마치는 4주부터 어머니는 새로운 생명이 유전자 문제로 산모와 자신을 해치지 않을까, 이 생명은 건강한가, 그리고 생명으로 키워 내놓을 수 있을까 등의 모든 의문을 몸으로 고민한다. 그리고 8주째 들어서면서 고민의 결론을 내린다. 만약 도무지 키울 수 없을 정도로 문제가 있다는 결론이 나면 자연유산으로 이어지지만, 몸의 허락이 떨어질 경우에는 본격적으로 염색체의 성별을 가리기 시작한다. 따라서 새 생명에 대한 남녀의 성별 구분은 8주째에 들어서야 비로소 시작한다.

이때부터 남자는 남자답게 여자는 여자답게 발달하는 과정에 들어선다. 이 과정에서 방향이 조금 달라진다면 남자를 좋아하는 남자나, 여자를 좋아하는 여자로 발달하기도 한다.[4] 즉 호모섹슈얼이나 레즈비언은 엄마 탓도 내 탓도, 그리고 사회 탓도 아닌 '타고난innate' 것이다 그저 하늘이 내린 명령天命일 뿐이니 죄책감으로 번민할 필요 없이 받아들여 즐기는 것이 옳다.

창조의 신들

그렇게 시간이 흐르는 동안, 바야흐로 태초의 배움을 시작한 창조학교 이래로 신들이 다시 모여 각자가 이룬 창조의 성과를 발표하는 제6차 창조신 대회가 열리는 시절이 다가왔다. 하느님은 자신의 창조물을 자랑할 생각에, 그리고 그 아름다움에 자기를 부러워할 동료를 만날 일을 상상하며 마음이 부풀었다. 신들이자 동시에 참으로 다양한 성격의 동문 친구들, 그리운 얼굴들이 생각났다. 같이 지낸 나날이 그리워졌고 다시 같이 모일 살가운 날이 기다려졌다.

멀지 않은 이웃 중 가장 강하고 무자비한 성격의 마르둑Marduk[1]. 이놈은 자기 어미를 찢어 죽인 후레자식이지만 창조 실력 하나는 짱짱했다. 이번에는 뭘 만들어 발표할지 궁금했다. 하느님과는 항상 부딪히는 성격 더럽고 황소 같이 힘만 센 폭풍의 바알Baal[2]. 이놈은 놀리는 재미가 쏠쏠한데 이번에 보면 감정이랑 훌훌 털고 한잔 나누고 싶었다. 자기 아비 죽

---

[1] 바빌론Babylon의 최고신. 폭풍의 신이다. 어머니인 티아맛Tiamat에 맞서 승리하여 어머니의 몸을 갈라 하늘과 땅으로 나누고 거기에서 나온 벌레가 사람이 되었다고 한다.

[2] 메소포타미아의 가나안Canaan 지역의 폭풍신이다. 이후에 대표적인 악마인 '파리대왕'으로 불리기도 한다.

이고 형제들 모아 골목대장 놀이를 하는 제우스Zeus[3]. 이놈은 독수리도 아닌 것이 산꼭대기에 자리를 틀고 앉아 틈만 나면 여자를 납치해서 겁탈하는 난봉꾼이다. 아울러 큰소리치는 걸 좋아해 맨날 시끄럽게 천둥소리를 날려대는 허풍쟁이다. 하지만 아들녀석이 빚는 '넥타Nectar[4]'라는 술은 신들의 로망이다. 멀리 추운 데 살면서 무기 만드는 취미로 사는 오딘Odin. '망치대가리'라는 별명을 지닌 아들 토르Thor[5]라는 미련한 놈이 바닷물 반을 마신 뒤 뱃속을 게워낸 적이 있다. 그 바닷물 정화하느라 신들이 모여 몇 날 며칠을 고생했는지 아직도 이가 갈린다. 그리고 병신 같이 자기 동생에게 갈기갈기 찢긴 오시리스Osiris[6]. 아들녀석이 시체조각 모으고 마누라 이시스Isis가 꿰매줘 미라 같이 붕대 감고 다니던 덜떨어진 놈이다. 이제 붕대 풀고 실을 뽑았는지 궁금하다. 그리고 인드라Indra[7]. 머리가 좀 이상

---

[3] 그리스의 최고신으로 올림푸스Olympus의 지배자이기도 하며 번개와 천둥의 신이다. 그는 어머니의 도움으로 아버지인 크로노스Cronos를 죽이고 형제들을 구해낸다.

[4] 넥타Nectar는 올림포스에서 열리는 연회에서 마시는 술이다. 음식은 암브로시아Ambrosia, 술은 넥타라 불린다. 축연에서 신주神酒 넥타를 따르는 역할을 맡은 신도 있었는데, 제우스와 아내 헤라의 딸, 헤베Hebe이다. 헤베는 청춘의 꽃이라는 의미로 그 이름이 나타내는 대로 언제나 젊디젊은 소녀신이다. 암브로시아란 그리스어로 '불사의 음식'이라는 의미이다. 이것은 신들에게는 일상적인 음식이지만, 일단 인간이 먹으면 불사의 생명을 받는다고 믿었다. 인간이 이 음식과 술을 먹으면 불노불사한다는 말이 있다.

[5] 오딘과 토르는 북유럽 색슨과 게르만 신화에 등장하는 신이다. 특이한 점으로 오딘은 은퇴한 신이라 보기엔 역할이 상당히 많다. 그리고 망치를 들고 다니는 토르는 새로이 들어선 주신이라기보다는 어리숙한 신이다. 전체 사가Sage는 Eda(경전)에서 볼 수 있다.

[6] 오시리스는 사후세계와 풍요를 뜻하는 이집트의 최고신으로 그의 이야기는 겨울과 봄을 상징한다. 동생인 세트가 오시리스를 죽여 14조각으로 나누어 나일강에 버린다. 아들 호루스가 조각을 모으고 아내가 몸을 기워서 다시 살렸다고 한다. 죽음과 부활의 이미지는 겨울과 봄을 상징한다.

[7] 인드라는 고대 인도의 주신이자 불법의 수호신이기도 하다. '강함', '강력'의 의미를 지니며, 천둥과 번개 그리고 금강저라는 창을 가진 전쟁의 신이다. 그가 가지고 다니는 그물코 하나하나에 우주가 담긴다고 하여 불교적인 상징으로 많이 사용한다.

해서 어부도 아닌 놈이 그물코마다 우주를 담았다고 우기며 그물에 꼬챙이를 들고 다닌다. 언젠가는 병신짓 하다가 위대하신 비쉬누Vishnu에게 개미 취급당했다고 한다.[8] 언제나 싱거운 웃음으로 만나면 형 같이 머리를 훑어 주시던 환인형은 요즘 형편이 어떤지 모르겠다. 둘째아들 때문에 고민이 많으신 것 같았는데 웅이 녀석은 어디에 자리를 잡았는지도 궁금했다.[9] 아차! 또 맛이 간 녀석이 있다. 저 멀리 섬에 사는 아마테라스Amaterasu-oomikami[10]. 동생 죽었다고 삐쳐서 동굴에 숨었다가 애들 노는 소리에 뛰쳐나와 거울에 비친 자기 얼굴 보고 넋 빠져 맛이 간 4차원 언니다. 심지어 그녀의 4차원 헛소리조차 그리울 지경이다.

우주의 기원

최고신인 욕망과 의지가 우주를 시작한 이래 현재 지구와 태양계는 상위 창조신과 하위 지역신의 역할분담으로 질서가 잡혔다. 욕망과 의지의

---

[8] 비쉬누는 베다 이후 『마하바라타Mahabharata』에 크리슈나Krishna의 화신Avatar으로 등장하는 인도의 최고신 중 하나다. 설화에 의하면 인드라의 생일잔치에 수도자의 모습으로 간 비쉬누가 더러운 모습 때문에 박대당했다고 한다. 그때 비쉬누는 한 줄로 기어가는 개미를 가리키며 개미 한 마리, 한 마리가 바로 전생의 인드라라고 지적하며 인드라를 깨우쳐 주었다고 한다.

[9] 여기서 '웅'은 고조선 신화에 나오는 환웅을 말한다. 환웅은 환인의 둘째아들로 알려져 있다.

[10] 아마테라스 오미카미天照大神는 태양신이며 일본의 최고신이다. 그녀에게는 성격이 못된 남동생이 있었는데 여러 나쁜 일을 저지르다 결국 죽음을 당한다. 이를 슬퍼하여 아마테라스가 동굴로 숨어버린다. 숨어버린 태양 때문에 세상은 어둠에 갇히고 혼란에 빠진다. 신들은 그녀를 불러내려고 하지만 나오지 않는다. 신들이 모여 머리를 짜서 그를 나오게 하기 위해 축제를 벌여 동굴 앞을 시끄럽게 한다. 소동을 궁금하게 여긴 아마테라스가 동굴 문을 열고 밖을 보자 그에게 거울을 들이대었다고 한다. 거울을 보고 새로운 해가 뜬 줄 알고 놀란 아마테라스가 동굴 밖을 나왔다고 한다.

법칙에 따라 태양계가 이뤄졌다.

태양의 형성과 크기, 나아가 영향권을 합의한 것이 1차 대회였다. 위대한 태양 라Ra[11]께서 이 대회를 관장하셨고 태양의 옥좌에 앉으셔서 태양계의 모든 힘과 변화를 계획하셨다. 욕망과 의지의 법칙은 끌어들이고 밀어내는 모든 힘이다.[5] 이에 따라 항성과 행성의 거리 및 그 궤도를 합의한 2차 대회, 이 대회로 아후라 마즈다Ahura Mazda[12]는 행성계의 빛을 관장하는 모든 신의 스승이 되었다. 행성의 미세한 움직임과 밸런스 조정을 위한 위성설치건을 처리한 3차 회의까지는 수학적이고 물리적인 그림이라 비교적 쉬웠다.

하지만 생명의 설계도인 DNA의 이중나선 구조의 표준과 감수분열의 원칙을 세운 제4차 대회 때는 정말 생각도 하기 싫을 정도로 길고 힘들었다. 동일한 설계도를 바탕으로 삼았지만 미세한 차이로 만들어지는 거대한 변화가 줄을 이었기 때문이다. 회상해 보니 아마 이때 창조력이 바닥을 보이는 바람에 머리가 많이 빠지고 피부도 많이 거칠어진 것 같다.

5차 회의에서는 경쟁과 돌연변이 적응의 진화를 합의했을 뿐 아니라 이 생명계의 진정한 주인으로 바다에서는 플랑크톤이, 육지에서는 개미[6]가 뽑혔다. 4차에 힘 빠져서 제대로 반대하지 못했지만 도무지 그 하찮은 것을 지배자로 설정한 다른 신들을 이해할 수 없었다. 바다야 포세이돈과

---

11 이집트의 최고신인 라Ra는 태양 원반의 그 원을 뜻한다.

12 아후라 마즈다는 아베스타Avesta 종교인 조로아스터교Zoroaster의 빛과 지혜의 신이자 선의 신이다. 그는 어둠의 신인 앙그라 매뉴Angra Mainyu와 투쟁을 벌이는데 이것이 바로 역사이다. 이후 빛이 승리를 거둔다는 이 아베스타 경전의 이야기는 이후 그리스도교의 역사관에 깊은 영향을 미친다.

용왕이 플랑크톤이랑 떡을 치고 문어랑 엉켜 사랑을 나누건 자기가 알아서 한다고 하더라도 품위 없이 개미가 뭐냐? 그리고 다음 순위는 바퀴라고? 진정으로 상대하기도 싫은, 맘만 같아서는 다 멸종시키고 싶은 것들이다. 하지만 어쩌랴! 구역질이 대세인 것을…….

애완남 아달의 탄생

하느님은 이전 대회에서 어려운 이론으로 잘난 체하고 미적 감각 없이 멋없는 개미나 바퀴 같은 곤충을 들이대며 고생시킨 다른 녀석들의 코를 납작하게 만들어 주리라 결심한다. 바로 모두가 침을 흘릴 아름다움과 기능성을 겸비한 딸을 데뷔시켜 이번 대회를 압도할 자신이 있었다. 그는 모든 천사들을 동원해 화려하고 입체적인 프레젠테이션을 위한 만반의 준비를 해 나가기 시작한다.

차근차근 프레젠테이션을 준비하는 한편으로 사랑하는 딸이 홀로 외롭지 않을까 하는 걱정도 들었다. 그래서 딸의 심심함을 풀어 줄 애완愛玩 동료이자 성가신 일을 대신해 줄 활발하고 힘 센 장난감을 생일선물로 보내기로 한다. '왕갑바'에 '왕알통', '식스팩'을 자랑하는 장난감은 천년은 쓸 수 있을 것 같이 든든했다. 딸도 하느님의 선물이 마음에 꼭 들었다. 그래서 자기 이름을 따서 '아달'이라고 부르기로 했다. 하느님은 딸이 아달에게 이것저것을 가르치며 그 팔에 매달려 장난치는 모습에 기분이 몹시 좋았다. 이제 걱정에서 벗어나 한 시름 놓은 하느님은 모든 것을 잊고 회의에서 발표할 논문 작성에 심혈을 기울이기 시작했다.

아달은 그저 딸의 갈비뼈를 근간으로 삼아 이것저것을 엮어 얼기설기

건성으로 만든 보기 좋은 기능성 선물이었기에 영혼도 조악했고 지성과 감성도 떨어졌다. 그저 힘과 기능성 위주의 기계와 다를 바 없었다. 이런 형편이니 딸에서처럼 영혼의 입맞춤은 생각만으로도 구역질나는 일이었다. 그래서 아달은 고차원적인 사고와 변화무쌍한 감정의 딸과 놀다가 가끔 그를 감당치 못해 역기능을 일으키기 일쑤였다.

더 심각한 문제가 있었다. 하느님은 그저 아달이라는 장난감에게 육체적인 힘이나 정신적인 활달함 같은 성능만 강조한 나머지 하이에나나 침팬지로부터 착안한 동물성 테스토스테론testosterone이라는 호르몬을 계산보다 더 과다하게 주입했다. 과도한 테스토스테론으로 인해 딸과 달리 아달의 어깨는 넓어지고 궁둥이가 작아져 불안한 역삼각형의 사과와 비슷해졌다. 온몸에는 털이 숭숭 돋아나고 아름다운 계곡은 아예 없었다. 대신 흉물스럽게 생긴 물건이 점점 커지며 덜렁거렸다.

해 저무는 동산을 거닐던 하느님께서는 아무 생각 없이 덜렁거리며 뛰어다니는 아달을 목격하고 보기에 심히 흉하셨더라. 그래서 하느님은 "이게 무슨 재앙이라는 말인가!"라며 탄식했지만 사랑하는 딸이 아달의 머리에 꽃을 꽂아주며 재미있고 좋아라하는 것으로 위안을 삼을 수밖에 없었다.

탁월한 어머니

21세기 벽두에 미토콘드리아Mitochondria 이브Eve 프로젝트가 있었다. 당연히 남자를 만드는 Y염색체를 중심으로 아담Adam 프로젝트도 펼쳐졌다. 사람의 정자와 난자는 모두 미토콘드리아라는 산소를 에너지로 전환하는, 발전소와 유사한 기능을 지닌 독립영역을 가지고 있다. 미토콘드리아는 처음에는 동물 세포에 기생하는 세포였다가 나중에 동물 세포의 일부분으로 살게 되었다. 그래서 모든 동물의 세포는 미토콘드리아를 지니고 있다. 즉 미토콘드리아는 동물에게 힘과 섹스 그리고 죽음을 선사했다. 식물에서 그와 유사한 부분으로는 광합성을 진행하는 엽록소를 꼽고 있다. 사람의 정자와 난자 모두 미토콘드리아를 지니지만 둘이 만나 수정하는 과정에서 정자 꼬리부분에 있던 미토콘드리아는 떨어져 나가고 난자에 있는 것만 자손에게 유전된다. 즉 미토콘드리아는 부계가 아닌 모계로만 유전되며 이 독립적인 DNA를 갖는 부분의 변형과 공통점을 추적해 나가다 보면 최초의 '인간 어머니'를 알 수 있다는 가정을 한 것이다. 연구의 결과가 가리키는 것은 흥미롭게도 약 14~17만 년 전 동아프리카에 살던 단 한 명의 여성이다. 즉 이 분이 바로 지금 이 지구상에 살아가는 모든 현생인류의 어머니라는 결론이다.[7]

침팬지와 인간이 최초로 분리된 시기는 지금으로부터 약 600만 년 전을 기초공사로 잡는다. 중간에 있었던 주요 공사는 300만 년 전과 100만 년 전의 변이로 잡는다. 이 사이에 방계로 여겨지는 존재가 있다. 불을 사용했다는 '자바원인Java man'이나 우리 조상과 같이 살며 특유의 문화를 만들었던 큰 머리의 '네안데르탈인Neanderthal man' 등 여러 형태의 인간형 유인원이다. 하지만 결론은 모두 멸종하고 살아남아 있는 것은 오직 약 15만 년 전에 분리 독립한 현생인류인 '호모 사피엔스Homo Sapience', 바로 그녀의 후손뿐이다.

이렇게 본다면 인류의 나이는 약 15만 년인 셈이다. 지구의 나이 45억 년을 하루로 치면 15만 년은 몇 초이지만, 인간은 45억 년 진화의 과정을 한 몸에 지닌다. 11세기 북송北宋의 만능천재이자 동파육東坡肉이라는 돼지고기 요리로 유명한 소식蘇軾은 희대의 명문인 적벽부赤壁賦를 하루 만에 썼다고 입에서 침을 튀기며 자랑했다고 한다. 그 자화자찬을 듣던 친구가 화장실에 갔는데 거기에 엄청난 분량의 적벽부 초고가 화장지로 재활용되고 있었다고 한다. 동파의 말대로 적벽부를 하루아침에 썼을 것이다. 하지만 적벽부가 이루어지기까지 정치적 파란이 수도 없이 일었던 파란만장의 북송 정치계에서 몸소 겪은 소식의 경험이 밑바탕을 이뤘음은 충분히 짐작할 수 있다. 거기에 2000여 년의 무수한 경험이 응집된 서적을 읽으며 간접 체험한 소식의 독서도 자양분으로 작용했을 것이다. 그러니 소식이 말하는 하루란 방울져 떨어지는 농축된 수천 년과 60년의 삶이다. 그래서 『신구약성서』의 성립을 '천년과 하루'라고 비유하고, 가수 송창식은 〈토함산〉에서 "터져 부서질 듯 미소 짓는 님 얼굴에도 천년의 풍파세월 담겼어라"고 노래한다.

이와 마찬가지로 인간이라는 특수한 형태의 생물을 준비하고 설계한 기간은 사실 45억 년이며, 본격 공사기간은 600만 년 전에 시작해서 건물 올리는 데 300만 년이 소요되었고, 마지막 마무리에 100만 년 걸렸다고 해야 한다. 사람은 이제 완공 후 15만 년이 지난 신생 동물이라는 말이다. 준공한 지 얼마 안 된 '인간'이라는 새로운 설계의 건축물은 아직 하자보수기간이 남아 있을 듯하다. 하지만 하자보수라야 수도관 고치기, 천장 방수처리, 또는 베란다 넓히기 수준일 것이다. 이런 이유로 쓸데없이 두뇌나 성적 능력의 확장을 고민하는 일은 헛짓으로 끝나거나 베란다 공사처럼 위험한 짓일 공산이 크다. 45억 년의 설계를 15만 년의 하자보수로 바꾸기는 힘든 일이다.

그러면 우리는 이브를 성공한 돌연변이라고 해야 할까? 심지어 오늘날에도 생각해 보면 남들과 많이 다른 사람 혹은 다운증후군, 난쟁이나 옛날에 유명했던 '엘리펀트 맨The Elephant Man' 같이 유전적인 결함으로 변형된 사람들은 살아가기가 쉽지 않다. 모르기는 해도 그 옛날 '그녀'는 아마 같이 살던 동료들과 많이 달랐고 뛰어났으리라. 다르고 뛰어났기에 강할 수도 있겠지만 그보다는 외로웠고 또 많이 힘들었으리라. 그는 어쩔 수 없이 자기와 너무나 많이 달랐을 사람들 속에서 살아야 했던 한 여인이었기 때문이다. 그리고 그는 우리와 같은 사람이었기에 그가 느꼈을 외로움과 고통을 공감할 수 있다. 그는 다른 동료의 아이들과 다를 수밖에 없는 자식을 키워 나가면서 아마 여러 다름을 만들어 내는 결단을 내려야만 했으리라.

남보다 뛰어나고 다르다는 것은 드러나기outcoming 마련이고 종국에는 이에 관한 표현이 문화를 만든다. 인간에게 팔이 달린 것은 개처럼 걷지 않기 위해서이고 개처럼 먹지 않기 위해서이다. 다른 존재보다 머리가 좋다면 쓸 수 있어서 좋은 것이다. 개와는 다른 사람이 개처럼 밥을 먹거나 행동하면 다시는 상종할 수 없는 종자로 여겨진다. 그러니까 직립한 인간이 손과 두뇌를 통해 이룬 적합한 '삶의 방식'을 문화라고 한다. 문화는 파생적인 것이 아니라 생존을 위해 필수적인 것이다. 그러니까 문화라는 목적을 위해 큰 두뇌와 두 팔이 필요했던 것인지도 모른다. 즉 문화도 진화의 중심적인 요소인 것이다. 그리고 그 중심에는 인간 진화의 핵심인 '세계를 담는 방법'이 있다.

인간은 세계를 나름대로의 방식으로 바라보며 판단하고 세계를 저장한다. 아이들은 세 살이 될 때까지 먹을 것-못 먹을 것, 뜨거운 것-찬 것, 중요한 것-부차적인 것, 색이나 소리의 의미 등 세상 사물을 분별하고 사용방법을 배운다. 그리고 잠을 자면서 꿈을 통해 자기가 만난 세계를 재현하고 정리한다. 지금 우리가 두뇌를 이용하여 이 세상을 보며 배우고 정리한다면, 우리와 똑같은 사람이었던 어머니 이브도 우리와 동일한 용도로 두뇌를 사용했을 것이다. 즉 진화로 커진 머리의 용도는 바로 '세계를 네 스타일로 담으라'는 일종의 명령인 것이다.

우리가 세상을 인식하면서 배울 때 작동play하는 기본적인 방식은 흉내와 이야기이다. 흉내는 세상을 모방하면서 배우는 일이기도 하고, 때로는 그 자체가 우리의 흥미를 끄는 삶의 의미이기도 하다. 이야기는 세계를 인간의 마음과 몸의 구조에 맞춰 가공하는 것이다. 놀이에서 말하는 모방은 한마디로 소꿉장난이다.

소꿉장난이라고 해도 있을 건 다 있다. 심지어 부끄러워하며 잠까지 잔다. 조그마한 그릇에다 모래를 넣고 밥이라고 한다. 여기서 모래란 바로 밥을 상징symbol한다. 이 상징으로 바뀐 세계를 내 마음과 몸에 어울리게 세팅하고 친구들을 불러 역할 분담하며 노는 과정을 이야기라고 한다. 그러니까 이야기란 흉내 내기로 생긴 상징을 장기판의 말처럼 행마법行馬法에 맞춰 노는 일이다. 사람만 놀이하는 것이 아니라 개나 사자, 범에서 쥐까지 포유류는 거의 다 놀이를 한다. 그래서 동물마다 세계를 자기에 맞추어 재생산하는 제조법이 있을 것이다.

한 가지 더 지적하고 싶은 것은 인간 여자의 몸이 가진 시계기능이다. 정확하게 한 달과 일치하는 월경주기는 시간을 알려주고, 더 나아가서 과거를 생각하게 하며 미래를 예측하게 해준다.

서로 다른 인간종은 각기 다른 문화를 만들어 낸다. 하지만 우리 인류가 가진 이야기 구현능력은 더 현실적이며 탁월했고, 거기에 시간을 잴 방법까지 알 수 있어 살아남았을 것이다. 그래서 최초의 어머니, 그는 다른 이보다 탁월한 능력 때문에 많은 고초를 겪었을지도 모른다. 그가 다른 이보다 뛰어나게 달랐기에 겪어야 했을지도 모를 고초를 상상하는 것만으로 가슴이 뜨거워진다. 하지만 그는 과감하게 다름을 선택하고 그 다름이 만든 문화적 능력은 모든 유사종이 멸종해 가는 과정에서도 우리 종의 특성과 생존능력을 만들었을 것이라 추측해 본다.[9]

똑똑한 아빠

이브 프로젝트와 달리 아담 프로젝트는 Y염색체를 통해 인류 공통의 아버지를 찾는 연구였다. X염색체에 비해 절대적으로 정보량도 빈약하고 자그마한 이 Y염색체의 다른 이름은 마초염색체이다. 이 염색체는 여자에게는 절대 찾을 수 없고 남자의 유전자에서만 발견할 수 있기 때문에 마초다. 인간의 원판은 여자이지만, 놀랍게도 이 빈약한 염색체를 만나면 여자가 남자로 변한다. 오직 부계로만 유전되는 이 유전자의 공통점과 변이를 추적해 가면 최초의 아버지를 만날 수 있다고 가정한다.[10]

아담 프로젝트를 통해 추적한 결과 놀랍고도 존경스러운 인류 공통의 아버지 조상도 단 한 분이셨다. 잠깐! 여기서 '놀랍고', '존경스럽다'고 할 때 바로 머리에 떠오르는 상상을 잠시 보류해 주기 바란다. 이분이 모든 여자를 독차지하고 임신시킨 절륜의 정력가이기 때문에 존경스러운 것이 아니다. 모든 가혹한 환경과 여러 종류의 문화적인 경쟁 속에서 자기 자손을 살린 두뇌와 능력의 소유자였기 때문에 놀랍고도 존경스럽다고 하는 것이다.

아담 프로젝트가 가리키는 분은 약 11만~14만 년쯤 전에 동아프리카에 사셨다고 한다. 그런데 이후에 대규모 기근으로 현생 인류의 개체가 약 2000명 정도만 생존했다. 개체 수 2000이면 지금 한반도 정도 크기의 지역에는 수십 명 정도만 살았다는 얘기다. 남녀가 만나야 무슨 일을 벌이고 무엇이든 만들 수가 있을 텐데 이러면 서로 찾기가 불가능하니 멸종에 가깝다고 해야 할 것이다. 그나마 서울 지역에 두 명 정도 살았다고 가정하고 상상의 나래를 펼쳐 보자.

지금의 도봉산 기슭 노원구 동굴洞窟에 살던 멋진 사냥꾼 모씨가 하루는 색시를 찾으려고 길을 떠났다고 가상해 보자. 그는 노원구를 떠나 강북구를 거쳐 광진구의 아차산을 넘어 세종대학과 어린이대공원이 생길 자리를 가로지르며 아름다운 자연이 펼쳐 보이는 파노라마를 감상하면서 지금의 잠실대교 근방에서 강을 건너 언젠가 들어설 송파구 롯데월드의 103층 건물 앞에 선다. 송파구에서 남부순환도로 쪽으로 꺾어지면서 물 좋다는 강남구에 이르렀지만 사람은커녕 서초구까지 무인지경이었고, 해는 기울어 더 이상 가망이 없기에 우면산 기슭의 어느 동굴에서 하룻밤을 보낸다. 다음 날 아침 힘을 내서 관악구를 훑고 양천구를 지나 지금의 강서구 김포공항 출국장 근처까지나 가서야 겨우 사람 한 명 만날 수 있었다. 오랜만에 만나는 사람은 반가웠다. 하지만 두렵기도 했다. 안타깝게도 이 사람은 언제 적이 될지 모르는 남자 사냥꾼이었기 때문이다. 그래서 서로를 아쉽다는 눈길로 바라보며 경계하고 절망하다가 결국 만날 기약도 없이 "다음에 만나면 꼭 곰의 간으로 담근 약주 한잔하자"고 한 뒤 서로가 찾는 색시를 위해 한 명은 출국장 쪽으로, 다른 한 명은 반대쪽으로 제 갈 길을 찾아 떠났을 것이다. 아마 이 인연이 구르고 또 굴러 '이별의 김포공항'을 만들게 했는지도 모를 일이다.

그러니까 말하고자 하는 내용은 개체 수 2000명은 거의 멸종에 가깝다는 말이다. 이런 이유로 오래전 인류는 대부분, 너무 멀어 상상의 작동이 쉽지는 않지만, 동아프리카를 떠나지 않고 그곳에서 함께 모여 살았을 것이라는 가정에 동의하지 않을 수 없다.

일부일처를 하는 고릴라와 일부다처제 습성을 보이는 침팬지의 성적 능력의 차이는 고환testis의 크기 차이에서 비롯한다. 고환에서 남성의 성적인 특성과 경쟁 및 공격성을 결정하는 호르몬인 테스토스테론이 분비되기 때문이다. 침팬지의 고환은 고릴라에 비해 월등히 크다. 그래서 일부다처제다. 인간은 다행스럽게도 음경에 있어서는 이 두 종보다 월등하지만 고환의 크기는 둘 사이에 있다. 그러니까 인간 남자에게 적합한 결혼제도는 일부일처를 기본으로 하되, 여기저기 기웃거려 씨를 뿌리거나 처첩을 들이는 일부다처의 적절한 융합이라고 하겠다. 즉 남자는 태생적으로 정숙하면서 동시에 음탕하다. 그냥 힘으로 일부다처하는 것보다 도덕적으로 일부일처인 체하면서 뒤로는 여기저기 집적거리고 껄떡거리면서 호박씨 까는 게 인간 남자다.

아마도 동아프리카에 살던 우리 모두의 공동조상도 일부일처와 일부다처를 동시에 하는 가족형태를 지녔을 것으로 추측한다. 그렇더라도 그가 침팬지나 사자처럼 승자독식의 체제를 이룰 수 없기에 모든 여자를 독점하는 일은 불가능했을 것이다. 다른 동물과 달리 여자의 생리는 일 년 내내 주기적으로 반복되고 특히 한 집단 안에서는 여자들이 거의 동시적으로 멘스menses를 한다. 게다가 배란의 시기가 겉으로 드러나지 않기 때문에 한 남자가 공동체의 모든 여자를 임신시키기 쉽지 않다. 게다가 사자와 달리 남자는 하루에 수십 번씩 '그 짓'을 할 수도 없다.

이런 이유로 한 남자가 모든 여자를 독식했으리라는 가정보다, 다른 아비의 자식들이 환경에 못 이기고 죽어갈 때 자식들에게 시련을 슬기롭게 극복할 수 있는 탁월한 문화적인 유전자meme를 전한 게 아닌가 한다. 아니면 그가 모계 난혼亂婚으로 아버지를 명확하게 지목할 수 없던 시기에 부계혈통을 확립하여 본격적인 '아버지'가 된 첫 남자였을 가능성도 있다.[11] 모든 남자가 그의 후손이라는 것은 곧 모든 여자도 그의 후손일 수밖에 없다는 말과 동일하다. 즉 그는 아마도 가장 강한 남자이자 동시에 어머니 이브가 물려준 스토리 방법을 세련되게 만들어 새로운 제도와 방법을 개발한 문화적인 영웅이었을 것이다.

여기서 강하다고 함은 '힘'보다는 '생존'을 의미한다. 즉 강한 놈이 생존하는 것이 아니라 생존하는 놈이 강하다는 뜻이다. 중국의 경극京劇 〈패왕별희霸王別姬〉는 항우項羽라는 강자와 유방劉邦이라는 비교적 약하지만 교활한 자가 대립했던 역사적 사실을 극화한 걸작이다. 〈패왕별희〉는 비운의 강자 항우의 애통함을 애첩 우희虞姬를 통해 전한다. 하지만 항우 같이 극도로 강했던 패배자에 대한 연민은 사실 '죽은 자식 불알 만지기'나 다름없다. 이와 마찬가지로 인간보다 강했던 방계의 인간종들이 다 멸종해 나갔지만 우리가 살아남은 것은 우리 조상이 교활했거나, 혹은 더 슬기로워서 가혹한 환경과 경쟁에서 진일보한 문화적인 장치를 마련했기 때문일 것이다. 그러니 그는 후손을 위해 삶의 기초를 마련한 강한 문화적 영웅이었다고 해야 옳다.

그의 혁신을 추측해 보자. 이브의 스토리와 시간 장치가 세계를 저장하고 돌아보는 방식이었다면, 아담의 스토리는 이를 가공하여 다가올 미래를 시뮬레이션Simulation해 보는 방식이 아니었을까 한다. 즉 그가 접하는 세계를 '기억과 추론'이라는 새로운 방식의 이야기로 분해 재조립했을 것이다. 이 자료를 바탕으로 시나리오를 짜서 세계에 적용하는 창조적 상상력을 가진 분이었을 것이다. 만약 그가 세계에 대한 시나리오를 가진 사냥꾼이었다면 사냥감이 움직이는 패턴도 예측 시나리오로 만들어 더 많은 동물을 더 안전하게 사냥할 수 있었을 것이다. 만약 그가 전사였다면 상대 종족과의 전투를 위한 전술을 만들어 최소한의 희생으로 최대한의 승리를 올렸을 것이다. 간단히 말해 그가 우리에게 전해준 혁명은 아마 스토리를 분해 조립하고 시간을 덧붙이는 혁명적인 사고인 듯하다. 이를 통해 우리 종족은 마침내 장구하며 안정적인 생존의 길을 열었다고 상상해 본다.[12]

우리는 유전적인 이브와 아담이라는 위대했던 두 분을 만났다. 하지만 둘이 있던 시간이 서로 겹치지 않고 아득해 어머니와 아들이라는 의미로밖에 만날 수 없었으리라. 그럼에도 우리는 이분들에게 '처음'이라는 이름을 붙이고 있다. 육체적 특이성과 선택의 결단, 문화적 독자성과 생존의 마련이 그 이름을 가질 수 있는 자격이다. 이브가 존귀하듯 아담 역시 문화적으로 지극히 존귀한 분이니 천한 동물의 영혼을 가진 장난감 아달로 그분의 자리를 결코 대신할 수 없다. 아달은 하느님의 섹스 대상이 딸이듯, 딸의 섹스 돌doll이라는 은유적인 표현일 뿐이다.

금지와 저주

동산 한가운데는 하느님의 의지와 명령을 상징하는 '금지와 저주'의 과일이 있다. 이 과실에 걸린 저주는 두려운 것이었다. 과실을 먹으면 아름다움을 아름다움으로 보지 못한다. 이 저주는 하나여야 할 언어를 둘로 잘라 버린다. 그래서 완벽은 불완전한 둘로 나뉘고, 결국 세상의 모든 것을 둘로 쪼개 보게 되다가 결국에는 마음속에 선악을 분별하는 마음이 돋아난다. 그래서 완벽함과 아름다움을 포함한 모든 것을 개념 안으로 우겨넣는다. 선악의 개념이 커지면 커질수록 인간 자신도 그 안으로 구겨져서 결국 자멸을 맞이한다.

선악이 만드는 자격지심은 무서운 것이다. 있지도 짓지도 않은 죄책감과 생기지도 않은 비교 대상에 대한 두려움은 헤어날 수 없는 절망이다. 저주로 눈이 밝아지고 총명해지지만 이전에는 없었던 마음이라는 것이 생기고 그늘이 생긴다. 하느님은 딸에게 그 과일의 저주와 무서움을 알리고 절대 먹지 말라는 명령을 잊지 않았다.

낙원에서 하느님과 딸, 그리고 아달의 행복한 시간은 그렇게 흘러갔다. 그리고 드디어 하느님이 회의에 참가할 시간이 다가왔고 천사들과 함께 동산을 떠나야 할 때가 이르렀다. 비행선에 오르는 자신을 눈물로 바라보는 딸에게 안심하라고 이르며 꼭 안아준 하느님은 21번의 나팔소리와 함께 뭇 천사의 호위에 둘려 싸여 전용 비행선에 오른다. 게이트가 닫히고 비행선 엔진이 불을 뿜으며 하느님은 그렇게 멀어져 갔다.

원죄 : 한 남자가 한 여자를 사랑하는 게 죄란 말이냐! 1

한때 여자 많은 교회에 다닌 적이 있었다. 목사님 설교란 그저 그런 것이지만 어느 날 그는 '지옥의 불' 운운하는 공갈을 섞어 회개하라는 설교를 장황하게 늘어놓았다. 바야흐로 눈을 감고 죄를 사해 달라고 기도하려는데 도무지 유황불에 튀겨 죽일 만한 죄가 생각나지 않았다. 새 책 살돈 받아 헌 책 사고 남은 돈 삥땅, 친구 돈 500원 갈취, 여자 친구 몰래양다리 걸치기, 버스에서 돈 안 내고 뛰어내린 사소한 '유황불에 조금만튀겨 죽일 죄'밖에 없었다. 하지만 자비와 사랑의 하나님은 꿀밤 한 대, 뺨한두 대 대신 나를 유황불에 튀겨 준다고 한다. 그날로 나는 사랑했지만나를 사랑하지 않은 모든 여인들과 하나님을 등지고 교회를 끊었다.

회개도 문제다. 원래 의미는 예수의 선언kerygma인 "회개하라, 천국이 가까이 왔느니라"에서 비롯한 말이다. 주기도문에 나오듯 지상에 구현되는천국을 맞이하라는 정치적 메시지였다. 이런 종파적 정치 문제는 기도로는 절대 해결 안 난다. 맥락으로 보면 회개란 정체성의 변화를 의미하는것이다. 하지만 언제 남자가 변하는 것 보았는가? 그러니 '지옥 유황불 튀김' 공갈은 결국 벽에 똥칠하다 죽을 때 가서 기도로 죄 사함이나 받으라는 자위 메시지나 매한가지다.

원죄의 현장을 겪은 적이 있다. 찌는 더위에 친구들과 함께 동해안 해수욕장에서 캠핑을 할 때였다. 텐트의 창을 모두 열고 램프도 밝히고 한창 고스톱의 열기를 더해 가던 저녁, 갑자기 뒤쪽에서 달려오는 소리를 신호로 우리 텐트 바로 옆에서 신파가 시작되었다.

"오빠 안 돼!"

여자는 형식적으로 거부하는 듯, 아니 확인을 원하는 듯했다. 그러자낮게 깔리는 남자의 목소리는 영원히 잊을 수 없는 대사를 날렸다.

"한 남자가 한 여자를 사랑하는 게 죄란 말이냐!"

마치 천국의 열쇠와도 같았다! 그러더니 열어놓은 좁은 창 옆에서 생비

디오를 연출하는 것이 아닌가. 아마 그놈 무릎은 모래에 긁혀 다 까졌으리라. 혹 거시기에 모래가 잔뜩 묻어 긁혔으리라! 개도 아니고, 다 보는 데서 그런 짓을! 어쨌건 부러우면 지는 거다.

이 사태로 정작 당황한 쪽은 우리였다. 볼 수도 안 볼 수도, 들을 수도 안 들을 수도 없었다. 우리 모두는 말을 잊었고 고스톱의 열기는 한순간에 얼어붙었다. 그저 그들이 볼일을 끝낼 때까지 우리는 서로를 멀뚱하게 바라보고 있어야 했다. 그땐 그게 최소한의 예의였다.

열기는 스러지고 "오빠~", "영희!" 어쩌고 하며 둘은 얼싸 안고 떠났다. 모두 남자인 우리는 서로를 죽일 듯 노려보며 서로의 질곡을 저주하다 그저 애꿎은 담배만 빨고 쓴 소주병 나발만 불었다. 밤새 우리의 머릿속에는 '원죄'의 한마디가 맴돌았을 뿐이다.

"한 남자가 한 여자를 사랑하는 게 죄란 말이냐!"

원죄란 사람이 여자가 아닌 남자로 태어나기에 짊어져야 하는 질곡이다. 죄란 회개하고 용서 받을 수 있지만 원죄는 타고 태어난 본능이기에 죽어 육체의 기능이 멈추기 전에는 사함을 받을 수 없는 것이다. 두꺼비를 타고 강을 건너던 전갈이 고마운 두꺼비를 침으로 쏘았다는 이야기가 있다. 두꺼비가 원망과 의문의 표정으로 바라보니 전갈은 "전갈이기에 어쩔 수 없는 본능"이라고 했다고 한다. 이게 바로 원죄인 것이다. 그러니까 맘에 드는 여자를 보면 내 의사와 달리 스스로 서는 독침이 바로 원죄인 것이다.

모든 문명권에서 금지와 저주 받은 존재로서의 인간에 대한 표현이 보인다. 불교의 무명無明, avidyā, 유교의 예禮, 유태교Judaism의 원죄peccatum originale 등이 그것이다. 여기서 먼저 지적할 것은 원죄의 '죄'가 성립하려면 금지와 죄, 즉 선과 악에 대한 개념이 먼저 있어야 한다.

그리스도교에서는 애석하게도 과실[13]이 지닌 상징이나 맛에 상관없이 '금지'와 '명령'이라는 의미가 따라 붙는다. 하지만 금지의 신과 달리 과일을 바라보는 사람에게는 '갈증'과 '맛'이 먼저다. 게다가 그 과실을 먹었을 때 생기는 효과인 '똘똘해지는 일'이 진정 죽일 만큼 나쁜 것인지 심히 의심스럽다. 게다가 부모의 죄를 물려받는 연좌제라니!

원죄란 죽거나 거시기를 자르기 전에는 답이 해결이 나지 않는 수천 년 묵은 숙제이다. 하지만 우리 앞에는 이미 이 문제를 열 수 있는 핵심적인 개념이 있다. 바로 '금지'와 '명령'에 반대하며 들고 일어선 여성의 의사소통 방식인 친밀과 몸의 지식이 그것이다.

딸의 지배

하느님의 비행선이 멀어져 가는 모습을 바라보던 딸은 비행선이 아득히 사라지자 비로소 돌아서며 이제부터 꾸려가야 할 동산에 대한 걱정으로 가슴이 무거워졌다. 비록 천사 몇을 두고 갔다고 해도 똘똘한 놈은 하나도 없고 두뇌가 맨 근육인 경비 천사들뿐이어서 데리고 놀 눈에 차는 놈 하나 없었다. 그러던 차에 자기만의 장난감인 아달을 발견하고 푸념을 늘어놓기 시작한다. 아달은 하늘을 나는 비행선을 보고 멍청하게 침을 흘리다 재수 없게 딸에게 걸린 것이다. 딸의 성격을 잘 아는지 천사들

---

[13] 이 과일이 히브리어의 발음에 따라 사과라고 하기도 하고 포도, 석류라고 하기도 하지만 정설은 없다. 하지만 그리스에 영향을 받은 유럽의 그리스교에서는 사과를 선호한다. 트로이전쟁의 촉발인 패리스Paris의 사과를 비롯해 유럽적인 상징의 의미에서 사과를 더 간결하고 아름답다고 본 듯하다.

과 동물들은 아달을 동정의 눈으로 바라보며 황급히 물러섰다. 딸의 푸념과 잔소리는 그 후로도 한동안 계속하여 동산을 맴돌았다.

딸의 알뜰한 살림은 하느님의 방만하고 자유로운 다스림과 달라 동산은 말끔하고 반짝이기 시작했다. 흐트러진 머리를 자르듯 마음껏 자란 가지를 치고 길에 떨어진 것들을 정리하여 걷는 동안 발바닥에 끈적이는 것이 묻지 않도록 치웠다. 그리고 지금껏 방치되었던 동물들을 깔끔하게 돌보기 시작했다.

동물들을 모아놓고 하나씩 청결검사를 하며 잔소리를 하였기에 모두 기를 펴지 못했다. 그 덕분에 수사자는 벌레들의 안온한 보금자리였던 갈기를 잃고 빡빡이 신세가 돼야 했으며 범은 발톱과 수염을 깎여야 했다. 모든 동물과 식물이 딸의 '아줌마 표' 수난을 당하기는 했지만 정작 고생한 것은 아달이었다. 딸은 하느님을 닮아 모든 창조적 정리를 잔소리로 시행하였지만 아달은 동물과 식물의 반항을 모두 몸으로 감당해야 했기 때문이다. 동물들 손발톱 깎으랴, 식물들 가지 치랴, 길 청소하고 물 길어 오랴 아달의 몸에 생채기가 늘어나면 날수록, 힘들고 지쳐갈수록 그의 마음에는 불만이 쌓여 갔다.

몸과 마음에 불만이 쌓여 가는 아달은 혼자 있고 싶은 시간이 이전보다 많아졌다. 아달의 영혼은 동물적이고 불완전하기에 말을 잘 못한다. 동시에 말을 잘 못하기에 영혼이 더 크게 발달하지 못했다. 그렇지만 딸의 언어가 만들어 내는 긴장이 낙원에서는 있을 수 없는 코르티솔cortisol이라는 스트레스 호르몬으로 아달의 몸에 쌓였다. 영혼이 발달하지 못하고 말을 못하기에 아달의 스트레스는 오직 침묵 속에 웅크리고 사그라지기만을 기다릴 뿐이었다.

침묵의 환경은 허락되지 않았지만 아달은 모든 언어로부터 자유로워져 침묵 속에서 혼자 있고 싶어서 안달을 했다. 하지만 하느님의 근원에서 시작한 창조의 힘을 가진 딸이 지시하는 말의 힘으로부터는 자유로울 수 없었다. 끊임없이 움직이고 일해야 했기에 아달의 정신은 더더욱 지쳐 갔고 쇠약해져 갔다.

곳곳에 '고자질'이라는 폐쇄적인 기능의 천사를 심어 놓고 낙원의 상황을 실시간으로 모니터링하던 신은 처음에는 낙원이 직면한 초유의 사태에 경악을 금치 못하다가 이를 딸 스스로가 지닌 본성이 '스스로 그러하기自然'에 나온 결과라는 사실을 깨닫고 한숨을 쉬며 인정하였다. 딸의 통치는 비록 자신과는 다르지만 나름대로 새로운 질서로 등장했음을 인정하게 된 것이다. 게다가 만족스럽게도 딸은 바퀴벌레와 개미를 죽도록 싫어했다. 법칙과 규약을 벗어날 수 없는 자신과 달리 자유로운 딸이 바퀴나 개미를 보이는 대로 박멸하는 모습은 참으로 좋았다.

딸의 통치로 새롭게 질서가 잡혀 가는 낙원을 좋아한 하느님은 이제야말로 걱정을 버리고 학회 발표에 더더욱 집중하기로 했다. 매일 올라오던 고자질 천사의 통신을 일주일에 한 번으로 압축해서 받기로 결정하고 위급 시 알리는 알람 그리고 소방과 경비 천사의 통신선만 켜두기로 결정한다.

딸의 문명, 아달의 문화

여자는 문명이고 남자는 야만이다. 또 여자는 자연이고 남자는 문화이다. 그래서 딸은 자연에서 비롯한 문명을 지향하고, 남자는 야만을 벗어나게 해주는 무리의 규율을 강조한다.

여자가 자연인 이유는 입증할 필요도 없이 배웠건, 못 배웠건 여자는 여자이기 때문이다. 반면 남자는 아무리 물건이 커도 자기가 남자임을 문화적으로 입증해야 한다. 그래서 여자는 자연이고 남자는 문화라는 말은, 따로 굴리지 않아도 여자는 자연적으로 육체적으로나 정신적으로 성숙한 존재로 발전하지만 남자는 무리의 규율이 제공하는 성인식成人式, Ritual Process이라는 문화로 가공해야만 비로소 한 사람의 인간 노릇을 한다는 뜻이다.

'문명'이라는 신조어는 1760년 미라보Marquis de Mirabeau의 저서에 처음 등장하는데, '미덕과 이성이 제자리를 찾음'을 의미한다. '예절civilte' 개념에서 나온 '문명화한civilise'은 더 발전하여 '불결한', '거친'의 반대어이자 '길들여진'의 동의어로 쓰이고 더 나아가 '문명civilisation'으로 탈바꿈한다.

여자가 무엇을 '길들이기' 위해 문명을 개발했겠는가? 바로 남자라는 야만barbarism을 제압하여 길들이는 게 여자라는 문명의 목표였다. 시간과 결혼을 발명한 여자는 세계 안에 문명의 구역인 가정을 만들어 그 안에서 친밀의 언어인 섹스로 남자 길들이기를 시작한다. 야수를 사랑과 친밀의 원리로 길들이려는 여자는 그래서 문명이다. 한때 유럽에서 사자 머리와 가죽으로 침실 바닥을 장식하는 것이 유행했다고 한다. 길들여져 문명화된, 야수인 남자의 운명을 의미하는 것이다. 이는 마치 아름다움의 여신 아프로디테Aphrodite가 정부이자 전쟁의 신인 아레스Ares의 무장을 해제한 뒤 쇠사슬로 결박한 것과 같이 야수인 남편도 제압되리라는 은유의 메시지라고도 할 수 있다.

하지만 문제는 개에 견주는 남자가 사실은 개보다 다루기 훨씬 어렵고 난폭한 동물이라는 점이다. 남자는 밖에서 거친 사냥꾼이자 야만적이고 폭력적인 투사의 임무를 수행하기 때문에 밖에서는 야수였다가 집 안에서는 바로 말 잘 듣는 강아지로 쉽게 전환할 수 없다. 그러니까 남자는 집에서 재롱을 떠는 발발이라기보다는 투견으로 훈련된 도사견이나 길들이기 힘든 하이에나에 가깝다. 그래서 자기가 야수 같은 남자를 길들일 수 있다고 자신하는 '미녀'병이나 혹은 온달 만들기를 기대하는 '평강공주'병에 걸려 진짜로 거친 늑대 같은 남자와 결혼하는 여자는 대부분 거대한 착각의 대가를 치르기도 한다.

안젤로 쿠르텡Angelo Graf von Courten, 〈다이아나 여신과 사자The Goddess Diana With A Lion〉, 캔버스에 유채

문명은 여자가 개발하지만 실상 야수를 길들인 공로는 남자가 본능적으로 굴복하는 가장 강한 수컷 우두머리인 절대권력에 돌려야 마땅하다. 중세 유럽의 기사와 귀족들이란 야만적이고 예의 없는 존재였다. 하지만 예절이 중심을 이룬 대표적인 장소인 베르사유 궁전Chateau de Versailles 같은 곳에서 '결합체figuration'를 이루어 함께 생활하면서 기분 나쁘다고 살인을 저지르거나 흥분된다고 함부로 강간할 수 없었다. 게다가 거친 귀족들이 상대해야 하는 귀부인들은 우리 동네 아줌마와 마찬가지로 유언비어 조작의 달인들이었다. 조금만 처신을 잘못하면 바로 회복할 수 없는 나락으로 떨어진다. 그래서 아무리 야만적인 귀족이라도 절제하는 척하는 위장기술을 통한 연극이 필요했다. 이러한 기만적이고 가식적인 예

절이 정착한 뒤 여자를 대하는 기사나 귀족의 태도가 문명의 척도로 자리 잡는다. 이때부터 여자를 '어떻게 대하느냐'가 아니라 '어떻게 대접하느냐'가 귀부인들의 화제로 떠오르고, 마침내 귀부인의 입은 문명의 자리를 차지하는 것이다.

섹스 돌의 반격

어느 날 오랜 잔소리 끝에 과일을 모아 오라는 명령을 받고 심부름을 가던 아달은 하느님이 던진 미운털이 박혀 쫓겨난 노리개를 만난다. 이 노리개는 딸을 만들기 전에 시험으로 제작한 0호기이다. 처음에 하느님은 이 천사를 하느님 전용 섹스 노리개adult toy로 사용하려고 외모와 기능에 우선 신경을 썼다. 하지만 하느님은 이 장난감을 몇 번 사용하다 우주의 아름다움에 대한 새로움 깨달음으로 딸을 완성한 뒤 내쳤다. 그리고 버려진 천사가 딸을 향해 드러내 보인 투기 때문에 그를 더 멀리했다. 하지만 노리개는 이 현실을 받아들이지 못했다. 결국 신의 창조에 반기를 들다가 미운털이 박히는 벌을 받고 동산에서 퇴출당한다.

노리개는 억울했다. 하느님은 자기를 성 노리개로 만들고는 정작 처음 몇 번을 제외하고 창조의 본질적 이유를 충족시켜 주지는 않았다. 본질에 충실하기 위해 자기 홀로 노력했다. 하지만 하느님을 위해 만들어졌기에 만족할 줄 몰랐다. 언젠가 딸을 파괴하면 하느님의 사랑을 되찾을 수 있으리라 믿으며 동산 밖을 맴돌며 호시탐탐 기회를 노리고 있었다.

하늘의 감시를 피하기 위해 노리개는 땅이 다하는 곳까지 아주 깊이 파고 들어가서 불을 품은 흙에 도달한다. 뜨거웠다. 아무리 신력과 마법으로 방열하고 냉각하여도 근원적인 불에 온몸과 영혼이 타들어갔다. 온몸을 용암으로 바르고 나온 천사는 깊이를 알 수 없는 조용한 곳에서 서서히 열기를 다스리면서 지옥의 겁화를 차가운 바위로 바꾸었다. 이제 준비를 마친 것이다. 모든 준비를 마무리하고 끈질기게 기다린 끝에 깊은 밤의 새카만 어둠 속에 묻혀 경계가 느슨한 곳으로 침투해 무사히 낙원으로 돌아온다.

모든 정보를 종합해 판단할 때, 딸은 하느님의 영혼을 나누어 가졌기 때문에 너무나 강하다. 특히 딸이 가진 언어logos의 힘은 정말로 하느님에 버금갈 정도로 두려운 것이었다. 도무지 직접 덤빌 엄두가 전혀 나지 않았다. 노리개는 곰곰이 생각했고 꼼꼼히 살폈다. 활발한 모습으로 낙원을 다스리는 딸과 그 곁을 한시도 떨어지지 않는 아달 그리고 경비를 보는 천사들. 경비 천사의 동선을 다 기억하고 계산해서 틈을 찾으려고 하였다. 다행히 그들은 바위로 위장한 노리개를 아무도 눈치 채지 못했다. 다만 딸만이 가끔 못마땅한 표정을 지을 뿐이었다.

하느님이 만든 방어 시스템은 완벽하다. 하지만 약점은 만들어 내는 것이다. 천사는 눈앞에서 그 무엇인가를 덜렁거리며 돌아다니는 아달을 보자 가장 좋은 한 수를 떠올렸다. 아달, 바로 딸이 가장 아끼고 사랑하는 애완용 사람이 바로 열쇠라는 것을 노리개는 본능적으로 느낄 수 있었다.

아달의 눈뜸

천사는 결심했다. 내가 할 수 있는 모든 능력을 다해 아달로 하여금 섹스에 눈뜨게 하리라. 그리고는 아달을 통해 딸을 무너뜨릴 것이다. 그러면 하느님도 더 이상 어쩔 수 없이 더러워진 딸을 돌아보지 않고 다시 내게로 돌아오리라!

노리개의 시선은 아달을 좇기 시작했다. 매 순간의 각종 몸짓과 행위 등을 관찰하며 아달을 알아가기 시작한다. 더 나아가서 아달의 호흡, 심박, 체온까지 체크하며 아달과 한 몸으로 느끼기 시작한다. 그러다 아달 안에 숨은 고통과 힘겨움에도 공감할 수 있었다. 노리개의 아픔도 적지 않기에 아달이 지닌 아픔의 깊이를 알 수 있었던 것이다. 하지만 동병상련만으로 하느님이 내 곁으로 돌아오는 것은 아니라는 생각으로 마음을 굳게 다진 천사는 서서히 작전을 개시한다.

어느 날, 노리개는 경비팀이 늘 변함없이 간직했던 긴장의 냄새가 달라진 것을 맡았다. 뭔지 자세히는 알 수 없지만 낙원을 둘러싼 시선의 그물이 옅어지기는 옅어졌다. 아울러 고자질 천사의 움직임이 약해졌다는 사실도 감지했다. 천사들의 힘이 만들어 내는 찐득한 감시는 마치 물속에서의 움직임을 지켜보는 것과 같았다. 대상이 조금만 크게 움직이면 물결이 일어 제 자신을 노출할 수밖에 없는 그런 것이었다. 하지만 지금은 마치 물밖에 나온 것처럼 파동의 여파가 옅어졌다. 노리개는 알 수 있었다. 이제야말로 그동안 고생한 보람을 거둘 때라는 것을! 이제야말로 아달에 접근할 때라는 것을! 그리고 이제야말로 저 말도 안 되는 자연의 불평등 존재인 딸을 추락시킬 때라는 것을!

저항할 수 없는 존재의 잔소리에서 풀려 나와 과일을 따기 위해 홀로 나선 아달은 기분이 좋아졌다. 비를 뿌리고 난 하늘은 막 오후로 접어들어 바람은 촉촉하고 선선하였으며 지저귀는 새소리는 정겨웠다. 홀로 있으니 기분까지 좋았다. 그렇게 흥겹던 시간을 보내던 아달에게 어디선가 익숙한 듯 좋은 냄새가 다가와 그를 유혹한다.

언젠가 맡아 보았던 아득히 먼 그리움의 기억 속 내음이었다. 그 기억은 그동안 온몸을 짓누르던 스트레스를 풀어주고 힘을 북돋아 주는 야릇한 두근거림이었다. 아달은 정신없이 그 냄새를 따라 올라갔다. 그리고 그 아득한 기억의 끝에서 아달은 너무도 아름다운 충동에 마주선다. 마치 꿈에서 아무도 모르게 그토록 그리워했다고 생각한 그 아득함은 바로 미운털이 박힌 노리개였다. 아달은 노리개가 작전을 성공시키기 위해 모아 둔 딸의 에스트로겐으로 제조한 페로몬에 홀린 것이다.

노리개는 '내 눈 앞에는 딸의 사랑인 아달이 지치고 멍한 모습으로 서 있다. 이 기회를 놓치지 않을 것이야!'라고 다짐하며 자기가 가진 모든 역량을 동원해 딸에게서 훔쳐 증식한 페로몬을 대량 방출한 것이다. 그러니까 아달은 페로몬을 통해 그동안 마주칠 기회가 없었던 딸의 매혹과 만나고 있는 셈이었다. 동물적인 영혼을 가진 아달은 페로몬 감지능력도 좋았다. 게다가 아달의 피부를 감싸는 노리개의 목소리는 마치 아달의 땀샘과 털 하나하나를 건드리고 진동시키는 것 같았다. 딸의 페로몬과 피부를 어루만지는 목소리로 온몸이 호르몬 토닉 칵테일이 된 아달은 천사에게 안기려다 천사의 붉은 색을 띤 에스라인 몸매에 흠칫한다. 천사는 딸이 낼 수 있는 가장 부드러운 목소리를 흉내 내면서 아달을 부른다.

"아달 여기, 나를 봐, 내게로 와!"

하지만 아달은 당황해하며 천사를 쳐다보았다. 목소리와 냄새는 주인님이지만 피부에 이는 소름은 자꾸 그가 진짜 주인이 아니라고 알린다. 게다가 지금까지 들어오던 짜증 섞인 잔소리가 아니라 너무나 다정하고 달콤한 목소리다. 아달의 모습을 내려 보던 노리개는 작전을 바꿔 조금 강하게 명령을 내리고 마음에 뇌쇄의 마법을 심기로 한다. 딸의 목소리로 울려 퍼지는 명령을 받은 아달이 거부할 수 없는 자세를 취한다.

"아달, 자꾸 어딜 바라 봐! 가까이 와!"

딱딱한 명령에 드디어 아달이 머리를 들기 시작한다. 도저히 눈길을 돌릴 수 없이 뇌쇄적인 자태가 눈에 들어온다. 아달의 눈앞에는 한 마리의 우물尤物이 서 있던 것이다. 아름답지만 어딘가 아슬아슬함을 주는 존재, 우물. 그 아름다움이 주는 성스러운 황홀경에 정신이 나간 아달은 이제 더 이상 자기 맘대로 움직일 수 없는 없는 고양이 앞의 쥐가 된 것이다. 얼어붙은 아달의 모습에 꽃이 피어나듯, 동산에 달이 두둥실 떠오르듯 활짝 웃음으로 팔을 벌리며 노리개는 말한다.

"아달! 아달! 이리 와!"

겨우 눈을 뜨고 바라보니 살랑대는 바람에 천사의 머리카락이 사르르 흘러내렸다. 그 물결처럼 번지는 머리카락은 다시 천사의 눈을 스치며 지나갔다. 그 찬란한 광휘와 같은 모습을 본 순간 아달은 마음속이 와르르 무너져 내리는 소리를 들었다. 오랫동안 잊었던 딸의 내음, 사타구니를 간질이는 부드러운 목소리…… 마음속 장벽은 그와 함께 허물어져 내렸고, 대지를 굳게 딛고 섰던 두 다리의 힘도 '쑤욱'하며 빠져나가는 듯했다. 오랫동안 기다려왔던 순간이 다가왔다는 느낌은 마침내 육체의 모든 구석을 휘감기 시작했다. 피부를 따라 흐르는 그런 진동에 아달의 몸이 서서히 펴지고 커져 갔다.

아달은 몸을 펴고 일어나 노리개에게 다가가 당당하게 곁에 서서 손을 뻗는다. 그러자 노리개는 몸을 돌려 동산을 향해 올라갔고 아달은 홀린 듯, 너무도 당연한 듯 눈을 거두지 못하고 앞서가는 노리개를 좇아간다.

노리개는 슬쩍슬쩍 머리카락 사이로 감춘 눈을 흘기며 아름다운 유혹의 페로몬으로 가득한 붉은 머리카락을 휘날리다 결국 금지된 사과나무로 아달을 이끌었다. 이제 불붙은 아달의 가슴에는 작은 의구심도 일지 않았다.

드디어 노리개가 사과나무에 이르렀고 아달이 그 뒤를 따라 도착한다. 천사를 잡으려고 내민 아달의 손에 오히려 천사의 손이 먼저 다가온다. 손을 잡은 둘은 나란히 금지된 열매 앞에 섰다.

금지된 나무 아래서

천사는 해처럼 밝고 아름다워 모두를 빨아들일 듯한 눈동자로 아달을 보면서 버찌cherry 같이 빨간 입을 벌려 아달의 귀에 대고 뱀처럼 붉은 말을 속삭였다. 귓불을 핥는 끈적끈적하고 서늘하면서도 부드러운 느낌, 페로몬이 따스하게 번지는 숨소리에 너무나도 그윽하고 고혹해서 정신이 아득해진 아달은 무슨 말을 듣는지도 모르고 그저 고개를 끄덕일 뿐이었다. 마치 뱀 앞에 선 쥐처럼 동공이 풀어지고 온몸이 소름으로 굳은 아달을 보고 피식 웃은 천사는 서서히 아달에게 다가가 감아 안으며 입을 맞춘다. 하느님이 창조한 목적대로, 하느님에게 배운 그대로의 성의 유희가 아달에게 펼쳐지기 시작한 것이다. 노리개가 걸어놓은 기억 마법대로 아달의 몸은 노리개와 하나 되어 움직이며 배우기 시작한다. 아달과 입을 맞춘 노리개는 자신과 같이 움직이는 아달의 온몸을 통해 언약의 말을 뱉어내기 시작했다.

"저 사과를 따 먹자!"

말을 하였지만 아달의 영혼은 사과에 속한 저주를 느끼고 근원 모를 두려움에 떨어야 했다. 알고 있는 몇 개의 단어 중 하나인 "아냐!"를 더듬거리고 했지만 입은 천사의 그것에 붙어 있었으며, 따라서 천사의 명령이 바로 아달의 대답이었다. 그래서 "아냐!"라고 마음속으로 되뇌었지만 되어져 나오는 말은 "그래, 맛있겠다!"였다.

아달이 자꾸만 의식을 되찾으려 한다는 것을 감지한 천사는 위기감을 느꼈다. 페로몬이나 육체의 유혹보다 더 강렬한 자기방어를 해제할 필요가 있던 순간이었다.

"여기는 참 좋아! 동산에서 가장 아름다워, 그리고 배고파!"

천사는 아달에게 이렇게 말하게 한 뒤 굳기 시작한 아달의 몸과 입을 통해 계속해서 되뇌어 말하게 한다.

"여기는 참 좋아! 동산에서 가장 아름다워, 그리고 배고파!"

"여기는 참 좋아! 동산에서 가장 아름다워, 그리고 배고파!"

"여기는 참 좋아! 동산에서 가장 아름다워, 그리고 나 배고파!"

"여기는 참 좋아! 동산에서 가장 아름다워, 그리고 나 배고파!"

계속 되뇌는 동안 어느 순간부터 아달은 천사의 입을 떠나 혼자 말하고 있었다. 천사는 아달을 더 부드럽고 강하게 감아 안으며 마지막으로 남은 더 깊은 대화를 향해 나아가기 시작했다. 서서히 영혼을 잠식당하던 아달은 더 깊은 영혼의 갈망을 느끼기 시작하면서 어린애 같이 천사에게 파고들기 시작했다. 천사는 포근하게 웃으며 아달을 부드럽게 안아주었고 이제는 다른 의미를 지닌 새로운 입맞춤이 시작되었다.

깊은 밤, 깊은 곳을 헤엄치던 두 영혼은 드디어 한곳에 이르러 손을 맞잡고 근원 모를 굶주림을 채우기 시작했다. 모든 곳이 아달을 감싸는 천사였으며 지천에 사과가 놓여 있었다. 사과는 꿀처럼 달았고, 씹으면 씹을 수록 힘은 노리개를 향했다가 다시 아달을 향했다.

성 충동과 사랑

　이론은 무한할 정도로 많다. 프로이트Sigmund Freud, 마르쿠제Herbert Marcuse, 빌헬름 라이히Wilhelm Reich, 조르주 바타이유Georges Bataille, 미셸 푸코Michel Foucault, 앤소니 기든스Anthony Giddens까지 엄청난 스타플레이어들이 성과 사랑에 관한 이론을 제시하였다. 이들이 차려놓은 밥상이 워낙 거대해서 작은 숟가락 하나 올려놓는다고 폐가 될 리는 없다.

　이 이야기는 유태교의 요녀 릴리스Lilith 신화에서 빌려 온 것이라기보다는 일본의 고레에다 히로카즈是枝裕和 감독의 〈공기인형空気人形〉의 불쾌한 충격에서 비롯했다. 영화는 감정을 갖게 된 섹스장난감이 자기 사랑을 찾아간다는 이야기이다. 나는 이 영화에서 본질적인 거부감을 느꼈다. 어느 날 방 안 구석에 뚜껑 덮어 놓은 요강이 감정과 생명을 갖고 누군가와 사랑에 빠진다고 상상해 보라. 영화에서 느낀 더러운 기분이 그것이다.

　유대교 신화에 의하면 릴리스는 아담의 첫째 아내였다. 전승에는 인간이 신의 형상을 따라 남자와 여자를 동시에 창조했다고 한다. 둘을 아담과 릴리스라고 한다. 릴리스는 성관계를 할 때 늘 남성 상위 체위를 해야 하고, 아담이 원하면 무조건 성관계에 응해야 한다는 현실에 불만을 품어 홍해로 도망가 많은 남자들을 유혹했다고 한다. 전설에 의하면 릴리스는 남자들의 침실에 나타나 욕정을 부추기는 존재라고 한다.

　사실 릴리스 신화는 유대교의 전승보다 연원이 더 오래되었다. 올빼미로 상징되기도 하는 릴리스는 유대 신화, 바빌로니안 탈무드, 사해문서, 메소포타미아 문화권 문헌에서 등장하는 여성이다. 심지어 그리스 신화에도 출현하며 중세 유대교의 신비전승인 카발라Kabbalah에서도 무게감 있게 나온다. 오랜 전통을 지닌 릴리스는 성적인 대상, 탕녀, 악마의 신부, 팜므 파탈 등의 이미지로 현대에도 맹활약 중이고 심지어는 카발라의 상징을 대거 채용한 일본의 애니메이션 〈신세기 에반게리온Neon Genesis Evangelion〉에도 새로운 생명을 위한 원초의 어머니로 등장하기도 한다.

성 충동은 고환에서 주로 생산하는 테스토스테론이라는 호르몬의 역할이 중심이다. 이 호르몬의 영향으로 남자는 시각과 후각에 엄청난 반응을 보인다. 남자는 보통 여자의 9배에 이르는 성 충동을 지닌다고 한다. 생물학자야 숫자로 '9'를 쓰겠지만 당하는 당사자에게 '9'라는 숫자는 무조건적인 '힘'이다. 여자의 경우에는 직접 주사를 맞아 이를 경험할 수 있다고 한다. 더 황당한 것은 사춘기의 호르몬이다. 호르몬이 과잉으로 생산되는 사춘기부터 23세 정도까지 남자들은 그 수치가 수십 배로 뛰어 의리, 자존심 등으로 목숨을 거는 '테스토스테론 치매기'에 든다. 의리와 자존심 등에 빠져 날뛰는 정도라고 보면 좋다.

남자는 성적인 문제를 해결할 수 없다고 해서 죽지는 않는다. 그저 미쳐 날뛰며 주변의 인간관계와 세상을 파괴할 뿐이다. 내 경우 세상이 나와 함께 뛰어다녔다. 육체적인 삶을 지탱해 주는 음식과 마찬가지로 인간의 모든 감각도 나름의 영양분으로 채워 주어야 인간적인 삶의 평균치에 근접한다. 우리 시대 대표적인 파시스트인 여성부는 그런 남성들에게 그저 참으라고만 한다. 충고대로 참을 수 있다. 공부 안 하고, 음악 안 듣고, 커피나 꽃향기 안 맡고, 영화나 미술 감상 안 하고, 책 읽지 않고, 친구나 선배 만나 대화 안 나누고, 사회에 충성이나 도덕적인 결정을 하지 않을 수 있다. 아울러 어머니와 연인의 손길을 느끼지 못한다고 굶어 죽지 않는다. 그저 인간적으로 무의미한 잉여로, 의식 없는 좀비Zombie로 죽어갈 뿐이다.

충동이 주는 거대한 압력을 줄이기 위해서 야동이건, 공기인형이든, 검정색 팬티스타킹 페티시건, 여자친구건 무엇이라도 필요하다. 리비도Libido의 힘은 미쳐 날뛰지만 남자는 감정표현에 서투르다. 조르주 바타유가 말하듯 이 '에너지 과잉'을 안정화시키기 위한 행위로서 섹스는 아주 본원적이며 유용한 수단이다.[13] 더 나아가 라이히는 미쳐 날뛰는 심리적 건강은 오르가즘 능력에 달려 있다고 말한다. 즉 심리적으로 건강하지 않은 마음의 병은 오르가즘 능력이 제 힘을 발하지 못하기 때문이라고 한다. 그렇다면 오르가즘의 힘이란 바로 충동의 압력을 해소했을 때 찾아오는 해탈의 느낌이다.[14] 여성부나 어떤 여타 파시스트가 인간의 오르가즘 능력을 제한하거나 사회적 성을 억압하기 위해 광분하면서 이 충동을 막으면 인간은 품위를 잃고 사회적 광증의 상승 앞에 놓인다.

성 충동은 사랑과 다르다. 성 충동은 방광이 터지는 듯한 육체적인 느낌과 정신적인 충동의 총합이다. 그래서 육체의 수요를 해결할 방법과 함께 정신적인 요강이나 화장실이 필요하다. 하지만 우리 사회에 정신적인 요강은 턱없이 부족하고 제한적이다. 예술을 '대리 배설'이라 할 때 배설하는 게 오줌, 똥이 아니라면 예술도, 취미도, 스포츠도 정신적 정액 배출을 위한 요강이고 두루마리 휴지다.

사회가 좋아져서 모든 정신적이고 문화적인 요강과 휴지가 차고 넘쳐도 인간이라는 육체가 지향하는 본연의 충동에 기인한 볼일은 그대로 남는다. 남자는 아무리 문화로 정신을 채워도 몸이 비워지지 못하면 마음은 마치 태풍 같이 휘돈다. 몸과 마음이 오직 한 방향만 갖는 게 남자의 성 충동이고 세상의 반을 차지하는 인간의 진실이다. 무조건 참으라고 억압한다면 세상과 인간은 점점 부서져 나갈 뿐이다.

사랑은 성 충동과 구조가 다르다. 성 충동은 배설 뒤 물을 내려야 하는 정신적이거나 물질적인 화장실이다. 반면 사랑은 화장실을 비롯한 방과 부엌, 신변의 잡물 및 개인의 모든 소중한 재산이 망라된 더 많은 구조를 지닌 집이다. 우리의 모든 생활은 집에서 시작하고 집에서 끝난다. 그리고 누구에게나 집은 가장 좋고 편하며 소중한 곳이다. 그래서 집은 지혜로운 곳이다. 집이 갖는 지혜란 아무리 술로 엉망이 되고 필름이 끊어져도 남자를 귀소본능에 따라 돌아오게 만든다는 힘이다.

하느님을 포함한 모든 남자는 성 충동을 가지며 성적 오르가즘을 위해서는 타인이 필요하다. 한 번 해 보라. 나는 절대 나를 간지럽히지 못한다.[15] 그렇듯 나를 간지럽게 해주고 나의 감각을 일깨워 인도해 줄 상대가 있어야 오르가즘도 가능하다. 즉 자위로는 충분한 오르가즘에 이르기 힘들다는 말이다. 그래서 충동을 해소하고 충분한 오르가즘에 이르기 위해 나 혼자의 자위로 이루어진 삶이 아닌 감정과 인격을 지닌 타인과 함께 살기를 원한다. 즉 나를 간지럽혀서 오르가즘에 올려줄 인격적인 공기인형을 상상한다. 하지만 동시에 제발 공기인형을 인격이 아닌 그저 물질인 요강으로 놔두었으면 하는 강렬한 소망도 공존한다.

라이히도 타인과 나의 동시성인 관심과 사랑의 섹스야말로 충동을 풀어주고 보듬어 줄 가장 바람직한 길이라고 보았다. 그래서 사실은 조각가 피그말리온인 하느님이 실력을 다해 만들어 낸 인격과 감정을 가진 섹스돌이나 사랑에 빠져 움직이는 공기인형은 마치 감정을 지녀 살아 움직이는 듯한 두루마리 휴지, 요강, 혹은 화장실 같아서 싫다.

고래 뱃속과 탈피

깊은 침잠 속에서 아달은 듣고 느낄 수 있었다. 몸 여기저기에서, 머리 여기저기에서 들리는 소리와 뼈가 틀어지고 몸이 바뀌는 고통을. 아달의 영혼은 천사의 고차원적인 영혼과 섞이면서 지금까지 늦추고 있던 진화를 시작한 것이다. 아달은 고통과 전율로 부들부들 떨어야 했지만 노리개는 아달이 그럴수록 더욱 조일 뿐이었다. 피부는 구리빛으로 윤이 나기 시작하고 무분별하게 돋은 털은 빠지는 대신 길게 나야 할 곳의 털은 더 두터워졌다. 그리고 그저 덜렁거리며 영역표시의 목적으로 사용하던 요도관은 우람한 봉우리가 되어 북을 울리며 존재를 드러내기 시작했다.

천사는 기대 이상으로 변화한 아달의 모습을 보고 경악하는 한편 성공적인 탈피를 기뻐했다. 천사는 자신의 변화에 어쩔 줄 몰라 하는 아달을 부드럽게 쓰다듬어 주면서 융단 같은 풀밭에 누인 뒤 그 위에 자신의 몸을 올렸다. 이어 자기가 만들어진 소임을 아달에게 가르치고 아달은 그를 몸으로 배우기 시작했다. 그리고는 영혼을 흔드는 움직임이 시작되었다.

누가 말했던가? 영혼은 호흡psyche이라고! 이는 영혼이 깊은 몸의 대화인 것을 모르는 사람의 넋두리였다. 영혼은 바로 몸에 새겨진 느낌의 흔적인 것이다. 천사는 아달의 영혼에 몸의 언어를 각인한다. 그리고 아달은 천사의 마법과도 같은 행위로 더 깊은 영혼의 교감을 느끼며 천사가 가진 지식을 전수 받았다. 천사도, 아달도 영혼 깊은 곳으로부터 만족한다. 아달은 머릿속이 온통 별로 반짝이는 것을 느끼고 한탄하며 천사와 같이 말한다.

"하늘에 별이 가득해!"

그리고 아달은 태초의 어둠보다 더 깊은 잠에 빠진다. 이제 아달은 어제의 아달이 아니다. 몸은 본격적인 진화의 단계에 접어들었고 영혼은 과실의 테스토스테론과 딸을 유혹하기 위해 천사가 심어 놓은 성욕의 기술을 얻은 상태였다. 이로 인해 아달의 지혜는 큰 나무만큼 커졌고 서서히 마음속에 선악의 저주가 자라 지혜라는 거짓으로 꿈틀거리기 시작했다.

아달의 귀환

동산에 황혼이 내리는 저녁. 누군가 부르는 소리에 깨어난 아달은 꿈만 같았던 시간을 다시 상기하며 멍해진 정신으로 침을 흘리다 한동안 무표정하게 지는 해를 바라본다. 그리곤 천사가 누웠던 자리를 바라보았다. 꿈인 듯 환상이었던 듯 아무런 흔적도 없다.

다시 해를 보니 두려운 마음이 들면서 이제야 자신이 지금 어디에 있는지, 주변에 무엇이 있는지를 알아차린다. 아달은 금지된 사과를 먹었다는 것을 깨닫고 가슴이 덜컹 내려앉는다. 하지만 왠지 모르지만 이제 하느님보다 더욱 두려운 것은 딸이다. 가슴 한구석이 꾹꾹 저려온다. 이리저리 거닐며 자신의 변화한 모습과 어색하게 바뀐 몸동작을 보면서 지금까지 없었던 많은 생각이 머리로 들어오면서 고민에 빠진 아달은 문득 자괴감이 들었다.

저주의 효과가 시작된 것이다. 하지만 더 이상 시간을 끌 수 없다. 뭔가 해야 한다는 것을 깨달은 아달은 무의식에 천사가 몸에 심어 놓은 지시대로 결단을 내리고 실행한다. 그는 단호히 사과를 몇 개 따서 뒤로 숨기고 딸에게 돌아간 것이다.

날이 저물고 다시 날이 바뀌어도 장난감이 돌아오지 않았음을 안 딸은 어스름해지는 저녁에서야 아달이 돌아오는 모습을 보고 반가우면서도 서운한 맘이 들었다. 그래서 잔소리를 퍼부으려고 하다가 아달의 변화한 모습을 보고 깜짝 놀란다. 내 품 안에 응석 부리던 아달은 이제 더 이상 어린애가 아니다. 크고 단단하다. 그리고 눈을 뜰 수 없이 빛난다. 이제 어제의 아달은 어디로 갔는지 모르게 그는 어느덧 강하게 빛나는 새로운 힘으로 서 있다. 딸에게 아달이 주는 느낌은 의문을 넘어섰다. 하느님이 주신 선물의 진정한 의미가 바로 지금의 그라고 생각하게 되었고 그저 꿈속에서 생각하던 아달이 이제야 온 것 같아 좋았다. 딸은 아달 주변을 빙빙 돌며 아달의 변화를 꼼꼼히 살피는 한편 아달에게서 흘러나오는 뭔지 모를 냄새에 신경을 곤두세운다. 지금 아달은 내가 아닌 무엇을 가지고 있는 것 같다.

딸이 아달을 추궁하려는 순간 조용히 고개를 숙이고 있던 아달은 천사의 뜻에 따라 몸에 각인된 대로 가슴을 펴고 강한 페로몬을 흘리며 딸에게 한 걸음 다가선다. 지금까지 어눌하지만 말 잘 듣는 강아지였던 아달과는 너무나 다른 모습이었다. 강한 페로몬으로 급격히 변한 아달의 존재감에 딸은 정신을 수습할 수 없었고 그만이 가진 신의 능력을 쓸 새가 없었다. 들이마신 숨이 밖으로 나오지 않는다. 말이 나오지 않고 다리가 풀린다. 쓰러지려는 딸을 아달이 가볍게 안아서 둥지 안 가장 포근한 곳에다 눕힌다.

딸은 뭔가 말을 하려고 해도 지금까지와 다른 아달의 느낌에 당황해

입을 열 수 없었다. 크고 단단하게 변한 아달이 말도 없이 자기를 안아 누이고 옆으로 바짝 다가와 자기의 여기저기를 때론 부드럽게 때론 강하게 쓰다듬기 시작했기 때문이다. 아달의 손은 수없이 홀로 지샌 긴긴 밤을 보상해 주는 하느님의 선물이었다. 그게 아니라면 이 순간을 설명할 방법이 전혀 없었다. 무엇이 아달을 변하게 하였든, 어느 무엇이 아달과 딸 사이에 있건 지금 이 순간은 눈이 감기고 입에서는 달뜬 한숨만 흘러나왔다.

아달은 처음에는 딸의 손을 부드럽게 쓸어 손깍지를 끼듯 만지고 팔을 쓸고 목을 훑고 허리를 감고 다리를 간질이는 미풍이었다. 친근함으로 시작한 아달의 몸짓과 만지기는 점점 더 굶주림으로 바뀌어 갔다. 발가락을 빨듯이 핥고, 무엇이 고픈지 딸의 봉긋한 젓꼭지를 어르고, 혀는 마치 딸을 씻어주듯 온몸을 감았다. 또 코와 입을 박고는 딸이 가진 모든 냄새를 맡고 맛보려는 듯 미골을 음미하며 맛보았다. 아달의 혀가 하느님과의 입맞춤으로 생긴 가랑이 사이의 깊은 곳으로 향하자 딸은 "그만!"을 외치려고 했다. 하지만 아달은 천사가 모든 사랑의 기술을 몸에 각인시킨 새사람이다. 딸이 지닌 언령言靈의 주문을 파훼破毁할 방책은 이미 마련해 두고 있었다.

아달은 딸의 입에 입맞춤을 한 상태로 노리개에게 배운 대로 딸과 함께 말했다.

"좋아! 너무 좋아!"

계속해서 둘은 되뇌었다. 딸의 말은 바로 말씀이 되었고 그리고 그렇게 하늘과 땅을 가득 채우며 육체가 되었다. 딸의 영혼에 든 하느님의 창조 힘은 하늘과 땅을 가득 채우고 더 나아가 모든 생물과 무생물, 그리고 공기를 흔들어 거대한 공명으로 딸에게 화답하였다.

"좋아! 너무 좋아!"

하늘과 땅 그리고 모든 창조물은 열락으로 가득했으며 그 열락은 모든 피조물을 새로운 진화의 길로 이끌 참이었다. 그래서 그 밤 천지는 그렇게 공명하며 울렸었다.

"좋아! 너무 좋아!"

말씀이 육신이 되고 곧 딸이 되고 아달이 되었다.

아름다움과 매력[16]

대는 오직 '젊고 예쁜 여자'다. 예외는 없고, 있더라도 철저하게 무시할 수 있는 수준이다. "제 눈에 안경"이라며 저항하지만 그는 눈이 낮거나 여성부로부터 세뇌를 당했기 때문이다. 인간에게 '예쁨'은 상대적인 개념이 아니다. 그래서 "아름다움은 껍질뿐 beauty is skin deep"이라는 악랄한 모략은

산드로 보티첼리Sandro Botticelli,
〈비너스의 탄생The Birth of Venus〉,
피렌체 우피치 미술관Florence Uffizi Gallery 소장

대꾸할 가치도 없는 못생긴 것들의 자기 위안일 뿐이다.

아름다움은 오랫동안 사회적인 학습으로 여겨져 왔다. 하지만 위대한 생물학자 윌슨Edward O. Wilson은 『사회생물학Sociobiology』에서 이에 대해 반기를 들었고 이제 아름다움은 태어날 때 지니고 나온다는 의견이 정설로 자리를 잡고 있다. 그렇다. 아름다움은 인간 진화의 수단인 동시에 목적telos이다. 그래서 우리는 아름다움을 보면 눈을 떼지 못하고 숨도 크게 쉬지

못한다.

600만 년의 진화는 무엇에 집중하기 위해 눈과 뇌를 만들었는가? 바로 아름다움이다. 우리 인간이 자기의 유전자를 후세에 남기기 위한 생식의 기계건, 도덕적인 본성을 가진 고귀한 존재라고 하건 상관없이 우리가 진화를 가리키는 방향은 아름다움이다. 아름다움은 우리를 끌어들이는 매혹적인 힘attraction이고 궁극의 유혹이기 때문에 육체적인 아름다움은 우수한 자손을 남기기에 유리한 도덕적 완전성으로 여겨졌다. 비단 아름다움은 눈에만 있는 것이 아니다. 인간의 감각을 아홉 구멍九竅으로 보건, 육감으로 여기건 각 감각이 바라는 아름다움은 쾌감으로 보상한다. 그렇게 인간은 아름다움을 통한 쾌락을 추구하도록 설계되고 진화하였다.

어떤 사물이던 설계된 용도와 의도에 충실하다면 '좋은 선善'인 것이다. 그러므로 쾌락을 추구하는 인간은 설계가 의도하는 선한 의도를 실현하는 존재이다. 하지만 우리 앞에는 쾌락의 욕망을 막으려는 문화와 도덕이라는 쇠사슬이 놓여 있다. 하지만 문화와 도덕은 쾌락을 막는 쇠사슬로 보기보다는 그를 증진시키는 방법으로 선용해야 옳다. 즉 문화와 도덕은 방해가 아니라 600만 년 간 인간의 쾌락 실현을 위한 진화의 원동력이 된 우리 몸의 또 다른 기능이라는 것이다. 예를 들면 협동은 더 크고 맛있는 먹이를 잡는 데 도움을 주며 생고기보다 불을 사용한 요리는 맛과 영양을 높이고 소화를 돕는다. 그렇듯 문화와 도덕은 더 좋은 합의를 이루는 방법이고 문화는 날것을 처리하여 쾌락의 효과를 높이기 위한 요리법recipe이다.

우리는 상당히 재미없는 근대modern 세계를 살아가고 있다. 근대를 만든 첫 주역은 프랑스의 계몽 부르주아bourgeois이고, 그 다음은 프로테스탄트protestant 청교도 자본 부르주아다. 앞의 부르주아는 궁정에서 가져온 문물과 지식 그리고 예절을 세상에 전파하려고 돈을 쓴, 재미를 사랑한 베짱이다. 반면 뒤의 독일 개신교 자본가는 신에게 구원을 받으려고 근검, 절약, 청빈을 외치며 일만 하고 일만 시키던 지겨운 개미였다. 언제나 그렇듯 개미보다는 베짱이가 낫다.

문화, 예절, 문명 그리고 예술 분야에서 계몽 부르주아는 혁혁한 공로를 올렸다. 그러나 노동, 임금, 은행 및 산업은 청교도의 몫이었다. 즉 돈이 더 많았다. 청교도 개미들은 계몽 베짱이들이 폼만 잡고 허례허식에 치중한다고 불만을 토로했다. 그들은 신에 대한 충성을 위해 절제와 검약 그리고 청빈 이외의 것들인 예절이나 교양, 문화는 별로 쓸모가 없다고 보았다. 또 그들은 계몽 측이 신도 잘 믿지 않으면서 방탕하고 번잡하다고 비판했다. 그래서 그들은 근대세계를 노동의 합리성에 입각한 이성을 원칙으로 삼고 검약과 노동 윤리를 강조하였다. 이들이 만들어 낸 '월화수목금', '9시 출근 6시 퇴근', '똑같은 옷에 똑같은 행동'에 관한 지침은 세계를 무지하게 재미없도록 이끌었다.

서양에서는 가장 이상적인 형상을 모방하고 재현mimesis하는 것을 아름다움이라고 보았다. 18세기에 독일의 개신교 철학자 칸트I. Kant는 아름다움이란 이상적인 형상이 아니라 '주관적인 판단', 즉 네가 보기에 좋으면 아름다운 것이라는 관점을 제시하였다. 하지만 자연의 아름다움이라는 '모범'을 모방하고 재현한다는 기본 이념은 계속 유지했다. 그래서 그는 자연미의 모방인 예술을 "비관심의 관심uninterested interest"이라 보았다. 즉 먹을 수 있는 자연인 사과는 예술이 아니고, 인간의 주관적인 판단이 개입한 인공적인artificial 그림의 사과는 예술Art이라는 것이다.

이 이론을 보는 순간 바로 무릎을 치면서 "아! 이게 바로 '미술관 미학'이구나!"라며 의미를 알아차릴 수 있었다. 이런 미술관 미학을 말한 칸트는 인간사회에 대해서도 역시 재미없는 이론을 제시한다. 인간은 사회적으로 공존하면서도 서로 적개심과 경쟁심을 지닌다. 그래서 최대한 개인적 자유를 누리려는 경향이 있다고 하면서 이를 '비사교적 사교성unsociable sociability'이라고 부른다. 이 이론에서 그는 역사발전의 원동력을 개신교적인 관점에서 바라본다. 구교인 가톨릭의 사회적인 관점에는 적대감을 드러내고 신교의 개인적인 자유의 관계를 중시한다.

미학과 사회이론은 다른 대상과 원리를 지닌다. 하지만 사회적 맥락 안에서 인간이 영위하는 예술이라는 측면이나 앞의 언어 구조가 유사하기에 둘을 한 번 합쳐 보면 새로운 사실을 발견할 수 있을 듯하다.

우선 '비사교'와 '비관심'을 한 부류로 놓고 하나로 합쳐 보면 재미있는 결론이 나온다. 두 개념의 내용은 '인간관계 부정과 실재적인 관계의 부정'이다. 다음 '사회성'과 '관심'을 합치면 '자유로운 개인의 심미적 판단'이라고 할 수 있다. 모두를 합치면 '인간관계와 실재적인 이익을 부정하고 혼자 예술 감상하며 놀겠다'이다. 이를 남녀관계로 옮겨 보면 '미술관과도 같은 이 세상에서, 관심 가는 여자 혹은 남자에 대한 관계를 적대적으로 부정하고 직접적인 이익이 없는 개인적인 미적 판단으로 구경이나 한다'가 된다. 이를테면 작은 구멍으로 들여다보는 만화경, 즉 핍쇼peep show나 즐기겠다는 태도와 다름없다.

미술관에 가면 항상 "작품에 손대지 마시오"라고 쓰여 있다. 이는 여자 혹은 남자는 사회적 작품이므로 만지거나 말을 걸거나 하는 관계를 맺지 말고 그저 관음증이나 채우라는 의미일 것이다. 아울러 프로테스탄트 철학자가 내릴 수 있는 결말일 수도 있다.

유명한 댄디였던 오스카 와일드Ooscar Wilde

우리 인간은 자연 그 자체다. 따라서 남자나 여자는 아름다움으로 인식하도록 만들어졌다. 그래서 자연이 만들어 낸 문화적인 맥락에서도 우리는 스스로 아름다울 권리가 있다. 그리고 이 권리는 곧 외부와 내부를 일치시켜 가는 자기완성의 도덕적인 의무가 되기도 한다. 그래서 몸치장은 대부분의 문화에서 너무나 당연히 존중되었고 남자나 여자나 신분에 맞게 색색의 아름다운 옷을 입었다. 예절 또는 문명화의 과정과 관련이 깊은 프랑스 루이14세의 궁정에서 남자의 차림새는 실크 양말과 빨간 굽에 죔쇠가 달린 구두와 레이스 속옷, 그리고 분칠과 향수를 뿌린 가발이 기본이었다. 계몽사상가였던 부르주아 가운데 특히 주목할 만한 부류는 하루에 2~3시간 거울을 보며 몸가짐과 맵시를 치장하던 멋쟁이 댄디dandy였다. 이들이 궁정의 합리성을 잇는 부르주아 남자의 아름다움을 대변하는 존재였다. 그래서 오늘날에 예쁜 남자가 다시 각광 받는 현상은 바로 프로테스탄트 윤리의 쇠락을 의미하기도 한다.

칸트를 말하다 갑자기 남자의 치장을 이야기하니 조금 생경할 듯하다. 이유는 프로테스탄트라는 새로 등장한 패션을 설명하기 위해서다. 프랑스 부르주아가 가톨릭의 영향권 아래에 있었다면 독일어 지역은 청교도 혁명을 통해 개신교, 즉 프로테스탄트 문화를 형성하고 있었다. 프로테스탄트의 등장은 자본과 노동 중심으로 사는 새로운 개미 부류의 탄생을 의미했다. 마르크스K. Marx가 지적하는 자본가가 바로 이들이다. 이들은 전혀 즐길 줄 모르고 규율과 노동을 중시하며 화려한 옷을 비난하면서 새로 개발한 밋밋하고 어두운 회색 양복을 입고 일만 하는 개미들이었다. 이들이 만들어 낸 근대세계가 바로 우리가 사는 공해에 찌든 이 도시며, 이들이 만들어 낸 생활양식이 오늘날 우리가 사는 방식이다. 프로테스탄트 남자들이 회색 옷을 입고 공장 매연 속에서 묵묵히 일하며 저축만 하는 동안 현모양처를 이상으로 하는 프로테스탄트 여자들은 남편과 자식의 행복을 자신의 행복으로 삼는다는 구실로 매일 치장하고 가꾸기만 했다. 이전에는 없었던 남자와 여자의 차이가 극명하게 나타난 것이다.

우리는 보통 못생기고, 키 작고, 평생 결혼은 고사하고 여자친구도 없는 사람을 모태솔로, 혹은 루저looser라고 하면서 이들 대부분이 '디시인사이드'나 '일간베스트저장소' 같은 인터넷 사이트에 모여 산다고 여긴다.

칸트는 위의 루저 3종 세트를 완벽하게 갖춘 철학자였다. 그의 실제 모습을 우리가 안다면 그가 왜 상대에게 말도 못 걸고 손도 못 내밀었는지, 아울러 그의 사고가 왜 미술관 미학과 사회이론의 함의를 지녔는지 이해할 수 있다. 칸트가 바로 프로테스탄트의 '회색 옷을 입은 개미'의 미학을 대변하는 철학자였기 때문이다. 그는 항상 미의 기준인 자연을 내세워서 자기의 열등감을 보상 받으려고 한 것처럼 보인다.

그가 멋쟁이를 비판한 예를 보자. "이런 본성을 가진 남자는 어릴 때는 멋쟁이라고 불리겠지만 나이가 들어서는 기생오라비라고 불릴 뿐이다. 나이가 많아질수록 반드시 갖추어야 할 것은 고귀함이다. 따라서 늙은 기생오라비는 자연의 저주를 받은 창조물이다." 이는 명백하게 프랑스 부르주아의 한 부류를 비난하는 대목이다. 당시의 그들에게 치장은 사실 도덕적인 의무이기도 했다. 하지만 칸트의 견해는 달랐다. 인용에서 '기생오라비'를 원빈이나 장동건으로 대체하고, '늙은 기생오라비'를 007시리즈의 초대 제임스 본드였던 숀 코네리Sean Connery로 바꾸어 다시 읽어 보면 칸트가 말하는 본뜻이 자연의 덕성에 대한 찬양이라기보다는 완벽한 열등감으로 삐뚤어진 남자의 고백으로 들린다. 무리한 비유겠지만, 그가 만약 현대 한국 사회에 태어났다면 '디시'나 '일베' 같이 회색이나 베이지색 옷만 입을 줄 아는 모태솔로나 루저로 이루어진 모임의 정신적인 지주로 맹활약했으리라 여겨진다.

우리는 이제 칸트를 대표로 하는 프로테스탄트의 아름다움에 대한 관념을 버려야 한다는 말을 하기 위해 엉터리이긴 하지만 유쾌한 상상을 해 보았다. 이유는 간단하다. 현대사회에서는 그림의 사과보다 진짜 맛있는 사과가 사람의 손이 더 많이 가는 진정한 예술Artificial이며, 그림의 여자보다 진짜 여자가 더 정성들여 만들어진 존재이기 때문이다.

다시 아름다움으로 돌아가자. 보통 남녀, 연령, 문화에 따라 어느 정도 다른 평가를 하기는 하지만 아름다움을 보는 시각에는 공통의 영역이 분명히 존재한다. 심지어는 신생아도 예쁜 여자를 더 좋아해서 외모가 뛰어난 여자를 더 오래 응시한다. 그래서 사회계층에 따라 다른 매력기준을 갖는다는 주장은 근거가 빈약한 생각이다.

인간은 아름다움이라는 영역에서는 자연적인 요소와 인공적인 것을 동시에 찾을 뿐 아니라 둘의 구분도 어려워한다. 우리는 그냥 아름다움을 아름답다고 여기기 때문에 자연이건 인공이건 따지지 않는다. 한 요소로만 이뤄진 순수함보다는, 섞이거나 대립했다가 상호보완작용을 통해 다듬어진 새 아름다움에서 더 큰 기쁨을 얻기도 한다. 아름다움이란 자연이건 인공이건 정성스런 손길이 닿지 않으면 쉽게 오를 수 없는 경지인 것이다.

인간이 가진 아름다움에 대한 이러한 보편적인 경향성으로 보건대 칸트와 프로테스탄트가 주장하는 미적인 근거로서의 자연은 없는 것이다. 현대 세계의 자연은 프로테스탄트 자본가가 매연과 공해로 오염시켰고, 그저 남아 있는 머릿속 관념의 자연미는 오직 컴퓨터 모니터 안에서 포토샵으로 보정한 것으로만 남아 있다.

신들의 회의, 인간의 탄생

동산에 일어난 대사건을 알리려고 고자질 천사는 모든 방법을 다해 하느님과 교신을 시도하다 지쳐 버리고, 알람은 낼 수 있는 소리를 다 내다 목이 쉰 지 오래였다. 경비 천사는 딸의 언령이 뿜는 힘을 뚫고 창조력의 영역으로 들어가려 했지만 하늘과 땅이 호응하는 거대한 힘에 속수무책이었다. 회의장 밖의 천사들도 마찬가지였다. 회의장은 최고신들이 지닌 권능이 겹쳐지는 영역이기에 피조물인 천사로는 감히 접근할 수 없었기 때문이다. 게다가 언제 대립이 벌어질지 모르는 격론장이기도 했기 때문에 어느 신에게도 자신의 무리를 대동할 수 없다는 원칙을 엄격하게 적용한다. 회의가 열리는 동안은 보안과 불가침의 원칙을 엄수한다.

한편, 회의장에서 하느님은 지금까지 꿈꾸어 왔던 순간을 맞이하고 있었다. 발표는 성공적이었고 신들은 딸의 강인함과 아름다움에 감격하여 떨어진 턱이 닫힐 줄을 몰랐으며 이런저런 존재와 딸을 비교하기에 여념이

〈아테네 신의 조각Statue of goddess Athena〉, 그리스 아테네Athens

없었다. 난봉꾼 제우스는 자기 딸 아프로디테Aphrodite[14] 와 아테네Athene[15]를 합쳐 놓은 것 같다고 평하며 언제 한번 맛을 보고 싶다고 껄떡거리기를

---

[14] 올림포스 12신 가운데 하나로 아름다움의 신이다. 절름발이 대장간의 신 헤파이스토스Hephaistos의 아내이지만 매일 패배하는 전쟁의 신 아레스Ares의 정부이기도 하다. 특이할 만한 사항은 에로스Eros의 어머니이자 프쉬케Psyche의 시어머니라는 점이다.

[15] 아테네는 올림포스 12신 가운데 하나로 지혜, 전쟁, 공예를 맡고 도시를 지키는 신이다. 로마 신화의 미네르바Minerva에 해당. 신화에서는 제우스와 메티스Metis의 딸로서 무장한 모습으로 제우스의 머리에서 탄생하였다고 나온다. 포세이돈과 아티카 토지영유전쟁에서 승리하여 아테네의 수호신이 된다. 무장하고 창과 방패를 든 모습으로 표현되는 수가 많고 때로는 승리의 여신 니케Nike를 동반한다.

잊지 않았다. 인드라는 "그대는 삭티Sakti[16]를 만들어 최고의 신 쉬바Shiva[17]가 되려는 것은 아닌가"하는 질문을 했다. 신들은 딸을 달의 신 이쉬타르Ishtar[18]에 비견하기도 하고 나일Nile의 신 이시스Isis[19]에 견주기도 했다. 심지어는 능력 면에서 4차원 언니 아마테라스까지 조용히 거론될 정도였다. 이를 듣고 있던 하느님은 자신의 창조물이 위대한 신에 비견할 수 있다는 사실만으로 우쭐해하며 기분이 좋아졌다.

6차 회의에서 많은 신들이 인간 비슷한 창조물을 내놓았지만 하느님이 손수 빚고 영혼을 불어넣은 딸에 비견할 만큼 아름답고 강한 존재는 없었다. 게다가 보급형 인간인 아달조차도 다른 신들의 작품을 압도할 정도의 대단한 수준이었다. 모든 신들에게 칭송을 받은 하느님은 기분이 좋았지만 뭔가 위화감을 느끼고 딸과 아달의 소스코드를 공개하

---

16 삭티는 우주를 창조하는 성적인 결합을 의미한다. 신성神聖한 힘 또는 신성한 권능이라는 문맥에서 "할 수 있는" 또는 "능력이 있는"을 뜻하는 산스크리트어 '삭Sak'으로부터 유래하며, 때로는 최고신 쉬바의 부인으로 불리기도 한다.

17 쉬바는 비쉬누와 더불어 인도에서 가장 널리 숭배하는 최고신이다. 그는 마하데브Mahadev 또는 마하데바와 샹까르Shankar로도 불린다. 파괴적이면서도 창조적이고, 정적이면서도 역동적이고, 금욕적이면서도 에로틱하다. 힌두 삼위일체신론에서는 파괴와 해체의 기능을 담당하는 신이다. 그의 상징은 거대한 남근linga이다.

18 바빌로니아의 대표적 여신. 수메르에서는 이난나Inanna, '하늘의 여주인'이라고 하며, 카난의 아스타르테, 그리스의 아프로디테, 로마의 비너스에 해당한다. 이난나, 이쉬타르는 설형문서에 가장 빈번하게 나타나는 여신이다. 고정의 남편을 가지지 못하고 일시적인 남편이나 애인을 차례차례로 버리는 여신으로 유명하며, 사랑과 풍요의 신으로서만이 아니라, 전투의 신, 금성의 신으로서도 알려졌다.

19 이시스Isis는 원래 이집트와 관계가 없는 신이었다. 이 신의 기원은 나일강 북쪽 지역에서 숭배되었던 토착신이었다고 알려져 있다. 이후 이시스는 이집트 신화 속으로 섞여들어 오시리스 신과 관계를 맺었다. 오시리스 역시 선사시대에 시리아에서 이집트로 이주해 온 사람들이 믿었던 신이었다. 이시스는 오시리스의 여동생이자 아내가 되었다. 이시스는 나일강을 주관하는 여신이자 풍요의 신으로 유명하지만 반드시 오시리스와 함께 숭배된다. 이시스는 사막의 지배자인 세트seth로부터 대지를 수호하는 역할도 부여받았다고 한다.

기로 결심한다.

저작권을 포기하고 오픈소스로 전환한 하느님의 통 큰 기부에 신들은 곧 지상을 지배할 지성형 포유류의 새 표준을 정하는 회의를 개최하였다. 하지만 애초의 기대와 달리 회의는 난항에 난항을 거듭했다. 딸의 소스코드는 예측할 수 없는 문제를 너무 많이 가졌기 때문이었다. 신들은 딸이 여느 동물과도 다르게 발정기를 갖지 않고 매달 생리를 한다는 점에 곤혹스런 표정을 지었다. 마치 위대한 대지의 어머니 암소를 비웃는 듯 9개월 만에 조산으로 출산하여 밖에서 키운다는 위험한 아이디어에 이르러서는 경악을 금치 못했다. 딸은 포유류의 개념이 확립된 이래로 바다에도 땅에도 없는 새롭지만 무척 위험해 보이는 진화의 방향을 가진 유인원이었다. 심지어 다른 모든 동물과는 달리 몸에 털도 없는데 머리카락만은 계속 자란다고 한다. 아주 낯선, 신개념의 동물이었다. 따라서 신들은 도무지 이를 이해할 수도 없었고, 아울러 기술적으로 그를 실현하기에는 변수와 위험이 너무 많다고 여겼다.

신들의 두려움

더 심각한 것은 아름답고 강한 딸이 가진 힘과 능력이 가리키는 미래였고, 이는 너무나 불안정하다는 점이었다. 더구나 딸은 신조차도 두려움을 느낄 정도로 자유의 의지를 가지고 있었다. 만약 딸이 가진 역량으로 자식을 생산한다면 세상은 곧 지금껏 경험하지 못하고 통제할 수 없는 자유로운 신으로 가득찰 것이다. 다른 말로 이제까지의 신은 끝이라는 뜻이다. 설상가상으로 일부 신은 딸에게서 자신들이 무참히 지워버린 어머니인 가이아_{Gaia}²⁰를 느꼈으며, 살해한 티아마트_{Tiamat}²¹를 떠올렸다. 이런 이유로 몇몇이 광분했다. 지성을 지닌 생물 표준을 합의하기 위해 모인 제6차 회의장은 순식간에 하느님에 대한 성토와 찬양이 양분된 장으로 바뀌었다. 사실상 신들이 받아들이기에 딸의 능력은 너무 과했고 아름다웠으며, 나아가 자유의 신선한 냄새를 풍기고 있었다.

인간에게 주어진 것은

항상 하느님을 눈에 가시로 여기던 마르둑_{Marduk}이 급기야 어머니 티아트를 찢어 죽였을 때처럼 딸의 파기와 재활용을 주장하며 강력한 무기인 폭풍을 일으키며 일어서서 날뛰었고, 그와 비슷한 짓을 했던 제우스와 바알_{Baal}도 탄핵을 외치며 일어섰다. 하느님은 홀로 맞서서라도 딸을 지켜야 한다는 각오를 하며 앞에 선 적대세력을 보고 임전태세를 갖추며 암담한 심경에 접어들었다.

일촉즉발의 순간 모든 전의를 무력하게 만들 정도의 거대한 힘과 광

---

20 가이아는 최초에 존재했던 창조의 어머니이다. 최초로 세계를 통치한 것은 가이아의 아들이자 남편인 우라노스Uranos였다. 우라노스를 거세시키고 그 뒤를 차지한 것은 가이아와 우라노스 사이에서 태어난 크로노스Cronos였다. 그리고 크로노스가 이끄는 티탄 신족을 멸망으로 이끈 것은 크로노스의 아들 제우스와 그의 뜻에 따랐던 올림포스의 신들이었다. 가이아는 모든 신의 어머니이자 대지의 신이지만 올림포스의 시대에 이르러서는 잊혀진다.

21 바빌로니아의 신화 에누마 엘리쉬Enuma Elish에 따르면 최초의 세계에는 하늘도 땅도 없고 드넓은 바다만이 펼쳐져 있었다. 이 바다는 심연의 신 앞수Apsu와 민물과 혼돈의 여신 티아마트Tiamat에 의해 창조되었다. 그리고 이 바다 속에서 하늘의 신 아누Ammu와 전능신 에아Ea를 비롯한 바빌로니아의 많은 신들이 탄생했다. 신들은 우주에 질서와 법칙을 부여하고 세계를 만들기 시작했다. 티아마트는 신들의 소란이 싫었다. 전쟁이 벌어진 것이다. 신들의 선두에 마르둑 티아마트를 타도하고 티아마트를 갈라 하늘과 땅을 만든다.

명이 회의장을 감싸 안았다. 조용히 사태의 추이를 바라보던 광명의 신 아후라 마즈다Ahura Mazda와 태양신 라Ra가 동시에 의견을 제시한 것이다. 1, 2차 회의의 회장을 역임한 원로이자 신들의 스승이자 모든 힘의 원천인 빛의 힘을 지닌 이들에게 대부분의 신들은 무장을 거두고 예를 표하지 않을 수 없었다. 이 두 원로신을 시봉하며 전면에 나선 수석제자는 환인[22]이었다. 환인은 앞으로 나와 두 원로신의 뜻을 전하였고 신들은 적개심을 숨기며 머리를 굽혔다. 두 위대한 신의 의견은 신들 모두 받아들일 수 있을 만큼 지혜로웠고 또 그렇게 받아들일 수밖에 없을 만큼 거대한 힘이었기 때문이다. 환인은 두 신들을 모시고 퇴장하며 하느님에게 눈을 깜박여 둘만이 아는 신호를 보냈다.

결국 하느님은 딸에게 주어진 강한 능력과 아름다움을 제한하고 딸의 자손을 퍼트리기로 합의한다. 다음으로 각 지역의 신은 아달 모델을 기초로 수컷을 양산한다는 데 의견을 모았다. 이제 회의에 참가한 신들은 제공 받은 아달의 소스코드를 토대로 자신의 서명을 첨가하여 지역 특성에 맞는 아달을 생산함으로써 세상을 지배할 새로운 사람종의 다양성을 늘린다는 내용의 계획에 동의했다. 반목을 봉합하고, 결론에 도달한 회의는 하느님이 보여준 창작의 우수함과 관대함을 찬양하며, 사람이라는 새로운 생물의 도입을 통해 밝게 빛날 미래를 위해 제우스가 제공한 넥타로

---

22 환인은 『삼국유사三國遺事』에 등장하는 조선족의 시조인 환웅桓雄의 아버지이며 단군의 할아버지인 천제天帝로, 인간 세상을 바라는 아들 환웅에게 천부인天符印 세 개를 주어 세상에 내려보내 다스리게 하였다. 환인은 불경의 제석환인Indra에서 따온 이름으로, 이는 『삼국유사』의 저자인 일연一然이나 보주자 무극無極이 윤색한 것으로 보인다. 원래는 '하늘', '하느님'이라는 한글의 근원이 되는 어떤 어형으로 본다.

다 같이 건배하면서 끝을 맺었다.

아름다움과 매력 그리고 유혹[17]

매력은 아름다움에 '힘krato'의 요소를 가미할 때 이르는 말이다. 귀여운 아이가 사탕 하나라도 더 얻어먹고, 예쁜 여학생이 학점을 더 잘 받으며, 잘 생긴 웨이터가 팁을 더 많이 받는다는 사실을 말하자는 것이 아니다.

대개의 동서고금 문헌들은 아름다움을 사회적 계급, 인격적 탁월함, 도덕적인 고귀함으로 기술해 왔다. 대표적인 예는 아마도 명나라 태조 주원장朱元璋의 초상일 것이다. 그의 얼굴을 그린 초상은 추한 것과 근엄하게 잘생긴 모습의 두 종류다. 그의 사실적인 얼굴과는 상관없이 두 그림 모두 주원장이라는 인간이 지닌 진실을 드러내고 있다. 배신을 일삼던 추악하고 비정한 인간과 전 중원을 다스리는 절대 권력의 황제, 두 그림은 각각의 모습을 형상화하고 있는 것이다.

우리나라에서도 정의Justice가 아름다움에 굴복한 예가 있다. 1987년 북한군 소속의 김현희는 대한항공의 민항기를 공중에서 폭파했다. 그는 체포되어 사형선고를 받았지만 곧 사면을 받아 지금까지 잘 살고 있다. 정의라는 관점에서 그의 사면은 결코 직분에 따라 알맞은 몫을 주어야 한다는 정의definition에 위배된다. 당시 군인이었던 김현희가 만약 '군용기'를 폭파했다면 군인으로서 정당한 행위이니 사면의 대상이 될 수 있다. 하지만 그는 '민항기'를 폭파했기 때문에 군인으로서 부당한 행위를 한 것이므로 전혀 사면의 대상으로 고려할 수 없다. 그래도 그녀는 예뻤고 그래서 동정표를 얻어 사면됐다고밖에 생각할 수 없다.

큰 키, 하얀 피부, 잘생긴 얼굴은 흑인과 아메리카 인디오를 포함해 인류가 공통적으로 선망하는 것이다. 『시경詩經』에 등장하는 '절차탁마切磋琢磨'라는 숙어도 원래는 조각 같이 멋진 귀족 남자의 외모를 찬양하는 대목이지만, 곧 도덕적 탁월성이라는 의미로 바뀐다. 그러니까 우리는 잘생기고 예쁘면 사회적으로 지위가 높고 존재감이 더하며, 도덕적으로 고귀하지만 못생기면 지위가 낮고 천박하리라는 공통의 선입견을 가지고 있다. 그래서 사실상 아름다움은 도덕이고 진실이며 권력으로 작용한다.

미녀는 용감한 자가 차지한다는 말이 있지만 사실은 힘 있는 자가 차지한다. 아름다운 여자는 깃발과도 같아서 이성의 시선을 모으는 역할을 한다. 그리고 힘은 힘을 부른다. 서로가 차지하고자 경쟁하지만 미인을 둘러싼 경쟁에 권력을 가진 자가 월등하게 유리하며, 그 다음이 돈이고 마지막이 폭력이다. 즉 왕자가 아닌 돈 많던 난쟁이는 백설공주를 노려서는 안 되는 것이다. 그렇게 권력은 최고의 최음제 역할을 한다. 이러한 힘의 특성이 미를 권력과 사회적 지위로 묶어 놓았다고 할 수도 있지만, 아름다움이 우리를 움직이는 힘은 반드시 권력이나 사회적 지위 때문만은 아니다. 아름다움은 그 자체가 인간 진화의 목적이기 때문이다. 그래서 아리스토텔레스Aristoteles는 "명령할 수 있는 권리는 미인들에게 주어진다. 특히 그들 중 신의 형상과 같은 미모를 가진 사람이 있다면 마치 신과 같이 숭배를 받을 것이다"라고 말한다.

진리, 도덕, 아름다움의 '진선미眞善美'는 각기 고유의 영역과 값을 지니는 독립적인 가치Cardinal Value이다. 그러니까 예쁘다고 착한 것은 아니며 착하거나 진실하다고 아름다운 것은 아니다. 하지만 우리는 진실하거나 선한 것을 아름답다고 한다. 즉 '진선'이라는 다른 가치가 인간에게는 아름다움이라는 하나의 가치로 통합하여 받아들여진다는 말이다.

이는 두 측면으로 해석할 수 있다. 아름다움이 진실과 선함의 상위에 있다는 점, 또 진실과 선함이라는 개념은 아름다움으로 생기는 생물적 쾌감과 동일하게 작용한다는 것이다. 이게 바로 플라톤Platon의 말처럼 "아름다움은 우주를 창조한 사랑의 신인 에로스Eros의 첫째 이유이자 마지막 이유"이기 때문이다.

하지만 우리나라에서는 거꾸로 가는 이상한 일이 생긴다. 미스코리아라는 예쁜 여자 선발대회는 등급을 '진선미'로 매기고 제일 예쁜 사람에게 '아름다움美'이 아닌 '진실眞'을 배당한다. 이름과 실질이 서로 맞아 떨어진다는 '명실상부'의 가장 극적인 배반이며, 기호학의 기본조차 익히지 못한 무지의 극적인 구현이다. 설상가상으로 그중 '가장 안 예쁜 여자'가 '아름다움'이 되면서 거짓놀이는 극에 이른다. 아무리 진리에 '몰빵'하고 싶더라도 모두를 거짓으로 만들 필요는 없다. 하지만 이런 게 바로 우리나라 파시스트가 하는 짓거리다.

아프로디테의 애인이자
전쟁의 신 〈아레스Ares〉.
그리스 아테네Athens

외모는 꼭 여성에만 해당하는 것이 아니라 동성 간의 권력 형성에도 강한 영향력을 행사한다. 남자가 모이면 언제나 위계질서를 세우고 그 안에서 경쟁하고자 하는데, 여기에 외모에 대한 시각적 영향이 크게 작용한다. 그래서 남자들이 뽑는 지도자는 대부분 몸이 잘 발달된 잘생긴 사람인 경우가 많다. 못생기면 영웅이 될 수 없지만 천신만고 끝에 영웅이 되었다고 하더라도 비운으로 끝난다.

그리고 전설이나 기록은 그를 잘생긴 것으로 묘사해 결국 두 번 죽이기도 한다.

앞에서 문화결정주의를 피하기 위해 부정했지만, 인간의 아름다움에 대한 판단은 타고난 감각만큼 문화적인 요소도 크다. 현대 여성의 모습은 거울과 색소, 그리고 패션산업이 여자의 신체를 재구성함으로써 만들어진 것이다. 문화와 문명이라는 거짓이 가능한 것이다. 그렇게 인간은 생물인 동시에 문명인 것이다. 그래서 전적으로 생물적인 측면으로 인간을 결정할 수만은 없는 것이다. 즉 인간의 생물적인 공통성에도 불구하고 문화는 강한 차별성을 만든다. 우리의 아름다움에 대한 판단은 서로 본성에 가깝게 드러나지만 문화적 습성으로 인해 분리되는 것이다.

문화라는 인간의 둘째 본성은 종종 생물적인 본성보다 강하게 작용한다. 또 이런 문화의 힘은 인간에게 재앙으로 작용할 수도 있다. 현대적인 재앙을 가져 온 주적은 여자와 남자의 몸과 할 일, 거기에 색깔까지 규정하고 그에 덧붙여 도덕마저 강요하는 프로테스탄트 같은 파시즘이다. 그래서 우리에게 주입된 것은 '빨간 옷의 메피스토펠레스 같은 남자는 악마'라는 생각이다. 다음은 파시즘의 반대 입장에 있는, 무분별한 육체적 변화에 대한 자본의 부추김이다. 거울이라고 하는 패션과 의학, 그리고 언론이 연합하여 만들어 내는 몸에 대한 문화적 강요가 그것이다. 다이어트 열풍은 인간의 생명을 파괴하기도 하고 몸 전체에 대한 성형수술은 자기동일성이나 아름다움 자체를 허물기도 한다.

파시스트와 자본은 서로 비난도 하지만 때로 서로 연합해 상업적 성과를 올리고 있다. 파시스트도 신념이 아니라 결국 돈 벌자고 하는 짓인 것이다. 이들은 얼굴 고치고 살 빼는 것은 미적인 문제이지만 아름다움은 도덕적인 문제라는 식으로 착각을 유도한다. 진과 선이 미가 되는 경우는 있지만, 아름다움이 도덕이나 진리眞의 문제를 보증하는 것은 아니다. 아무리 미가 상위개념일지라도 일단은 따로 분리해서 보는 것이 현명하다.

아무리 패션이 날뛰더라도 600만 년의 진화과정으로 이루어 낸 인간 공통의 미적 감각을 넘어설 수는 없다. 문화가 아무리 아름다움의 시대적 개별성을 강조하고 도덕으로 억압을 가하더라도 아름다움이 가진 힘을 바꿀 수 있는 건 아니다. 인간에게 아름다움이란 도덕과 권력을 한 데 모으는 궁극적인 힘이기 때문이다. 그래서 그리스의 시인 사포Sappho는 다음과 같이 말한다.

"예쁜 애들은 다 착해!"

오르가즘Orgasm의 탄생[18]

딸은 당황했다. 입에서 자기가 생각했던 말과는 다른 소리가 나왔기 때문이고 마음과는 다른 소리가 거대한 공명으로 돌아와 이제 몸의 느낌으로 변했기 때문이다. 그래도 "아니야"라고 말하려 애를 쓰면서 막 시작한 천지의 진화를 되돌리려 했다. 하지만 온몸을 감싸는 알 수 없는 손길은 이어졌고, 영혼을 녹여서 하나로 만드는 아달의 입은 딸과 떨어질 줄 몰랐다. 이제 딸은 아달의 숨으로 들고 나고 있었다. 숨이 하나가 되니 영혼이 하나가 되고, 영혼이 하나가 되니 온 세상은 종소리와 폭죽소리로 가득했다. 하늘과 땅도 그에 화답하듯 애욕kama으로 꿈틀거리며 온몸을 간질였다.

아달의 입은 노리개에게서 배운 대로 다시 딸의 모든 깊은 곳으로 향했다. 깊은 갈증에 샘물을 찾듯 아달은 빨고 핥고 간질이며 목을 축이고, 딸의 영혼은 깨닫지 못하는 사이 새로운 진화의 길에 접어든다. 진화가 이 끄는 몸의 소리는 하늘과 땅과 함께 공명하며 아달에게 말했다.

"내게로 와!"

아달은 당황했다. 지금은 천사가 가르쳐 준 것이 아니었기 때문이다. 잠시 어리둥절하는 사이 딸은 아달을 잡아끌었고 그 바람에 아달은 딸의 짙은 어두움으로 들어가고 말았다. 딸은 지금까지 느껴보지 못한 충격의 불꽃이 온몸에 퍼지는 것을 느꼈다. 사타구니에서 시작한 충격의 파동은 온몸을 휘돌아 리듬으로 바뀌고 폭죽의 강한 파열음으로 변해 뇌를 때렸으며, 몸의 구석구석을 감싸 흐르던 리듬은 거부할 수 없는 율동으로 변해 다시 사타구니로 돌아왔다. 노리개는 아달의 움직임을 이끌어 내는 말초신경의 자극이 아니라 딸의 몸을 통해 그 안에 담긴 마음의 변화를 명확하게 읽을 수 있었다. 천사가 바로 딸을 만들어 낸 기초 스케치였기 때문이다. 천사가 조련한 것은 아달의 몸이지만 사실은 아달의 몸에 딸이 지닌 창조의 힘, 성을 이끌어 내기 위해 뇌관을 심어 놓은 뒤 딸을 깨워 낸 것이다.

리듬이 익숙해짐에 따라 노래가 더 좋아지고 흥겨워지듯, 뭔지 모를 감각의 율동도 익숙해지면서 살가운 기쁨과 열락이 다가오기 시작했다. 한 번의 열락悅樂이 뭔지 모르게 지나가고 열 번의 절정이 다가올 때에야 딸은 알았다. 이 열락이 좋다는 것을, 정말 좋다는 것을. 그리고 이 열락이 바로 나라는 것을. 그래서 딸은 말했고 그와 영혼이 이어지는 아달도 따라 말했다.

"좋아!"

그러자 하늘과 땅도 함께 아달과 딸에 화답하여 노래했다.

"좋아!"

목마른 아달과 딸은 맞잡은 두 손으로 약속이나 하듯 과일바구니를 향했고, 이어 사과를 꺼내 동시에 덥석 깨물었다. 과즙은 꿀과도 같았고 서로 스쳐 지나가는 혀는 영혼과도 같았다. 둘은 입가에 맴도는 과실의 향을 서로 맡았다. 입과 영혼은 그 순간 다시 하나가 되었고 몸과 마음은 서로 스며들기 시작했다. 그리고 또 얼마의 열락이 지나갔는지 모른다.

원죄 : 한 남자가 한 여자를 사랑하는 게 죄란 말이냐! 2

대부분의 동물은 섹스는 공개적으로, 식사는 숨어서 한다. 하지만 인간은 이와 반대로 한다. 우리의 사촌 침팬지도 공개적으로 하는 섹스를 인간은 언제부터 숨어서 했을까? 나는 먹기와 섹스, 죽음과 삶의 두 관계가 인간에게서만 바뀐 사실이 바로 원죄의 문제를 여는 열쇠라고 본다.

원죄는 인간의 언어와 개념, 그리고 의사소통의 방식이 만들어 낸 것이라고 보는 것이다. 앞에서도 말했듯 죄 개념은 언어 이후에 생긴 것이고 '금지' 이후에야 가능하다. 그리고 내용보다는 언어를 전달하는 방식이 더 많은 정보를 제공하기도 한다.

인간의 몸은 사물이자 동시에 인격이다. 물건이기는 하지만 몸은 자아가 거주하는 곳으로, 허락 없이 타인은 함부로 들어올 수 없는 인격의 영역이다. 그래서 사람들은 자연스럽게 서로의 거리를 확인하는 것이다.

언어로 자의식을 지니게 된 여자에게 섹스란 몸과의 거리가 없어진 대화이다. 사랑할 때 두 사람 사이에 거리가 없어지면서 여자는 상대에게 몸을 허락한다. 즉 사랑의 관계를 통해 여자는 남자를 친밀의 영역으로 받아들인다.

원죄의 설명을 위해 다시 낙원으로 돌아가 보자. 하느님인 엘로아는 "지식을 탐하지 마라"는 금지를 일방적으로 명령한다. 열매가 가진 지식의 내용은 선과 악이라는 상대적 개념이며 효능은 눈이 밝아져서 세계를 선악의 가치로 보게 한다. 그 부작용은 죽음이다. 뒤집어서 말하면 일방적인 명령과 수행만 존재하는 독재의 낙원은 쌍방의 대칭적인 가치를 금지하는 것이다.

그러면 누가 이 지식을 가지고 있으며, 상대적인 가치를 실현하는가? 답은 여자에게 있다. 여자의 몸이 바로 지식이고 친밀에 기초한 여자의 언어가 사랑에 문을 연다. 즉 엘로아가 금지한 것은 바로 거리를 두라는 명령이지만 몰래 지식을 전달하려는 친밀한 속삭임은 거리감을 없애는 불복종이다. 마치 학교에 가면 선생님이 말씀하실 때 짝꿍이랑 속삭이는 것을 금지하는 것과 같다. 낙원에서나 학교에서나 이를 어기면 벌을 받는다.

엘로아가 금지한 하와의 지식은 살과 살이 닿는 '친밀'이라는 방식으로 하와의 몸속에서만 얻을 수 있는 몸의 지식이었던 것이다. 그럼 이제 하와가 섹스라는 금지된 방식으로 아담에게 전한 열매가 담고 있는 내용을 알아보자.

쉴레인을 비롯한 많은 학자들은 인간의 근원적인 지식인 시간과 결혼을 여자가 남자에게 내건 조건으로 보고 있다. 즉 여자는 남자에게 섹스를 통해 시간을 알려주고, 자식이라는 영원한 생명의 가능성을 알려주었다는 것이다.

특정 시기에만 생리를 하는 여타의 동물에 비해 인간 여자는 정기적으로, 아울러 상대적으로 많은 생리혈을 배출한다. 게다가 직립의 영향으로 자궁 내압이 올라가 생리통을 겪어야 한다. 조사에 의하면 여자들이 모여 살면 멘스주기가 일치하게 된다고 한다. 평균 주기는 달의 주기인 29.5일과 동일할 뿐 아니라 달의 변화와도 같다. 즉 여자는 몸 자체가 똑딱거리는 시계이고 달력인 것이다. 여자의 생리는 시간을 하루하루 측정하기 어려운 태양의 변화나 불규칙한 온도변화에 의존하는 것이 아니라 그 자체가 정확한 주기를 가진 움직임이다.

달의 변화를 통한 시간의 관측은 인간에게 과거를 기억하고 미래를 예측할 수 있는 단서를 제공한다. 더구나 미래를 예측하는 능력은 인간에게 스스로가 언젠가는 죽을 수밖에 없는 존재mortar라는 점을 알게 해준다. 여자의 몸이 말하는 시간 개념이 바로 죽음이 회피할 수 없다는 것임을 알려주는 열매인 것이다. 이때부터 죽음에 대한 무한의 공포가 이어진다. 시간과 죽음이라는 결론은 그저 언어적인 개념일 뿐이지만 언어가 인간에게 주는 힘은 모든 것을 압도한다.[19]

여기서 잠깐 언어와 개념이 가진 인간적인 측면을 알아보자. 만약 실험실 쥐가 암에 걸렸다고 치자. 당신은 쥐를 붙들고 슬픈 표정으로 "너는 1개월밖에 살지 못하는 시한부 존재"라는 선고를 내린다. 그 말을 들은 쥐가 허무한 표정으로 한숨을 쉬며 자신의 나머지 '쥐생'을 정리한 뒤 자식들에게 둘러싸여 임종을 맞이한다고 기대한다면 당신은 치료가 필요한 사람이다. 쥐는 '죽음'이나 '암'에 대한 아무 개념이 없기 때문에 놀던 대로 놀다 때 되면 혼자 죽는다. 죽음에 대한 심리적인 두려움은 모두 시간과 개념의 언어적인 장난이지만 인간에게는 무서운 파괴력을 지닌다는 얘기다.

그렇게 쾌락을 통해 전해준 지식은 남자에게 시간과 죽음의 개념을 알려주고 더 나아가 한 사람의 죽음을 넘어서는 영원의 시간도 알려준다. 여자가 가져온 '보기에 그럴 듯하고 또 먹음직스러운' 몸의 지식은 자손이라는 영생의 새로운 열쇠도 제공한 것이다. 이를 발견한 여자는 한 남자에게만 폐쇄적으로 섹스를 제공하는 제도인 결혼을 받아들였다고 할 수 있다. 그러니까 가부장제의 근원에는 바로 죽음에 대한 고민이 있다고도 하겠다.[20]

남자의 관념적인 죽음과 달리 여자에게도 애를 낳는 산고는 직접적으로 죽음과 거래하는 일이다. 섹스와 출산의 그런 관계를 알아채는 순간 여자는 남자에게 제공하는 섹스가 죽음을 무릅써야 하는 모험이라는 것도 알아챈다. 출산의 고통과 죽음을 보았기 때문이다. 이 무렵이 여자가 튕기기를 시작하는 시점이다. 심지어 20세기 초까지도 직립한 여자의 몸 구조로 큰 머리의 아이를 꺼내는 일은 죽을지도 모르는 생명의 위협이었다. 출산과정이 두려운 것은 출산의 성공을 장담할 수 없기 때문이다. 여기에 또 하나 죽음의 가능성이 나타난 것이다. 하지만 여자는 이 모험의 가치를 가늠하고 값을 올릴 적절한 투자처를 물색하여 죽음과 생명의 거래를 한다. 요즘 비난의 대상으로 떠오르는 '된장녀'도 자신의 가치를 지나치게 부풀리려다 생긴 부작용이라고 할 수 있다.

유대교뿐 아니라 모든 문명권에서 인간과 관련한 금지와 그 해결책을 선보이고 있다. 유교의 경우 예禮의 원칙으로 가부장제에 기초한 친족관계인 친친親親과 이에 따른 정치적 위계인 존존尊尊을 든다. 간단히 말해 유교의 충효忠孝는 안으로는 가족 친밀성, 밖으로는 정치적 위계를 일치시켜 만들어 낸 개념이다. 그래서 공자도 "본성은 서로 가까이 한다性相近"고 주장하며 친밀이 사회의 근거임을 밝혔다. 불교의 무명無明도 생로병사生老病死

의 원인과 결과를 기반으로 삼는다. 즉 개인적인 인과개념과 내적인 성찰이란 친밀의 방법으로 영생인 깨달음의 길을 연다. 결국 모든 문화권에서 원죄란 인간이기에 지니게 되는 언어와 대화의 방식에서 생기는 것이다.

여기서 슬픈 사실은 원죄를 짊어지고 죽어야 하는 주체는 시간의 개념을 알려준 여자가 아니라 남자라는 점이다. 그러니까 남자가 죄를 더 받는 이유는 원죄를 개념으로 이해하기 때문이다. 여자가 가져온 몸의 지식을 남자는 머릿속으로는 이해하지만 여자는 몸으로 체험한다. 즉 남자와 달리 여자는 시간을 멘스라는 형식으로 언어가 아닌 몸으로 실현하고 있다는 말이다. 여자의 몸은 시계이므로 시간 개념을 머리로 추론하다 죽음이라는 개념이 주는 공포에 맞닥뜨려 괴로워할 필요가 남자보다는 적기에 더 행복할 가능성이 높다. 반면에, 남자는 여자가 달거리를 한다는 사실은 알지만 절대 달거리를 체험할 수 없다. 그와 달리 여자는 개념 없이도 몸 안에서 똑딱거리는 달거리 시계 때문에 삶과 죽음이라는 자연의 섭리를 쉽게 깨닫는다.

다음으로 여자는 또 하나의 자신인 아이를 낳을 때 미래에 있을지 모르는 죽음을 미리 경험한다. 하지만 남자는 여자의 영생법인 애 낳기의 경험은 고사하고 그를 흉내조차 낼 수 없다. 아이가 뱃속에서 자라는 느낌, 움직임, 목숨을 걸어야 하는 진통 그리고 불안한 출산의 순간에 느끼는 공포의 경험을 절대 가질 수 없는 것이다. 더구나 아이와 엄마의 관계를 보라. 아이가 어머니 뱃속에 있을 때 어머니는 아이와 하나다. 잉태한 뒤 어머니는 아이라는 새로운 자기(분신)를 얻는다. 여자에게 아이는 자기 몸으로 만들어 낸 영생인 것이다. 달리 말해 여자는 산고라는 죽음과 유사한 일을 통해 또 다른 자기를 복제해 영생하는 것이다. 남자로는 절대 흉내도 낼 수 없는 수법이다. 흉내는커녕 젖도 못 먹인다. 언젠가 막내놈에게 아빠의 사랑이 듬뿍 든 털 난 젖을 물리니 자식이라는 놈이 무척 불쾌하다는 표정으로 짜증을 냈다.

하와가 아담에게 가져온 상대성의 열매는 바로 둘만이 같이 할 수 있는 하와의 몸이기에 친밀성의 원칙에 따라 둘만 소곤거리며 숨어서 먹을 수밖에 없다. 하지만 결코 친밀성을 인정하지 못하는 일방적인 명령인 엘로아[23]가 둘의 은밀함을 무자비하게 폭로했을 때 둘은 하릴없이 부끄러워하여야만 했다. 마치 학교 선생님이 수업시간에 소곤거리다 들킨 두 녀석의 비밀을 폭로해 창피를 주는 것과 같다. 폭로된 비밀은 더 이상 비밀이 아닌 수치심일 뿐이고, 무화과로 가려진 성기로는 더 이상 친밀의 대화를 나눌 수 없는 것이다.

그럼 죽음이라는 개념을 깨달은 남자는 왜 영생을 위해 다른 열매를 먹어서는 안 되는가? 여자는 자기의 몸이라는 삶과 죽음의 지식을 은밀하게 한 남자에게 주었지만 이를 개념으로 이해하는 남자는 꼭 한 여자에게만 지식을 받는 데 만족하지 않고 자꾸 더 많은 증거자료를 수집하고 싶어 한다. 그리고 더 많은 생명의 가능성인 자식을 찾으려고 한다. 하지만 엘로아의 명령 독재와 마찬가지로 친밀성의 독재를 휘두르는 여자는 다음과 같이 말한다. "나 외에 열매와 친밀 관계를 맺거나 또 다른 영생을 만들지 마라!"

이로 보건대 엘로아가 둘의 죄를 공개한 것은 마치 성혼成婚선언과도

---

[23] 토라Torah에 나오는 하느님의 번역어인 '엘로힘'은 복수형이다. 여기서는 단수형인 '엘로아'를 사용했다.

유사하다. 낙원에서 쫓아낸 것은 독립해서 신접살림 차리라는 뜻이며, 일하는 고통은 경제적 독립을 말하며, 다른 열매에 대한 금지는 일부일처제 Monogamy의 시작이었으리라고 볼 수 있다.

정리하자면, 인간에게 인격의 영역은 의사소통에서 시작한다. 하지만 자아개념이 발달하지 못한 동물들에게는 생물적인 거리가 우선이다. 때문에 동물에게는 친밀성의 영역이 인간만큼 명확하게 나뉘지 않는다. 즉 동물의 공개적인 섹스는 인격적인 마음인 문화가 아니라 언제 닥칠지 모르는 공격에 대비하는 것이다. 섹스를 할 때는 무방비이기 때문에 탁 트인 전망 좋은 곳에서 한다는 말이다. 하지만 대부분의 인간은 섹스를 할 때는 비밀스럽게, 먹을 때는 공개적으로 하는 이유가 여자의 친밀에 기초한 의사소통방식 때문이고 부끄러움은 그 증거이다. 그리고 이 의사소통방식이 바로 금지의 내용이라는 것이다. 여자가 몸으로 전해주는 금단의 지식은 바로 죽을 수밖에 없는 존재에 대한 지식이라고 하겠다.

드디어 그때 이후 수십 년간 내 머리를 떠나지 않던 화두가 풀리는 기분이다. 해답이 바로 "그래! 한 남자가 한 여자를 사랑하는 게 바로 죽음에 이르는 죄다!"일 것이다. 물론 그날 우리 텐트 옆에서 그녀의 친밀의 방식을 전혀 존중하지 않은 채 공개적으로 더럽게 떡을 친 그 짐승만도 못한 녀석에게 해당하는 말은 절대 아니다.

영광과 파멸의 예언

술잔이 오가고 반목은 봉합했지만 하느님은 마음속 깊은 곳에 머무는 딸에 대한 그리움을 떨칠 수 없었다. 아울러 신들과의 회의, 영광과 반목을 반추하며 회한이 밀려 올라왔다. 떠나온 지 너무나 오랜 시간이 지났기 때문이다. 술병을 들고 오랫동안 보고 싶었던 사형 환인의 거처로 비틀비틀 걸어갔다.

술기운에 마음이 거나해지니 그동안 근엄하던 신들도 노래하고 춤추면서 흥겨운 모습을 보인다. 그중 단연 돋보이는 건 술꾼 디오니소스다. 여신들을 모아 놓고 벌이는 술판은 가관이었다. 이 녀석은 진정으로 구제 불능이다. 이 녀석 주변은 이미 술판이 벌어진 지 오래고 주변의 남신과 여신들을 모아 난교orgy를 벌이기 시작했다. 이로써 새로운 창조가 이루어지리라.

광휘의 전당에 들어서서 스승님께 인사드리자 빙그레 웃으시며 노력을 치하해 주신다. 그토록 엄하시고 완벽하신 스승께서 칭찬해 주시자 가슴이 벅차오르며 눈물이 나는 듯했다. 스승님은 그만 환인에게 일러둔 바가 있으니 가보라고 하신다.

서둘러 인사를 마치고 환인이 머무는 곳으로 다가갔다. 환인은 처음 빛이 세상을 비칠 때 태어난 분으로 모든 지역신들의 우두머리이자 빛의 신이신 스승을 시봉하며 신들의 세상을 이끌어 오신 분이다. 환인은 하느님을 보고는 웃으면서 반겨 맞으며 미리 차려놓은 주안상으로 이끈다. 환인은 하느님이 곁에 앉자 어릴 적 부르던 이름을 부르며 손을 잡고 토닥여 주었다. 하느님도 쌓였던 울분이 풀리는 듯 술 한 잔을 앞에 두고 사형제 간에 쌓인 회포를 푸느라 시간 가는 줄 몰랐다. 그러던 중 환인이 뜬금없이 새로운 이야기를 꺼냈다.

"하늘아! 너 난봉꾼 제우스 아들 아폴로Apollo²⁴ 알지?"

"예! 부전자전이라 바람 좀 피운다는 멀건 녀석이요? 그래도 지 애비보다 더 낫다던데요."

"응! 그 녀석은 그래도 어미 레토와 헤라 아줌마를 닮아서 마음 씀씀이가 애비보다는 나아. 게다가 해님 계열이라 우리 애들하고도 잘 놀고 해서 미트라Mithra²⁵ 녀석과 함께 제자 삼아 데리고 다녔었는데, 손금도 보고 점도 보고 그러더라고. 여간 용한 게 아냐."

"어느 날 이 녀석이 자다가 깨어나 얼굴이 새파래져서는 눈물을 흘리며 말도 못하는 거야. 그래서 물었더니 절대 말 못한다고 하더라고. 슬슬 구슬렸지. 그래도 고개를 절레절레 흔들더라고. 사부에게도 못하면 네 애비에게도 못한다고 윽박질렀지만 막무가내더라고. 뭔가 심각한 느낌이 들어 사부님에게 데리고 갔지. 사부님께서 일의 심각성을 깨달으시고 원로원을 소집하셨어. 사부님과 원로원의 태상장로님 앞에 무릎 꿇고 앉아서도 절대 말 못한다고 하더라. 그렇게 완강히 거부하는 와중에 사부님과 태상장로님께서 그 녀석의 꿈을 알고 있었던 거야. 사부님께서 창조주의 욕망과 의지를 느끼신 게지. 놀랄 만하지. 사부님께서 그 녀석을 보시며 꿈의 내용을 술술 말씀하시니 이 녀석이 얼어서 벌벌 떨면서 비로소 입을 열더라. 태양신이라는 놈이 얼마나 얼어버리는지 몰라. 하하하!"

---

²⁴ 올림포스 12신 중 하나로, 제우스와 레토의 아들이다. 여신 아르테미스와는 쌍둥이다. 태양의 신이자 의술의 신 그리고 예언의 신이기도 하여 델포이Delphoi에 신전이 있고 무녀가 신탁을 내린다고 한다.

²⁵ 고대 아리안Arian족의 신으로 빛, 진실, 맹약을 지배한다고 하였다. 조로아스터의 종교개혁에서는 최고신 아후라 마즈다의 한 분신이라고 본다.

"형님, 제가 들어도 되는 내용입니까?"

정색을 하자 환인은 고개를 끄덕이며 봉인된 예언이지만 이미 스승님들께서 너에게만 허락하신 부분이 있다고 말해주고 본격적으로 아폴로가 꾼 꿈, 즉 앞날에 일어날 슬픈 운명과 거대한 역사를 들려줬다.

"네가 만든 딸과 아달에 대한 예언이라 사부님도 일부 허락해 주셨으니 잘 들어 두어라. 어차피 모든 일은 순리대로 돌아갈 것이니 신들과의 협의는 잊어도 좋다. 무엇보다 네가 명심할 것은 네 창조물인 딸을 용서해 주고 네 온 힘을 다해 축복해 주어야 한다는 것이다. 이제 우리가 생겨나고 공들여 가꾼 이 행성의 미래는 네 창조물의 손에 달렸다. 그러니 너는 위대한 창조주로서 네 피조물에 대해 자부심을 가져도 좋다."

이 말을 들은 하느님은 '내가 딸을 오랜 시간 홀로 둔 일을 용서 받아야지, 내가 용서해야 한다고?'라는 생각에 고개를 갸웃하며 의문을 품었지만 환인의 말을 중간에 끊지는 않았다.

환인은 분위기를 바꾸어 본격적으로 예언의 내용을 이어갔다.

"네가 낳은 아이들만이 희망이고 의미이다. 지금은 미약하지만 언젠가 네가 낳은 아이들이 우리를 다시 불러일으키고 세워 우리와 함께 설 것이고, 우리와 함께 싸울 것이며 우리를 데리고 우리를 가둔 이 공간을 넘어 더 광활하고 깊은 곳으로 나아갈 것이다."

"여기까지다. 더 이상을 알려고 하지 말고 부디 네 딸에게 용서와 축복을 전하려무나."

예언을 전한 뒤 가슴 아픈 표정으로 하느님을 바라보던 환인은 말없이 하느님에게 술잔을 권했다. 하느님도 그렇게 술잔을 받았고 한동안 서로 말없이 술잔만 바라보았다.

술잔이 오가고 지난 이야기를 주고받는 동안 알 듯 모를 듯 예언의 내용이 하느님의 머리를 떠나지 않았다. 환인은 밝아오는 여명과 함께 술자리를 파하고 하느님에게 이제는 나가봐야 할 때라며 하느님의 등을 밀었다.

쏟아져 버린 물

하느님이 영광의 아우라Aura를 두르고 회의장을 나서자 이제나 저제나 하느님이 나오기를 기다리며 문 앞에서 대기하고 있던 천사는 하느님의 영광을 찬양하고는 지체 없이 낙원에서 현재 벌어지고 있는 상황을 보고했다.

하느님은 당황했다. 하늘 높이 날던 독수리가 땅으로 곤두박질하듯, 하늘이 노래지는 듯, 만약 지금의 낙원 상황이 진실이라면 지금까지 안배해 오던 계획은 모두 수포로 돌아가는 것이었다.

계획의 핵심은 바로 하느님이 딸과의 사이에서 낳은 새로운 딸을 다른 신들에게 내주는 것이었다. 이리하여 하느님과 다른 신의 자손들로 세상을 덮는 것이었다. 이 대회를 통해 하느님이 노린 효과는 신과 자손의 세상이었고, 이제 딸도 완전히 개화하여 진화의 정점에 이르렀기에 자손을 생산할 때가 무르익었다고 봤던 것이다. 딸에게 그토록 정성을 들였건만 배신의 분노가 온몸을 흔들었다.

사랑과 믿음은 땅에 떨어졌고, 결국 모든 것이 수포로 돌아가 계획 자체가 무산될 상황이었다. 일이 더 커지기 전에 빨리 수습해야 한다. 잠시 희희낙락하며 자기 지역으로 떠나는 신들의 비행선을 멍하니 바라보던 하느님은 정신을 차리고 잰 걸음으로 전용 비행선에 올라 전속력으로 낙원으로 향하라고 명령한다. 그리고는 자신은 자세한 상황을 알아보고 해결

책을 모색하기 위한 고민에 빠져 들어간다. 이미 예언은 실현되고 있지만 하느님의 머릿속에는 예언의 자리는 남아 있지 않았다.

진화

딸과 아달은 이전과는 다른 새로운 모습으로 진화하기 시작했다. 아달과 딸의 진화에 따라 동산도 하늘도 같이 호응하여 변하기 시작한다. 딸과 아달의 허리는 완전히 펴져 기어 다니기 불편해지고 손가락의 균형도 달라져서 더 이상 나무에 오르고 타기 힘들게 변했다. 몸의 변화에 따라 척추와 골반의 형태 및 다리의 길이와 위치에도 변화가 왔다. 아달과 딸은 이제 더 이상 이전 방식으로 다른 동물들과 즐겨 놀 수가 없었다. 땅을 내려다보기보다는 하늘을 쳐다보는 것이 쉬워졌다.

딸과 아달이 완전한 암수로 진화했듯 식물도 창조 그대로의 모습에서 변화를 타고 있었다. 새로운 진화의 추동력으로 이전에 없던 암술과 수술이 생겨나기 시작했던 것이다. 식물의 변화에 따라 동물도 따라서 변하기 시작했다. 무성생식에서 유성생식으로, 주어진 모습 그대로에서 자기 변화의 동력을 마련하는 상태로 변하고 있었던 것이다. 딸과 아달에, 식물과 동물까지 변하면서 벌레와 미생물의 변화도 빨라져 이제 낙원은 서로의 사랑을 얻으려 만물이 내뿜는 페로몬과 꽃가루로 넘쳤다. 세상은 달콤한 애욕의 열기로 가득 찼다.

주먹 쥐고 일어서!

직립은 기어 다니는 사지보행보다 여러모로 불편한 점이 많은 위험한 진화방식이다. 무엇보다 사지보행이 치질치료에 큰 도움을 준다는 것을 치질로 고생해 본 사람은 안다. 다음으로 척추디스크로 사경을 헤매는 사람에게는 고양이처럼 사지로 엎드려 허리를 펴는 체조가 최고라고 한다.

직립을 하면 몸의 무게를 척추로 지탱해야 하고 결국에는 상체의 무게와 압력은 항문과 성기로 모인다. 여성의 생리통 역시 이 압력이 높아져 자궁은 눌리고 생리 때 떨어져 나간 조직이 복강으로 역류하며 생기는 현상이다. 이는 다른 동물에게는 없는 직립이라는 황당한 상황이 가져온 대표적인 부작용이다. 다른 정상적이고 합리적인 구조로 설계된 동물들과 달리 직립이라는 특수 구조를 가진 인간만이 치질과 척추 디스크, 그리고 생리통으로 고생한다. 게다가 직립을 하면 달리는 속도가 늦어져 이빨이 날카롭고 손톱이 짱짱한 놈들에게 잡히기 십상이다. 역시 비포장도로에서는 사륜구동이 더 어울리는 주행방법임에 틀림없다. 하여간 후륜구동인 직립은 손의 자유를 얻을 수 있지만 사륜구동에 비해 잘 미끄러지는 등 달리기에는 별 이득이 없는 것으로 보인다.

인류가 완전 직립한 정확한 이유는 아직 제대로 해명된 것은 아니다. 하지만 해명이 되었건 말았건 직립의 이유를 모른다고 사지를 다 써서 보행해야 하는 것도 아니다. 직립은 사람의 두뇌 크기와 관련이 있다고 한다. 하지만 이것도 증명된 학설은 아니다. 여러 직립에 관한 이론 가운데 심지어는 두뇌에서 에너지를 너무 많이 사용하여 다리미처럼 열이 많이 나니 열을 빼는 데는 눕히는 것보다 세우는 게 최고라는 라디에이터radiator 이론까지 있을 정도로 중구난방이다.

어찌되었건 사람의 머리는 크다. 성인 남자는 1,400cc 정도의 용량이고 여자는 1,200cc 정도이다. 대충 머릿속에 1.5L 페트병 하나씩 넣고 다닌다고 볼 수 있다. 한때 생물학자들은 인간의 머리가 커서 고유의 특징인 지능이 나타났다고 우겼다. 이런 이론이 반가워서 내 머리도 고성능이라고 자랑스럽게 여긴 적이 있었다. 하지만 요즘은 그 반대로 컴퓨터 CPU도 작을수록 성능이 높아진다면서, 머리가 작을수록 머릿속 전선의 연결이 긴밀하고 촘촘해지기 때문에 머리가 작은 여자가 남자보다 더 지능도 높다고 한다. 드디어 머리가 큰데도 성능은 낮고 생각이 머릿속 이리저리로 메아리치며 헛도는 이유가 밝혀진 것이다. 바로 우리나라 원자력발전소 같이 머릿속의 전선이 불량품이라 합선과 누전이 일어났던 것이다. 이제 남자들은 큰 머리 때문에 바보 취급당하지 않으려면 모자로 머리를 작아 보이게 연출해야 할 시대가 온 것 같다.

직립과 큰 머리는 마치 로미오Romeo의 집안인 몬태규Montague와 줄리엣Juliet의 집안인 캐플릿Capulet 같이 절대 서로 사귀기 힘든 원수관계다. 그렇지 않아도 좁은 뱃속인데 엄마가 직립하니 엄마의 내장은 내장대로, 애는 애대로 더 찌그러져만 간다. 다른 동물들을 보면 대부분 몸이 둥그렇다. 몽골의 둥그런 텐트 게르Ger가 연상되는 모습으로, 새끼 넣고 있기에 넉넉해 보이지 않는가? 그 반면 사람은 몸이 납작하게 생겨서 뱃속의 아이를 넣으면 밖으로 많이 튀어나와야 겨우 공간을 마련할 수 있다. 하지만 마치 란제리로 살 우겨넣듯 그렇게 배가 삐져서 튀어나오면 자궁 속 압력도 더 심해진다. 게다가 결정적으로 아이가 나오려면 골반 사이 좁은 길을 통해 아래층으로 내려가야 한다는 데 있다. 즉 출입구가 뒷문에 있는 다른 동물과 달리 인간의 성기는 직립 때문에 다리 사이의 아래층으로 내려와 버렸다. 인간도 뒤로 하기도 하지만 우리의 사촌인 침팬지는 물론이고 소나 개도 섹스를 할 때 누운 상태로 다리를 벌려서 하는 종은 드물다. 이는 인간 여자의 성기가 다른 동물과 달리 다리 사이에 숨겨져 있기 때문이다. 이렇게 다리로 인해 더 좁아진 출입구를 이용하려니 아이의 큰 머리는 더더욱 불리하기만 하다.

두 원수 집안의 관계가 서로 좋아지려면 로미오와 줄리엣의 희생이 필요했다. 골반이 갈라지고 살이 벌어지는 산고와 9개월 만에 미숙아로 꺼내는 조산이 그것이다. 산고는 다 아는 것이니 차치하고 현대적인 발견으로 안 일이지만, 모든 사람의 아이는 조산이라고 한다. 사람은 낳자마자 걷거나 뛰는 다른 동물과 달리 어머니 뱃속에서 미숙아로 태어나기에 걷기는 고사하고 몇 개월간 잠만 자고 젖만 빨아야 한다.

사람의 아이를 다른 동물과 비슷하게 낳자마자 돌아다닐 정도로 키우려면 어머니 뱃속에서 적어도 12개월은 더 있어야 한다. 하지만 엄마도 사람이기에 이건 너무한 주문이다. 아이를 뱃속에서 더 키우면 아이가 너무 무거워져 엄마는 직립하지 못하고 폼 안 나게 기어 다녀야 한다. 다음으로 큰 머리가 더 커지면서 출구가 막혀 빠져나오거나 꺼낼 수 없다. 그러니까 원론적으로 인간은 12개월을 더 엄마 뱃속에 있어야 하지만 원수 같은 직립 때문에 일찍 꺼내 태반과도 유사한 환경인 요람에서 크게 숙성시킨다는 것이다.

그럼에도 불구하고 산모가 생산에 실패하여 아이와 함께 죽거나 과다 출혈로 출산 후 사망하는 경우는 너무나 허다했다. 쉴레인은 이를 지적하여 여자의 출산은 목숨을 건 모험이라고 평가한다. 그리고 그는 여자가 섹스와 임신의 연관성을 깨달으면서 바로 출산의 원인이 되는 섹스조차도 목숨을 건 모험으로 여겼다고 말한다. 이런 죽음을 무릅쓴 모험을 하는데 정작 원인 제공자는 어디서 딴 여자와 놀고 있다면 얼마나 서러울까? 그래서 남편이 필요했던 것인지도 모른다.[21]

완전 직립이 사지보행에 비해 불리하다는 점은 간단히 열거한 것 이외에도 수없이 많다. 하지만 인간 여자는 이 모든 불리함을 무릅쓰고 과감하게 두 다리로, 일어섰고 새끼를 낳았으며 그만의 차별적인 문화를 만들었다. 이 덕분에 우리는 잘난 체하며 다른 동물에게는 쉽지 않은 행위인 하늘의 별이나 달을 쳐다보며 "저 하늘의 빛나는 별"이니 "별 하나의 사랑" 혹은 "임술년 가을 칠월 보름 넘어 壬戌之秋七月旣望[22]"를 읊조리고 있다.

심판의 날

비행선이 당도하자 하느님은 참참한 마음으로 낙원을 바라보았다. 분홍빛 페로몬과 사랑으로 가득 덮인 세상, 자기가 명령하지 않은 쌍방의 대화인 사랑과 경쟁이 뿜어내는 향기가 싫었다. 자기가 명령하지 않은 진화, 이제 자기가 만든 것들이 자기만 빼고 떠나가려고 한다. 하느님은 극심한 소외감을 느꼈다.

하느님은 이미 엎질러진 물을 바라보며 싸늘하게 마음을 다잡았다. 과실을 먹기 전이라면 어찌 손을 써보겠지만 이미 먹어버린 과일이기에 자신이 만든 저주를 단숨에 없앨 수도 없었다. 딸과 아달이 남자와 여자로서 결합하기 전이라면 좋겠지만, 운명의 여신이 새로운 실을 바꾸었기에 이제는 시간의 신 크로노스가 다시 살아와도 되돌릴 수 없다. 시작된 진화, 시작된 새 생명은 자기의 길을 찾아갈 것이다.

착륙하는 비행선 주변으로 모든 천사들이 호위하며 도열했고 딸을 필두로 아달과 모든 뭍짐승과 하늘의 날것이 하느님의 영광에 고개를 숙였다. 큰 성과를 거두고 오랜만에 돌아오는 하느님을 맞이하던 낙원의 흥겹던 분위기도 수행천사들의 분위기에 얼어붙기 시작했다. 싸늘함은 하느님이 내려서면서 극을 이루었다. 낙원은 이전까지 경험하지 못한 삼엄함에 웅크려야 했다.

영광과 광휘의 오로라를 두른 보좌, 거기에 오른 하느님은 주변에 도열한 천사들을 둘러보고 딸을 불러 세웠다. 그립고 반가운 하느님을 보고 너무 기뻐 터질 듯 웃음을 띠고 달려들어 안기려는 딸을 천사들이 제지했다. 놀라서 주춤거리는 딸을 바라보는 하느님의 눈빛은 복잡했고 마음은 잿빛이었다.

하느님은 주춤거리며 서 있는 딸을 바라보며 측은한 마음이 들었지만 마음을 다잡고 심판의 법정을 명한다. 천사들의 우렁찬 복창과 함께 하느님의 심판이 시작된 것이다. 아무 영문도 모르고 법정의 한가운데 서게 된 딸은 어리둥절하며 주변을 돌아보자 모든 천사가 등을 돌리고 하느님마저 싸늘한 눈빛으로 자신을 강하게 누르자 너무나 큰 충격에 다리가 풀려 주저앉고 만다.

사람의 마음

딸은 너무나 서운했다. 너무나 오래 소식이 없어 그리움만 가득 쌓였는데, 이제 막 돌아온 하느님은 자신을 안아주지도 않고 차가운 눈으로 나무란다. 사과 좀 먹었다고 이토록 나를, 나를 홀대할 수 있나? 하지만 딸의 심정과 상관없이 심판을 알리는 나팔이 울리고 딸은 피고가 되어 밝은 해 아래 홀로 서야 한다. 딸은 외로웠다. 주변을 아무리 둘러보아도 따스함은 찾을 길 없다. 창처럼 찌르는 햇살 아래, 날카로운 바람이 부는 들판에 홀로 놓인 기분이다. 잠시 후 영문을 몰라 하는 아달이 끌려와 그 곁에 버려졌다. 그리고는 모든 것의 원흉인 노리개가 만면의 웃음을 지으며 피투성이로 끌려왔다. 하느님은 모두에게 작은 벌을 주는 것으로 사건을 봉합하고 다시 행복한 낙원을 이루고자 했다. 이게 최선이라고 생각했다. 하지만 딸의 진화는 하느님이 의도한 길이 아니었고 다시 돌이킬 수도 없었다.

작은 벌일지라도 딸은 저주의 약속대로 웅크리고 부끄러워하며 한동안 고생할 것이다. 게다가 어느 때라도 없애버릴 수 있다고 생각한 짐승의 영혼을 가진 아달에게서 이제 딸의 영혼에서만 맡을 수 있는 향기가 난다. 아달은 딸과 영혼을 공유하는 당당한 사람이 되어 버렸다. 하느님은 그저 자신의 부재를 원망할 수밖에 없었고, 그저 사랑스러운 딸과 즐겁게 지내고 싶었던 소망을 망친 아달과 모든 일의 원흉인 노리개를 원망할 수밖에 없었다. 시간이 지나 저주의 효력이 소멸하면 다시 이전의 관계로 돌아가리라고 소망했다. 그리고 아달을 멀리 다른 영역으로 쫓아 보내겠다고 생각했다.

처녀처럼……

〈플레이보이PLAYBOY〉 모델이기도 했던 가수 마돈나Madonna가 두 번째 정규 앨범 〈처녀처럼Like A Virgin〉이란 노래를 들고 나왔을 때 여성학계에 난리가 났다. 남성성이 여성에게 강요했던 개념인 '처녀'를 다시 들고 나온 것이다. 그것도 처녀가 아닌데도 처녀인 척하겠다는 독립적인 여성을 두 번 죽이는 반여성적 가사였다. 그에 대해 엄청난 비난이 쏟아졌지만 마돈나는 이에 한 술 더 떠서 마치 발사대에서 솟구치려는 미사일 같

마돈나Madonna의 앨범
〈Like a Virgin〉(1984)의 커버

이 과장된 가슴의 란제리 차림으로 공연까지 한다. 여성의 입장과는 상관없이 예술의 의미로만 보았을 때, 작곡가이자 가수로서 마돈나는 존경할 만한 예술가다.

처녀성의 문제는 이미 없어진 개념이다. 아니 없어져야 할 개념이다. 하지만 아직도 눈을 시퍼렇게 뜨고 잘 살고 있다. 처녀막 수술 장사는 그렇게 성업 중이다. 처녀는 아니지만 처녀처럼 결혼해야 더 이익인 것이다. 인간과 두더지만 가졌다는 처녀막과 처녀성은 왜 문제인가? 여자의 사랑과 성을 상품화하여 결혼이라는 굴레에 거래품목으로 묶는 것이기 때문이다. 즉 여자를 구매하는 물건으로 생각하기 때문이다. 구매자가 포장을 벗기고 처음으로 작동해야 하는 것이다. 중고차를 새 차로 팔 순 없는 것이다. 처녀가 아닌 중고 여자를 그 값 주고 살 이유가 없기 때문이다. 사랑이 아닌 물물교환이기 때문에 처녀성에 대한 집착이 생기는 것이다.

결혼이란 섹스를 한 사람에게만 제공하겠다는 서약이다. 즉 부권을 확인하겠다는 의미다. 이를 통해 남자는 아버지가 되면서 자식에게 자기의 성姓과 재산을 물려주고 돌봐준다. 그러니까 처녀성에 관한 탐착은 그것이 바로 남성의 가부장의식에 확신을 얹는 장치이기 때문에 나온 행위라는 얘기다. 하지만 현대에 이르러 피임의 발달과 함께 성의 혁명이 시작

되었다. 경구피임약과 콘돔은 여자에게 임신의 상대와 시기를 결정한 권한을 부여한 것이다. 피임을 통해 여자가 아이의 아버지를 선택할 수 있기에 이제는 결혼하는 여자가 처녀일 필요가 없어졌다. 즉 피임약이 정조관념을 없앴고 성을 가부장제에서 해방시키는 데 결정적인 도움을 제공한 것이다. 아울러 의료의 발달로 안전한 낙태가 가능해지면서 자녀에 대한 여자의 결정권은 더욱 커졌다. 즉 성, 사랑과 낙태에 대한 결정권 및 경제적인 자립에 힘입어 더 이상 가부장제가 요구하는 처녀성에 집착할 필요가 없어진 것이다. 그에 따라 섹스를 독점하고 지배하는 부권도 약화되었다.[23]

부권의 약화로 남녀의 결합이 온전히 사랑과 평등의 관계로 간다는 보장은 어디에도 없다. 사랑과 평등이 아닌 돈과 권력을 중심으로 한 관계일 수도 있다는 말이다. 진화론을 제시한 찰스 다윈은 암컷의 핵심적인 성적 본성이 '도피'인 반면, 수컷의 성적 본성은 '열정'으로 보았다. 다윈에 의하면 암컷은 수컷에 비해 짝짓기에 집착하지 않고 도망 다닌다. 그러다 마침내 우월한 수컷을 만나면 그 최고의 수컷을 선택하여 자신의 새끼에게 우월한 유전자를 전달한다고 본다. 이게 인간 진화와 핵심적인 다윈의 '성 선택이론'이다. 진화론자들은 진화부터 사랑까지 다 이 이론으로 해결한다.[24]

그런데, 뭔가 신데렐라 이야기 같지 않은가? 신데렐라에서 마차는 호박으로 변하고 말은 쥐로 변했는데, 어찌 유리 구두라는 페티시fetish만 그대로 남았을까? 아마 구두라는 페티시 섹스 심볼을 남긴 것은 신데렐라의 농간일 것이다. 그러니까 수동적인 여성이 자기를 쫓아 다니는 강한 남성을 만나는 게 아니라, 수동적인 척 내숭을 떨면서 우월해 보이는 남성을 꼬셨다는 말이다. 남자가 사랑을 쟁취한다면 여자는 남자를 투쟁하게 만든다는 것이다. 하지만 투쟁을 하여 전리품으로 여자를 받은 계산 빠른 남자는 절대로 자기 손해 볼 일을 하지 않는다. 즉 그는 결코 온전한 사랑과 평등을 보장하지 않는다. 왜냐하면 인간에게 있어서 사랑은 절대 싸워서 쟁취하는 것이 아니기 때문이다. 만약 쟁취할 수 있는 것이라면 그것은 결코 인간적인 사랑이 아니라 거래품목이다.

처녀성에 대한 이런 변화는 옛날이야기와 오늘날의 이야기를 비교해 보면 확연히 드러난다. 옛날이야기에서는 처녀성을 잃을 모든 위험한 과정을 다 무사히 건너고 결혼과 함께 첫날밤을 보내면서 처녀의 증거로 피鮮血를 선물한다는 해피엔딩으로 끝이 난다. 하지만 오늘날은 심지어 처녀성을 골치 아픈 것으로 여긴다. 그저 서로가 간단히 만난 뒤 맘이 맞으면 바로 섹스로 넘어간다. 결혼은 선택사항이나 극적인 장치로 이용한다. 결혼과 자녀의 아버지 확정을 위해 처녀성이 더 이상의 의미가 없어졌다는 사실을 문학은 말하고 있다. 즉 고전 이야기의 마지막은 섹스지만 이제는 시작이 섹스라는 것이다. 그렇다면 처녀성 집착증은 이미 죽었어야 하지만 문제는 아직도 버젓이 살아서 돌아다닌다는 데 있다.

남자의 마음에 문제가 있기 때문이다. 모든 수컷이 그렇듯 남자는 모든 남자를 라이벌로 여기며 남보다 강력한 섹스의 능력으로 자의식을 증명해야 한다고 생각한다. 이게 사실이든 아니든 남자의 마음은 그렇다. 그래서 일단 '죽여줘야' 한다거나 가수 엘리스 쿠퍼Alice Cooper가 노래하듯 "천국을 보여주는 것으로 하루를 끝마쳐야" 한다고 생각한다. 심지어 무뚝뚝한 경상도 사나이는 집에 와서 하는 말이 "아는?", "밥도", "자자", "하자", "좋나?", 이 다섯 마디만 뱉는다고 한다. 남자의 가장 중요한 자의식의 원천이 바로 섹스의 능력이기 때문이다.

하지만 문제는 남자가 아내의 만족을 확신하지 못한다는 데 있다. 왜 냐하면 남자는 여자와 달리 침실에 단 둘이 들어가지 않고 모든 라이벌과 비교하면서 함께하기 때문이다. 그는 항상 아내의 과거 애인들에 비견했을 때 자신의 비교 우위가 궁금하다. 즉 그는 섹스를 할 때도 아내의 과거 연인과의 대결을 의식한다는 것이다. 섹스를 하면서도 '그 새끼하고도 저렇게 좋았을까?', '아니, 나보다 더 좋아했을지도 몰라', '그럼 나한테는 연기하는 건가?'라며 계속 섹스를 관조하면서 비교하고 의심하는 것이다.

검증할 수도 없는 상상은 언제나 고통이어서 아내가 다른 남자에게 더 강한 오르가즘을 느꼈을지도 모른다는 상상은 마침내 강박으로 변한다. 하지만 남자는 아내의 오르가즘에서 조차 라이벌이었던 애인에 대한 강박적 환상과 의심을 떨쳐버리지 못하는 것이다. 그렇게 강박적으로 의심하다 보면 섹스를 통해 만들고자 하는 강한 남자라는 자의식도 흔들리면서 마치 멸시 당한다는 느낌을 갖게 되는 것이다.

남자의 처녀 선호에는 바로 라이벌에 대한 끝없는 강박과 흔들리는 자의식이 숨어 있는 것이다. 확신을 못하고 의심이 커지면 의처증으로 발전한다. 그래서 처녀성의 집착이나 의처증처럼 아내의 정조에 대한 의심은 근본적으로 아내에게 있는 게 아니다. 결국은 남성 자신의 자의식과 남성적 자신감에 대한 의심이라고 할 수 있다.

하느님의 법정

하느님이 동산의 가운데 서자 그로부터 뿜어지는 싸늘한 냉기가 동산을 뒤덮었고 모든 사물은 얼어붙었다. 조용히 하느님은 딸을 불러 죄를 물었다.

"딸아! 딸아! 너는 그동안 어디서 무엇을 하고 있었느냐?"

하느님은 딸이 몸을 웅크려 머리를 조아리며 죄를 뉘우칠 것이라고 생각했다. 그러면 슬그머니 저주의 효력을 반감시켜주고 형량을 줄여 주려고 하였다. 하지만 하느님의 기대와는 다르게 딸은 상처투성이로 쓰러져 있는 아달의 손을 꼭 끌어안고 하느님을 바라보았다. 딸은 하느님의 눈빛이 너무나 서럽고 아달의 상처가 너무나 가여웠으며 지금의 상황이 너무나 야속했다. 그래서 하느님 앞에 당당히 서서 크게 외쳤다.

"내 살과 피를 나눈 아달과 즐거움을 나누고 저주의 과실을 먹었나이다."

하느님은 딸이 아달을 끌어안고 눈물을 흘리자 가슴에 불꽃이 이는 듯했고, 당당한 딸의 태도에 어이가 없어 노여움이 머리끝까지 솟아올랐다. 하느님의 노여움에 광폭한 바람이 일어 딸과 아달 그리고 모든 피조물을 날려버릴 듯했다. 딸은 휘청거리면서도 아달과 더 밀착해 광폭한 신의 분노를 이겨내고 이를 악물며 꼿꼿이 서서 하느님을 바라보았다. 이에 더 분노한 하느님은 사람과 장난감에게 이제라도 죄를 뉘우치고 무릎을 꿇으라는 뜻으로 냉엄하게 말했다.

"먹지 말라고 저주를 건 과일을 먹었으니 이제 저주는 오로지 너희의 몫이다."

딸은 머리를 갸우뚱하며 하느님을 찬찬히 바라보았다. 그리고는 그토록 자신을 아끼던 하느님의 사랑이 무엇이었는지를 알게 되었다. 그리고 또 알았다. 내가 이전에 아달에게 가졌던 사랑이 바로 하느님이 내게 가진 사랑이었음을. 나는 더 이상 하느님이 키우는 장난감이고 싶지 않을 뿐 아니라 내 장난감인 아달이 더 이상은 장난감이 아니라는 것을. 저주의 과일이 마련해 준 이성으로 이런 깨달음에 이른 딸이 당당한 몸가짐으로 바르게 서자 흔들리던 마음도, 눈동자도 바로 서면서 신을 같은 높이에서 바라보게 되었다. 이런 딸의 변화에 하느님은 마음속으로 흠칫하며 자기도 모르게 뒤로 물러앉았다. 하지만 곧 뒤로 물러선 자신을 책망하며 더욱 성나고 싸늘한 표정을 지었다. 하지만 하느님의 위협도 더 이상 소용이 없었다. 확신에 찬 딸은 당당하면서도 담박한 목소리로 장난감의 손을 꼭 쥐면서 신에게 말한다.

"우리는 서로가 서로에게 닿는 기쁨을 먹었고 서로가 함께 호흡하는 영혼을 먹었으며 내가 나임을 아는 자존심을 먹었나이다."

함께하는 두 영혼이 살아있는 언어의 힘으로 하느님을 밀어붙였다. 하느님은 가벼운 벌이나 주려는 단순한 의도로 만든 저주가 가져온 예기치 못한 결과에 충격을 받고 잠시 말을 잃었다. 저주는 그저 조금 괴롭히는 벌일 뿐이었는데 결과는 사람 본질을 바꾸는 것이었고, 신을 패배자로 만들어 버리는 일대 사건으로 바뀐 것이다. 하느님은 본질적으로 이러한 사태를 감당할 수 없었다. 하느님은 자신의 존재가 거부되는 위기를 감지했기 때문이다. 이제 사태는 서서히 신과 사람의 자존심 대결에서 생존의 전쟁으로 변해 가기 시작한 것이다.

하느님은 불안감을 누르며 온화한 얼굴에 어색한 웃음을 지으면서 딸을 본 뒤 시선을 옮겨 노리개를 바라보았다. 그리고 생각했다. 영혼을 합쳐 말하는 방법도 아마 저 노리개가 가르쳐 주었을 것이다. 그렇게 생각하니 노리개가 만들어 낸 이 상황에 짜증이 밀려왔다. 그리고는 피투성이로 결박당해 널브러져 있는 노리개를 차가운 눈빛으로 바라보며 새로운 조건을 걸어서 말한다.

"너의 죄는 모두 저기에 잡아 놓은 노리개의 더러운 모략과 놀아난 아
달에 있다. 이 모든 죄의 대가는 다 저 노리개와 아달이 지고 영원히 타오
르는 지옥의 불에서 고통을 당할 것이다. 이제 뉘우치고 다시 내게 돌아오
면 모두 잊고 예전의 즐거운 삶으로 돌아갈 수 있다."

하느님은 저주를 노리개와 아달에게 전가함으로써 죄를 사해 주면 딸
이 진정으로 기뻐하며 자신의 품으로, 푸르른 생명의 동산으로 다시 돌
아오리라고 기대했다. 하지만 하느님의 배려에도 불구하고 딸은 더 냉랭한
태도로 혹은 안쓰럽다는 눈빛으로 하느님을 바라보았다. 뭔가 아니라는
느낌, 딸의 태도에서 싸늘한 냉기를 느낀 하느님은 당황하기 시작했다. 아
달 때문이라고 생각했다. 아달에게 벌을 주기보다는 그를 딸에게서 떼어
놓아야 한다고 생각했다. 그래서 하느님은 결코 내놓아서는 안 될 마지막
카드를 꺼낸다. 하느님은 곧 말Logos이고 말은 곧 법이다.

"네 장난감인 아달에게 깃든 네 영혼은 이제 그의 영혼이다."

지금까지 알지 못하던 새 세상을 열어 주었기에 조금의 고마운 마음
과 동시에 자신의 장난감인 아달을 능욕한 노리개를 기분 나쁘다는 독
심어린 눈으로 바라보던 딸은 하느님의 무책임한 말에 화들짝 놀라고
만다. 하느님은 또다시 딸의 마음을 오해한 것이다. 이제는 더 이상 장
난감이 아니게 된 아달의 변화를 간과하고 자기에게서 독립시킨 것이다.
영혼을 끈으로 얽매어 잡아놓은 아달에게 영혼의 자유를 준 것이다. 영
혼의 자유를 얻어 '그'가 된 아달은 이제부터 나에게 묶인 사람이 아닌
것이다.

불복종

하느님을 보는 딸의 눈은 짜증으로 확 일그러졌고, 고개를 돌려 노리개를 바라보니 저것이 아달과 엉켜 물고 빨고 했을 장면이 그려지며 마음속에 불길이 차올라 마치 동산을 태울 듯했다. 그때 곧 죽을 듯 엉망으로 구겨져 있던 노리개의 눈이 딸과 마주쳤고 딸에게 '피식'하는 조소로 답례한다. 딸은 어찌할 바를 몰라 하는 아달과 피식거리는 표정으로 있는 노리개를 번갈아 보았다. 딸은 드디어 도화선에 불을 붙여 그동안 정들었던 푸른 동산을 한 방에 날려버린다.

"당신이 뭔데 날 맘대로 가지고 놀다 버리고 그것도 모자라 겨우 만들어 놓은 내 영혼의 조각을 독립시키는데? 나를 만들어 주었으면 다야? 외로움의 끝에 겨우 마련한 안식, 외로운 영혼을 갈가리 찢어버리고서 뭐 다시 당신이랑 놀아? 날 사랑한다면 내가 바라는 행복을 인정해 줘야 할 것 아냐!"

"그렇게 내 마음 몰라?"

"저기 저 년이랑 다시 붙어 물고 빨고 핥고 질퍽거려!"

"꺼져! 씨바!"

"당신은 하느님도 아니야!"

"날 만들고 날 사랑한 하느님은 결코 그럴 수 없어!"

그리고는 쓰러져 흐느껴 울기 시작했다. 아무도 달래줄 수 없는 감정의 폭발이었다. 자기를 무시한 하느님에 대한 서러움이었고, 아달의 독립에 대한 서운함이었으며, 노리개에 대한 질투였다. 아울러 결국 쾌락을 위해 노리개를 만들고, 자기를 만들고, 아달을 만든 하느님에 대한 원망이었다. 이제 영혼의 연결도 끊어져 버린 저 어린 아달을 데리고 저주에 떨어야 할 자신의 신세를 떠올리자 복받친 설움이었다. 딸의 흐느낌에 하늘도 땅도 딸을 따라 울기 시작했다.

파국은 이렇게 사소한 말 한마디에서 시작하여 거대한 결말로 이어졌다.

일편흑심–片黑心의 하느님

한반도에 사는 한민족의 하늘신앙을 대표하는 신인 하늘님(하늘님)의 표준어는 자음인 'ㄹ'이 빠진 '하느님'이고 평안도 사투리는 '하나님'이다. 정확한 소리가 뭔지는 모르지만 'ㆍ'가 오늘날의 '나'와 '노'음의 중간에서 나는 소리이고 발음상으로는 오늘날의 '나'나 '노'가 아닌 '너'음과 가장 유사했을 것으로 추정하고 있다. 개신교 도입 초기의 번역과 표기를 사투리로 한 것이라는 등 말이 많다. 그러니까 유태교 신 '야훼' 혹은 '엘로아'가 조선에 와서 '사투리 존재'가 되었다는 말이다. 이왕 객지에 와서 사투리로 불리면서까지 고생하는 존재이니 지역에 따라 '하나님'이라 하건, '하노님'이나 '하너님'을 부르짖으며 기도하건 그저 사투리 신일뿐이다. 달리 유일함을 강조하기 위해 '하나the One'에 '님'을 붙였다고도 하는데, 그런 '숫자+님' 문법이 가능하려면 '두님'이나 '세님'도 평소에 우리가 써야 한다.

이 책에서 말하는 하느님은 '하늘', '하나', '하너', '하노' 등 조선 사투리의 하늘신과 아무 관련이 없는, 동아프리카 지역에서 진화와 종의 변화를 취미로 삼는 신으로 순전히 작가의 피조물이다.

남자는 골방 같은 공간에 구겨져서 자기만의 세계를 건설하기 좋아한다. 그렇게 건설한 세계에 질서를 부여하는 일로 희열을 느낀다. 미켈란젤로Michelangelo Buonarroti는 시스테인 성당의 그림을 그리는 몇 개월간 식음을 전폐하는 순수 광기로 전념하다 마침내 그림을 마칠 때 쯤 머리칼이 다 하얘졌다고 한다. 이들 창조자들은 자기를 '하느님'이라 여긴다. 이런 창조자들은 재료에 영혼을 불어넣어 상징적 질서를 부여한다고 주장한다. 이 때문에 대부분의 우주창조신화는 가부장적 도식을 많이 채택한다.

하느님은 신화 시작의 모티브를 닮고 닮은 피그말리온에서 따왔다. 아마도 다 아는 이야기일 것이다. 이 이야기는 '창조', '입맞춤', '호흡' 그리고 '근친상간'의 갈망을 노래한다. 그리스의 키프로스Cyprus 왕 피그말리온은 자기 나라의 여자들을 믿지 못했다. 그곳 여자들은 나그네를 박대하다 미의 여신 아프로디테의 저주를 받아 매춘을 하고 행실이 불량해졌기 때문이다. 피그말리온은 결혼할 마음을 버리는 대신 혼신의 노력을 기울여 상아로 실물 크기의, 살아있는 그 누구보다 더 아름다운 여인상을 만든 뒤 갈라테이아Galatea라는 이름을 붙이고 그 조각상과 사랑에 빠진다.

그러는 동안 아름다움과 사랑의 여신 아프로디테 축제가 열렸다. 피그말리온도 축제에서 맡은 자기 일을 다 하고 난 뒤 제단 앞에 서서 기도를 올렸다.

"신이시여, 바라건대 제 아내가 되게 하소서……", "저 상아 처녀 같은 여성을……"이라며 마치 넋이 나간 폐인처럼 소원을 빌었다. 그러자 제사를 흠향하던 아프로디테가 소원을 듣고, 피그말리온에게 축복을 내린다. 피그말리온은 집으로 돌아와 자기가 만든 조각상 앞으로 다가가, 긴 의자 위로 몸을 구부리고 처녀의 입술에 입을 맞추었다. 그런데 입술에 온기가 있는 것 같았다. 그는 다시 한 번 처녀상의 입술을 자기 입술로 누르고 손으로 처녀의 몸을 쓰다듬어 보았다. 상아가 더없이 부드럽게 느껴졌다. 이번에는 몸체를 손가락 끝으로 눌러 보니 말랑말랑했다.

그제야 자기 소원이 이루어졌음을 깨달은 피그말리온은 여신에게 감사를 드렸다. 그리고는 자기 입술을, 자기 입술과 마찬가지로 피가 통하는 처녀의 입술에 대었다. 처녀는 입맞춤을 느끼자 얼굴을 붉히고 이 세상을 향해 두 눈을 뜨고는 애인을 바라보았다. 아프로디테는 이 결혼을 축복해 주었다. 그리고 이 둘 사이에서 딸 파포스Paphos가 태어났다고 로마의 시인 오비디우스Ovidius는 노래하고 있다.

이 변신Metamorphosis의 테마는 그림, 민담, 소설 그리고 만화와 영화를 통해 무수히 재현되었다. 키스로 깨어나는 미인의 테마는 우리 모두가 익히 알고 있는 그림형제Bruder Grimm의 〈백설공주〉, 〈잠자는 숲속의 공주〉부터 뽀뽀해 주면 왕자가 되는 〈개구리 왕자〉와 요즘 나온 그 반대의 2009년 영화 〈공주와 개구리〉가 있다. 그뿐이 아니다. 카를로 콜로디Carlo Collodi 원작의 〈피노키오〉, 오드리 햅번Audrey Hepburn이 꽃 파는 촌년으로 열연한 〈마이 페어 레이디My Fair Lady〉(조지 버나드 쇼George Bernard Shaw의 1938년 소설 『피

현대판 피그말리온인 오드리 햅번Audrey Hepburn의 〈마이 페어 레이디My Fair Lady〉의 포스터에서는 창조자와 피조물의 구도가 잘 보인다.

그말리온Pygmalion』을 번안), 스티븐 스필버그Steven Spielberg가 연출한 2001년 영화 〈A.I.〉도 있다. 이 신화를 다른 각도로 조명한 작품으로는 1818년 메리 셸리Mary Shelley가 쓴 불행한 남자 창조물 『프랑켄슈타인Frankenstein』, 비극의 여자 로봇

이 주인공으로 등장한 1927년의 독일 무성영화 〈메트로폴리스Metropolis〉, 그리고 최근 배두나가 열연했던 2009년 일본 영화 〈공기인형空気人形〉도 있다. 멀리 우리의 고전 『우렁각시』, 『박씨부인전』도 이 이야기의 계열로 집어넣을 수 있을 것이다. 참으로 양심 없게도 엄청나게 우려먹어 진국이 다 빠진 이야기를 또 써먹은 것이다.

이 이야기로 하느님을 설명하려는 의도는 피그말리온 이야기 뒤에 늘 딸을 사랑한 근친상간의 창조자 하느님이 있기 때문이다. 즉 이야기 흐름에는 항상 예고된 비극의 전조가 있다는 얘기다. 가부장적 창조자와 피조물의 사랑은 성적인 목적이 끼어들기 쉽다. 하지만 이 사랑이 이루어지기 위해서는 수많은 난관이 필요하다. 아버지는 자식을 사랑하지만, 자식이 아니고자 하는 여자가 추구하는 아버지는 저 멀리 있기 때문이다. 성적인 대상으로 삼기가 수월하지 않다.

남녀의 성적인 사랑은 동등한 상호관계를 지향한다. 하지만 조물주와 피조물의 관계는 동등하지 않기 때문에 동등해질 때까지 이루어지기 힘들다. 보통 할리우드나 한국 드라마는 이야기 초점을 여성적 불균형에 맞춰 고통이 없으면 얻는 것도 없다고 외친다. 그래서 신데렐라는 고생에 고생을 거듭하고, 백설공주는 독 사과 먹고 죽을 둥 살 둥 하지만 왕자는 고생 한 번 제대로 거치는 과정 없이 춤추다 벗겨진 신발의 주인 찾기나 하거나, 지나가다 뽀뽀 한 번 한 뒤 예쁜 공주 하나를 꿍(?)으로 건진다.

2012년 필자가 제작에 참여했던 MBC 드라마 〈해를 품은 달〉에서도 그렇다. 만약 여주인공 연우가 악랄한 대비 윤씨의 지지를 받는 윤대형의 딸이었다면 죽음의 고초를 당하지도 않고 양명이나 운이라는 난쟁이들의 도움 없이도 바로 왕비가 될 수 있었을 것이다. 하지만 연우는 허許씨이고 대비 윤씨는 매일 거울을 보며 주문을 외우고 있다. "거울아! 거울아! 이 세상에서 누가 가장 예쁘고 권력이 가장 세니?"

문제는 또 있다. 연우, 신데렐라, 백설공주는 그저 그런 평범한 남자에는 관심이 없고, 또 없어야 한다는 데 있다. 여기에 연우를 사랑했지만 이루지 못한 양명군, 운과 기타 등등 난쟁이들의 비극이 있는 것이다. 연우가 사랑한 대상은 그 이름이 의미하는 희끄무레한 내와 빗줄기, 즉 '연우煙雨'를 밤하늘 휘황한 빛으로 등장하는 달月로 만들어 무대의 중심에 세운 연인이자 '위대한 아버지'이며 구원의 손길을 뻗어줄 최고 권력자였던 왕자 훤이기 때문이다. 이야기란 절대 소망을 쉽게 충족하지 못하게 만들어야 더 필연적이고 재미있게 보이기 마련이다.

그래서 만약 그가 그저 평범한 남자라면 절대 이길 수 없는 강한 적을 앞에 놓아두어야 긴장감으로 심장이 더 쫄깃쫄깃해진다. 하지만 적이 죽고 긴장이 풀어지면 창조자는 또 다른 긴장을 찾아 더 극적인 작품을 이루고 싶어 떠난다. 그래서 〈해를 품은 달〉의 마지막 행복은 비현실적이고 싱거웠던 것이다.

그렇게 작품에 미친 창조자는 절대 바람을 피우는 것이 아니라 새로운 창조의 열정에 빠진다. 무성영화시대 가장 위대한 배우이자 연출가였던 찰리 채플린Charles Chaplin이 영화를 찍을 때마다 상대하는 여배우와 바람이 나서 마누라 피해 도망 다닌 이유도 그가 창조자이자 하느님이었기 때문이다. 그래서 창조자의 마누라가 그의 사랑과 주의를 계속 끌려면 그가 집중하는 새로운 창조 속의 인물을 연기해야 한다.

이러한 이유로 조각가 피그말리온을 비롯해 작가, 건축가 그리고 모든 남자 창조자는 바로 '하느님'이면서, 자기의 자식인 피조물과 사랑에 빠지고 싶어 하는 음흉한 속내를 가진 일편흑심-片黑心의 남자이다.

신의 황혼

무엇이 일어난 것인가? 단지 사람의 사소한 말 몇 마디로 하느님의 존재는 완전히 부정된 것인가? 그건 아닐 것이다. 말로 세상을 창조하는 신에게 피조물의 한마디는 치명적 타격이 될 수는 없다. 말보다 더 무서운 다른 무엇 하나가 '신'이란 창조의 능력을 지닌 언어에 마이너스로 붙은 것이다. 지금껏 경험해 보지 못했던 딸의 '감정', 그것도 강렬한 '증오'의 감정이 신의 심장인 언어에 ' - '로 붙은 것이다. 너무나 갑자기 닥친 딸의 감정은 마치 폭풍처럼 거대했고, 미리 방비를 못한 하느님은 너무 크게 놀란 나머지 심장을 쑤시는 듯한 고통에 허덕여야 했다.

하느님은 이 충격을 상쇄할 한마디를 하려고 했지만 어떤 말을 하건 마이너스가 되었기에 입도 벙긋하지 못했다. 낙원의 공기는 그렇게 얼어붙었다. 하느님조차 더 이상 손을 쓰지 못하는 가운데 존재가 근본적으로 부정되면서 신이 드러내던 거대한 창조와 존재의 영역이 점점 줄어들기 시작한다. 동산은 색이 바라고, 푸른 물이 찰랑이던 호수는 죽어버린 듯 숨을 죽였으며, 촉촉하고 청명하던 공기는 푸석푸석 말라갔다.

말을 뱉고, "아차!"한 딸은 "아니 그게 아니고!"를 외쳤지만 마이너스의 감성이 만들어 낸 우주의 무화無化는 벌써 스타트라인을 넘어서고 있었다. 딸은 새로 영혼을 갖게 된 아달을 잡고 팔짝 팔짝 뛰며 "어떻게 좀 해 봐!"를 외쳤지만 너무나 거대한 충격으로 변해 가는 세상을 멍한 눈으로 바라보는 순수하고 새로운 영혼인 아달로부터 어떤 말도 들을 수 없었다.

그저 하느님을 따라 사라져 가는 노리개의 키득거림만 허공을 메울 뿐이었다.

딸은 눈물 콧물이 범벅이 되어 "어무! 어무!" "내가 잘못했어, 내가 잘못했어! 꺼지라는 말은 그냥 한 것뿐이야!"라면서 하느님에게 매달렸지만 부정의 언어가 만들어 낸 검에 심장이 찢겨져 저 멀리 사라져 가는 하느님을 잡을 수는 없었다.

축복

꺼져 가는 와중에야 하느님은 예언을 상기할 수 있었고, 환인형이 하신 말씀의 의미를 깨달을 수 있었다. 그렇기에 예언에 있는 대로 다음에 만날 딸을 기대하며 자신의 모든 힘을 모아 축복의 말을 해 줄 수 있었다. 하느님은 무릎에 매달려 울고 있는 딸의 머리를 쓰다듬으며 말했다.

"네 잘못이 아니란다. 운명은 이렇게 예정되어 있던 것이란다!"

하지만 신의 창조 권능은 허무하게 흩어진 것이 아니었다. 하느님은 이 세상 모든 생명이 스스로를 복제하여 생육하고 번성하여 세상을 가득 채울 수 있도록 하는 '완전한 생식의 힘'으로 바뀌었다. 이제까지 동산에 갇혀 있던 생명의 힘이 모든 세상에 고루고루 미치게 된 것이다. 딸을 사랑했던 하느님은 딸과 아들에게 생산과 더불어 문명을 창조할 수 있는 더 완전한 언어와 지성을 부여한다. 그리고는 모든 동물들에게 능력의 축복을 내린다.

"생육하고 번성하여 땅에 충만하라."

딸과 아들에게는 이에 더하여 "땅을 정복하라, 바다의 고기와 공중의

새와 땅에 움직이는 모든 생물을 다스리라"고 말했다. 이어 하느님의 권능이 직접적으로 미치던 모든 존재, 천사 그리고 노리개까지 함께 천지天地의 빛으로 퍼지며 모든 피조물의 몸으로 스며들었다. 이어 한 마디가 하늘과 땅을 채웠다.

"다 이루었도다!"

생육 그리고 번성

더 이상 장난감이 아닌 아달과 함께 이제는 홀로 서게 된 딸은 하느님이 사라져 간 하늘을 멍하니 쳐다보다 다리에서 느껴지는 뜨끈함을 느끼며 아래를 내려다보았다. 다치지도 않았는데, 아프지도 않는데도 다리 사이에서 피가 흘러내리고 있었다. 피를 본 딸은 두려움에 떨었다. 그러나 비록 멍청한 표정일지라도 아달은 자신을 떠나지 않아 그런 두려움을 조금이나마 가라앉힐 수 있었다.

이제 하느님의 말대로 아달은 더 이상 내 장난감이 아니라 딸과 동등한 영혼의 무게와 의미를 지닌 하나의 사람이다. 그도 이제 사람이 되었기에 변화를 맞이하고 있었다. 멍청하던 눈동자에는 생기가 가득했고, 누를 수 없는 호기심이 생겨나면서 여기저기를 돌아다니며 만지고 장난친다. 그렇게 사람의 역사는 시작하였다.

『노자도덕경』 –
여자의 속사정

노자의 『도덕경』을 통해 밝히고 싶은 것들

　　노자의 『도덕경道德經』은 여성의 생리적인 측면을 많이 반영하고 있다. 따라서 책에서는 노자를 현재적인 남녀의 의미로 해석하고자 한다. 그런데 심지어 노자도 도道의 속내를 당최 모르겠다고 한탄하는 모습이 여기저기에 보인다. 당연히 글을 쓰는 남자인 내게 여자는 도무지 속을 알 수 없는 스핑크스와 매한가지이다. 노자는 "아는 자는 말하지 않고 말하는 자는 알지 못한다"고 했다. 우리가 노자를 읽고 있으므로 노자도 진짜로 알지는 못했다고 봐야 한다. 지금 이 글을 쓰는 사람도 당연히 모른다.

　　노자와 도가는 동아시아 사상의 한 축을 담당한다. 유학이 남성의 세계를 표현했다면 도가는 여성의 느낌을 말한다고 할 수 있다. 우리가 말하는 인간이란 남자와 여자로 되어 있다. 아니 여자와 남자 이외에 '인간'은 아직 본 적이 없다. 그래서 어느 하나를 빼서는 인간에 대한 그림을 그릴 수 없다고 하겠다.

　보통 남자는 정치적으로 경쟁을 하는 반면 여자는 집안을 가꾸는 수
동적인 존재라고 말한다. 하지만 동서양을 관통하는 이런 이론은 여자의
치밀한 경쟁전략을 읽지 못했기 때문에 나온 내용이다. 남자는 운전을 하
며 경쟁한다면 여자는 전화기를 붙잡고 경쟁한다. 그러므로 이렇듯 잘못
된 여성관은 서양의 근대화가 만든 동화이고, 동양에서는 남자가 억압해
서 날조한 이야기이다. 그래서 우리는 프랑스 철학자 미셸 푸코Michel Foucault
의 말대로 아직도 19세기 빅토리아 왕조시대의 정숙주의에 속고 있는 것이
다. 여자는 남자보다 우월하고 더 치밀한 전략을 가지고 있다. 나는 노자
를 통해 그 점을 밝히고, 남자는 어떻게 남녀의 파워게임에서 빠져나갈 수
있을까 하는 방도를 모색하려고 한다.

노자 『도덕경』

『도덕경』은 『도경道經』과 『덕경德經』의 두 편으로 짜여 있다. 앞의 한 글자씩 따서 『도덕경』이라고 한다. 그러니까 학교에서 배우는 도덕과는 연관이 없다는 말이다. 후난성湖南省 창사長沙 마왕두이馬王堆에서 나온 비단 두루마리帛書는 그 이름이 앞뒤의 순서가 반대인 『덕도경德道經』이기도 하다. 노자를 존경했던 한비자韓非子에 의하면 원래 편제는 '덕도'였다고 한다. 내용은 같아도 책 제목의 글자 순서가 원래 그렇다는 점을 감안하고 읽어 보면 느낌이 상당히 다르기는 하다. 하지만 1993년 궈디안郭店에서 발굴한 초나라 죽간楚簡은 순서가 없고 내용이 조금 다르기에 어떤 것이 정본이라고 말할 수 없다.

노자를 둘러싼 전설은 황당한 데가 많다. 가장 우스운 것은 어머니 뱃속에서 60년이나 있었다는 내용이다. 낳았을 때 이미 머리가 허옇게 세어 있었고, 낳자마자 자기의 이름을 지었다는 대목이다. 60년이면 직립보행을 해야 하는 어머니의 직립이 불가능했을 것이다. 진정으로 그의 막중한 불효에 입을 다물 수 없다. 그 외에도 노자가 검은 소를 타고 서쪽 국경인 함곡관函谷關을 넘어가서 부처가 되었다느니, 공자를 만났다는 등 무시해도 좋을 헛소리는 끝도 없다. 결국 당나라 현종玄宗 때 노자는 "태성조고상대도금궐현원천황대제太聖祖高上大道金闕玄元天皇大帝"라는 거창한 칭호의 최고 신으로 등극한다.

전설이건 정설이건, 노자가 있었건 없었건, 노자가 누구였던 간에 그가 썼다는 『도덕경』이란 책은 여러모로 유용하다. 일단 짧다. 본문은 한자 5,000자로 200자 원고지로 30매 가량이다. 게다가 시詩 같은 운문韻文이라 외우기 쉽고 많은 부분이 생활의 지혜를 주는 경구여서 써먹기 좋다. 다음으로 사회적 이념이나 유교의 도덕과 예禮를 비판하는 내용이 많아 머리가 확 트이는, 해방적이고 혁명적인 감동을 선사한다. 오랫동안 파시스트들은 노자를 금서로 감춰두고 자기만 보면서 여러모로 베껴 먹었다. 해석의 가능성이 무궁무진하고 주석도 수천 종이라 "이게 바로 정통적인 해석"이라는 주장도 내놓기 어렵다. 그러니 맘대로 해석해도 좋다.

이 책에서는 새로 출토된 문헌의 성과도 반영하지만 왕필王弼의 주석을 담고 있는 대표적 통행본 『노자도덕경老子道德經, 화정장씨본왕필주華亭張氏本王弼注』의 본문만 사용하기로 한다. 왕필본 이외에도 하상공河上公이라는 신선이 한문제漢文帝에게 전했다는 「하상공장구河上公章句」 이후로 이루어진 수천 종의 주석이 있다. 대부분의 주요 주석은 옌링펑嚴靈峯이 『무구비재노자집성無求備齋老子集成』이라는 책에 수백 종을 모아 두었으니 관심 있는 독자는 주석을 비교해 봐도 재미있을 것이다.

노자 『도덕경』의 장점은 뭐니 뭐니 해도 책을 읽음으로써 잘 하면 신선 노릇을 할 수도 있고, 못해도 세상을 살아가며 참고서로 사용할 수 있다는 데 있다. 물론 여기서는 신선이 아닌 여자를 알아보기 위해 사용한다는 차이가 있다. 남자에겐 여자가 낙원이니, 신선과 여자를 합치면 완전히 도원경桃源境이 아닐까 한다.

노자의 『도덕경』은 대부분의 학자들이 인정하듯 성적性的인 비유가 많다. 특히 여성의 성기에 대한 상징으로 가득하지만 실상 대부분의 해설서는 우주적인 의미로 풀이하고 있다. 지적하고 싶은 점은, 우주적이며 철학적인 풀이가 틀렸다기보다는 그것이 노자의 전부는 아니라는 얘기다. 성적인 상징이 가득한 이유는 철학 개념이 바로 성적인 활동에서 시작했기 때문이다. 그러니 성적인 해석도 철학적인 풀이만큼의 권리가 있다는 것이다. 노자를 성적으로 해설한 서적으로는 2000년 논란이 되었던 샤오빙蕭兵의 『노자와 性』을 들 수 있다. 이 책에서는 샤오빙을 참조하였지만 그와 가는 방향은 많이 다르다.

노자가 말하는 도는 대단히 어려워 보인다. 하지만 인간적인 측면에서 보면 수천 년 전에 인간에 대해서 쓴 이야기이니 특별히 어려울 이유도 없다. 노자가 알면 얼마나 알았겠는가? 진화학, 역학, 열역학, 상대성원리, 불확정성원리, 생태학, 의학, 뇌과학, 사회학, 정치학, 경제학, 인터넷까지 우리가 노자보다 인간에 대해 더 많은 정보를 가지고 있다는 점만 생각해도 그렇다.

보라! 노자와 비슷한 시기의 그리스에서 피타고라스Pythagoras 학파는 지금은 중학생이면 다 아는 삼각형 빗변의 길이 측정 공식을 우주의 비밀로 여겨 비의로 가르쳤다고 한다. 마치 아르키메데스Archimedes가 오늘날에는 잘 알려진 비중의 원리를 깨닫고 "유레카Eureka!"를 외치며 벌거벗은 채 뛰었다는 사실처럼, 따지고 보면 노자의 철학 또한 그런 범주에 들 가능성이 충분하다. 즉 노자의 내용이 어렵다기보다는 은유적이고 중층적이기 때문에 해석이 분분하고 헛갈린다고 봐야 한다는 얘기다. 게다가 노자와 현재 우리의 유전자가 동일하니 느끼고 생각하는 구조도 같다고 보아야 한다.

『도경』 1장

노자는 『도덕경』의 1장에서 전체의 체계를 개괄하는 개념의 관계를 제시한다. 그래서 적어도 가장 학설이 분분한 『도경』 1장에 대한 입장은 밝히고 이를 기초로 이야기를 전개하도록 한다.

본문의 해석방법은 구두점을 찍는 것으로 드러낸다. 구두점을 통해 나의 해석을 보이는 한편으로 본문이 지닌 구조를 충분히 반영한다. 보다가 어렵고 머리 아프면 논증 부분은 무시해도 좋다. 이 책의 해석은 당연히 찾을 길 없는 노자의 원문에 가깝다고 할 수 없다. 우리가 노자의 무덤을 털어 원문을 찾았다고 하더라도 '노자의 목소리'는 들을 수도, 들을 필요도 없기 때문이다.

출판된 책이란 저자가 아니라 독자의 것이다. 즉 책이란 독자에게 팔린 것이다. 저자는 자기가 말하고자 하는 것을 팔아먹은 책에서 충분히 드러내면 그만이다. 그러므로 본문을 지었다는 노자는 죽어 먼지로 변한 지오래고, 만에 하나 그가 있더라도 자신이 지은 책의 정통적인 해석을 주장할 수 없다. 왜냐면 그가 써서 우리에게 팔아먹은 『도덕경』은 이제는 그의 것이 아니라 내가 힘들여 번 돈으로 구입한 책이기 때문이다. 독자의 리뷰는 독자의 몫이지 작가의 것이 아니다. 그렇기에 작가는 자기의 견해를 설명해 줄 수 있지만 해석은 강요할 수 없는 것이다.

『도덕경』이 가진 개념은 하나의 체계를 이루기 때문에 우리는 그 체계를 밝혀 의미를 만든다. 노자가 『도덕경』의 체계를 원래부터 그렇게 만들었을 수도, 아닐 수도 있다. 노자가 어찌하였건 책이 가진 체계와 구조는 이미 노자를 떠나 우리의 손 안에 있다. 그래서 해석은 노자를 드러내는 것이 아니라 우리가 가진 현재적인 이해의 지평horizon을 넓히는 일이다. 그러니 '노자의 본래 뜻'이나 '노자의 목소리'를 주장하는 책은 해석hermeneutics의 'ㅎ'자도 모르는 무식의 증표와 다름없다.

본문

『도덕경』 1장은 총 세 부분으로 나누어진다. '도가도'로 시작하는 첫 부분은 단어의 의미풀이가 없다. 즉 앞부분은 단어를 알려주는 것이 아니라 글의 '조건'을 밝힌다. 나오는 단어인 '도道'와 '명名' 그리고 '상도常道'의 관계만 보여준다. 다음 부분에서는 중요단어인 '유무有無', '상무常無', '상유常有'의 내용을 말한다. 마지막 부분은 결과가 무엇인지 알려준다.

먼저 본문을 알아본다.

道, 可道, 非常道.	'도'는 도라고 말할 수 있다. '상도'는 아니다.
名, 可名, 非常名.	'명분'은 명분이지만 '상명'은 아니다.
無, 名天地之始.	'없음'은 우주의 시작을 이른다.
有, 名萬物之母.	'있음'은 만물의 어머니를 이른다.
故常無, 欲以觀其妙.	그러므로 '상무'는 그 알맹이를 보려고 한다.
常有, 欲以觀其徼.	'상유'는 그 움직임을 보려고 한다.
此兩者同.	이 둘은 '같은' 것이다.
出而異名.	나오면서 '이름'을 달리한다.
同謂之玄.	'같음'을 '어둡다'고 한다.
玄之又玄.	어두움, 이것을 더 어둡게 함이
衆妙之門.	뭇 알맹이가 드나드는 문이다.

어려워 보이지만 사실은 간단하고 쉽다. 만약 진짜로 복잡하고 어렵다면 노자는 자기가 주장하는 진리에서 먼 것이다. 노자도 "내 말은 졸라 알기 쉽고 졸라 행하기 쉽다[27]"고 직접 써놓았을 정도이다.

(1) 단어의 관계

여기서 노자는 '도'와 '상도' 그리고 '명분'과 '상명'의 관계를 말한다. 이 두 문장에서는 단어의 설명이나 내용은 빠져 있고 오직 단어의 관계만 말하고 있다. 즉 1장에 등장하는 도와 상도, 명과 상명의 내용이 없기 때문에 성급하게 먼저 해석할 필요가 없다.

(2) 단어의 내용

『도덕경』 1장에서 의미와 내용을 갖는 단어는 '무無'와 '유有' 그리고 '상무常無'와 '상유常有'이다. 이들을 두 개씩으로 묶을 수 있다. 먼저 본문대로 무와 유 그리고 상무와 상유의 묶음이 있다. 다음은 생긴 게 비슷한 무와 상무, 유와 상유 묶음이 가능하다.

노자는 내용상 첫째 묶음인 무와 유를 "천지와 만물의 시작"이라고 한다. 다음 묶음인 상무와 상유는 이렇게 무와 유로 주어진 세상을 '움직임'이나 '알맹이'로 바라보는 인간의 관점을 말한다. 앞 절의 DNA 이브와 아담에서도 지적했듯, 인간은 세계의 알맹이를 이야기로 엮어 볼 수도 있고, 사냥의 대상으로 여겨 움직임을 시뮬레이션해 볼 수도 있는 것이다.

천지와 만물 그리고 생리적인 것은 이미 주어진 것으로 우리가 어찌할 수 없다. 반면에 주어진 것을 가공하여 가치 있게 만드는 일을 우리는 문화라고 한다. 즉 무유는 태어나면서부터 주어진 생리적이고 자연적인 조건이고 상무와 상유는 이것을 가공하여 인간적인 의미로 번역하고 활용하는 일을 의미한다.

다음으로 우리는 단어의 관련성을 가지고 '무와 상무' 그리고 '유와 상유'라는 묶음으로 볼 수도 있다. 즉 '무'에 '상'이라는 인간적인 활동인 '욕'을 추가하면 '상무'이고, '유'에다 '욕망'을 더하면 '상유'라고 할 수 있다. 해설하자면, 인간의 마음으로 세상의 기본 구조인 하늘과 땅을 바라보면 우주의 알맹이가 보이고, 사물을 바라보면 움직임이 보인다는 것이다. 즉 노자의 관심은 인간이 바라보는 세상과 인간의 지식이라고 하겠다.

간단히 정리하면 다음과 같다.

'없음無' + 욕망 = '상무'

'있음有' + 욕망 = '상유'

(3) 결과

마지막은 생산의 결과이다. 노자는 물건의 생산 및 출하와 관련해 '같음', '어둠' 그리고 '출입구'라는 단어를 쓴다. 이 부분 역시 쉽고 간단하게 이해가능하다. 무와 유 그리고 상무와 상유는 이름은 달라도 알맹이는 같다는 말이다. 또 출입구는 어둠이라고 한다.

노자는 생산물로서 '있음'과 '없음'의 두 묶음이 '이름'은 다르다고 한다. 이름이 다르다는 말은 용도와 작용이 다르다는 뜻이다. 남자와 여자가 다르고 우리 족속과 너희 족속이 다르다. 이름은 곧 가치와 명분을 의미한다. 즉 하늘과 땅이 다르고 다이아몬드와 돌멩이는 가치와 의미가 다른 것이다. 모름지기 다른 것을 다르다고 인정해야 같음도 같아질 수 있다. 그러니까 노자가 말하는 이름은 바로 차이를 말한다. 노자는 다름을 인정하지 않고 같다고만 주장하는 억지를 "도가 아니다"라고 한다.

다름만을 더 강조하면 노자가 아니라 차별을 주장하는 공자의 사상과 유사해진다. 그래서 노자는 '어둠'과 '출구'라는 도의 입장에서 보면 같다고 한다. 노자는 도란 만물을 같이 키우지만 선별해서 내치지 않는다고 한다. 세계를 한결같이 대하는 도의 입장에서 다이아몬드나 돌멩이나 모두 자연의 일부라는 것이다. 차별이 의미를 잃어버리는 대목이다.

노자는 무차별의 경지에 오르기 위해서 '어둠玄'이라는 말을 사용한다. 이는 1장에만 세 번이나 나오는 극도로 중요한 단어이다. 보통 "현묘하고 또 현묘하다"고 형용사를 두 번 강조하는 것으로 번역한다. '묘妙'자를 덧붙여서 '신비스러운'을 강조하는 것으로 해석하는 것이다. 하지만 이를 신비라고 하면 뒤 구절의 명확한 해석이 어렵다. 그 반면 송태효는 수십 종의 외국어 번역을 비교하며 이 구절을 "어두운 것을 더 어둡게 한다Obscure the obscurity"고 앞은 형용사, 뒤는 동사로 번역했다. 이렇게 보면 도는 '알 수 없다'라기보다는 '더 짙어가는 어둠'이라고 해석할 수 있다.[28]

그럼 어둠은 무엇인가? 「대학大學」 같은 곳에서 "밝은 덕을 밝힌"다고 할 때 '밝음明'의 반대말인 '악惡'일 수도 있다. 하지만 노자의 전체 문맥으로 보자면 도는 결코 악의 의미가 아니다. 그렇다면 어둠이 짙어질수록 밝은 새벽이 가깝다는 의미일까? 그렇다면 어둠이란 새벽의 밝음을 위한 것이다. 노자가 명암의 정치를 주장하면서 밝음을 지향한다면 그럴 수도 있지만, 실제 맥락은 그렇지 않다. 노자에게 어둠은 근본적인 의미를 갖는다. 그러면 우리는 어디서 노자가 말했던 '어둠'의 의미를 찾을 것인가? 나는 노자가 말하는 어둠의 문맥, 즉 '같음同'과 '뭇 알맹이衆妙'로부터 그 흔적을 찾아야 마땅하리라고 본다. 밝은 문명의 근원인 어두운 생리가 그것이다.

앞에서도 말했듯, 무와 유에 인간의 욕망이 들어가면 상무와 상유이다. 반대로 여기에서 욕을 제거하면 다시 무와 유로 돌아간다고 할 수 있다. 그렇다면 욕을 제거하여 상무에서 다시 무로 돌아갈 방법은 무엇인가? 먼저 상무와 상유를 만드는 요소인 욕망은 어디에서 생기는가를 물어야 한다. 즉 이름과 명분의 차별은 어디에서 생기는가를 물어 보자.

차별이란 자연에서 생기는 것이 아닌 바로 인간이 가진 기본적인 감각인 보고, 듣고, 만지는 것에 가치를 부여하면서 생긴다. 그렇다면 다시 무로 돌아가는 길은 의외로 간단하다. 바로 세계에 가치와 의미를 부여하는 인간의 행위인 이름 지음, 또 그로써 생겨나는 차별을 넘어서는 일이다. 바로 이름과 언어가 만들어 낸 우리의 생각과 감각을 닫아 어둡게 하는 길이다.

도는 눈을 가리고 귀를 막아 종내는 외부에 대해 어두워[29]진다. 감각으로 사물을 구분할 수 없이 어두워지면 세상이 무차별에 이른다.[30] 깜깜하면 세상의 가치에 대한 구분이 없어지는 것이다. 즉, 이름과 언어로 만들어진 마음이 없어진다. 그리고 이렇게 외부의 창문을 닫아 버리면서 우리는 자신을 느껴보기 시작한다. 그래서 어두워 차별이 존재하지 않는 '같음玄同'이야말로 시각이나 청각 같은 어느 하나의 감각에 매여 치우치지 않는 차원의 세계다. 마치 『장자莊子』에서 바다의 신인 혼돈混沌을 말할 때 그를 눈, 코, 입 없이 빛마저 들지 않는 깊은 바다에 사는 왕으로 묘사한 것과 마찬가지다. 모든 감각 없이 바다 속 깊이 잠겨있던 혼돈은 마음이 철저히 어둠 속에 잠긴 존재다. 그렇게 도는 곧 어둠이기에 천지는 차별적인 사랑을 하지 않는不仁 것이다. 그렇기에 차별 없이 만물을 낳고, 키우고 죽일 수 있는 것이다. 장자의 말대로 저 들녘의 잡초와 기왓장에도 차별 없이 도가 깃들어 있는 것이고, 도가 깃들었기에 잡초일 수도 기왓장일 수도 있다는 것이다.

노자가 말하는 모든 알맹이가 드나든다는 '문'의 개념은 바로 도가 차별이 없는 어둠이기에 가능한 것이다. 도는 "스스로 그러함自然"을 따른다. 스스로 그러한 도는 자기의 원칙에 따라 자기를 구성해Autopoesis 나가는 존재이다. 만약 어둠이 아니라면, 좋아하고 싫어함을 구분하는 차별의 문턱이 생기면서 도는 "스스로 그러함"을 따르지 못한다. 도가 자기의 내적 원리를 따르지 못한다면 결코 세상도 더 이상 '스스로 그러한' 힘으로 움직일 수 없을 것이다.

         이름과 명분 : 상무 ≠ 상유
         생산의 결과 : 상무 = 상유
         생산자 상태 : 어둠 = 무차별

(4) 종합

이제는 앞의 조건과 합쳐서 도와 상도의 의미를 알아본다.

먼저 도道는 '없음無(우주)'과 '있음有(만물)'이 합해진 것이다. 다음으로 도와는 다른 상도常道는 '상무常無'와 '상유常有'를 합친 말이다. 상도란 도의 알맹이와 움직임을 보려는 인간의 욕망을 말한다. 그렇기 때문에 무유, 그리고 상무와 상유는 차별적인 이름으로는 다르지만 분별하는 마음을 내지 않고 무차별한 도의 관점에서는 같다. 이것이 생기는 근원은 근원적인 어둠이다.

이제는 노자가 1장의 구도를 통해 설명하려고 한 것이 무엇인지는 확실하다. 바로 도 아래 써놓은 '무유無有'가 그것이다. 즉 『도덕경』 1장에서 '말로 할 수 있는 도'의 내용은 천지와 만물이라는 것이다. '무유'가 도의 내용이 아니라면 왜 '무유'를 동일한 글의 구도 바로 아래에다 설명해 놓았는가? 만약 무유가 아니었다면 도가 갖는 다른 내용으로 아랫부분을 채웠을 것이다. 다른 증거로도 바로 1장을 잇는 다음 장 역시 "있음과 없음은 같이 있다[31]"로 시작한다. 즉 『도덕경』 본문의 구조상 '말할 수 있는 도'의 구성요소는 '무유'이다. 도의 내용인 '없음'은 하늘과 땅이라는 공간이고, '있음'은 그 공간을 채우는 만물이다. 그리고 도는 말로 할 수 있기 때문에 무유라는 서로 다른 이름名을 갖는다고도 할 수 있다.

이를 안팎의 예로 설명해 보자. 만약 화이트보드에 하얀색으로 글씨를 쓴다면 알아보기가 힘들다. 무엇이든 명확하려면 다른 부분과 차이가 나야 드러난다. 마치 하얀색과 하얀색의 차이를 구별할 수 없듯, 무는 무로 보여줄 수 없다는 말이다. 서로 다른 색으로 써서 차이를 드러내야 글씨를 알아볼 수 있는 것이다. 즉 하얀색과 까만색의 동시적인 관계로 글씨가 이루어진다는 말이다. 다른 말로 하면, 건물의 외벽이 있어야 내부의 방이 생기고, 방이라는 빈 공간을 만들려면 외형인 벽이 있어야 한다는 말이다.

도의 의미가 밝혀졌으니 상도와 상명도 따라서 드러난다. 처음 글의 조건에서 밝히듯 상도는 보통 말하는 도와 의미가 다르기 때문에 "지칭할 수 있는道" 게 아니다. 상도와 상명을 해석할 때 "말로 할 수 없는"이라는 수식어를 붙이는 경우가 많다. 하지만 『도덕경』 1장에 '말로 할 수 있는 게 아니다'라고 쓰여 있지 않다. 그저 '아니다'고 했을 뿐이다. 즉 상도와 상명은 '말로 할 수 없는 고차원의 우주의 비밀'이 아니라 앞의 도와는 다른 개념이라는 뜻이다.

가끔 명절이면 신문에 이런 제목이 올라온다. "고속道막혀, 지방道 이용". 즉 가도와 상도는 국도와 고속도처럼 용도와 의미가 다르다. 그래서 가명과 상명처럼 이름이 다르다. 아니면 국철道와 고속철道처럼 이름과 속도의 차이라고 할 수 있다. 세상에 말하는 기존의 '도'와는 개념이 '다른' 새로운 의미라는 뜻일 수 있다.

이 둘은 '신비'가 아니라 '장비'의 차이라는 것이다. 지방도로에서는 그 길을 따라 걸을 수도, 아니면 자전거나 오토바이로 달릴 수도 있지만 고속도에서는 오직 차만 다닌다는 차이가 그것이다. 국철로는 100km로 달리지만 고속철로는 300km로 달린다. 이 두 차이를 만들기 위해서 철도장비 자체가 달라야 한다. 이것이 바로 상도와 상명이 가진 도와 이름의 다름이자 차이다.

상도에 해당하는 것은 '무유'라는 도에서 확장한 개념인 '상무'와 '상유'이다. 여기에는 "보려고 한欲다"는 '인간의 관심'이 개입한다. 즉 상무와 상유는 '무'와 '유'가 인간의 바람을 통해 드러난 것이다. 바로 무유에 인간의 바람이라는 장비가 개입한 것이 바로 상무와 상유라는 것이다. 비유하자면 돼지 눈에는 돼지만 보이고 부처의 눈에는 부처만 보인다는 말과도 유사하다고 하겠다.

무와 유는 서로 차이가 나기 때문에 둘이 관계를 통해 차별 즉 '이름'을 이룬다. 인간의 욕망이 개입한 상무와 상유를 통해서는 세상을 이루는 껍질과 알맹이의 가치와 차이를 볼 수 있다. 우리가 어떤 것의 의미를 말할 때 그것이 지닌 차이에 주목한다. 마찬가지로 이 둘은 차이로써 의미가 생기는 것이다. 차이를 인정하지만 그가 진정으로 추구하는 바는 차이를 넘어선 '같음'에 있다. 더 나아가서 그는 차이를 넘어서는 같음을 단지 감각적 추구가 아닌 내부의 '어둠', 즉 자기 성찰에서 찾는다. 깜깜하면 예쁘건 못생겼건, 하얀 칠판에 까만 글씨건 까만 칠판에 하얀 글씨건 하나도 안 보인다. 손으로 더듬고 몸으로 느끼는 방법밖에는 없다.

노자의 계급과 민족

소위 동양사상의 위대함을 말할 때는 우선 인륜人倫과 덕을 첫째로 꼽고 민民을 가르치고 풍속을 개량하는 일, 즉 '화민역속化民易俗[32]'하여 문명으로 이끄는 위업을 다음으로 꼽는다. 그런데 만약 이게 위대한 업적이라면 현재 중국에서 벌어지는 소수민족 말살정책도 위대해야 한다. 사람의 신분과 그들이 지닌 문화 바탕을 송두리째 바꾼다는 '화민역속'이란 요즘 말로 표현하자면 소수민족 말살정책이라고도 바꾸어 말할 수 있기 때문이다.

예의를 규범으로 삼는 귀족과 달리 내가 그들과 '언어-문화'를 달리하는 노예와 별반 다를 게 없다고 치자. 귀족들이 뿜어내는 혐오와 천시賤視의 결과물, 즉 형벌의 대상에 오르는 민民 계급이라고 가정해 보자. 사실상 현재의 나도 재벌가 3남이 아니라 평범한 국민이고 아마 노예제 사회인 그때 태어났어도 별반 다를 게 없었을 것이다. 그렇다면 나는 언어와 풍습을 그들의 비위에 맞추어 바꾸어야 하는 사람일 것이다. 하지만 만약 어떤 귀족이 민 계급의 사람들과 동일 민족이고 같은 문화적인 바탕을 함께 공유한다고 해 보자. 그래서 귀족이지만 바닥의 삶과 문화가 갖는 의미를 안다면 절대 그토록 위대한 '화민역속'이라는 반문화적인 야만을 저지르지 않을 것이다.

백성의 문화를 바꾸려는 '화민역속'은 오직 지배자와 피지배자의 언어와 민족, 그리고 풍습이 다르기 때문에 가능한 것이다. 그래서 지배자들이 지어낸 아름다운 문장은 단지 타민족의 입장에서는 변명의 글이라는 형식과 내용이기에 도덕적으로 아름다워 보이는 것일 뿐이다. 한마디로 동양사상이 위대하다고 하면서 노래하듯 꼽는 인륜은 이민족 지배자의 식민지배를 위한 광고문구와 다를 바 없다는 뜻이다. 이는 일제를 찬양했던 선전문구가 도덕적이고 아름다운 문장이었다고 하더라도 그 내용이 옳다고 말할 수 없는 경우와 같다.

공자의 직업선택 문제

여기서 잠깐 우리에게 익숙한 공자의 경우를 통해 계급과 종족이 갖는 의미를 알아보자.

공자는 봉건적 위계는 높지만 강성하지는 못했던 노나라 추읍陬邑의 대부였던 숙량흘叔梁紇의 둘째아들로 태어났다. 숙량흘은 송나라에서 성인聖人 직분을 수행하다 노나라로 망명한 사람의 후손으로, 직업은 전사였던 듯하다. 어머니는 안씨顔氏 성의 징재徵在라는 이름의 노나라 토착 무당의 셋째 딸이었다. 흘은 당시 17세였던 안씨와 들에서 몸을 맞춰野合 공자를 낳았다. 요즘 말로 바꾸어 보자면 '원조교제'와 유사한 듯하다. 공자는 세 살 때 아버지를 여의고 무당이었던 홀어머니 슬하에서 자라난다. 어머니는 서자였던 공자에게 본가에 있는 아버지의 무덤을 알려주지 않았지만, 17세에 어머니가 돌아가신 후 어머니의 유지를 무시하고 아버지의 무덤을 찾아내 어머니를 합장하였다고 한다.[33]

위에서 언급한 공자의 출생과 성장의 기본 요소를 나열하면 다음과 같다.

① '골수 주나라의 예를 간직한 보수적인 노나라'의 예 중심주의

② 송나라 양공이 상징하는, '꼴통으로 유명했던 은족殷族 출신'의 고집불통

③ '무당·제사장 출신의 망명객 대부계급의 아버지'가 지닌 계급의식

④ '지역 토착 단골무당shaman 어머니'가 지닌 지역성과 영성靈性

이 네 개의 배경을 잘 합쳐 노나라 중심의 조합을 만들면 공자가 나올 듯싶다. 이 네 요소를 종합해서 한 문장으로 표현하면, 공자는 노나라의 보수적 예와 송나라의·고집불통에 지식인인 사士의 계급성과 무당 아

들로서의 영성을 지닌 사람이다.[34]

그런데, 만약 공자가 ①번의 노나라 예를 선택한 문사가 아니라 ④번의 어머니 직업을 이었다고 가정하면 무당巫이었을 것이다. 아니면 ③번의 송나라 사람이었던 부친 숙량흘을 따라 무사가 되거나 성인이었던 할아버지의 직업을 이었다면 제사장이었을 것이다. 하지만 공자는 이러한 친족의 가까운 직업을 선택하지 않는다. 그는 외가와 어머니의 토속 몸주신인 신령님이나 할아버지의 하느님帝을 저버린 것이다. 대신 정복 민족의 종교인 하늘天과 예禮라는 신식문명을 선택하였다. 이는 김동리의 소설 『무녀도』의 무당 어머니를 배신하고 기독교 집안으로 들어간 아들 욱이가 만든 비극과 다를 바 없는 선택이다. 요즘 말로 '이민족의 개'를 자처한 것이다. 가까운 직업을 버리고 외부에 드러나는 문화적인 직업을 선택한 것이 바로 공자와 유학의 특성이라고 할 수 있다.

왜 주나라 경전은 민심이 천심이라고 입에 침이 마르게 떠들어 놓고서 정작 가끔 하늘로 떠받들어야 한다는 민을 몽매하다고 매도하고 가르쳐 깨우치려 하고 풍속을 개량하자고 주장하는가? 이를테면, 말이 안 되게 주나라 통치자들은 '하늘'을 교화하려고 하는 것이다.

이는 경전의 글을 쓰고 있는 저자가 민이 아니고, 그들과 문화적인 바탕을 공유하지 않는 지배민족이어서 민을 생산의 기능으로만 보았기 때문에 가능했다고 봐야 할 것이다. 수없이 많은 무식한 노예와 민을 가르쳐서 그들의 정체성을 바꾸기보다는 정말 한 줌밖에 안 되던 지도층이 변신하는 게 사실은 더 빠르고 좋은 방법일 것이다. 하지만 이토록 쉬운 길을 거부하고 어렵게 가려고 했던 자들은 누구인가? 자기 것은 '문화華'이고 피지배층은 '야만夷'이라 규정한 뒤 상대를 계몽의 대상이라고 생각하는 관점은 주나라 때부터 유학을 거쳐 지금까지 이어져 온 중화中華문명의 병폐라고 아니할 수 없다.

지배자의 지식 vs. 토착민의 지식

그럼 야만의 땅이라던 남방 초나라 사람이라고 소개하기도 하는 『도덕경』의 저자인 노자는 어떤 계급이고 어떤 민족이어서 과연 누구의 편을 들었을까 살펴보자. 먼저 『도덕경』에는 지배층을 의미하는 '사인士人'과 피지배층인 '민'을 구분하여 사용하고 있다. 성인이나 일반인을 지목하는 부분을 제외하고 살펴보면, 공자의 『논어論語』처럼 명확하게 용법을 나누지는 않지만 '인'이라는 단어를 사용할 때는 차이를 보인다. 자신과 계급적으로 동등하게 다루려 하면서도 결국은 민을 지배의 대상으로 보고 있다. 이러한 단어의 사용으로 볼 때, 그는 민이나 노예 계급이라기보다는 적어도 사인 계급에 속한 지식인이고 지배층이라고 추측해 볼 수 있다.

노자의 특이한 사항은 그가 가르침과 배움, 그리고 민속을 향한 쏠림, 나아가 앎과 문화에 대해 독특한 태도를 지니고 있다는 점에 있다. 그는 가르침을 "말이 없는 성인의 실천[35]"으로 받아들이지만, 배움에 대해서는 주나라 예를 선전하는 전도사들이 "현인을 숭상하지 않거나[36]" 또는 "성스러움을 끊고 지식을 버린다[37]"며 상당히 부정적인 시선으로 보고 있다. 하지만 민속에 대해서는 "풍속을 즐겨라[38]", "사람들이 문자를 버리고 다시 줄을 묶어 사용하게 한다[39]"며 새로이 들어온 문자보다는 지역문화를 강력하게 긍정한다. 즉 노자가 지식을 바라보는 시선은 두 가지다. 한쪽은 부정적이고, 한쪽은 긍정적이다. 노자가 부정적으로 바라보는 한쪽이 바로 '화민역속'이며, 그에 관한 불신과 경멸은 매우 깊은 편이다.

어떤 이들은 이런 노자의 생각을 단순히 '반지식주의'라고 호도한다. 그러나 정확하게 말하자면 이는 주나라가 비교적 몸의 생리에 기초한 야생적인 사고가 살아있는 초나라에 주입하려는 식민 지식, 즉 예를 위주로 하는 문명에 대한 반발이고 거부에 해당한다. 아울러 원주민이 지닌 '야생의 지식Savage Mind[40]'에 대한 긍정이라고도 할 수 있다. 새로이 들어오는 제국의 지식을 거부하고 토속적인 지식을 옹호하고 있는 것이다. 새로이 들어오는 제국의 학문인 유교는 지배자의 입장에서 생겨난 식민지학이기 때문이다.

식민지학은 단지 오늘의 문제만이 아니었다. 고려 말 원나라의 식민지학으로 성리학이 본격적으로 한반도에 들어왔다. 이를 기화로 대륙의 문명은 한반도를 자기들이 요리하기 쉬운 구조로 만들려고 했다. 주나라 문명의 키워드인 '예'라는 것도 바로 다른 민족을 강제로 자기 문화로 끌어들이려고 짜서 맞춘 식민지 문화의 행동양식excuse이라는 의혹을 결코 불식할 수 없는 것이다. 그래서 주나라가 주입하려는 식민지 지식에 반대하는 노자는 원주민의 민속과 지역문화를 강력하게 옹호하며 재건하려고 노력했던 것이다. 그래서 노자는 민족 생존과 자신의 문화 바탕을 보존하며 발전시키고자 노력한 문명의 전략가라고 할 수 있다.

『도덕경』에 드러나는 지적인 수준으로 볼 때 노자도 공자에 비견할 만큼 국제적인 식견을 지닌 인물임에는 틀림없다. 하지만 문화적인 부르주아였던 공자와 다르다. 노자는 당시의 여러 문명을 종합한 선물세트같이 세련된 주나라 문명을 계승하고 발전시킨 제국의 식민지 엘리트라기보다는 어머니와 아버지가 물려준 문화의 길을 선택하여 지역문화를 지키려고 노력한 토착민 지도자로 보인다. 공자가 어머니의 문화적 맥락을 이어받아 무당의 길에 들어섰다면 그는 결국 노자와 동열에 섰을 인물이었을지도 모른다. 어쨌거나 그런 경우가 맞는다면 노자의 『도덕경』은 근대의 여명기를 맞은 한반도에서 일제에 저항하려고 지식인들이 적은 「독립선언문」, 또는 식민지의 종주국에 끝까지 저항하며 단재 신채호가 써내려간 『조선상고사朝鮮上古史』나 알퐁스 도데Alphonse Daudet의 『마지막 수업La Derniere Classe』 같은 문맥의 민족적인 내용을 담은 문명서일 수도 있다는 말이다.

노자, 동굴 탐험가

도道로 시작하는 전편인 『도경』은 도의 조건, 인간적인 내용, 그리고 생성과 과정에 대한 주요 개념 규정을 먼저 선보인다. 하지만 언뜻 보기에 노자는 도의 조건을 말하는 대목에서 사람을 헷갈리게 현혹하는 김빼기 작전을 편다. 마치 싸구려 자동차를 보여준 다음 구매자의 시선을 높여 최고급 자동차를 보여주는 느낌이다. 또는 짝퉁 가방을 슬쩍 보여준 다음 진짜 '샤넬' 명품백으로 시선을 옮기도록 하는 식이다. 그렇게 사람 달아오르게 한 다음 "실물을 달라"고 하면 미꾸라지처럼 이리저리 빠지다가 유사품인 '구찌'나 '루이비통' 같은 것들을 하나씩 흘리는 듯하다.

노자의 말투는 '~이고, ~이다' 같이 긍정형식도 아니고, 신비주의에서 폼 잡느라 사용하는 '~도 아니고 ~도 아니라'는 식의 부정형식도 아니다. '마치 ~과 같은' 형용사구로 은유적 묘사를 즐기며 이리저리 빠져

나가는 미꾸라지 짓을 한다. 애를 태우며 이 미꾸라지를 좇아 다니다가는 결국 빈손으로 개천을 나서며 "다른 짐승은 어떻게 잡는지 알겠지만 용 잡는 법은 모르겠다!"는 고백을 하면서 마침내 노자를 용이라고 여기며 그의 추종자로 변한다. 하지만 그 어지러운 텍스트를 읽다가 또 읽다가 결국 머릿속의 깊은 미궁으로 빠진 뒤에는 '이 사람은 미꾸라지 같은 사기꾼'이라고 판단한 뒤 노자를 맹렬히 반대하는 진영에 서 버린다. 사정이 그렇다 보니, 이 노자가 풀어내는 내용은 참으로 까칠한 성격을 지닌 철학이다.

앞에서 우리는 노자를 여성의 연구자로 보기로 했다. 이제 다시 여자로 돌아가 보자. 노자라는 연구자는 '도'라는 미지의 영역을 연구하기 위해 왕성한 호기심과 의욕으로 속을 채운 뒤 길을 떠났을 것이다. 숲을 헤치고 높은 산을 오르며 도를 찾아 헤맸을 것이다. 그러다 깊은 산속 동굴에서 신비한 옹달샘을 발견하고서는 그 원천을 따라 깊은 굴속으로 들어갔을 것이다. 동굴을 따라 깊이 들어가면서 그 안은 점점 더 어두워졌을 테고, 그 기연奇緣의 동부洞府에서 노자는 상식적으로는 이해하기 힘든 현상과 마주쳤을 테다. 아마 노자 본인도 원래 성격은 그리 까칠한 사람은 아니었을지도 모른다.

연구대상 : 신비의 거시기

동굴탐험의 연구를 진행하다 보니 연구대상이 '어둠', '문', '암컷', '계곡'과 '신神', '빈 구멍' '어머니'로 표현되고, 이들이 생명의 원천인 여성과 여러 모로 유사하다는 사실을 깨닫는다. 열거한 단어를 간단히 연결하면 "어머니인 암컷이 있고, 암컷에 들어가는 출입구가 있고, 그 안은 빈 구멍이자 어두운 계곡"이다. 그래서 일단 '여성'과 '암컷' 그리고 '계곡'과 '빈 구멍'으로 연구의 범위를 좁히기로 한다.

노자는 애초에 '누워서 떡 먹기'라 여겼을 것이다. 하지만 여성적인 원리인 '계곡'과 '동굴'의 탐험이 계속 이어지면서 파 들어가는 깊이가 갈수록 깊어지기만 하고, '까면 깔수록 양파 같이 속을 알 수 없다'는 사실에 직면한다. 연구가 난관에 봉착한 것이다. 동굴 초입에 섰던 그는 처음에 여자를 단순히 그저 남자의 반대로 생각하고 얕봤을 것이다. 왜냐하면 남자의 경우 거의 모든 것이 겉으로 노출되어顯 있기 때문에 햇빛 아래에서는 모든 것이 훤히 드러날 것이라고 봤다. 아울러 남자들이 하는 짓이라는 게 그 속내를 뻔히 짐작할 수 있기에 더 깊은 호기심을 자극하지도 않는다고 생각했다.

그러나 그런 남자는 여자와 같은 반열에 설 수 있는 존재가 아니었다. 여자는 옷을 입어도 몸의 굴곡이 호기심을 자극하고, 조금 속살이 보일라치면 군침을 돌게 만들었다. 그러나 감추려고 옷을 입은 것은 분명한데도 한편으로는 그것이 사실은 보여주기 위해 꾸몄을지 모른다는 당혹감에 휩싸였다. 도대체 헛갈리기만 했다. '뻔할 뻔'자는 절대 아니고, 고혹과 매혹의 혹惑에 싸여 있는, 감각으로는 알아내기 힘든 안개에 덮인 어두운 玄 미로의 세계와 다름없었다.

여자만이 아니라 남자에게도 신비한 부분이 없는 것은 아니다. 남자의 성기인 여의봉이 보여주는 팽창과 수축의 신기하며 변화무쌍한 조화를 여자도 처음에는 신기해한다. 물론 남자라면 불끈하는 팽창의 느낌을 신비롭게 여기지 않을 것이다. 문제는 남자의 신비란 겉으로 드러나며 그 의

도도 명백할 뿐 아니라 효과도 확실하다. 게다가 남근이 하는 일의 기능도 단순하며 우직하다. 한껏 부풀어 올라 허세를 부리다가 결정적인 순간에는 꽁무니를 빼는 게 남근이다. 워낙 하는 짓거리가 뻔하다 보니 직접 경험하지는 못했어도 몇 번 실망해 본 여자라면 관심을 끊는다. 여자에게조차 더 이상 신비가 아닌 것이다.

노자는 먼저 남성과 여성을 '있음有과 없음無'의 상대적 공존相生으로 대비하며 드러낸다. 남근有은 늘 '존재'의 허세를 부리다가 신세를 망치는 경우가 비일비재하다. 그에 비해 질無의 어두운 계곡은 은근하며 오묘하다. 허세와는 아주 거리가 멀다.

그를 대하는 동서양의 시각 차이가 있다. 그리스의 철학자 아리스토

토머스 게인즈버러Thomas Gainsborough, 〈다이아나와 악티온Diana and Acteon〉, 사냥꾼인 악티온은 달과 숲의 여신인 다이아나가 목욕하는 장면을 보다 다이아나의 저주로 사냥감인 사슴으로 변하게 된다.

텔레스는 여자의 성기를 '결여anaperian'라고 했고, 노자는 '어두운 부재無'라고 했다. 즉 아리스토텔레스는 여자를 '남근이 없는 모자란 남자'로 여긴 반면 노자는 끊임없이 깨끗한 물이 흘러들어 계곡의 삼각지대(▽)를 적시는 생명의 충만한 젖줄이라는 의미로 파악했다. 왜냐면 여자의 성기는 남자의 드러낸 허풍과는 달리 다리 사이에 감춰져 있어 가끔씩 도끼자국으로만 보여주며 의도도 짐작하기 어렵고 효과도 모호하다. 그래서 남자의 드러낸 형태는 여자의 감춰진 델타(▼) 속 '어두운玄' 신비의 이미지와는 질적으로 다르다.[41]

유무의 거시기

노자는 무無를 먼저 언급했고, 그 뒤에 유有를 언급했다. 그래서 지금까지는 순서대로 '무유'라고 적었다. 하지만 우리의 언어습관으로는 '유무'가 자연스럽다. 간혹 '무유'와 '유무'가 엇갈리면서 등장해도 가리키는 개념은 같다고 이해해주시기 바란다.

노자는 어렵더라도 모르는 것은 탐구를 통해 알 수 있다고 생각했으리라. 하지만 탐구를 하려면 적어도 어떤 확실한 '거시기有, stuff'가 있어야 하는데 깊은 숲속에 숨은 텅 비어 있는 계곡의 옹달샘에서 도대체 어떤 '거시기'를 찾을 수 없었다. 즉 관찰 가능한 덜렁이는 모습形을 가진 남성에게 여성은 그냥 흐릿한 빈 구멍이라는 머릿속에 떠오르는 이미지象만 제공한다. 이를 노자는 '무형유상無形有象'이라 표현한다.

그래서 여자는 관찰할 수 있는 대상이 없는, 수수께끼 같은 이미지만 지닌 부재不在다. 더구나 여성의 성기가 형체를 가져서는 노자의 철학 체계로도 맞지 않는다. 남자의 "욕망은 형체를 지닌 덜렁이가 딱딱하게 서면서 확증한다.[42] 이에 호응하여 여성은 당연히 약하고 부드럽게 수용한다.[43] 이로써 세상의 모든 것이 생겨나는[44]" 것이다.

노자는 도에 욕망이 개입한 상도인 상유常有와 상무常無로 연구의 초점을 집중한다. 남자가 가진 욕망이 보려는 것은 겉으로 확실히 드러나는 모양과 움직임, 즉 상유다. 그렇게 남자는 겉만 보고 살피는 시각을 중심으로 움직인다. 하지만 여성의 성기는 겉으로 부재하기에 정확히 볼 수도, 그려낼 수도 없다. 하지만 여자는 남자가 사막에서 물을 바라듯 갈구하는 대상이다.

그래서 노자는 "계곡과 신[45]"이라는 도에 대한 탐구는 고사하고, 볼 수도 만질 수도 들을 수도 없으며 논리적으로 추론할 수도 없는 어두움이라 투덜대기 시작한 것이다. "존재하는지 아닌지[46]"로 표현하듯 대상은 깊숙이 숨은 내용이자 알맹이기 때문에 상유라는 움직임과 겉모양의 관점으로 보아서는 잡히지 않는 것이다. 즉 여성의 성기는 명확하지 않을 뿐 아니라 모호하기 때문에 개념 규정define도 할 수 없고 그저 황홀하게 직접 몸으로 체험한 뒤 감동으로 묘사하는 일만이 가능한 '깜깜함'이다.

목적의 거시기

남자有가 집중하는 방향은 바로 여자이고 섹스다. 그런데 정작 관심의 대상은 감춰져 있고 보이지 않는無다. 그러면 이를 어떻게 말해야 옳은가? 없다고 해 보자. 없으면 어떻게 섹스를 하겠는가! 있다고 하기로 하자. 있다고 하기에는 그냥 빈 구멍뿐이다.

여자의 성기가 지닌 역설은 존재의 부재만이 아니다. 만약 여자의 성기가 구멍이 아닌 뭔가 그럴 듯한 구조물이라고 쳐보자. 그러나 그런 상상 자체가 쉽지 않다. 뭔가 다른 방도를 만들어 낼 수도 있지만 포유류나 영장류 중에 그런 동물이 아예 존재하지 않기 때문에 상상 자체가 어렵다는 얘기다. 혹은 탐폰처럼 삽입하는 생리대로 거기를 막아놨다고 가정해 보라. 막힌 성기는 벽이다. 그러니까 남자의 성기有形에 있어서 여성의 성기가 가진 미덕과 능력은 바로 결여, 즉 비어 있음虛無이라고 할 수 있다.

서양 최고의 철학자 아리스토텔레스는 의사이기는 했지만 여자에 관심이 없었던 것 같다. 따라서 남자에 집중하느라 여성 성기의 '부재'가 지니는 진정한 의미를 몰랐을지도 모른다. 여자라는 존재가 얼마나 황당했으면 유명한 의사 히포크라테스는 여자의 자궁이 온몸을 돌아다니기 때문에 히스테리가 생긴다는 주장까지 펼쳤다. 하지만 여자를 충분히 경험해본 노자는 "비어 있지만 구부러지지 않고 움직일수록 더 생산적[47]"이라고 말한다. 그리고 방의 용도도 외부구조有와 내부 공간의 관계에서 결정된다고 보고 없음無에 강한 의미를 부여한다. 막히거나 가득 차서 들어갈 수 없는 방은 벽과 같을 뿐, 방으로서 아무 의미도 지닐 수 없는 것처럼 막힌 구멍은 벽이지 성기가 아닌 것이다.

여자의 성기는 실체가 없으면서도 남자를 받아들여 성적 쾌감을 만들며 달마다 달거리를 통하여 시간도 알려주고, 아이까지 낳아 생명의 원천 노릇을 하는 등 역동적으로 작동한다.[48] 그러니 '부재'이기도 하지만 동시에 강렬한 경험을 선사함으로써 존재감을 드러낸다. 하지만 눈이나 귀로는 경험할 수도, 재현할 수도 없는 어둠이다. 겉으로 드러나는 남근과는 다르게 감추어져 있지만 직접 겪어 보면 각기 다른 쓰임[49]을 알려줄

뿐만 아니라 황홀하고 신비롭고 위대한 느낌으로 다가온다. 노자는 그런 여성의 성에 일찌감치 주목했던 것이다.

거시기의 효용

잠깐 여기서 여자의 성기가 지닌 해부학적 특징을 알아보도록 하자. 여자의 질과 비슷한 구조로, 열고 닫을 수 있는 사람의 신체 기관으로는 입과 항문을 들 수 있다. 문제는 입과 항문에서 근육으로 되어 있는 부분이 어디부터인지를 정확하게 알 수 없다는 점이다. 즉 움직이는 근육에는 구멍이 갖는 의미가 나타나지 않는다는 말이다. 근육은 그저 근육일 뿐이기 때문이다. 다시 말해 입, 항문이나 질이 근육을 품고 있기에 '구멍'의 의미가 생기는 것이 아니다. 각기 위치한 곳에서 열고, 닫고, 먹고, 받아들이고, 배설하는 기능 때문에 '구멍'의 의미가 있는 것이다.[50]

해부의 예를 통해서 보듯, 여성의 성기는 기능적으로는 '수용'이고 '계곡'인 것이다. 즉 여성의 성기인 구멍을 단순히 '있다'나 '없다'는 개념으로 잘라 말하기보다는 '열리고', '닫히고', '움직이며', '생산하는' 자기생성과정Autopoesis으로 판단해야 한다. 노자도 이점을 잘 아는 듯 도는 "가늘고 길게 이어져서 있는 듯하다"라거나, "정해진 형태는 없지만, 욕망의 그림인 이미지는 있다[51]"고 한다. 결국 입으로 먹는 것처럼 여성의 질이란 몸으로 경험하는 것이지 벌려서 눈으로 확인하는 것은 아니라는 얘기다. 하지만 남자란 눈에 집착하는 동물이다. 이 점에 착안한 노자는 "눈이 아니라 배다"라며 '어둠'의 지식이 의미하는 실체를 깨달으라는 충고를 마다하지 않는다. 그가 말하는 것은 입으로 먹는 게 배로 들어가 영양을 만드는 것과 마찬가지로, 몸의 체험으로서의 섹스를 통해 어두운 지식에 이르는 얘기를 하고 있는 것이다.

그래서 여성의 성기는 개념이나 직관으로 잡히지 않으면서 어렴풋이 짐작만 가능하지, 그를 명확히 기술하는 일은 불가능하다. 즉 심증은 있지만 물증은 잡을 수 없는 경우와 같다. 이를 우리는 '비개념적'이라고 한다. 이성과 달리 우리의 지각이나 감정은 비개념적이다. 예를 들자면 폭포의 한 곳을 한참 쳐다보다가 옆에 있는 바위를 보면 바위가 올라간다는 착각에 빠지기 십상이다. 하지만 우리는 개념적으로 바위가 올라가지 않는다는 것을 알고 있다. 감정도 이와 유사하다. 거미를 무서워하는 사람은 거미가 해롭지 않다는 것을 알지만 거미를 보면 공포에 떤다.[52]

이와 마찬가지로 남자의 욕망도 비개념적이지만 여자와 성기를 가리킨다. 즉 남자의 입장에서 여자를 아는 것은 대상에 대한 이름을 알기 이전에 타고난innate 욕구에서 시작한다. 다시 말해 남자에게 여자는 경험적인 개념이 아니라 날 때부터 가진 욕구가 이끄는 곳이다.[53] 그래서 노자는 "어린아이의 뼈는 약하고 근육은 부드럽지만 손가락을 쥐는 힘은 단단하다[54]"고 말한다. 즉 남자가 일차적으로 알고자 하면서, 경험하고자 바라는 것은 욕망과 쾌락의 대상으로서 여자다. 따라서 개념이나 직관 없이도 남녀가 섹스하는 데 아무런 지장이 없다. 다른 말로 꼭 섹스의 개념이 있어야 섹스를 할 수 있는 것이 아니라는 말이다. 사실 꼭 개념을 세울 이유도 없다. 그러니 언어적인 '도'나 '이름'은 실증적인 검증을 먹고사는 '학문적인 연구자爲學'를 위한 배려일 뿐 그냥 들이박는 '실천가爲道'에게는 해당사항이 없는 것이다.

경험과 지식의 거시기함[55]

하지만 이때 문제가 되는 것은 경험의 형식이다. 섹스는 둘의 공통 경험이지만 '경험의 형식'에 따라 '지식'의 유형이 달라진다. 사람에게 모든 경험은 궁극적으로 몸의 감각을 뇌가 처리하는 과정이기에 결국은 내부적이다. 하지만 남자는 경험하는 세계를 몸의 외부로 느끼며 표현하려는 경향이 있다. 그래서 섹스조차도 외부적인 경험이라고 여긴다. 즉 남자는 욕망과 쾌락조차도 내부로 느끼는 것이 아니라 외부적인 대상을 통해 얻어먹은 것으로 본다는 말이다. 그러니까 남자의 방망이는 남의 집 문을 두드려서 허락을 받은 뒤에야 사용이 가능한 것이다.

남자와 반대로 여자는 내부로 느끼는 경험을 위주로 한다. 달리 말해 외부의 대상을 도구적으로 경험하는 남자와 달리 여자에게 섹스는 내부적이고 몸으로 직접 겪는 경험이다. 그래서 노자는 이 두 형식의 경험과 지식을 아우르는 도에 대해 "남성을 알고 여성을 간직한[56]"다고 말한다. 이런 남녀의 경험과 지식이 갖는 구조적인 차이는 근본적이다. 그래서 남녀를 가르는 가장 중요한 선이기도 하다.

남자도 두 경험의 차이를 동시에 느낄 수 있다. 산을 오르다 독사와 마주쳤을 때는 위험하다는 생각에 이어 공포를 느낀다. 입을 벌린 독사를 보자 어떤 긴장이나 위험을 느끼고 행동을 취하는 것이 외부적인 행동이다. 그런데 독사를 마주하면 심장이 뛰고 호흡이 가빠지고 몸이 방어할 준비에 나선다. 이는 내부적인 준비다. 내부의 긴장이 없다면 맞설 수도 피할 수도 없어진다.

연구자로서 노자는 "배움을 하면 나날이 늘고 도를 하면 나날이 줄어든다[57]"고 하여 학자적이라기보다는 숭배자이자, 무위無爲의 실천을 주장하는 정치가의 태도를 보인다. 문제는 노자가 보여주는 경험의 직접성과 깊이는 남자인 그에게 심각한 문제를 일으킬 가능성이 있다는 점이다. 그러니까 노자는 남녀를 가르는 밝음과 어둠이라는 경험의 경계선을 훌쩍 뛰어 넘어 간 것이 아니냐는 의문을 품게 만든다. 즉 남자로서 여자의 몸으로 겪는 경험을 했으리라는 말이다.

노자는 『도덕경』 중간 중간에 자신의 심리적 상태를 다른 사람과 비교해서 말하는데, '외톨이', '멍청이', '어린이', '어둠' 같은 표현을 자주 사용한다. 남녀의 경계는 두 가지 형식의 경험과 지식에서 비롯하는 차이로 이루어지기 때문에 마치 남자가 성적 체험을 내부적으로 하는 것 같이 본질적인 문제다. 그래서 이렇게 어두운 동굴의 위험한 경계선까지 이른 연구자는 남자로서 자아의 붕괴 위험에 처하기도 한다. 그래서 노자는 "혼돈스럽구나! 고요하고 깊은 바다와 같아 어디에서 그칠지 모르고 표류하는구나![58]"라며 스스로의 느낌에 문제가 생겼음을 말한다. 아마도 노자가 이토록 '까칠'해진 것은 그가 경계를 넘었기 때문이 아닌가 한다.

거시기의 안팎

여자가 느끼는 내부의 경험과 지식의 내용은 몸으로 느끼고 표현하는 친밀성의 원리에 따라 구성된다. 이 친밀성의 우선적인 특징은 주객의 구분이 불명확하다는 점에 있다. 아울러 모든 것을 인격적이고 감성적인 형태로 표현한다는 데 있다. 그래서 겉으로 볼 때 부재하는 듯하며, 또는 누추한 장소일지도 모르는 여자의 내부가 실제로는 상대를 끌어들이는 욕망의 목적이자 아름다움, 그리고 압도적인 권능일 수도 있다. 때문에 비루한 이름이 아니라 '성스러운 하나the One'로서 주체와 객체가 일체를 이루는 느낌을 선사한다. 사람은 장엄하고 압도적인 경험을 하면 끝을 알 수 없는 거대한 하나로 대상을 판단한 뒤 그것과 일체를 이루고 싶어 한다. 그러니까 단순히 '성기'라는 명확한 형태를 지닌 '명사'로 그를 대한다면 쾌락의 강렬함과 경험의 두려움, 그리고 출산의 신비함을 모두 표현할 수 없다. 그래서 이를 분리할 수 없는 '경이로움'이라고 하는 것이다. 그러므로 여자의 성기는 대상을 가리키는 이름이기는 하지만 '이름' 자체를 부정할 수밖에 없으며 더욱이 깊이를 알 수 없는 어두운 심연이기도 하다.

어떤 경우에서든, 지식은 경험에 대한 표현에서 시작한다. 그리고 표현이란 언어로 이뤄지기 때문에 은유적이다. 그래서 지식의 바탕을 이루는 근본적 경험인 '뿌리 은유Root Metaphor'가 있다고 가정할 수 있다. 어떤 지식이건 몸으로 겪은 경험에서 시작할 수밖에 없기 때문이다.

이때 남녀의 체험 차이는 자동적으로 하나의 큰 문제를 만든다. 즉 같은 시간에 같이 나눈 경험을 두고 남자는 외부적이며 도구적으로 '알고有', 여자는 내부적이며 본질적으로 '체험無'한다는 것이다. 그러니까 같이 하고, 같이 황홀했지만 남자의 황홀과 여자의 황홀이 다르다는 것이다. 그래서 비록 둘이 같은 표현을 하더라도 그 은유가 가리키는 알맹이인 경험 그 자체는 근본적으로 다를 수밖에 없다. 즉 언어표현으로는 남녀가 함께 '황홀'하다고 하지만 안팎內外의 차이에 따라 그 의미가 달라질 수 있다는 것이다.

동굴에서 본 거시기는?

　이런 경험의 구조적 차이가 반드시 나쁘다고 할 수는 없다. 달리 보자면, 그런 차이는 필요한 것이다. 경험의 구조에 따라 생기는 선을 넘어서는 당사자는 강력하고 회복하기 어려운 심리적인 상처를 입기 때문이다. 즉 남자에게서 경험의 구조적 차이를 보이는 경계선을 넘으면 쾌락이 외부에서 끝나지만은 않는다. 마치 사랑에 빠진 사람처럼 눈을 돌려 자신의 내부에 생겨난 감정과 의미를 바라보아야 한다. 그러나 여기에도 문제가 있다. 아름다운 감성으로 가득한 여자의 내부와 달리 남자의 내부는 억눌린 감성, 지우고 싶은 부끄러운 추억과 눌러놓은 두려움으로 가득한 어두운 심연이기 때문이다.

　그래서 남자의 내부는 눌러놓은 압력 때문에 항상 긴장상태다. 도를 탐구하기 위해 길을 떠난 노자는 아마 결코 넘어서는 안 될 동굴 깊숙한 마법의 방에 들어가, 결코 보아서는 안 될 자신의 내부라는 심연의 거울을 직시하게 된 것이 아닌가 한다. 그에게 화약 냄새가 피어나는 표현이 자주 등장한다. 노자에서 "살얼음을 건너는 듯한[59]" 긴장이 느껴진다면 아마 내부에 있는 두려움의 느낌이 새어나온 것이리라. 여자를 탐구하던 노자에게 보이는 공포가 바로 이 심연의 발견이라고 할 수 있다.

여자, 도의 속[60]

우리는 몸을 지닌 존재다. 몸을 떠나서는 아무것도 이룰 수 없다. 체험과 지식의 바탕이자 영혼의 집이 바로 우리의 몸이기 때문이다. 노자도 『도덕경』 여기저기서 몸을 귀하게 여기라는 충고를 건넨다. 따라서 그의 저작은 몸의 생리를 중심으로 생각하는 고전이라고 할 수 있다. 그렇듯 우리가 몸이라고 할 때 몸은 단순히 육체적인 사물, 즉 몸뚱이만을 의미하는 것은 절대 아니다. 몸은 몸뚱이인 동시에 그 안에서 살아가며 만들어내는 인격인 '나'라는 존재를 의미하기도 한다. 그리고 우리는 몸을 통해 경험을 쌓으며 지식을 얻는다. 이곳에서는 몸과 경험의 차이를 주로 설명하겠다.

몸뚱이가 말하는 것

무엇보다 몸은 몸뚱이, 즉 사물이다. "하늘 아래 새것 없다"는 말이 있듯 물리법칙의 영향아래 놓인 몸뚱이는 생로병사生老病死라는 자연의 과정 속에서 죽을 수밖에 없는 운명에 처한다. 하지만 인간이라는 악바리는 그리 호락호락하게 죽음을 맞는 존재가 아니다. 죽음을 거부하려는 발악을 하다가 '달리 생각하는think different' 방법을 찾는다.

우리가 죽는 이유는 몸의 생물적인 측면인 육체 때문이라서, 그 육체만 없다면 안 죽을 수 있다는 '영혼의 역설'을 창작해 낸 것이다. 이 역설에 주목하여 생물적 한계를 넘어서려고 육체를 수련하는 사람을 우리는 도사道士라고 부르며, 육신을 옷처럼 벗은 사람에게는 신선神仙이라는 이름을 붙인다. 불교에서도 육신의 인과법칙이 지닌 도덕적 측면, 즉 업karma으로부터 벗어난 사람을 아라한Arahant이라고 한다.

하지만 몸뚱이의 육체적인 특성을 벗어난다는 생각은 부질없다. 마치 새가 공기의 저항이 없다면 더 빨리 날을 수 있으리라고 여기는 것과 마찬가지다. 상상의 영역이 공을 들여 창작해낸 억측일 뿐이다. 이런 헛생각을 교정하고자 노자는 "큰 환란, 즉 죽음을 몸같이 귀하게 여기[61]"라고 한다.

영혼의 역설

이 육체를 벗어나는 일이 억측이고 역설일 수밖에 없는 것은 영혼이 육체를 벗어나는 그 순간 육체는 이미 죽은 것이고 육체를 떠난 영혼은 이미 저세상에 가 있는 것이기 때문이다.

조금 달리 설명해 보자. 영혼이 어디에 있는지 모르지만 두뇌에 있다고 쳐보자. 그래도 두뇌가 위나 간, 발가락 혹은 항문보다는 더 말이 되지 않는가? 손톱이나 발톱을 자르면 영혼이 아파한다는 가정은 뭔가 아닌 것 같다. 시원하게 똥을 누고 나면 영혼까지 가벼워지는 기분이 있다고 하는 사람이 있는데, 아무래도 배설의 기관과 이승 너머의 무엇인가인 영혼을 결부시키는 것 역시 마땅찮다.

각설하고, 뇌는 자기 자신을 볼 수 없고 언제나 밖만 바라보게 만들어져 있다. 그리고 뇌는 우리가 보는 모든 것을 다 만들어 냈지만 자기가 설계한 광활한 문명에 직접 나가 향유하지 못한다. 뇌는 육체에서 벗어나는 순간 작동을 멈춘다. 그렇게 육체를 벗어날 수 없는 뇌에게 몸은 저주인 것이다. 그렇게 뇌는 육체에 종속되어 있지만 자기는 자유롭다고 착각하고 있다. 그러면 전통적인 생각에 따라 영혼이 심장에 산다고 쳐보자. 현대의 발견으로 심장은 혈액순환기능을 한다. 몸 밖으로 외출한 심장이 할 수 있는 '혈액 순환에 관한 타고난 능력'은 무엇이겠는가?[62] 이 역시 상황은 확실하다. 노자가 말하듯 우리는 몸 안에서 살아갈 수밖에 없는 존재다.

돌아가신 어머니는 총기 넘치시던 분이셨다. 하지만 노환으로 몸 상태가 안 좋아지실 때면 사람을 잘 기억하지 못하셨다. 불교에서는 '색수상행식色受想行識'이라는 다섯 덩어리五蘊가 모여서 자아를 구성한다고 말한다. 그렇듯 사람은 몸에다 기억을 구성하면서 자아도 함께 구성한다. 그래서 기억의 다른 말은 두뇌를 비롯한 온몸에 배치된 회로라고 할 수 있다. 몸의 회로는 몸에 쓰인 기억이고, 이 때문에 몸을 벗어나서는 회로도 없다. 따라서 기억이 없으면 자아도 마음도 없는 것이다. 어머니의 기억도 어머니의 쇠약해진 몸을 따라 흐르는 전기신호가 약해짐으로써 희미해졌던 것이다. 노자의 "마음을 비우고 배를 채우고, 의지를 약하게 하고 뼈를 강하게 한다"[63]는 말은 단지 비싼 음식을 먹고 싶지만 참고 급식이나 받고, 피트니스에 가서 힘쓰면서 근육을 키우라는 뜻이 아니다. 의지로 공부하라는 것이 아니라 몸으로 기억하고 실천하라는 말이다. 다시 말해 결국 인간의 자아란 몸에 쓰인 기억이며, 마음이나 영혼 역시 이와 많이 다르지 않을 것이라고 본다.

2002년 일본에서 출간된 에모토 마사루江本勝의 『물은 답을 알고 있다 水は答えを知っている』라는 책이 유행한 적이 있다. 책의 내용이란 게 물병에다 어떤 단어를 써서 붙여 놓으면 그 단어에 따라 물의 분자구조가 달라진다는 주장이다. 간단히 말해 선이나 기쁨, 사랑, 행복을 붙이면 밝고 아름다운 분자구조가 되고 악마, 분노 같은 단어를 붙이면 일그러지고 어두운 분자구조를 이룬다는 주장이다. 그러나 이는 손가락 끝도 대기 싫은 추악한 사이비 미신덩어리이다. 노자의 말로 표현하자면 모두가 혐오하는 "음식물 쓰레기[64]"다.

어느 학회에서 교수 한 분이 이 책을 두고 극찬을 늘어놨다. 당시 세 살짜리 덜 떨어진 아들을 키우던 나는 그 교수의 물 찬양에 화가 나서 "극도로 복합적인 유기체인 세 살짜리 어린아이에게 '악마'라는 개념을 알려주기 위해서는 적어도 3년은 더 기다려야 합니다. 게다가 '악마'나 '선'이라는 개념이 인류에게 등장한 것도 비교적 최근 몇 천 년에 불과합니다. 그런데 그런 복합개념을 물 같은 단순한 무기물 병에다 글씨만 써서 붙이기만 해도 안답니까? 물이 일본어까지 식별한다고요? 바이링귀얼bilingual 물로는 영어나 한국어도 됩니까? 그렇다면 저는 오늘부터 인간 키우기를 포기하고 정수

기나 들여놔야 하겠네요!"라고 응수한 적이 있다.

　나중에 알게 된 사실이지만, 그 교수는 내가 관계를 맺고 있는 연구소의 소장이었다. '그냥 조용히 박수나 칠 것을' 하며 후회해도 후회란 언제나 늦은 일이다. 어쨌거나 육체적인 두뇌는 없지만 감정과 이성, 그리고 기억과 인격까지 갖는다는 영혼이 육체를 벗어날 수 있다고 상상하는 일과 물병에 글씨 붙이는 일은 얼마나 다를까? 그저 육체의 저주에서 벗어나려고 발버둥치는 뇌의 상상이 쓴 소설은 아닐까? 만약 그렇다면 노자의 말처럼 "붙잡고 채우려고 삽질하지 말고 그만 두라[65]"고 해야 할 것이다.

마음↔몸

　예로부터 몸은 마음을 담는 그릇으로 여겨져 왔다. 그리고 마음이라는 그릇에는 도道나 이理, 혹은 아름다움이 담긴다고 한다. 노자도 이를 두고 "옥을 품는다懷玉"고 말해서 상당히 오래된 생각임을 알 수 있다. 그 연원이 분명 오래인 것이기도 하고, 아울러 핏대를 올리며 그 타당성 여부를 따질 필요도 없는 평범한 생각이다.

　하지만 몸이 마음을 담는 그릇이라는 말을 정말로 맞는다고 증명할 방법이 없다. 반대인 '마음은 몸을 담는 그릇'도 틀린 말이 아니다. 마음이라는 그릇에 담긴 내용 모두는 몸의 감각이 제공한 것이기 때문이다. '구멍 찾기' 같이 태어나면서부터 지니고 나온 능력이라고 증명할 수 없다면 마음에 담겨있는 언어나 생각 모두 나중에 감각을 통해 들어 온 것이다. 즉 마음속에 있다는 인간의 도덕이나 도리道理 역시 몸의 감각으로 입력한 데이터이지 타고난 것이 아니다.[66] 다시 말해 인간의 선한 본성은 몸의 생리작용의 결과이지 생리 자체는 아니다.

여하튼 몸은 마음을 담는 그릇인 동시에 마음은 몸에서 제공한 자료를 담는 그릇이다. 이 점에서 노자도 "음陰을 지고 양陽을 품는다"고 말하기도 하고 "기운氣과 육신魄을 싣고 하나를 품는"다고 한다. 우리는 마음의 창이라는 눈으로 들어온 글을 읽는다. 그리스도교에서도 믿음은 귀의 능력인 '듣기'에서 비롯한다고 말한다. 이렇게 몸은 마음을 담는 그릇이고, 동시에 마음은 몸을 담는 그릇이라고 하겠다.

사실 몸과 마음은 동일하다. 그래서 육체를 나라고 여기려면 최소한 지각할 수 있어야 하고 끊임없이 움직이는 나의 손발이 어디에 있는지를 지각하려면 육체가 있어야 한다. 또 내가 나를 지각한다는 말은 이미 뇌에서 몸을 감각적으로 처리했다는 뜻이기도 하다.

예를 들자면, 나는 지금 서울 서대문구 홍은동 '하얀 치과'의 치료실 의자에 앉아 있다고 치자. 하얀 치과건, 까만 치과건 치과는 무서운 곳이다. 치과가 무서운 이유는 주치의인 김 선생이 내 눈을 가리고 오직 기분 나쁜 소리와 촉각 그리고 통증만을 전달하며, 나는 눈으로 그를 일일이 확인하면서도 대응할 시간을 갖출 수 없기 때문이다.

하여간 치과치료는 아프기 때문에 마취를 한다. 하지만 마취한 곳에 감각이 없어져 내 몸 같지 않고 뭔가 내게 붙어 덜렁거리는 느낌이다. 물을 마셔도 옆으로 새는 것 같다. 이와 마찬가지로 우리는 "감각되기 때문에 존재esse est percipi"[67]한다. 즉 내 영혼의 치아도 같이 마취되기에 몸의 일부분이 없어지는 것 같은 느낌이 든다는 말이다. 그러니까 결국 육체도 마음이고, 육체가 만든다는 정욕도 마음이며, 이를 이겨내는 강철 같은 의지도 마음이다. 그래서 노자도 "내게 몸이 있기에 고통이 있는 것이지 몸이 없다면 어떤 고통이 있을 것인가"라고 한다.[68] 결국 모든 게 다 마음이지만 단지 마음의 어디부터가 육체인가를 구분하는 일, 아울러 마음이 지닌 의도와 그 방향을 문제 삼을 수 있을 뿐이다.

영혼의 기능인 의식과 자유의지가 있는가에 대한 문제는 현대 뇌과학의 뜨거운 감자이다. 최근 뇌과학이 밝혀 낸 바로는 인간에게 독립된 자유의지는 없다. 여기서 간략하게 자유의지를 증명하기 위한 실험을 소개해 보자. 머리와 몸에 움직임을 감지하는 센서를 연결하고 누르는 버튼을 하나 주고는 누르고 싶을 때 누르라고 한다. 피실험자는 자유의지에 따라 원할 때 누르면 된다. 그런데 항상 마음보다 몸이 1초 정도 먼저 움직인 다음에 뇌가 반응하고 손이 가서 버튼을 누른다. 누른 사람은 생각나는 대로 즉시 눌렀다고 말한다. 그렇다면 이 실험이 말하는 것은 바로 버튼을 누르는 일은 나의 자유의지가 아니라 몸이 먼저 명령한 결과라는 말이다. 마음속 자유의지라고 여기는 것은 사실 몸의 착각이라고 할 수도 있다.[69]

다음으로, 우리 몸이 처리하는 자료와 의식이 처리하는 자료의 양에는 엄청난 차이가 있다. 우리는 생각 없이 걸으면서 장애물도 피하고, 소화도 하고, 심장도 박동시키며, 땀 흘리고 그리고 숨쉬기를 한다. 이것을 비의식적incognito이라고 하는데, 의식하지 않는 상황에서 우리 몸의 감각은 엄청난 분량의 자료를 놀라운 속도로 처리한다. 그 반면에 의식은 손가락으로 셀 수 있는 초라한 정보만 처리할 뿐이다.

결론적으로 우리가 자유의지라고 생각하는 것도 사실은 아닐 가능성이 크다. 그렇다면 영혼의 능력인 자유의지는 무엇인가? 즉 우리가 마음이라고 생각한 것조차도 몸의 '과정'일 수도 있는 것이다. 바로 몸이 자유의지이자 마음이며 의식이라 할 수 있다는 것이고, 몸과 마음 또는 의식과

육체를 서로 분리할 수 없다는 말이기도 하다. 따라서 몸과 마음은 하나의 전체로 봐야 한다.[70]

영혼은 육체의 감옥

우리 몸이 바로 마음이지만, 지식과 권력의 편의에 따라 몸과 마음을 나누고 육체의 욕망과 도덕을 나눈다. 지식과 권력은 태어난 그대로의 몸이 요구하는 욕구를 야만이라 배격하기도 하고, 일정한 모습으로 통제하려고 규범을 씌운다. 사실 마음과 몸은 하나이지만 지식과 권력은 욕망과 도덕을 가르고 사람들을 자기의 의도대로 조종하려고 하는 것이다.

지식과 권력을 연구한 푸코M. Foucault는 지식과 권력은 짜놓은 틀로 사람들을 찍어내서 통제하기 위해 학교나 군대 그리고 감옥이라는 감시체계를 만들어 훈육discipline한다고 보았다. 정신적인 틀에 몸을 맞추는 것이다. 이런 상황 아래서 사람들은 항상 감시를 받기에 처벌당하지 않으려면 항상 정자세를 취하고 있어야 한다. 그렇게 훈련 받다 보면 언제나 자세에 각이 잡힌다. 마치 군대에서 유격훈련 전의 얼차려 같이 강한 정신훈련으로 몸의 자세와 행동에 각을 잡아 놓는 것과 마찬가지다.

아마 오래전 고등학교를 나온 사람은 땡볕 아래 교장 선생님의 끝없이 반복되는 주절거림을 기억할 것이고, 그 자리에서는 쓰러지는 일 외에 아무것도 할 수 없다는 무력감을 느꼈을 것이다. 교장은 좋은 말을 구사하며 훈계한다고 하지만 사실은 자기의 권력 과시이다. 교장의 훈시는 우리의 무력함을 깨닫게 해주기 위한 권력의 의지이고 무릎 꿇으라는 강요다. 이렇게 무력한 정신에 스미는 권력이 바로 우리를 땡볕 아래 차렷 자세로 세워 놓는다.

푸코는 이렇게 무력한 정신에 스미는 권력의 의지로 인해 몸이 만들어
진다고 보았다. 그래서 그는 "육체가 영혼의 감옥"이 아니라 "영혼이 육체
의 감옥"이라는 결론을 내린다. 즉 우리가 살아가며 감시당하는 문명세계
에서 영혼은 육체를 감금하는 쇠창살 노릇을 한다. 이에 따른 결과로 우
리는 아무 생각 없이 훈련 받은 대로, 몸에 익은 대로 예절 바르게 행동
하는 좀비로 살아간다. 현대사회의 예절바른 몸가짐은 바로 감시와 처벌
로 만들어지는 것이다.[71]

이렇게 정신을 강제적으로 길들여서 만들어 낸 몸가짐이 바람직한가
를 물어 보아야 한다. 노자는 "배움을 끊으면 걱정이 없다"고 하기도 하
고, 예의 바른 대답인 '네'와 버릇없는 태도인 '응'의 차이가 얼마나 나
는지를[72] 묻기도 한다. 그는 국가와 학교에서 말하는 육체의 훈육이나
겉으로 드러나는 예의의 몸가짐이 지니는 한계를 지적하고 있다. 즉 노
자는 인위적인 훈육은 인정하지만 지나친 훈육은 그리 바람직하지 않다
고 보는 것이다.

'마음이 된 몸' vs. '몸이 된 마음'

현대는 해방의 시대이다. 루소Jean-Jacques Rousseau의 말대로 "우리는 자
유로운 존재로 태어났지만 도처에서 쇠사슬에 묶여 있다". 그래서 여성해
방, 남성해방 그리고 자유의 확대가 이 시대의 관심이기도 하다. 우리와
마찬가지로 노자도 쇠사슬을 걷어내고 몸의 해방을 주장한다. 우리 시대
가 노자에 관심을 두는 이유도 바로 그가 제국의 지식으로부터의 해방

을 말하기 때문일 것이다. 그는 우리를 얽매는 '머리가 만드는 세상'에서 우리를 풀어줄 '몸이 느끼는 세상'으로 전환하여 갇힌 몸과 마음을 해방해 줄 지식에 관심을 가질 차례라고 말하고 있다.

갇힌 몸과 마음의 해방을 위해서는 무릇 문명으로 각 잡히고 주름진 머릿속을 가볍게 다리미질로 털어내는 일이 필요하다. '머릿속을 지배하는 예의범절을 청소하는 일', 이게 요즘 말하는 창조성의 기본이기도 하다. 하지만 기본만으로는 부족하다. 깨끗이 청소하여 기본이 이루어지면, 이제는 더 이상 정신이 몸을 가두지 못하게 몸의 체험과 느낌으로 영혼을 새로이 채울[73] 차례다. 즉 머리를 털어내고 몸으로 느껴 보는 일이다.

앞에서 말한 이름과 개념이 만들어 낸 정신으로 몸을 훈육하고 조정하는 방식을 '몸이 된 마음Embodied Mind'이라고 한다.[74] 정신력을 강조하는 이 방식에서 앞에서도 지적했듯 정신은 분별이라는 창살로 이루어진 몸의 감옥으로 작용한다. 그 반면 무차별한 어두운 생리에 기초한 몸으로 느껴 영혼을 채우는 방식을 '마음이 된 몸Enminded Body'이라 한다.[75] 이 태도는 몸과 마음을 통합하고 개념과 차별로 묶여 있던 몸을 해방하려고 한다. 다시 말해, 마음을 채우는 몸이란 정신과 의지로 묶어 놓았던 몸의 자율성을 인정하는 일이다. 우리 몸이란 꼭 묶어서 규율해야 하는 것이 아니라 자기 스스로 조절할 수 있는 능력이 있기에 몸의 자율성을 인정하자는 말이다. 노자는 이 맥락에서 몸의 지식인 내적인 어두움을 통해서 몸의 자율이 가능하다고 보았다.

사람이 살아가며 감동과 창조의 즐거움이 있어야 살아있다는 기쁨을 느낀다. 이와 달리 열심히 외우며 지식을 쑤셔 넣고, 예절 바르게 길러지면서 각 잡혀서 살면 그저 단조로운 생활의 반복만 가능할 뿐 감동과 창조는 나오지 않는다. 조선 성리학에서 주장하는 의리가 아무리 진리일지라도 그저 덧없는 반복의 패턴만을 보이기 때문에 아예 저질의 코미디로 주저앉았다. 왜냐하면 책을 백 번 읽었다고 의미가 스스로 드러나지 않고, 선하다는 항목 천 번, 만 번 외운다고 선한 일이 생기지 않기 때문이다. 그래서 노자는 "눈이 아니라 배를 위하고, 그러므로 밖에서 저것을 버리고 안에서 이것을 취한[76]"다는 몸의 느낌을 강조한다.

문명화된 현대세계는 많은 규율로 짜여있다. 현대사회를 살아가려면 먼저 이 세상이 요구하는 행동양식을 몸에 익혀야 한다. 즉 규율적인 움직임인 '몸이 된 마음Embodied Mind'이 필요하다. 우리는 이러한 '몸이 된 마음'을 청소년 시기 12년이나 다니는 학교와 2년 다니는 군대에서 충분히 학습한다. 문명세계에서는 이러한 학습이 효과적이다. 공격적이고 야만적인 동물을 문명의 인간으로 만들어 주기 때문이다. 하지만 이러한 학습을 과도하게 주장하고 강제하면 인간이 더 이상 인간답지 못하게 된다. 왜냐하면 인간이란 창조적이고 자율적인 존재이지 결코 틀에 갇힌 다람쥐 마냥 쳇바퀴만 도는 존재가 아니기 때문이다. 즉 '몸이 된 마음'에서 강제하는 학습과 도덕이란 평생 해야 하는 것이 아니라는 말이다. 기본을 몸에 익혔으면 이제는 머릿속에서 지워도 좋은 것이다. 우리는 사회를 살아가며 평생 인사와 악수를 하며 지낸다. 그렇다고 평생 인사와 악수를 공부하고 연습해야 하는 것은 아닌 것과 마찬가지이다. 자전거 타는 방법은 한 번 배우면 다음에도 탄다. 타는 거 배웠으면 이제는 자전거를 타고 즐길 일이다.

'몸이 된 마음'과 '마음이 된 몸'은 서로 상대적이다. 그렇기에 상대적인 모습으로 몸과 마음을 만들어 간다. 즉 '몸이 된 마음'이 배운 '개념'

을 중심으로 몸을 재구성해 나간다. 훈육에서 비롯한 바른 정신을 몸에 씌운다. 그래서 결국에는 몸이 정신의 모습과 같아진다. 하지만 '마음이 된 몸'에서는 그 반대적인 방향의 과정이 벌어진다. 환경에 따른 몸의 자세에 따른 느낌으로 마음이 자라난다. 이렇게 몸 혹은 마음을 중심으로 자기를 만들어 나가는 것을 '자기생성Autopoesis'이라 한다. 그래서 '몸이 된 마음'과 '마음이 된 몸'은 각기 자기 자신을 만들어 나가는 방향에서 차이가 생긴다. 앞의 것은 내부에서 외부로 향해 자기를 만들어 나가는 반면, 뒤의 것은 몸의 '느낌'으로 마음을 형성한다. 그래서 앞의 것은 적극적으로 외부세계를 '개념'으로 만들어 내는 반면 뒤의 것은 '감성적'이고 '수용적'이라 표현하기도 한다. 노자가 말하는 도가 지니는 여성적이고 수용적인 측면도 바로 '마음이 된 몸'이 스스로를 그렇게 드러내기 때문이라 할 수 있다.

태권도로 비유해 보자. 태권도를 배우는 일은 태권도에 적합한 몸을 만들어 나가는 일이다. 그래서 태권도를 배울 때 먼저 '몸이 된 마음'인 품새와 개념을 익힌다. 혼자 익힌 품새는 마치 독백과도 같은 혼잣말이다. 그 반면 대련은 상대와의 대화이다. 열심히 익힌 품새는 대련을 할 때 상대의 움직임에 따라 공격과 수비의 태세라는 단어를 사용하여 대화를 할 수 있게 해준다. 마치 사회에서 상대방이 손을 내밀면 나도 손을 내밀어 악수를 하듯 그렇게 품새를 통해 정해진 행동을 몸에 익히는 것이다. 품새와 마찬가지로 우리가 살아가며 상대방과 나누는 대화의 방법이나 행동 양식도 마찬가지로 대부분 정해져 있다. 이런 것들을 배우는 것이 바로 '몸이 된 마음'을 만드는 일이다. 하지만 품새라는 마음의 창살에만 갇혀 있다면 정작 상대와 실전으로 맞서야 할 때에는 힘을 못 쓴다. 즉 대화의 방법이나 세련된 몸가짐이 상대방과의 협상에서 도움은 될지라도 성공을 보장하지는 않는다. 그러니까 태권도에서 열심히 품새만 외워서는 진짜 대결을 할 수 없다는 말이고 피트니스클럽에서 자전거 바퀴 아무리 돌려 봐야 진짜 산악에서는 젬병이라는 말이다. 고수들도 실전의 승리란 오직 대결에서 쌓은 체험과 느낌을 몸으로 구현할 수 있을 때만 가능하다고 말한다. 즉 인간적인 삶은 품새를 넘어서야 하는 것이다.

'몸이 된 마음'이나 '마음이 된 몸'이나 자기를 만들어 나가는 방법이다. 하지만 정해진 대화를 넘어서서 자유롭고 창조적으로 세상을 바라볼 수 있게 만들어 내는 근본적인 방법은 '마음이 된 몸'에 있다. 노자도 이런 이치를 "틀은 없지만 몸은 있고" 또 "최고의 덕은 덕이 아니다"[77]라고 한다. 이러한 몸으로 만들어 내는 체험과 감동은 먼저 자기에 대한 통찰에서 시작한다. 노자는 이를 '어두움玄'이라고 한다. 어두워지려면 먼저 외부로 향하는 감각을 닫고 내 안을 직시하라고 충고한다.

몸과 마음 사용법

일차적으로 몸은 '사물'이기 때문에 우리는 움직이는 법을 익혀서 우선 몸을 내 것으로 만들어야 하는 것이다. 몸을 사용하는 법은 기본적으로 마음에 따라 몸을 움직이는 일이고, 동시에 몸의 움직임에 마음을 조절해서 일치시키는 요령이다.

아기는 한 돌은 되어야 짝짜꿍보다 어려운 곤지곤지를 할 수 있다. 눈과 몸의 감각을 이때에서야 일치시킬 수 있기 때문이다. 그리고 아기가 엄마의 말을 따라 하려면 귀로 들은 것을 성대와 입의 근육을 조절하여 엄마의 입과 일치시키는 변환이 필요하다. 또 두 살 때는 먹는 것을 가리지 않고 다 먹다가, 앞에 놓인 장애물도 피해 다닐 만할 때쯤 되면 색과 냄새 감촉에 따라 편식이라는 행위를 시작한다. 이게 바로 노자가 말하는 세상에 대한 상유, 즉 '사물에 대한 가름'이 우리의 몸에서 드러나는 일이다. 그러니까 아이는 이제 먹을 것과 못 먹을 것을 가리고, 세상을 분간하는 자기만의 기준을 세운다. 그래서 자기와 자기 몸의 움직임을 일치시키는 법을 익힌다. 이때부터 남녀의 자기를 생성하는(오토포에시스) 방향이 달라진다.

어릴 적 달리기를 하면 마치 빛과 같은 속도라고 느꼈고 높이뛰기를 하면 하늘을 만질 듯했다. 하지만 우리는 성장하면서 마음을 몸에 맞춘다. 그런 과정을 통해 과장이 아닌 몸의 현실을 느끼기 시작한다. 하지만 몸의 현실에 마음을 맞추고, 마음에 몸을 맞추는 방법에서 남자와 여자의 차이가 생긴다.

육체적으로 더 활동적이고 외부 지향적이며 시각을 중시하는 남자는 몸을 외부적이고 도구적으로 바라보려고 한다. 그래서 몸을 이미 정해진 마음의 틀에 맞추려는 경향이 심하다. 그래서 남자의 몸 사용법은 대체로 마음의 방향을 중심으로 몸을 만들어 내는 '몸이 된 마음'의 유형으로 드러난다. 그래서 남자들은 "일주일만 젊었으면"이고 "맘은 20대이다"를 입에 달고 산다. 그 반면 여자는 내적인 경험을 중시하여 마음을 채우는 체험으로써 '마음이 된 몸'에 가까운 형태로 드러난다. 그래서 여자는 거울을 보며 앉아서 쉼 없이 뭔가를 바르고 있다.

즉 남자나 여자 모두 두 측면을 다 가지고 있지만 서로가 다르게 받아들이고, 다르게 몸을 키우기에 다르게 표현한다. 둘 사이에 몸의 체험

을 키워 나가는 차이가 있는 것이다. 노자에 있어서 두 체험의 형식이 동
등하지는 않다. 노자는 "감관을 통해 외부와 관계를 맺음에 암컷의 태도
를 유지할 수 있는가[78]"라며 암컷의 체험을 근본적이라고 본다. 그러니
까 노자는 두 차이를 알지만 암컷의 태도인 '마음이 된 몸'을 더 따르고
그를 중심으로 하여 남성을 포용해야 한다고 보는 것이다. 그리고 체험이
나뉘는 현상에서도 노자는 "반대로 돌아오는 것은 도의 움직임有이고 부
드럽고 약한 것은 도의 쓰임無이라고[79]" 말한다. 이런 면으로 볼 때, 비록
노자는 어둠을 강조하였지만 두 체험의 형식 모두를 아울러서 도라고 보
았다고 할 수 있다.

몸은 나인가?

모든 것을 하나로 통합하는 몸은 자아가 거주하는 절대 주권의 장소
이자, 언제나 자아와 함께하는 불가침의 공간이다. 그래서 우리가 내 몸이
라고 할 때는 물질적인 몸뚱이와 인간 품위의 기본으로 작용하는 사회적
자아를 같이 말한다. 그러니까 육체와 자아가 한 몸 안에 합쳐지는 것이
다. 물질인 몸뚱이와 인격인 자아가 하나일 수밖에 없기에 사람마다 몸을
중심으로 침범해서는 안 될 고유의 영역이 생긴다.

노자는 "도의 작용인 덕은 우리를 키우고, 몸의 사물적인 측면은 형체
를 만들어 사회적 관계를 형성한다[80]"고 말한다. 즉 남녀를 불문하고, 우
리가 지닌 몸은 단순한 물질이 아니라 사회적인 관계이고 인격이다. 때문
에 상대가 너무 가깝게 접근하면 불쾌감을 비롯해 심지어는 공포까지 느
낀다. 몸이란 인격과 자아가 같이 살아가는 곳이기에 몸을 단순히 사물

로만 여기면 인격이라는 문화적인 가치는 손상당하기도 한다. 그래서 폭력은 몸이 지닌 인격성을 부인하고 피해자를 가치 없고 굴욕적인 사물로 만들어 버리는 패악이다. 노자가 비폭력을 주장하는 이유도 여기에 있다. 직접적이건, 관계를 통한 것이건 폭력은 인간을 인간 이하의 것으로 만든다.

몸이 지니는 양면에 대한 관점 때문에 폭력을 느끼는 강도와 그를 바라보는 시선 상의 차이가 생긴다. 폭력에 대한 남녀의 차이가 나타나는 것이다. 즉 남자는 육체를 외부적인 껍질로 생각하지만 여자는 육체의 느낌을 본질로 여기는 경향이 있다. 예를 들자면 남자는 만원버스나 지하철에서 자기 육체의 인격성의 영역을 포기하여 외부의 자극에 비교적 무감각하다. 그 반면 여자는 최소한의 육체적인 영역을 지키려고 할 뿐 아니라 외부의 자극에 예민하게 반응한다. 이 차이가 성추행을 만들기도 한다.

사람과 사랑 사이

폭력과는 다르게 인격 사이의 거리를 좁히도록 하는 게 '애착'과 '친밀'이다. 특히 남녀의 섹스는 육체와 인격을 서로 겹쳐지도록 만드는 대표적인 경우이다. 이 육체와 인격을 겹치는 일이 남녀의 몸과 마음이 지향하는 방향이며, 쾌락과 즐거움이다. 그래서 남녀를 아울러 만들어 나가는 도는 쾌락이고 즐거움일 수밖에 없다. 그런데 남녀의 섹스에는 생각보다 재미있는 역설도 있다.

몸의 역설을 소개해 보자. 섹스를 통해 쾌락을 얻기 위해서는 우선 상대의 몸을 섹스의 대상으로 여겨야 한다. 즉 섹스는 이성의 몸을 이용해서 즐기기 위한 일이므로 무엇보다 신체라는 대상, 즉 몸이 가지는 사물적인 측면이 중요하다. 그래서 남자들은 성적인 대상의 얼굴이나 몸매를 따지면서 점수 매기기에 열중하는 것이다. 하지만 정작 맘에 드는 이성에게 접근하면서부터는 사물보다는 상대와의 인격적인 관계가 훨씬 더 중요해진다. 특히 신체적인 접촉의 단계에 이르면 서로가 상대에게 인격적인 접근을 허락하고 서로를 기꺼워해야 비로소 가능하다. 상대 이성에게 신체적인 접근을 허용하는 것은 인격이기 때문이다. 노자도 인격적인 접근을 위하여 먼저 "까칠함을 버리고 헝클어진 머리를 다듬고 눈빛을 부드럽게 하고 분위기를 맞추라[81]"고 충고하며, 아울러 "상대의 마음을 네 마음으로 삼으라"고 말한다. 서로가 상대를 쾌락의 근원인 섹스의 대상, 즉 사물로 여기면 여길수록 인격적인 측면이 더 강조되고 중요하게 작용한다는 게 바로 '몸의 역설'이다.[82]

'몸이 된 마음'과 '마음이 된 몸'이라는 차이로 남녀가 경험한 내용이 달라진다고 누누이 말했다. 심지어 경험의 형식에 따라 남녀의 특징이 나누어지고 태도도 달라진다. 이런 차이가 나타나는 예를 들어 보자. 보통 남자는 아무에게나 허락을 구하려는 경향을 보이며, 여자는 대체로 한 남자에게만 허락하는 성향을 보인다. 꼭 그렇지는 않을 수 있지만, 어쨌든 이 점은 남자와 여자가 보이는 가장 큰 차이다. 남자가 바람을 피울 수 있는 이유는 상대가 있기 때문이다. 물론 여자도 바람을 피운다. 하지만 남자보다 바람피우는 상대의 숫자가 더 적다는 점만은 틀림없다.

남자가 바람을 피우는 이유는 생물적으로 명확하다. 인간 고환의 크기는 일부일처의 고릴라와 일부다처의 침팬지 사이에 있기 때문이다. 쿨리지 효과로도 설명이 가능하다. 미국의 30대 대통령이었던 캘빈 쿨리지Calvin coolidge가 어느 날 농촌에 있는 큰 양계장을 방문했다. 양계장을 둘러보니 수만 마리의 암, 수컷 닭들이 어울려서 활동을 하는데, 수탉이 암컷과 짝짓기를 하는 것이 보였는지라, 영부인이 양계장 주인에게 물었다. 저 수탉이 하루에 몇 번이나 암컷과 짝짓기를 하는가요? 양계장 주인은 100번쯤 암탉과 짝짓기를 할 것이라고 대답했다. 영부인은 대통령에게 가서 그 말을 똑똑히 전하라고 양계장 주인에게 말했다. 그 말을 들은 대통령이 양계장 주인에게 다시 질문을 하였다. 저 수컷이 암컷 한 마리와 100번의 짝짓기를 하냐고 물으니, 양계장 주인은 매번마다 새로운 암놈과 짝짓기를 한다고 말했다. 대통령이 주인한테 영부인에게 가서 이 말을 똑똑히 전하라 하였다. 이는 고환의 크기가 바람을 피워 씨를 많이 뿌리라고 생물적으로 설계되었기 때문이다.

즉 쿨리지 효과란 남자의 제2 두뇌인 고환이 상대를 식별하여 섹스의 횟수를 제한한다는 것이다. 다른 말로 하면 새 여자에게만 끌리고 헌 여자에게는 관심이 없다는 말이다. 남자의 바람은 생리적이기 때문에 인간이 현재의 조건을 유지하는 한 영원한 주제가 아닐까 한다.

하지만 이런 생물적인 측면을 제외한 지식이론으로 설명 가능하다. 누누이 말했듯 남자나 여자는 하나의 지식체계이다. 남자는 여자라는 외부의 지식창고를 통해서 영원과 죽음이라는 지식을 얻는다. 문제는 남자에게 아내는 이미 속을 털어버린 비밀상자라고 할 수 있다. 남편으로서 아내를 사랑하지만, 이미 열려서 속까지 다 드러낸 상자보다는 뭔가 비밀스러운 내용을 담고 있다고 여겨지는 닫힌 상자의 속내가 더 궁금한 것이다. 즉 사랑의 문제가 아니라 호기심의 문제라는 것이다. 알려진 비밀은 비밀이 아니기 때문이다. 혹 다른 남자가 얻은 비밀을 엿보고 싶어 하기도 한다. 남자는 '몸이 된 마음'으로 세상을 보기에 한눈팔고 바람피워도 아내

안토니오 카노바Antonio Canova,
〈에로스와 프쉬케Eros et Psyche〉,
프랑스 루브르 박물관Musee de Louvre 소장
이 작품에서 에로스와 프쉬케가 동시에 서로를 바라본다. 능동과 수동의 두 가지 뜻에서 '본다'는 일이 동시에 벌어지는 현상이 바로 사랑이다.

와 가족을 사랑한다고 말한다. 아무리 몸은 바람을 피워도 아내를 사랑하는 마음은 만들어질 때 그대로의 모습이기 때문이다.

하지만 여자의 사랑방식은 둘만 마주 보고 소곤거리는 모습이다. 오직 사랑하는 사람에게만 비밀의 보물 상자를 보여주려고 한다. 자기에 대한 정보, 자신이 간직한 몸의 비밀을 옆에 바짝 붙어 있는 짝꿍에게만 보여주고 싶어 한다. 이 때문에 여자가 남자보다 조금은 덜 바람을 피우지만 본질적으로 더 은밀하고 치명적이다.[83]

여자의 사랑은 상대방을 마주 보면서 시작한다. 그래서 여자가 바람을 피우기 시작하면 남편과 가정을 마주보지 않고 '시선'이 흐트러진다. 시선이 흐트러지면 마음도 흐트러지고 이전까지 가정과 남편이 지닌 가치와 의미도 흐트러진다. 즉 남자는 그저 궁금하기 때문에 바람을 피우지만 '마음이 된 몸'으로 세상을 바라보는 여자의 바람은 남자의 시선과는 다르다. 몸의 변화에 따라 세상을 바라보는 여자의 시선이 달라지면 이에 따라 가치와 의미가 뒤바뀌기도 하는 것이다.

애착과 친밀의 도[84]

만약 누군가가 귓속말로 내게 소곤거린다면 그 내용과 상관없이 나 또한 귓속말로 대답한다. 이렇게 둘만 은밀하게 나누는 대화를 비밀이라 한다. 노자가 비밀을 좋아하는 이유가 여기에 있다. 친밀에 의거한 의사소통방식에 따라 주고받는 대화의 형식이 비밀스럽기 때문이다. 서로만이 주고받는 은밀함과 친밀함의 대표적인 예로 어머니와 아기 사이를 들 수 있다. 젖을 먹이는 어머니와 아기 사이의 몸과 마음, 즉 인격영역은 극도로 가깝다. 신생아를 몸에 안은 어머니는 아기와 눈을 맞추며 끊임없이 아기에게 무언가 말을 건다. 어머니와 아기가 나누는 무언의 몸의 대화가 바로 대표적인 알 수 없는 비밀이고 애착과 친밀의 도이다.

엄마와 아기의 도

어머니가 아기에게 하는 말을 모어母語, Mother tongue라고 하는데, 우리는 아기가 엄마가 말하는 단어를 배운다고 생각한다. 하지만 사실은 그렇지 않다. 엄마 품에서 일 년 가까이 아기가 배우는 것은 단어가 아니라 인간이라면 보편으로 가지는 친밀성에 기초한 감정의 교환이다. 이게 바로 엄마와 아기의 의사소통방식이다. 서로 마주 보며 웃고, 울고, 찡그리며 나누는 것이 바로 그것이다. 바로 노자가 말하는 '말 없는 가르침'이다.

이런 의사소통이 '어두움'이고 그로부터 생겨나는 것이 '어두움의 지식'이다. 노자가 치는 최고의 지식에 해당한다. 그는 "최고의 덕은 덕이 아니라"고 했다. 이해하기 어려운 이치가 아니다. 아기는 엄마를 알고, 엄마 또한 아기를 그저 모든 감각과 몸으로 안다. 아기와 엄마가 서로를 어떻게 알고 이해하는지 그 둘에게 직접 확인해 보시라. 둘에게서는 명확하고 감각적인 개념적 지식을 얻을 수 없지만 실제의 아기와 엄마는 서로를 너무나 잘 안

오귀스트 로댕Auguste Rodin,
〈엄마와 아이|Young Mother with Child〉,
로댕 박물관Musee Rodin 소장

다. 단순히 개념적 지식이 없다고 서로 모른다고 할 수는 없다. 엄마와 아기는 서로가 서로를 모든 감각으로 느끼면서 이해한다.

아이가 젖을 빨 때 아이와 엄마는 서로에 대한 강한 느낌을 갖는가? 이 느낌이 지식이 아니라면 무엇을 지식이라 할 수 있겠는가? 그런 지식이 바로 노자가 말하는 최고의 지식이다. 아이와 어머니는 눈으로 보지 않아도, 냄새로, 온도로, 촉

감으로, 심장박동으로 서로를 안다. 이게 일반적으로 받아들여지는 지식, 즉 "말로 할 수 있는 도"라는 차원의 앎과는 다른 형식의 지식인 상도의 모습이다. 바로 노자사상의 핵심 가운데 하나인 "눈이 아니라 배를 위하고, 그러므로 밖에 저것을 버리고 안에 이것을 취한[85]"다는 상도의 지식이다.

전 세계 모든 어머니가 아기에게 말을 거는 말투는 동일하다. 그 말투에서 아기는 엄마와 함께 서로의 모든 감각과 감정을 읽고 맞추는 방식을 배운다. 단어나 문법을 떠나 인간의 언어가 가진 보편성은 바로 여기에서 나온다. 그러니까 아기와 엄마의 대화는 단어의 내용이 없는 감정의 의사소통이라는 말이다. 의사소통이란 꼭 말과 단어로만 이루어진 것이 아니다. 사람 사이의 간격, 눈빛, 손짓, 몸짓, 손길, 미소, 숨결, 몸과 몸이 겹치는 섹스, 서로 주고받는 모든 것을 다 포함한다.[86]

우리는 노자의 도가 개별적이면서도 보편적이라는 이유와 근거를 여기에서 찾을 수 있다. 어머니와 아이의 대화는 둘만의 것이자 동시에 인간 보편인 몸에 근거하기에 도인 것이다. 그래서 두 몸이 겹쳐지는 보육과 섹스는 '몸이 된 마음'과 '마음이 된 몸'을 다 아울러 만들어 내는 보편적인 지식이라고 하겠다. 즉 보육과 섹스란 몸이 서로를 알아가고 서로의 몸에 서로가 익숙해져 가는 과정으로서의 몸의 지식이다.

장자라는 변신남

도를 말한다는 점에서는 같지만, 장자는 노자와 달리 칼을 사용하여 소를 해체한다거나 몸의 형체가 변하는 '몸이 된 마음'의 모티브를 상당히 많이 사용한다. 몸을 도구로 여기는 장자의 특징이 바로 노자와 차별을 이루는 점이자 그의 강한 남성성을 표현하는 부분이기도 하다. 장자에 비해 노자에는 변신 이야기가 전혀 나오지 않는다.

장자에게는 너무나 잘 알려진 '나비의 꿈胡蝶之夢' 이야기가 있다. 그가 나비로 변한 꿈을 말했다는 점으로 추측하건대 만인의 사랑을 받는 나비뿐 아니라 다른 벌레로 변한 꿈도 꾸었을지도 모른다. 꾸었더라도 다른 벌레는 썩 좋은 그림이 안 나와서 말하지 않았을 것이다. 나비의 꿈을 꾸었다면 아마 바퀴벌레로 변신해 신나게 쫓겨 다닌 '남경충의 꿈南京蟲之夢'도 꾸었을지도 모른다는 얘기다. 심지어 장자에는 팔이 수레바퀴로 변하는 이야기도 있다. 나도 유사한 꿈을 꾼 적이 있어서 그 생생한 느낌을 잘 알 수 있는데 이렇게 장자는 변신을 꿈꾸는 남자이다. 하지만 '마음이 된 몸'으로 몸과 일체화를 이룬 여자는 자기의 예쁜 팔이 수레바퀴가 된다거나, 프란츠 카프카Franz Kafka의 『변신Die Verwandlung』에서처럼 벌레로 바뀐다거나, 아름다운 가슴이 방패로 변신하는 등의 상상을 끔찍하다고 여긴다.

하지만 '몸을 만들어 내는 마음'으로 성장해 나가는 남자아이들은 팔을 벌려 달리면서 팔이 비행기의 날개라 여기기도 하고, 기어 다니는 자신의 몸이 자동차라거나, 아니면 그 팔과 다리를 자동차의 바퀴라고 간주하기도 한다. 영화 〈트랜스포머Transformer〉의 변신로봇에 열광하는 남자아이들에게 변신이 주는 상징성은 도구화된 몸이고, 더 나아가서 '몸이 된 마음'의 측면을 지닌 상상이다.

즉 남자는 노자가 말하는, '마음이 된 몸'이 가지는 황홀한 내적 체험을 하기 힘들다. 아울러 몸과 자기를 하나로 생각하는 일체감을 이루기가 여간해서는 쉽지 않다. 그래서 여자의 '마음이 된 몸'의 느낌을 이해하기도, 개념화하기도 힘들어 한다. 심지어 성적인 만남의 장소도 남자의 몸이 아닌, 남자를 받아들이는 여자의 몸 안이다. 때문에 여자는 남자보다 자신의 몸속에서 더 강렬하게 체험한다. 이는 마치 노자가 자주 지적하는, 말로 표현할 수 없는 체험으로 마음을 채우는 일이다. 여자는 변신을 상상하는 남자와 달리 아이를 안고 있는 어머니 같이 친밀하고 가까운 것에 반응하면서 몸 전체로 감동을 이뤄 마음을 채운다고 하겠다.

연장의 위계

남자의 도구적인 태도는 '연장' 비교를 통해서 잘 드러난다. 서서 소변을 보는 남자화장실, 벗고 다니는 목욕탕에서 남자들은 서로 '연장'의 크기를 견주며 희비가 교차하거나 존재론적 회의감에 빠지기 일쑤다. 남자는 근본적으로 서로 잠정적인 라이벌이기 때문에 크기에 관한 비교는 남자들 사이의 존재감과 자존심, 그리고 위계를 정하는 일에 해당한다.

비교의 결과가 나오면 신분이나 나이에 상관없이 상대에게 존경을 표현하고 슬그머니 뒤로 물러선 다음에는 저보다 잘난 '남성'을 바라보며 처량하게 몸의 때나 북북 긁어대는 종족이 남자다. 그러니까 남근은 남자의 서열이고 존재의 증거이다. 때문에 인간 남자가 남근을 좌우하는 것이 아니라 남성적인 힘을 상징하는 도구인 남근phallus이 남자의 권력과 서열을 좌우한다. 즉 이때는 남근이 남자의 마음이 된다. 하지만 노자는 무기만으로는 세계를 강하게 만들 수 없다며 남자의 '무기 경쟁'을 비평한다.[87]

사실상의 남자에 대한 평가는 여자가 한다. 남자라는 존재에 대한 결정적인 최종 판결은 크기 대결이 아니라, 내부를 제공하는 여자가 '마음을 채우는 체험으로서의 몸'으로 판가름하기 때문이다. 그래서 심판관인 여자는 남자가 가진 이런 특성과 약점을 이용하여 그를 굴복시킬 수 있다. 아주 쉽다. 여자는 그저 만족을 못하겠다는 불만이 가득한 표정으로 계속 "한 번 더", "조금 강하게", "조금 더 오래"를 요구하면서 마지막으로 "그것밖에 안 돼?"라는 멘트로 마무리하면 남자는 존재 자체가 철저히 무너지는 처참함을 체험한다.

노자도 "쪼그라들게 만들려면 먼저 단단하고 크게 해주어야 한다[88]"고 하였다. 그렇듯 남자의 '몸'을 만들어 내는 마음'은 크기와 섹스라는 외부적인 능력을 자의식의 원천으로 삼는 외부적으로 가시적인 '몸'이 된 마음'이다.

남자의 몸 체험

남자도 '마음이 된 몸'을 느끼기도 하지만 '몸이 된 마음'으로 여기려는 버릇이 있다. 남자가 느낄 수 있는 '마음이 된 몸'의 대표적인 예가 육체를 혹사하는 운동이나 섹스다. 힘겨운 마라톤의 마지막 질주에서 느낄 수 있는 '마약을 한 듯한 희열Runner's High'이나 '섹스'라는 몸동작을 통한 마음 비우기가 그것이다. 이때는 머릿속이 하얗게 변하는 느낌을 받을 수 있다. 우리가 운동이나 섹스를 하기 전의 뭉치고 엉클어진, 그래서 가득 차기만 해서 무거워진 마음이 몸의 움직임을 통해 마치 커다란 짐을 내려 놓는 느낌에 빠져든다. 육체가 가득 차 있으면 마음도 온갖 잡생각으로 막히고 혼란과 혼선이 생기지만 육체가 비워지면 마음은 자유로워지고 소통이 가능해진다. 노자가 유학에서 내세우는 예와 지식을 버리라고 충고하는 이유는 바로 몸의 자유와 소통 때문이다. 그래서 노자는 남자를 위주로 하는 예의 지식만으로는 나라를 다스릴 수 없다고 하는 것이다.[89]

대표적으로 춤은 몸의 움직임으로 마음을 채우는 '마음이 된 몸'의 체험이다. 그래서 춤을 좋아하는 인구의 대부분이 여자다. 믿지 못하시겠다면 오늘 당장에라도 디스코텍이나 나이트클럽에 가 보시라. 그곳에는 분명 '헌팅' 나온 남자보다 춤을 즐기려는 여자가 훨씬 넘친다. 다른 이유에서가 아니다. 노자 말대로 마음의 한계를 넘어선 몸의 자율, 그 안에 담긴 감성으로 자기를 구성하는 게 바로 여자이기 때문인 것이다.

노자와 상당히 연관이 깊은 고대 문서인 『초사楚辭』에서 저자인 굴원屈原은 「구가九歌」라는 초나라 샤머니즘의 노래를 통해 자신의 처지를 노래한다. 특히 『초사』에서 굴원이 자신을 여성적인 어둠으로 표현하는 장면이 제법 눈에 띈다.

우리나라 무당굿이 그렇듯 대부분의 샤머니즘Shamanism에서 춤과 노래는 의례의 중심적인 요소이다. 샤머니즘은 신을 몸으로 맞이해 황홀경에 드는 '황홀의 기술Techniques of Ecstasy'이라고도 한다. 즉 샤머니즘은 몸에 마음神을 채워서 황홀에 이르는 방법이라고 할 수 있다. 그래서 샤머니즘에서는 노래와 춤이라는 몸의 움직임으로 신이라는 마음을 맞이하고迎神, 몸의 움직임인 춤과 연극으로 마음에 즐거움을 채우며娛神, 마음에 맺힌 것을 풀어送神 버린다. 남자들이 추는 춤도 동일한 역할과 의미를 지닌다.[90] 이슬람을 국교로 하는 터키의 수도자인 수피Sufi들이 모스크에서 추는 사마Sama가 그것이다. 사마는 하얀 옷과 모자로 몸을 치장한 뒤 가슴에 손을 올리고 계속적으로 도는 춤이다. 아름다운 모스크 안에서 마치 거대한 배꽃이 피어나는 듯 착각을 일으키는 춤으로 신과 하나가 되는 경험을 이룬다고 한다.

이렇듯 남자도 여자와 마찬가지로 몸의 움직임으로 마음을 채우는 체험을 바란다. 노자가 유가의 예를 비난하면서 여성을 중심으로 하는 도로 하나를 이뤄야 한다고 주장하는 이유가 이것이다. 남자는 몸이 가득하면 똥마려운 강아지처럼 어쩔 줄 몰라 하며 비워 달라는 신호를 보내다 그게 불가능해지면 자기충동으로 무너지기 때문이다. 이렇게 남자도 '마음이 된 몸'이 필요하다. 하지만 일상에서 남자는 '몸이 된 마음'을 마치 섹스에서처럼 외부적으로 얻어먹는 것으로 표현하는 데 주력하는 버릇이 있다.

마법에 빠진 세계

몸의 생리에서 시작한 애착과 친밀의 세계는 바로 노자가 거론한 '도의 어둠'이다. 이곳은 오직 직접 몸으로 겪어야 하고, 일인칭으로만 대화하는 부드러움의 공간이다. 숫자도 오직 하나와 둘만 있고 시선에도 상대방만 볼 수 있게 마법이 걸려있다. 아무리 다른 곳을 보려 해도 시선이 굴절되어 그녀만 보인다. 마치 노자가 말하는 거대한 도와 같이 차고 넘쳐 모두를 덮는[91] 마법의 공간이다.

그렇다. 노자가 말하는 친밀과 애착의 상태는 위대한 대자연의 작품이 아니라 언어를 사용하는 인간의 대화법이 만든 인간의 이야기다. 즉 노자가 말하는 상도와 마찬가지로 사랑도 연인 사이의 욕망과 소통이 만들어 낸 것이다.

종종 노자가 주장한 것이 문명화를 거치지 않은 채 언어까지 넘어선 자연이라고도 한다. 이는 아주 잘못된 말이다. 우리는 태어나기 전부터 뱃속에서 태교를 받고 태어난다. 태중에서 어머니의 심장소리와 말소리를 듣고 노래에 맞추어 유영하다 태어난 인간에게 언어로부터의 자유는 원래 불가능하다.

다음으로 남녀의 대화관계가 바로 상도다. 관계가 도라고 한다면, 어찌 상도가 언어와 문명 이전의 자연일 수 있겠는가? 노자가 말하는 상도는 인간 진화의 가장 중요한 요소인 문화와 문명의 산물이지, 그 이전에 있는 것이 아니다.

노자가 말하는 상도란 나와 너, 사람과 사람 사이, 서로가 바라보는 사이에 있다. 마치 너와 나 사이에만 있는 정감의 섬 같은 것이다. 그러니까 인간의 정감은 더불어 살아가고자 하는 마음, 즉 인간의 문화와 문명에 뿌리를 둔다. 심지어 무인도에 홀로 떨어진 로빈슨 크루소Robinson Crusoe 조차도 인간의 문명을 건설하려고 하였다. 그렇듯 인간에게 문화와 문명 없는 자연은 불가능한 것이다. 왜냐하면 인간에게는 문화와 문명이 자연이고 본능이기 때문이다.

노자 『연애경』[92]

　　남녀관계는 이렇게 시작한다. 먼저 어떤 남자 혹은 여자가 상대를 발견하고 몸의 생리적인 호르몬의 작용으로 콩깍지가 눈에 씐다. 그러다 그게 짝사랑이라면 서로의 대화로 이어지지 못하고 불발로 끝난다. 하지만 로또 같은 확률로 서로 같이 좋아하게 되면 서로의 대화가 서로를 끝없이 하늘로 밀어 올린다. 마치 폭풍에 휘말려서 캔자스를 떠나 오즈oz의 마법사를 찾아 떠나야 했던 도로시Dorothy의 미쳐버린 여정처럼 사랑은 감정의 폭풍이다.

　　노자가 말하는 도는 여성적인 측면에서 남성을 포용한다. 그리고 여성적인 측면인 '마음이 된 몸'은 어머니와 아이에서 보듯 서로의 감정을 나누는 소통 방식으로 시작한다. 이 친밀의 의사소통이 극단적으로 드러나는 또 하나가 바로 '연애'와 '섹스'다. 연애와 섹스라는 언어는 상대와의 거리가 없어지는 극도의 친밀함을 의미하기에 남녀가 만들어 내는 쾌락 역시 대화에 있다.

하필이면 왜 성인聖人인가?

노자의 주인공은 성인이다. 그는 특별히 종교적인 색채를 띠지도 않고, 예禮나 제사祭祀 또는 조상신祖上神에 대한 말도 없을 뿐 아니라 주나라의 '성聖' 개념도 끊어 버리라고 한다. 그런데 이상하게도 노자는 도를 체득한 최고의 정치지도자를 뭔가 찜찜한 표현인 '성인聖人'이라고 한다. 노자가 유학에서 말하는 옛 성인처럼 덕치德治의 이상을 말하고자 하기 때문은 아닐 것이다.

혹시 그의 직업이 상나라의 제도에 따른 성인이었을까? 혹은 자기 부족의 제사장이면서 부족장일 수도 있다. 이런 추측이 유학에서 이상으로 생각하는 예악의 제도를 만들어 낸 성인보다는 더 타당해 보인다. 한편 성인을 별로 인정하지 않는 장자莊子는 '지인至人'이나 '신인神人'을 말한다. 노자도 자기가 작명한 대로 '도인道人'이라거나 '포박抱樸'이라고 해도 무방할 것이다. 하지만 굳이 주나라의 제사장 계급을 일컫는 '성인'을 계속 사용한 점에는 아마도 이유와 목적이 따로 있었을 것이다.

'성聖'은 원래 신령神靈의 말을 '듣고耳' 공수를 내리거나 '제사지내는口' 신정일치의 정치지도자인 '임금王'을 말한다. 즉 무당이나 우리전통에서는 단골檀君'을 뜻한다. 제기를 뜻하는 '口'는 여성의 성기를 상징하는 델타(▽)와 같은 뜻이라고도 한다. 모든 문화권에서 밥이나 여자나 둘 다 먹는 것으로 상징한다. 그래서 입, 먹는 것, 밥그릇의 표현인 '口'나 여성의 성기

를 상징하는 델타(▽) 모두 섹스의 의미를 지닌다.[93]

다음으로 노자에 있어서 성스러운 신령의 세계가 말하고자 하는 무언가가 있었기에 무당이 필요했을 것이다. 그럼 노자는 무엇을 들어, 무슨 말을 전하고, 그 뜻으로 세상을 다스리려한 것일까? 앞에서 샤머니즘과 터키 수피의 사마의식을 예로 들어 펼친 춤 이야기를 기억할 것이다. 무당이 만나는 신령이 바로 성스러움이고 그 사마의식이 바로 성스러움이다. 그렇다. 노자가 말하는 성스러움이란 바로 여자의 몸 체험으로 전하는 친밀과 애착, 나아가 그런 언어로 하나를 이루는 도의 느낌이 아닐까 한다. 그렇다면 노자가 말하는 성스러움이란 몸으로 깨달은 여자의 비밀이라고 할 수 있다.

루돌프 오토Rudolf Otto는 19세기 대표적 이론이던 칸트Immanuel Kant의 '성스러움'에 관한 개념을 수정하여 종교적 체험 속에 존재하는 감동의 독자성을 제시하였다. 칸트의 성스러움은 도덕적인 '선함+α'라고 정리할 수 있다. 이러한 측면에서 유학에서 주장하던 도덕적인 성스러움의 개념과 유사하다. 하지만 오토는 성스러움이 칸트식의 도덕은 결코 아니라고 보았다. 그는 이러한 문제를 해결하고자 신령이라는 뜻을 가진 라틴어 '누멘numen'으로부터 '신령스럽다'는 뜻의 독일어 '누미노제Das Numinose'라는 말을 만들어낸다.

누미노제는 소름이 끼쳐 털이 곤두서는 것과 같은 "전율적인 신비mysterium tremendum"와 마음을 끌어들이는 "매혹하는 신비mysterium fascinans"의 두 면을 갖추고 있다. 즉 그는 칸트가 말하는 도덕적인 밝음과는 전혀 다른 어두움의 길을 제시한 것이다.[94]

한편 폴란드 출신의 종교학자 엘리아데M. Eliade는 성스러움이란 속된

profane 세계에 나타난 특이한 것hierophany이라고 주장한다. 그는 공동체를 시작한 조상이 세상을 시작한 시간을 재현하는 신년의례를 사회적 성스러움의 중심으로 보았다.[95] 그와는 다르게 종교현상학자 반 데어 레우 Gerardus van der Leeuw는 인간을 초월하는 힘이 나타나는 현상Kratophany을 성스러움의 중심적인 개념으로 보았다. 그 밖에 현대의 인류학자들은 오염된 것, 여성의 멘스, 금줄을 쳐야 하는 출산, 죽음 등 어둡고 더럽거나 격리해야 할 것들을 성스러움의 요소로 꼽는다.[96] 현대에 이르러 과거의 유학자들이 주장하던 도덕적 의미의 성스러움과는 전혀 다른 성스러움이 대두한 것이다.

현대적인 견해에 입각해 성스러움을 살피자면, 지금까지 노자의 정신세계에 나타난 도의 어둠과 여성의 신비, 나아가 그 매혹적 원리가 모두 그에 해당한다. 즉 여성의 성기가 가지는 결여, 어둠, 아름다움, 매혹, 쾌락, 욕망 그리고 경혈의 두려움까지 모두 성스러움의 요소에 해당한다.

현대 중국의 인류학자 샤오빙蕭兵은 노자가 말한 "하느님보다 먼저인 듯하다[97]"에서 말하는 '하느님帝'의 원뜻을 '꽃바침蒂' 형상인 델타(▼)에서 찾는다. 그는 성스러운 하느님의 의미를 델타(▼), 즉 여성의 성기 주변 치골이 만드는 삼각형으로 본다는 말이다. 그의 논리를 따르자면 만물을 낳은 하느님이 바로 여자의 성기라고 한다. 또 그는 "가뭇한 암컷玄牝"의 '빈牝'자를 이루는 요소인 '비匕'는 원래 쭉 째진 도끼 자국camel's toe을 형상화한 것이라고 주장한다. 한마디로 정리하자면 여자의 성기는 모든 것을 낳는 하느님이고 그렇기에 성스러움이라는 것이다.[98]

노자는 유학이나 이와 유사한 칸트의 도덕적인 '성스러움'의 개념을 부정하고 그들이 제공하는 지식을 거부했다. 이는 현대 부족사회 연구를 통해 드러난 종교적인 성스러움의 개념과 유사한 이미지를 제공한다는 것이다. 많은 사람들은 노자를 특이한 철학자라고 하는데 사실 이런 면에서 노자는 보편적인 철학을 주장했던 것이다. 그래서 노자의 성스러움은 현대 인류학 및 종교학에서 지지하는 원주민 사회의 인간 보편적인 개념에 가깝다. 그런 노자이기에 자기 종족의 문화를 존중하고 지키기 위해 식민지, 주나라에서 주입한 도덕적 성 관념은 "끊어 버려야絕聖 하고 지식은 버려야棄智 할 것"으로 보았다.

연애의 도

프로이트Sigmund Freud의 이론을 빌려서 말하자면, 전통적으로 남자는 사회적으로 조직된 통과의례를 거쳐야 비로소 진정한 남자로 인정받는다. 이 전까지는 그저 엄마 품의 아이로 여겨질 뿐이다. 그래서 대부분의 문화에는 성인식成人式, Ritual Process이 있는데, 보통 사춘기에 격리되어 감정을 조절하는 혹독한 극한상황을 테스트 받는다.

성인식이 바로 노자가 말하는 어둠의 상태인 '화광동진和光同塵'의 정반대 편이다. 이는 어둠의 대척점에 놓이는 밝음의 세계다. 이로써 소년은 '몸이 된 마음'을 본격적으로 강화하며 서서히 남자의 특징을 드러낸다.

감정의 흔들림을 막으면 외부는 명확해지는 대신 내면은 억눌려서 흐릿하고 혼란스러워진다. 그렇듯 성인식으로 남자가 되었다는 의미는 외부의 밝음으로 내부 감성의 어둠과 담을 쌓았다는 뜻이다. 만약 담이 무너져서 눈물과 감정의 기복을 보인다면 죽음에 맞서 이룬 가치와 자부심은 무너지고 다시 '아녀자' 취급을 받는다. 즉 언제나 포커페이스가 남자의 미덕인 것이다. 감정에 굴복하는 남자는 경멸당하기 때문에 내면적 감정은 무시해야 한다는 말이다. 노자에 따르면 남자는 그렇게 억압적인 조건에 의해 형성된 문화적인 존재이다.

하지만 애착과 친밀의 회오리는 바로 남자가 그토록 힘들게 구성한 외부와 내부의 격절과 분리를 완전히 뒤집어inside out 버린다. 노자가 말하는 '회오리바람'이나 '소나기'가 바로 이것이다. 이때 남자는 완전히 변해서 비교적 도구화되지 않은 몸으로 내부의 감성을 드러낸다. 그래서 보통 사랑에 빠진 남자는 히죽거리며 웃기 일쑤인데, 평소 같으면 어림도 없지만 오직 이때만은 동료나 친구도 그를 '또라이'라고 욕하지 않는다. 또라이에게 '또라이'라고 욕할 필요가 없기 때문이다. 사랑은 남자로 하여금 '몸이 된 마음'에서 '마음이 된 몸'으로 걸어 들어가게끔 만드는 천지개벽과 같은 일대 사건에 해당한다.

현대 생물학에서 말하는 사랑은 도파민Dopamine, 노르에핀에프린Norepinephrine, 페닐에틸아민Phenylethylamine, 옥시토신Oxytocin, 그리고 엔돌핀Endorphin의 장난이라고 한다. 보통 호르몬의 장난은 18개월에서 30개월 정도까지 이어진다. 친구들도 그를 사랑이라는 정신질환에 걸린 금치산자 혹은 책임무능력자로 취급한다. 주변의 친구들은 기간이 정해진 병이기에 그저 빨리 완쾌되어 무리로 다시 돌아오길 기다린다. 노자가 말하는 "덜 떨어진 것 같은若昏" 모습이 바로 사랑에 빠진 남자의 모습이다. 그럼 '또라이'의 행각을 알아보자.

당신의 종이로소이다

일단 서로의 눈과 마음이 맞아 사랑이라는 대화를 시작하면 거역이 불가능하다. 처음 사랑에 빠진 남자가 여자의 친밀한 언어의 영역으로 몸을 던지면 사랑이 가지는 특징 때문에 대화의 과정은 여자가 장악한다. 그러니까 몸의 작용으로 시작한 남자의 영혼에 깊이 각인을 하는 것은 사랑하는 상대의 웃음과 대화다. 연인이 본격적으로 남녀의 도의 세계에 들어선 것이다.

한편, 남자는 사랑의 감정으로 자신의 외부와 내부가 뒤집히는, 정확하게 말하자면 너무나 강력한 압력으로 내부가 폭발해서 모든 것이 너덜거리는 듯한 경험을 한다. 따라서 남자는 이때까지 눌러 놓았던 감정의 어두움을 마주해야 하는, 극도로 당황스럽고 힘든 상황에 직면한다. 과정의 시작인 것이다.

하지만 자신을 내던진 남자에게 수확이 전혀 없는 것은 아니다. 남자는 감정의 폭발을 경험하고 여자에게 점령당하지만 동시에 상대의 마음, 즉 사랑하는 사람의 인격을 비롯한 몸을 차지한다. 남자와 여자가 동시에 점령하고 마음을 빼앗는, 서로가 마주하는 대화가 이루어진다. 이로써 이전의 남자가 정상적이라고 여기던 몸과 마음의 관계는 사랑이라는 폭풍 앞에서는 뒤집어진다. 도의 혼돈으로 안팎이 바뀌는 것이다. 이 혼란의 중심에 있는 단어는 '아름다움'이고 '매혹', '사랑', '어둠', 그리고 '힘'이다. 노자가 말하는 도의 느낌이 바로 내부가 뒤집히는 사랑의 느낌이고 그 폭풍의 중심이 바로 성스러움이다.

아름다움은 인간이 판단하는 예술적인 가치와 지고한 진실, 아울러 선함으로 다가온다. 여기서 더 나아가 아름다움에 기초한 사랑이 지닌 또 하나의 힘은 바로 '성스러워'지고 '정화되는' 느낌이다. 즉 우리는 사랑을 통해 '종교적'인 '성스러움the Holiness'을 느끼고 사랑에 '헌신'하는 것이다. 셰익스피어William Shakespeare의 『로미오와 줄리엣Romeo and Juliet』에도 줄리엣에게 첫눈에 반한 로미오가 자신을 사랑에 헌신하는 순례자라며 줄리엣이라는 여신에게 자비와 사랑의 대속redemption을 구하는 대목이 나온다. 사랑에 빠진 남자에게 사랑하는 여인은 온 몸을 바쳐 숭배할 여신인 것이다. 또 그녀의 아름다움을 통해 성스러움과 대속을 얻고자 하며, 나아가 구원까지 바라는 것이다. 이 과정에서 당연히 남자는 숭고한 여신의 하인임을 자처한다. 노자도 "나는 주가 되느니 차라리 객이 되겠다[99]"고 고백할 정도이다.

이때 여자는 남자를 그냥 받아주면 재미가 없어진다. 이탈리아의 오페라 작곡가인 베르디Giuseppe Verdi가 〈리골레토Rigoletto〉에서 '흔들리는 여심La Donna E Mobile'이라고 표현했듯, 여자 특유의 변덕이 나타나서 밀고 당기는 사랑의 게임을 시작한다. 여자는 심한 변덕과 자기 맘대로 하는 듯한 행동을 보이지만, 사실이지 이는 다 머리 좋은 여자의 계산에 해당한다.

변덕이 몸에서 시작하지만 결코 저저 나오지는 않는다. 이는 남자가 지닌 사랑의 진정성을 시험해 보기 위한 행동이기도 하다. 여자가 변덕을 부리면서 마치 갈대와 같이 휘청거리는 듯 보이지만, 사실 여자도 무척 고민해 수위 조절을 해나가면서 밀고 당기기를 하는 것이다.

만약 여자가 변덕을 너무 심하게 부려 극심하게 조이면 남자는 못 견디고 튕겨 나갈 것이다. 하지만 여자는 그 과정이 너무 쉬우면 나중에 자기를 쉽게 여길 뿐 아니라 쉽게 도망갈 것이라고 생각한다. "쉽게 얻은 것은 쉽게 나가고, 조금 올라가면 조금 내려오기easy come easy go, a little high a little low"마련이다. 때문에 마치 노자가 그러듯 항상 여러모로 생각해도 풀릴 듯 말 듯 모호한 태도를 보이면서 남자를 꼼짝 못하게 얽어매야 하기에 여자도 엄청난 노력을 기울인다.

이때 지혜로운 남자라면 현실적인 원칙을 세워 처치가 곤란한 상황을 헤쳐 나가야 한다. 남자가 자기의 원칙에 따라 나가더라도 따라올 사람은 따라올 수밖에 없는 것이다. 애를 키울 때도 아이에게 안 되는 것은 절대 안 된다고 보여줘야 하듯, 사랑을 대할 때도 항상 서로 도에 맞게 행해야 한다.

노자는 인간을 다스리는 데에는 '알뜰함嗇'보다 더 좋은 것은 없다고 한다. 그가 말하는 알뜰함이란 '적합하다neat'는 뜻이다. 그에 의하면 알뜰하면 사랑의 관계가 "일찌감치 적응早服"할 수 있다고 한다. 상대를 정확히 파악하고 그에 빨리 적응하는 것이 노자의 처신인 것이다. 다음으로 그는 애인을 "작은 생선을 다루듯 하라고" 충고한다.[100] 즉 큰 그림을 그리지 세밀하게 상황에 대응하지 말라는 말이다. 마지막으로는 항상 상대를 인정하고 배려하는 입장에 설 것을 충고한다.[101]

이런 원칙을 적용하여 세 가지 행동수칙을 제시한다. 첫째는 아껴주는 것이고, 둘째는 알뜰함이며, 마지막은 앞으로 나서지 않는 것이다. 아껴주기에 사랑 앞에 용감할 수 있고, 알뜰하기에 포용할 수 있으며, 앞서지 않기에 사랑을 오래 지속할 수 있다[102]고 보았다. 결론으로, 노자는 흔들리지 않는 아끼는 마음으로 사랑하는 사람을 에워싸라고[103] 충고한다. 참으로 고수만이 보여줄 수 있는 단순하면서 명확한 행동수칙이다.

사랑이란?

사랑이라는 의사소통은 참으로 이상한 것이다. 사랑의 특징은 대화가 이상하게 꼬이면서 종국에는 그 자취마저 없어진다는 데 있다. 사랑은 서로가 대화로 서로를 끌어올리는 것이다. 그래서 사랑은 대화가 만들어 낸 것이다. 하지만 사랑의 대화는 우리가 일상에서 하는 대화와는 성격이 다르다. 사랑이 일상의 대화 같다면 일상생활 전부가 사랑이어야 한다. 끔찍한 일이 아닐 수 없다. 다행히도 사랑의 대화는 자기만의 특성을 갖는다. 그러니 모든 일에 무조건 사랑만 강조하는 사람은 진정한 사랑을 모르는 바보나 다름없다.

사랑의 대화가 드러내는 특징은 서로 같은 것을 보고, 같은 것을 묻는다는 데 있다. 여기에 사랑의 대화법을 극적으로 보여주는 사례가 있다. 바로 숭산崇山 스님의 선어록에 나온 대화가 그것이다. 이 대화를 통해 사랑이라는 언어의 구조와 문법을 한 번 살펴보도록 하자. 참고로 선불교는 승복을 입은 노자와 장자라고 해도 과언이 아닐 정도로 도가와 닮은꼴이다.[104]

질문 : "사랑이 뭡니까?"

스님 질문 : "내가 그대에게 묻는데, 사랑이 뭡니까?"

질문자가 당황하여 말을 못 찾으니 스님이 대답한다.

스님 대답 : "이게 사랑입니다. 사랑이란 그대는 내게 묻고, 나는 그대에게 묻는 것입니다."[105]

선불교를 해설하기 전에 잠시 양해를 구하고자 한다. 절에 들어가는 입구에 일주문—柱門이 있다. 그 문을 잘 보면 가끔 "대가리로 해석하려는 놈은 이 문을 들어오지 마라智解宗徒不入此門"고 쓰여 있다. 나는 대가리로 해석하려는 그런 존재로, 이 문구가 걸려 있는 절에는 잘 안 들어간다. 그런데 이제 그 무식을 자처하는 내가 바야흐로 선을 난도질하려고 한다. 부디 이 실수를 넓고 자비로운 불심으로 혜량惠諒해 주시기 바란다.

화두란 게 깨달음을 전하는 '손가락'이기에 깨달음의 알맹이인 '달'을 보아야지 껍질인 언어에 집착하는 것이 아니라고 한다. 가리키는 도구가 아닌 가리키는 대상, 즉 그 의미를 보아야 한다는 뜻이다. 철학에서는 이를 지칭reference과 의미sense로 구분하고 있다. 하지만 사랑의 실체를 말하는 위의 인용의 주안점은 달이 아니라 서로의 손가락이다. 선불교의 역설이 드러난 대목이다. 숭산은 달이 아니라 전하는 언어의 관계가 사랑이라고 말하고 있다. 손가락으로 가리키는 하늘의 달이 아니라 손가락과 손가락 사이의 관계를 달로 표현하고 있는 것이다.

잠시 선불교의 역설을 말해 보자. 노자의 상무와 상유가 그렇듯, 뭔가를 가리키는 지칭이나 속에 든 의미인 달은 모두 인간의 언어적인 활동이다. 그런데 선불교는 '깨달음悟'이나 '본래면목本來面目' 같은 알맹이는 언어를 벗어난다고 주장한다. 즉 선불교에서 의미하는 깨달음은 언어가 아니라는 것이다. 문제는 인간은 언어를 벗어나서 생각할 수 없는데 언어를 벗어나라고 한다는 데 있다. 바로 이게 노자의 무와 마찬가지로 선불교의 역설이다.

조금 더 부연해 보자. 인간은 언어라는 굴레를 벗어 버리면 의미작용을 달리 만들 수 없다. 아니 '의미' 자체가 노자가 말하는 '바람欲'에서 생겨나며, 우주와 사물에 가치를 부여하는 것 또한 인간의 언어행위이다.

'몸이 된 마음'이 주로 관심을 두는 '개념'이나 '마음이 된 몸'이 생성하는 '느낌' 모두가 근본적으로 언어의 의미작용이다. 그래서 선불교에서 가리키는 대상인 '달'조차 사실은 손가락과 마찬가지로 인간에게는 언어의 영역이다. 하지만 선불교에서는 손가락을 벗어나지 않으면 달을 볼 수 없고, 달을 보려면 언어를 떠나야 한다고 한다. 하지만 인간에게 언어를 떠난 달은 존재할 수 없다. 즉 인간이 언어와 대상의 관계를 벗어날 수 없는데도 벗어나라고 하는 것이 선불교의 역설이다.

그럼 달은 무엇인가? 노자가 말하는 '무'는 언어이면서 언어가 아닌 것이다. 즉 언어이면서 동시에 언어가 아닌 것이 바로 여자의 성기이며 달이다. 즉 상유와 상무가 공존하는 상도의 세계가 바로 달이라고 할 수 있다. 그렇기에 숭산은 너와 내가 같이 묻고 같이 답하는 것이 사랑이라고 한 것이다. 다시 말해 너와 나의 대화인 손가락과 서로를 바라보는 시선 사이에서 만들어지는 관계가 바로 도이고 달이라는 말이다.

대화란 '질문'과 '대답'으로 이루어진다. 하지만 사랑의 대화는 질문에 질문하고, 대답에 대답한다. 그러므로 사랑이라는 대화의 특징은 말하는 사람과 듣는 사람, 묻는 사람과 답하는 사람의 정확한 구분이 불가능하다는 데 있다.

화두로 시작했으니 조금 더 화두로 말해 보자. 사랑은 서로가 서로를 달이라고 가리키는 것과 마찬가지다. 달을 가리키면 달을 봐야 하는데 손가락만 본다고 나무라는 게 선불교의 가르침이라면, 사랑의 달은 서로가 서로를 달이라고 가리키는 손가락 장난이 만들어 낸다. 손가락이 달을 만들어 내는 것이다. 그리고 달의 손가락은 또 상대를 달로 만들어 낸다. 그래서 결국 달은 손가락 사이에 있는 것이다. 시인 정현종은 "사람들 사이에 섬이 있다. 그 섬에 가고 싶다"고 노래했다. 그렇다. 너와 나 사이에 섬이 있다. 그렇듯 달도 손가락이 만들고 또 손가락 사이에 생기는 것이다. 이렇게 사랑의 대화는 서로가 바라보면서 서로에게 동시에 질문하고 답하는 동안 마음이 일어나서 커 가는 달이다.

그러니까 사랑의 대화법이란 이런 것이다. "사랑해?"라는 질문은 "사랑해?"로 받고, "사랑한다!"는 대답은 "사랑한다!"는 대답으로 돌아온다. 사랑의 대화가 깊어지면서 더욱더 서로가 서로만 바라보고, 질문하고 서로가 답하는 작용을 통해 감정과 느낌이 점점 상승해 간다. 둘이 나누는 은밀한 대화는 각자의 독백 같은 작용을 하여 결국 묻고 답하는 대화과정이 없어진다. 종국에는 내가 말한 것 같기도 하고 상대가 말한 것 같기도 해서 어떻게 해석해야할지 도무지 종잡을 수 없다. 마치 노자가 중의법에 능수능란하듯 사랑의 언어도 항상 중의적이다.

사랑이라는 도

여러 심리상태를 설정할 수 있기에 이야기를 꾸미기에는 삼자구도가 재미있다. 하지만 사랑에서 삼자구도는 절대 용납하지 않는다. 아무리 한쪽이 문어발식 확장을 꾀하더라도 사랑이라는 이름으로 만날 때는 언제나 '너와 나'여야 하기 때문이다. 즉 서로가 서로에게 모든 의미가 되기를 바라는 그 순간만큼 서로는 단수이다. 즉 사랑의 의사소통인 관계의 도 아래서는 노자가 말하듯 둘은 언제나 하나다. 언제나 말로 표현할 수 없이 터질 것 같은 가슴이라는 가공할 수 없는 감정과 생생한 '의미樸'로만 드러난다.

종종 둘만의 관계로 생기는 내부적인 긴장을 해소하고 싶은 남자가 친구를 불러들이는 것과 달리, 여자들은 친구들과 함께 애인을 만나고자 하지 않는다. 여자는 애인만 바라보고 애인의 눈을 자기로 가득 채우고 싶어 하는 욕심 많은 유일신인 것이다. 결코 경쟁을 용납하지 않는 유일신이 되는 것이 바로 사랑이라는 언어의 독점적 의사소통방식이다. 그래서 도가 만드는 관계는 필연적으로 '하나'인 것이다. 노자는 사랑의 이런 모습을 일컬어 "도가 하나를 낳고 하나는 둘을 낳는[106]"다고 지적한다. 즉 사랑의 숫자는 언제나 하나이고 그래서 사랑은 도에서 비롯한 것이다.

균형을 이룬 사랑의 언어와 달리 남자의 언어는 명령과 복종 같이 상하가 분명한 비대칭적 둘의 관계로 이루어진다. 그래서 하느님이 선악과를 금지했을 때 이를 어기고 둘이 속삭이는 대칭적인 대화로 언어의 틀을 만들어 버린 남녀에게 벌을 내린 것이다. 노자가 말하듯 유무가 만들어 내는 것은 유무라는 '둘'이 아니라 하나이고, 길고 짧은 것이 만들어 내는 것은 하나의 '차이'인 것이다. 즉 노자에게 도란 '있음과 없음有無', '어려움과 쉬움難易', '길고 짧음長短', '높고 낮음高下', '목소리와 악기音聲', 그리고 '앞뒤前後' 같이 공존하며 대칭관계를 이루는 것들이다.[107] 그리고 항상 상대되는 두개의 가치 밸런스로 파악한다. 이런 면에서 볼 때 사랑은 가장 대칭적인 언어이고 그래서 사랑의 언어가 도라고 하는 것이다.

내가 먼저!

여기서 사랑의 언어가 갖는 또 다른 측면이 드러난다. 사랑의 언어는

오귀스트 로뎅Auguste Rodin,
〈성당The Cathedral〉,
로댕 박물관Musee Rodin 소장.
둘이 손을 잡을 때 능동과 수동의
관계가 동시에 이루어진다.

질문에 질문을 하듯 능동이자 동시에 수동적인 것이다. 상대의 손을 잡으면 능동적인 행동이지만 동시에 내 손도 잡히는 수동적인 상태가 벌어진다. 상대가 내 손을 만지면 동시에 나도 상대의 손을 만지는 게 바로 수동이자 동시에 능동적인 사건이다. 이는 마치 애인을 바라보면 애인이 자기를 바라보고 있다는 사실을 알게 되는 것이라고 할 수 있다. 서로가 바라보기 때문에 지금 바라보는 능동적인 행위를 통해 수동적으로 관찰되고 있다는 사실을 안다는 것이다. 그러니까 사랑의 언어는 만지는 동시에 만져지고, 보는 동시에 관찰되는 관계이다. 그래서 노자는 없음과 있음이 공존하고 내용과 껍질이 같다고 하는 것이다. 이러한 사랑의 동시성이 바로 도의 특징이다.

그러므로 연인들은 항상 자기가 먼저 사랑했다고 주장하고 동시에 서로 나중에 사랑했다고 우기기도 한다. 그리고 서로를 위하는 마음에 몸이 먼저 나가 상대와 함께 하려고 한다. 노자도 "그래서 성인은 몸을 뒤로 하지만 앞서고, 몸을 밖으로 던지지만 간직된다……. 사사롭지 않기 때문에 그 사사로움을 완성할 수 있다[108]"라고 한다.

다음으로, 사랑의 관계는 쌍방향성interactive 대화이다. 노자는 권력을 잃지 않으려는 일반적이고 일방적인 지시가 지니는 비대칭성[109]을 비난한다. 권력을 위한 지시보다는 상호 밸런스의 의미를 지닌, 말로 드러내기 힘든 어둠 속에 감춰진 감정과 느낌까지 전하는 소통이 가장 효용[110]이 높다고 본 것이다. 노자는 이런 소통을 "성인은 자기의 마음을 갖지 않는 대신 백성의 마음을 마음으로 삼는[111]"다고 말한다. 그래서 일방적인 대화가 아니고, 상대를 '소유하지 않는不德' 상태로 가야 한다. 마치 선불교가 '불립문자不立文字'니 '직지심인直指心印'을 주장하면서 사실상 더 많은 말을 하듯, 사랑도 불립문자의 의미로 느낌과 감정을 교환하면서 더 많은 소통을 한다. 소통 그 자체가 사랑이기 때문이다.

다시 말해 노자가 말하는 최고의 덕이란 사랑하는 두 사람이 자발적이고 동시적으로 서로를 향하여 움직이면서 더 많은 대화와 소통을 만드는 관계이다. 이러한 자발성의 관계와 소통의 홍수 속에 들어선 둘은 더 이상 서로 떨어져 있는 개인이 아니다. 상대적 개념인 유무有無가 동시에 존재하듯 두 사람은 서로 융합되면서 동시적으로 하나임을 체험한다.

여기서 잠깐 노자에서 덕德이 갖는 의미를 밝힐 필요가 있다. 왕필王弼 주석에서는 "덕은 얻음이다[112]"라고 한다. 무척이나 당황스러운 해석이 아닐 수 없다. '얻는다'는 '~을 얻는다'는 의미의 타동사다. 그러니까 '나는 얻는다'라는 문장은 말이 아니고 '나는 아이템을 얻었다'가 맞는 용법이다. 백보 양보하여 동명사 '얻음'으로 봐도 이 의미를 가지고는 "최고의 얻음이란 얻음이 아니다[113]"라는 첫 구절부터 뭔가 걸린다. 그래서 이리저리 왕필의 주석으로 해석해 보려다 책을 덮고 "세상 믿을 놈 하나 없다"고 고백하고 만다. 아무리 천재라고는 해도 스물넷에 죽은 왕필이 '구멍'에 대해 뭘 얼마나 알았겠는가?

전체적인 맥락에서 보면 덕 역시 무無, 즉 '여성의 성기'나 '계곡'과 유사하다. "어두운 덕玄德", "구멍의 덕孔德"을 말할 때도 그렇고 '상덕常德'은 '계곡'과 같이 사용한다. 이미 앞에서 암컷의 성기가 가진 '부재의 성격'을 말했다. 그렇듯 "최고의 덕은 덕이 아니"라고 할 때도 덕은 '없음'이 갖는 작용을 의미한다고 할 수 있다. 덕이란 '없음'으로 느껴지는 암컷의 어두운 작용을 이르는 말인 것이다.

투쟁의 종식

노자는 전쟁을 반대하여 무기를 내려놓자고 권한다. 그래서 그는 언제나 더불어 싸우지 않을 것을 강조한다. 노자가 평화의 메신저라고 하는 이유는 그가 말하는 사랑이 바로 전쟁을 종식하는 최고의 길이기 때문이다. 왜냐하면 결정적으로 사랑은 한마음, 한 몸이 되길 원하기 때문이다. 그리고 한 몸이기에 서로 다툴 소지를 회피하려고 한다. 그래서 노자는 "전쟁을 잘하는 자는 쉬이 화내지 않고 잘 이기는 자는 적을 맞대하지 않는[114]"다고 한다.

사랑은 물과도 같이 서로의 아래로 흐르고자 한다. 서로의 취향을 비슷하게 맞춰 나가다가 가장 갈등이 적은 부분을 통해 길을 찾는 게 사랑이다. 그래서 노자도 물은 도와 가깝다고 하였다. 세상에서 갈등이 비교적 적은 곳은 서로에 대한 믿음에서 기인한 신앙, 아름다운 예술 그리고 위대한 어머니, 훌륭한 자연을 지니고 있다. 이렇게 평화와 사랑을 강조하는 까닭에 노자는 대립이 없이 하나를 이루는 자연과 도의 관계를 말한다. 그래서 서로 사랑하는 연인은 데이트 장소를 고를 때, 갈등으로 대립만을 일삼는 국회나 말썽 많은 술집보다는 마음의 '힐링'을 가져다주는 뮤지컬 극장을 택하는 것이 아닐까. 그러기에 물과 마찬가지로 사랑은 도에 가깝다.[115]

노자의 "나라를 줄이고 백성을 줄이라小國寡民"는 내용이 펼쳐지는 80장은 이상적인 공동체의 모습을 말하고 있다. 이 공동체의 이상은 단순하다. 그저 밖으로 나돌지 말고 서로의 거리를 '줄이라'는 말로도 바꾸어 말할 수 있다. 우리가 서로 갈등할 때 서로의 거리가 멀어지지만, 갈등이 줄어들면 서로의 거리도 줄어든다. 노자는 따라서 자동차가 있더라도 손잡고 함께 걸으니 탈 이유 없고, 분노의 마음을 그치니 무기가 있더라도 싸울 이유가 없는 관계[116]를 말하고 있는 것이다. 특히 노자가 사랑하는 사람이 해야 할 일로 꼽은 "맛있는 음식을 먹고, 옷 예쁘게 입고, 집에서는 편안하게 뒹굴고 그리고 풍속 축제를 즐긴다[117]"에 이르면 그가 말하는 이치가 결국은 인간이 이르고 누릴 수 있는 호사의 끝이 아닌가 하는 생각이 들 정도이다.

노자와 달리 공자는 밖에 나가서는 공손하고, 들어와서 효도를 행하며 할 일을 다 마치면 예禮를 배우라고 한다.[118] 놀기와 공부가 바로 노자와 공자가 제시하는 지식의 밝음과 어둠, 그 명확한 차이라고 할 수 있다. 그래서 노자는 공자의 무리들이 바로 가족과 잘 놀고 있는 남자들을 징발하여 군대에 보내 노는 기쁨을 누리는 것을 방해한다고 비난한다. 노자가 분노한 대상이 바로 이토록 아름다운 풍속을 무단으로 바꾸려고易俗 하는 파시스트들이었을 것이다.

노자와 일반의 연인들이 자연을 선택하는 이유는 자명하다. "자연에서는 모든 차이가 없어지기 때문[119]"이다. 자연은 노자가 찬탄을 마지않듯 "흐르는 물 같이 아래로 흐르며 싸우려고 하지 않기 때문에 도에 가깝다.[120]" 그렇게 사랑이라는 언어는 먼저 서로에 서로를 맞춘다. 그래서 완전히 서로 대칭을 이루면 더 이상 차이가 없어지기에 도에 가깝다. 그 다음에는 내면의 감정은 유동적으로 흐르면서 서로가 경계 짓는 마음을 넘어 너와 나 자체가 없어진다. 마치 모든 차별과 차이를 없애는 자연과 같아지는 것이다.[121] 오직 남는 것은 둘이 완전히 하나가 되는 융합의 감정과 느낌이다. 이 모든 과정은 둘만의 대화로 저절로 생겨나는 "스스로 그러하게自然" 하는 흐름에 따른다. 연인들의 몸의 과정에 따르는 '스스로 그러한 과정'이 서로가 서로에게 더 없이 중요한 의미, 달, 길道 그리고 생명인 것이다.

우주와 역사

두 사람이 사랑에 빠지는 일은 로마의 카이사르Gaius Julius Caesar가 돌이킬 수 없는 루비콘Rubicon 강을 건너는 결정에 다름 아니고, 이성계가 1388년에 거행한 위화도威化島 회군과 다를 게 없다. 이전으로 돌아갈 수 없는 둘만의 몸의 역사가 이로써 펼쳐지기 때문이다.

앞에서도 기억이란 몸에 쓰인 회로라고 하였듯 사랑은 '마음이 된 몸'이다. 그리고 사랑은 서로의 몸을 서로의 몸에 써나가는 글쓰기이다. 이렇게 기억된 몸과 몸은 서로의 움직임에 따라 몸으로 느끼는 체험이 되고 다시 감동과 추억을 불러온다. 마치 수없이 반복된 연습으로 완성된 태권도 동작같이 그렇게 품세를 따라 움직이고, 피아노 건반을 누르는 손가락처럼 의식하지 않아도 코드를 만들면서 선율을 완성해가는 것과 마찬가지다. 서로의 몸이 서로만의 화음을 만드는 것이다. 이런 것을 노자는 "덕은 몸을 기른다德畜之"고 한다. 이 단계를 넘어서면 몸이 계속 마음을 만들어 낸다. 즉 남자에게도 몸이 마음을 만들어 내는 단계가 본격적으로 찾아오는 것이다.

피아노 치는 사람으로 비유하자면 그저 손가락의 움직임만으로 음률이 느껴지는 무음無音의 음률단계가 있다. 이와 같이 어디를 가나 애인의 목소리가 들리고 아무것도 없는 허공無形에서 애인의 모습을 느끼는 것이다. 이는 마치 중국 은자隱者의 정신적 고향인 죽림竹林의 사상가들이 말하듯 "소리가 그치고, 움직임이 멈추는 곳에 남는 여운" 같은 것이다. 연인을 만나고 와서 혼자서 이리저리 몸을 움직이면 움직임에 따라 연인은 품에 안기기도 하고 팔짱을 끼기도 하고 입술에 느낌으로 와 닿기도 하는 것이다. 이 여운에 착안해 미국의 작곡가 존 케이지John Cage는 4분 33초짜리 소리 없는 피아노곡을 작곡하였다. 이 곡에서 연주자는 무대에 올라 피아노 앞에 앉아 절대 0도를 의미하는 273초 동안 피아노는 치지 않고 여러 제스처를 하다 인사하고 나간다. 의미심장한 곡이지만 두 번 연주하기에는 좀 그런 곡임에 틀림없다. 하지만 무음의 단계가 모든 음악의 완성이라는 것은 '개구라'다. 백아절현伯牙絶絃이라는 고사가 말하듯 피아노가 없고 관객이 없는 손가락 짓만의 무음은 결코 상대에게 마음을 전할 수 없기에 허무한 것이기 때문이다.

사랑이란 바로 몸에 써놓은 체험과 감동, 즉 추억의 흔적이고 영혼을 채우는 몸의 체험이다. 노자가 말하는 몸의 반작용이 도의 움직임이고 이를 부드럽게 받아주는 것이 도의 내용이기 때문에[122] 이 단계에서 언제나 서로가 서로의 몸이고 마음이어야 한다. 그렇지 못하다면 몸은 흔들리며 슬픔이 깊은 어둠으로부터 차오른다.

이 무음, 무형의 단계가 몸과 마음에 주는 영향은 이때 연인과 헤어져 보면 잘 느낄 수 있다. 바로 내가 그랬다. 지금까지 시 한 구절도 읽지 않던 남자는 바로 시인이 되고, 몸이 만들어 내는 감성을 처리하지 못해 강렬한 반작용으로 몸은 미친 듯이 흔들린다. 한마디로 삶이 이리저리로 튀다가 결국에는 쭈그러든다. 이를 설명하기 위해 토머스 루이스Thomas Lewis가 『사랑을 위한 과학General Theory of Love』에서 전하는 아주 비극적인 사건을 소개하겠다.

13세기 신성로마제국의 황제이자 남부 이탈리아의 왕이었던 프레데릭 2세Frederick II는 아이들을 언어와 격리해서 키우면 인류의 태생적 언어를 확인할 수 있을 것이라고 생각했다. 실험정신이 강한 이 황제의 업적을 기록했던 프란체스코 수도회의 수도사 살팀벤 드 파르마Saltimbene de Parma는 그의 실험과정을 다음과 같이 설명했다. "양모와 유모들에게 아기들을 먹이고 씻길 수는 있으나 절대로 쓸데없는 소리를 내거나 말을 건네지 말라고 명령했다." 그래야 그 아기들이 말하는 언어가 헤브루어인지, 그리스어인지, 라틴어인지, 아라비아어인지 아니면 아기를 낳은 부모의 언어인지를 알수 있기 때문이었다. 그러나 그 수도사의 기록에 따르면, 프레데릭의 실험은 어떤 언어학적 결과도 낳지 못하고 종결되었다고 한다. 아기들은 말 한마디 하기도 전에 모두 죽었다. 이로부터 황제는 괄목할 만한 결론을 이끌어 냈다. "아기들은 손을 꼭 쥐어주고 동작을 보여주고 즐거운 표정을 지어주고 얼러주지 않으면 살지 못한다."[123] 외로웠을 아이들을 떠올리면 마음을 저미는 슬픔이 느껴진다. 프레데릭 2세가 저지른 일이 무엇인지 확실하다. 그리고 반성을 모르는 역사에서 이와 똑같은 일이 무수히 반복되었다.

전염병을 피하기 위한 위생상의 이유로건, 정치적인 이유로건 유아기에 격리되었던 아동들은 상당히 높은 비율로 사망하였거나 치유하기 힘든 정신적 고통을 겪었다. 전염병이 창궐한 20세기 초 유럽에서 아이들을 외부의 전염병에 노출되지 않도록 격리하였다. 좋은 식사와 깨끗한 침구를 제공했음에도 불구하고 아이들은 한결같이 시름시름 앓았고 체중은 감소했다. 그리고 다수가 사망했다. 당시 보호시설 밖에서는 홍역으로 인한 사망률이 5%에 불과했던 시대에 시설 내에서는 40%의 아이들이 목숨을 잃었다. 20세기 초 소위 무균유아실이라는 곳에서 유아사망률은 75%를 상회했다. 현재는 특히 미숙아인 경우 아기의 생존과 발달은 손으로 만져주는 마사지에 달려 있다고 한다. 생각의 전환이 이루어지고 있는 셈이다.[26]

1950년대 아이의 독립심을 강조하며 격리를 주장하던 학계의 의견에 반대한 할로Harry Halo는 동물실험을 통해 유사한 환경을 만들어 반박하였다. 그의 대표적인 실험은 철망 원통과 두꺼운 직물로 만든 가짜 어미에 우유병을 달아 놓고 새끼원숭이가 그를 선택하느냐를 지켜보는 내용이었다. 원숭이들은 철망 어미에게서 젖을 먹었지만 직물 어미에 붙어서 생활했다. 이 실험은 인간이나 유인원이나 부드럽고 따스함이 없으면 살수 없음을 보여주는 예다. 독립심을 길러주기 위한 격리가 아닌 부드럽게 어루만져주는 데서 인간과 동물의 삶이 시작한다는 말이다. 그래서 할로의 실험을 과학적인 사랑의 발견이라고 평가한다. 이후 더 정교한 실험이 눈덩이처럼 많아졌는데, 이 실험들을 통해 감정적인 접촉이 바로 생명과 연결된 일임이 드러났다.

보통 부모로부터, 사랑으로부터 격리된 동물은 쉴 새 없이 배회하며

---

26 토머스 루이스, 『사랑을 위한 과학』, 김한영 역, 사이언스북스, 2007, p.102.

주변을 경계하면서 짖어대다가 그마저 전혀 소용이 없다고 생각되면 납작 웅크려 높고 애처로운 소리로 낑낑거린다. 인간 성인들도 실연을 겪었을 때 처음에는 원숭이와 마찬가지로 똑같은 항의반응을 보인다. 항의 중인 포유동물은 독특한 생리작용을 보인다. 심장박동과 체온이 증가하고 스트레스와 경계심을 높이는 호르몬이 증가한다.

항의단계를 넘어서면 절망상태로 들어간다. 항의와 마찬가지로 절망도 지속적인 생리상태로, 포유동물에 공통적인 행동이자 신체반응이다. 절망한 동물은 거의 마시지도 않고, 먹이에도 전혀 관심을 보이지 않는다. 또래나 놀이친구를 우리 안에 넣어 주어도 관심을 두지 않는다. 이때는 심장박동이 비정상적인 모습을 보이며 급격히 떨어지면서 수면 등 생체리듬이 깨지며 성장호르몬이 줄어들어 세포의 면역성도 떨어진다.[124]

그렇다. 이제 우리는 가까운 사람의 죽음이나 실연, 혹은 격리의 고통이 심리적인 착각이 아니라 근본적인 삶과 죽음의 문제임을 알아야 한다. 프레데릭 2세의 실험이나 이후 벌어진 병원의 아이들 사례로도 이 점은 충분히 알 수 있다. 이렇게 몸은 마음을 채우기 때문에 몸이 슬퍼지면 마음은 통곡을 하는 것이다. 내가 노자의 도를 서로 사랑하는 관계라고 주장하는 이유도 여기에 있다. 서로의 사랑이 삶의 내용이고 "도라는 사랑의 관계가 삶을 낳는道生之"길이기 때문이다.

다음으로, 종교학자 엘리아데가 말하는 성스러움의 현현이다. 바로 사랑은 돌이킬 수 없는 우주와 역사의 건설이라는 점이다. 엘리아데는 아무것도 없는 평범한 세상에 성스러움이 드러나면 이를 기점으로 우주와 역사가 시작한다고 하였다. 그렇듯 평범한 삶에 사랑이 들어서면서 비로소 둘만의 우주와 역사가 시작한다. 단군이 조선을 시작한 신단수神檀樹 아래의 아사달阿斯達이 그렇고, 예수가 십자가에 달린 골고다 언덕이 성스러움을 드러낸 곳이다. 엘리아데는 성스러움이 드러난 장소가 바로 우주의 배꼽Axis Mundi이고 시간을 원단元旦이라고 한다. 따라서 이곳이 우주의 중심이고 이때를 기점으로 무의미한 속된 시간에 대항하는 유의미한 질서Cosmos가 펼쳐진다. 이렇듯 둘만의 우주와 역사의 시작은 가족의 시작이고, 종족의 시간이며, 더 나아가 거대한 문화의 시작이기도 하다. 하지만 의미 없는 속된 일상 속에 놓인 성스러움은 속된 일상에 의해 의미가 반감한다. 엘리아데는 신년의례나 제의가 바로 이 의미 없는 속된 시간 속에 성스러움의 의미를 다시 세우는 일이라고 보았다. 이런 이유로 서로 사랑하는 커플은 기념일을 챙기면서 자기들에게 다가온 성스러운 우주와 역사를 새롭게 하는 데 여념이 없는 것이다.[125]

노자는 "세상에는 시작이 있고 이로써 세상의 어머니로 삼는다[126]"고 한다. '시始'는 '女+台'로 이루어진 글자이다. 가위로 자른다는 의미도 있다. 하지만 이전에 ▼가 하느님이자 성기의 삼각형이라고 하였다. ▲은 '차且'라고 하며 남근의 상형자이고 '조상祖'의 원래 의미이다. 그러니 '시始'는 '여자女+▲'이니 섹스를 의미한다고 할 수 있다. 즉 우주의 질서는 둘이 섹스를 하면서 시작한다는 말이다.[127]

성스러움은 질서이다.[128] 보고, 만지는 모든 것이 질서를 이루고 그 자체를 완전하게 이루려는 목적을 지닌다. 그래서 노자는 "옛날에 하나를 얻은 자로부터 하늘은 하나를 얻어 푸르고, 땅은 하나를 얻어 안정되며, 신은 하나를 얻어 영활하고, 계곡은 하나를 얻어 가득하고, 만물은 하나를 얻어 살아가고, 제후와 왕은 하나를 얻어 세상을 바르게 한다[129]"고 말한다. 그 하나가 바로 도와 상도, 나아가 사랑이며 우주의 질서를 섹스로 시작하는 성스러움이다. 이 하나에 따라 모든 존재는 성스러운 우주의 질서로 자리 잡는다. 집에서 키우는 강아지부터 부모님까지 모든 것에 관심이 생기고, 관심이 관계를 낳으며 역사와 질서가 따라 나온다.

내가 연애를 하고 결혼을 하면서 가장 당황스러웠던 경험은 졸지에 그리 신경 쓰지 않았던 부모, 형제자매 등 식구들이 생긴 것이다. 그것도 양쪽으로, 두 배로 말이다. 상대방의 가족만이 아니라 내 부모형제에도 해당하기에 두 배이다.

연애하기 전에는 그저 내게 부모님이 계시고 형제가 있다는 것만 알고 있을 정도로 무심하게 산다. 혼자만 지낼 때는 형제자매는 고사하고 부모의 생신이라는 것도 모르고 살다가 애인과 사랑하는 관계가 되면서 바로 부모 형제자매는 챙겨야 할 "사랑하고 자랑스러운 분들로[130]"다가온다. 그것도 내 쪽과 상대방의 부모형제까지 이중으로 생겨난다. 세상에 잘 의식하지 않던 부모형제, 그리고 존재가 의심스럽던 친척까지 집단으로 나타나 모두 관심을 가지고 일일이 챙겨야 하는 일은 정히 당혹스럽다. 이렇게 사랑의 작은 씨가 거대한 친족이라는 관계의 그늘을 이루는 것이다.

관계가 증식되면 우주와 역사가 이루어진다. 그래서 서로의 부모가 내 부모가 되듯, 우주의 모든 대칭적인 요소는 이제 각기의 의미를 지니며 제자리를 잡고 주어진 힘의 관계와 법칙에 따라 천체운행을 시작한다. 둘의 사랑은 하나의 우주와 역사를 시작하는 성스러움이기에 앞의 장에서 등장했던 '하느님'조차도 돌이키지 못하는 위대한 우주적인 사건인 것이다.

사랑을 믿다

크리스마스를 준비하던 부부가 있었다. 언제나 아내는 남편의 낡은 시계 줄이 맘에 걸렸고 남편은 항상 아내의 탐스러운 머리를 빛내줄 머리핀이 아쉬웠다. 둘은 서로를 위해 선물을 준비한다. 아내는 머리를 잘라 팔아 시계 줄을 마련하고 남편은 시계를 팔아 머리핀을 준비해서 선물했다고 한다. 이렇게 서로를 빛내기 위해 선물하는 행위는 동시적인 배려다.

이런 배려는 상대에 대한 관심에서 생긴다. 그런데 여기서 지적하고자 하는 바는 우리가 서로를 바라보고 사랑하며 배려하는 일이 믿음의 내용이라는 것이다. 비단 셰익스피어 『맥베스Macbeth』의 '의심이 불러오는 비극'을 예로 들지 않더라도 믿음이 가능하려면 사랑과 배려와 관심이 우선해야 하고, 그 반대로 배려를 위해서는 상대를 먼저 믿어야 한다.

배려가 믿음의 내용이라니 조금 억지 같지 않은가? 여기서 믿음은 우리가 일상적으로 사용하는 믿음이 아니라 세계와 존재에 대한 근원적인 믿음이다. 기우杞憂라는 고사를 알 것이다. 그 사람은 하늘이 무너질까, 땅이 꺼질까를 걱정했다고 한다. 하지만 그의 걱정이 그저 바보의 헛짓으로만 보이지는 않는다. 지금 여기서 우리 모두가 하는 걱정의 대부분이 기우이다. 그와 우리는 세계를 이루거나 지탱해주는 '도'에 대한 믿음을 잃었기 때문이라고 볼 수 있다.

이것이 왜 근원적인 믿음인지를 모자의 관계를 예로 들어 설명해 보자. 아기는 엄마라는 거울을 통해 세계를 바라보는 법을 배워 나가고, 모든 것을 엄마와의 접촉 또는 그로부터 생겨나는 변화를 통해 판단한다. 그래서 아기들은 어머니의 표정을 끊임없이 실시간으로 점검한다.

가상의 테이블과 두 대의 비디오 실험이 있다. 아기를 싱크대에 올려놓고 투명한 유리판을 깔아두고 기어가게 하면, 아기는 밑이 투명한 곳에서 멈추고는 어머니의 표정을 본다. 어머니가 웃으면 아기는 유리판 위를 기어가고, 어머니가 찡그리면 그 자리에서 운다. 아이가 세계를 믿으려면 어머니의 관심과 배려가 받쳐 주어야 하는 것이다.

다음으로, 두 대의 비디오카메라를 설치해서 어머니와 아기가 서로의 텔레비전 화면으로 모습을 보는 실험이다. 비디오 화면으로 서로를 보면서 아기와 어머니는 미소를 짓고 웃는다. 이때, 아기에게 어머니의 얼굴을 실시간 화면이 아니라 녹화된 테이프로 보여주면 아기는 즉시 혼란을 일으킨다. 아기에게 필요한 것은 어머니의 웃는 얼굴 뿐 아니라 실시간의 동시성, 즉 서로 반응하면서 상호 작용하는 관심과 배려이기 때문이다. 그래서 사랑과 믿음은 언제나 동시적이고 즉시적이다.[131] 사랑과 믿음이 그렇듯 노자가 말하는 도 역시 동시적이고 즉시적이다. 그래서 도를 따르는 자는 세계를 믿음으로 바라본다.

크리스마스 무렵에 시계 줄과 머리핀을 준비했던 젊고 가난한 부부 두 사람의 선물은 결과적으로 잠시 쓸모없는 물건으로 변했지만, 그들이 서로를 믿으며 주고받은 마음은 값지다. 바로 사랑의 언어만이 지니는, 상호적인 대칭성이 지니는 관계의 도였기 때문이다. 만약 사람이 서로 믿지 못한다면 관심과 배려, 나아가 사랑과 이 세상, 또 부모와 형제자매는 물론 친구마저도 없는 것이다. 그래서 노자가 "믿음이 부족하면 불신만 남는다[132]"고 하였고 "믿는 자를 나는 믿고 믿지 않는 자도 나는 믿기에 믿음을 얻는다[133]"고 하여 극단적으로 믿음을 강조한다.

사랑의 틈새

사랑의 언어관계가 도이지만 도가 생각같이 무조건 완전한 것만은 아니다. 애착의 의사소통은 내부적으로 밀도가 높다. 그러나 모든 언어가 감성적이고 중의적이며 누가 무슨 말을 했는지 언제나 모호하다. 때문에 날 때부터 감정적 감수성의 능력이 떨어지는 남자는 모자라는 부분을 추론으로 메워 넣어야 한다. 도와 무위無爲가 있지만 동시에 인위적인 작위作爲가 생겨나는 근본적인 이유가 바로 스스로는 하나를 이룰 수 없는 남자의 능력부족에 있다.

이성은 감성이 아니기에 대부분의 추론은 불행히도 맞지 않는다. 아니 추론으로는 결코 감성에 이를 수 없다. 감성은 몸과 마음에서 저절로 생겨나는 것Autopoesis이기 때문이다. 노자도 이성으로는 도를 추론할 수 없다고 한탄하지 않았는가? 추론으로 감정에 이를 수 없는 이유는 명확하다. 추론으로는 계산을 할 수 있지만 판단과 가치를 만들 수 없기 때문이다. 다마지오Antonio Damagio가 지적하듯 오직 감정만이 가치를 만든다.[134] 조금 의아한 주장이라고 생각할 것이다. 조금 설명을 덧붙이자.

인터넷 쇼핑을 한다고 치자. 모든 가격을 비교하고 계산했지만 구매 결정을 하지 않으면 아무런 '가치의 변동'도 일어나지 않는다. 결정은 결국 나의 좋아하고 싫어하는 감정에서 비롯한다. 감정기능을 상실한 사람들이 있다. 다마지오의 연구가 바로 이들이다. 이들은 이성적인 판단을 잘할 것으로 보이지만 사실은 전혀 아니다. 첫째 감정을 상실하면 도덕적인 양심이 없어진다. 어떤 끔찍한 일이든 꺼리지 않고 그저 효율로만 계산한다. 효율의 강조는 무서운 것이다. 독일의 나치는 사람을 죽이는 일에 효율을 계산하여 총알과 인건비 낭비가 심한 총살이 아닌 가스실을 개발하였다.

다음으로는 판단이나 결정을 못한다. 이들은 하루 종일 비인간적이고 비도덕적인 계산을 하지만 그 의미를 마음으로 판단하지 못하기에 결정을 내리지 못한다. 감정만이 판단과 결정 그리고 도덕이라는 가치를 만들어낸다는 이유가 이것이다. 결론적으로 추론이나 숫자 계산은 인간적인 가치를 만들지는 못한다고 하겠다.

때문에 연애할 때 가치가 빠진 추론에 주력하는 남자는 살얼음을 걷듯 머리털이 다 빠질 정도로 긴장의 연속이다. 무엇이 잘못이라도 계산에는 걸리지 않기 때문이다. 게다가 친밀한 교감의 대화는 한 번 시작하면 벗어날 길이 없을 정도로 가는 길이 모호하기만 하다. 그래서 남자에게 대답하기 어려운 가장 어려운 질문은 여자의 "그래서 뭘 잘못했는데?"이다. 도무지 어떤 감정에 문제가 생겼는지 이성으로는 추론을 할 수 없기 때문이다. 노자가 유가의 예를 비난하는 것도 바로 인간을 계산적으로 보려하기 때문이다. 나치가 그렇듯 계산이란 볼품도 없으며, 배려도 결여한 현금장사에 불과하다. 그래서 노자는 자기의 도를 듣고서도 계산에만 몰두하는 놈들을 비웃는다. 그들은 도에서 떨어져도 한참이나 떨어져 있는 존재라고 간주하는 것이다.

사랑싸움을 해 본 사람은 알 것이다. 잘 나가다 뭔가 삐끗한다. 그런데 뭔지 모르겠다. 그 '삐끗'이라는 게 감성과 계산 사이에 생긴 부조화였으니 계산적인 추론으로는 알 방도가 전혀 없는 것이다. 생각하면 생각할수록 오리무중이고, 도대체 왜 여자가 토라졌는지 전혀 알 수 없기에 남자는 머리털을 잡아 뜯다 '햄릿Hamlet'이 되어 "존재와 비존재to be or not to be"에 대한 근원적인 질문을 한다. 관계가 없으면 생명이 없지만, 살아있는 상태에서는 관계가 주는 중압감도 무시할 수 없이 무서운 것이다. 노자가 살얼음을 걷는 것 같다는 말이 바로 그것이다.

남자는 묻는다. 왜 그녀는 그토록 쉬운 이성적인 대화를 선택하지 않을까? 너무나 당연하다. 사랑은 일반적인 대화가 아니라 느낌의 소통이기 때문이다. 서로 이성적인 대화를 한다면 거래 상대이지 연인은 아닌 것이다. 그래서 연인들이야 대화가 너무나 힘들고 어렵다고 느끼며 괴로워해도 밖으로부터 보는 입장에서는 뻔하다. 사랑의 언어가 가진 문제는 근본적으로 정보교환이 아니라 자기감정의 확인과정이기도 하기 때문이다. 그래서 사랑은 아름답기는 하지만 서로 필요 없어진 선물을 사는 등 정작 서로에 대한 합리적인 정보교환은 별로 안한다는 특징을 보인다.

즉 사랑의 언어는 몸이 표현하는 감정의 독백을 각자가 짐작하고 확인하는 일이다. 그래서 둘 다 모든 것을 자기 위주로 생각한다. 여자는 자기와 영혼으로 감응sympathy하는 남자친구는 당연히 자기보다 더 자기를 잘 알 것이라고 막연하게 착각한다. 하지만 서로 지극히 개인적인 경험을 출발점으로 삼아서 생각하고 행동하는 것이 바로 사랑이고 사람이다. 그러니 당연히 서로 모를 수밖에 없다.

쉬어가는 의미로 잠시 영화에 나온 감성과 이성의 계산 사이에 놓인 '오해'를 알아보자.

프랑스의 1988년작 영화 〈까미유 끌로델Camille Claudel〉은 유명한 조각가 로댕Auguste Rodin의 연인이자 작품의 모델이었던 여인에 대한 이야기이다. 어느 날 까미유는 자기가 임신한 사실을 알게 된다. 그런데 로댕은 작품활동을 할 때 그토록 예민하게 자기의 몸 구석구석을 만졌으면서도 지금에 이르러서는 임신한 사실을 아는지 모르는지, 아니면 모르는 체하는지 알수가 없었다. 화가 난 까미유는 말도 없이 로댕을 떠난다. 그 영화를 보는

오귀스트 로댕Auguste Rodin, 〈다나이드Danaid〉, 오르세 박물관Musee de Orsay 소장.
이 조각의 결 하나하나는 로댕이 까미유를 얼마나 연구했는지를 말해준다.

내내 입은 뒀다 뭐에 쓰려는지 참으로 우스운 오해라고 생각했다. 시간이
지난 뒤 로댕을 만난 까미유는 자신이 임신했었기에 떠난 일을 말하지만
로댕은 몰랐다고 말한다. 어떻게 모를 수 있냐며 허탈해 하는 영화 속 까
미유를 보면서 나는 '느낌'과 '계산' 사이에 놓인 오해의 골에 깊이 빠졌
던 적이 있다. 더 재미있는 영화는 1990년작 〈시라노 드 베르주락Cyrano de
Bergerac〉이라는 실존인물에 대한 영화이다. 기형적으로 큰 코가 콤플렉스
인 주인공 남자는 사랑하는 여인에게 연애편지를 쓴다. 그러나 오해로 그
여인은 다른 남자를 사랑하게 된다. 오랜 세월을 돌아 오해를 푼 두 사람
이 다시 만난다. 그 영화를 본 뒤의 감상? 사실 '도대체 이게 뭐하는 짓이
냐'였다.

　해결할 방법은 오직 합리적인 대화밖에는 없지만 사랑의 언어는 합리

적인 대화를 부인한다. 합리적인 대화로는 사랑을 만들 수도 없고, 그 자체가 사랑도 아니기 때문이다. 그렇듯 노자가 말하는 도란 밝고 '합리적인 지식'에 자리를 잡은 것이 아니라 '어두운 감동'에 웅크리고 있는 그 무엇이다. 따라서 사랑하는 여인은 자기가 가진 느낌과 가치를 만드는 벽 바깥으로 나서기를 거부한다. 합리적이고 밝은 대화로는 감각을 닫은 어두운 사랑, 또는 관계의 도에 이를 수도 없기 때문이다.

개구리의 딜레마

사랑의 힘을 믿을 때 자부심이 생기지만 동시에 부작용도 만만치 않다. 콩깍지가 내려앉고 시력이 어두워지는 '맹목적인 믿음Blind Faith'이 바로 그것이다. 사랑에 눈이 멀면 오직 앞에 있는 사랑하는 사람만 바라보고 외부의 객관적인 사실을 볼 수가 없다. 그래서 도는 어두운 것이다. 그리고 둘만의 우주가 만들어지면서 사랑의 능력은 모든 것을 창조할 것이라는 자기최면에 빠진다. 그렇기 때문에 둘만의 우주를 아름답게 꾸미느라고 보통 여자는 먼저 남자친구를 새로이 창조하려는 열정에 빠진다. 즉 하느님이 된 여자에게는 창조와 질서의 힘을 부여할 혼돈Chaos이 필요한 것이다. 그래서 노자와 장자도 질서와 혼돈은 언제나 공존하며 서로를 만들어 가는 힘이라고 간주한다.

우리는 '혼돈'이 멋진 남자, 즉 질서로 바뀐 이야기를 많이 알고 있다. 바로 '평강공주와 온달'이라는 날조된 이야기, 짐승으로 변했다가 다시 왕자로 복귀하는 '미녀와 야수', 사랑의 힘에 의해 왕자로 변신하는 '개구리 왕자'가 그것이다.

달리 말하면, 세상에는 개구리가 필요한 공주님과 야수를 필요로 하는 공주님도 있는 것이다. 문제는 이들 공주님들이 사랑의 힘을 동원하면 개구리를 왕자로 바꿀 수 있으리라고 믿는다는 점이다. 하지만 혼돈을 질서로 바꾸려는 이런 '전쟁 같은 사랑'의 결말은 대부분 비극으로 막을 내린다. 앞에서도 장자는 남성적인 측면이 강하다고 말한 적이 있다. 장자에 소개된 혼돈混沌의 이야기가 바로 절대 바뀔 수 없는 남자의 천성이 지닌 비극을 보여준다는 점에서 그렇다.

오귀스트 로댕Auguste Rodin,
〈생각하는 사람The Thinker〉,
로댕 박물관Musee Rodin 소장.
이 작품이 드러내는 바는 바로 남자의 어둠,
즉 혼돈이다.

　남자에게도 여자와는 다르지만 어둠은 중요하다. 혼돈 혹은 골방으로 상징하는 남자의 어둠을 잘 보여주는 사상가가 바로 장자이다. 그는 혼돈의 이름으로 남자의 어둠을 보여준다. "남해의 왕 숙儵, 북해의 왕 홀忽. 그리고 중앙의 왕 혼돈混沌이 있었다. 남해의 왕과 북해의 왕은 중앙 혼돈의 땅에 가서 서로 자주 만났는데, 혼돈은 그들을 매우 잘 대접해 주었다. 숙과 홀은 혼돈의 덕에 보답하려고 서로 의논을 하였다. 사람들은 모두 7개의 구멍이 있어 보고, 듣고, 먹고, 숨을 쉰다고 한다. 그런데 혼돈은 구멍이 없으니, 우리가 그 구멍을 뚫어줘 보답하자. 그리고 날마다 한 개의 구멍을 뚫어 주었다. 그리고 7일째 되는 날 혼돈의 몸에 7개의 구멍이 뚫리며 죽어 버렸다."[135]

　참으로 '도의 어두움'이 지니는 의미와 동시에 남자의 본성을 기막히게 잘 파악한 비유다. 누누이 말했듯 남자는 절대 변하지 않는다. 그리고 내부는 혼돈이기에 혼자 멍 때릴 골방이 필요하다. 내부를 가르는 벽이 무너지면 남자는 죽는다. 남자가 내부의 경험을 문화적으로 거부하는 것이 아니라 원래 그렇게 생겨먹었기 때문에 그러는 것이다. 만약 남자의 내부 상황을 무시한 채 질서 있는 표현을 요구하거나 구멍을 뚫어 질서를 바로잡아주는 등의 행동을 가하면, 그 내부의 주인인 남자는 아예 세상을 등지거나 적어도 정신병원에서 하얀 천장에 뜬 별을 헤는 지경에 이른다.

그렇게 혼돈이 죽더라도 혼돈보다 더 강한 개구리는 계속 개구리로 살아남는다. 공주는 사랑하고 키스하다 지쳐 포기하거나, 어떤 경우에는 공주가 개구리로 변한다. 여자는 사랑의 힘으로 완전히 변했던 남자를 보고 남자의 개 같은 속성이 비非본래적인 것이라고 착각했다가 종국에는 모든 것으로 포기한 뒤 스스로 개구리로 변하는 것이다.

노자는 사랑이라는 내부가 폭발해 버리는 "폭풍 같은 경험은 하루아침을 넘기지 못하고, 소나기는 하루를 넘기지 못한다[136]", 그리고 "까치발로는 오래서지 못하고 큰 걸음으로는 오래 걷지 못한다[137]"고 한다. 이 구절로 볼 때, 남자에게 닥친 항거할 수 없었던 폭풍은 조만간 그치리라는 슬픈 소식을 전할 수밖에 없다. 그러니 이 비 그치면 남자는 패거리로 다시 돌아가 '본래 가졌던 혼돈이라는 모습本地風光'으로 돌아갈 것이다. 이 사태에 여자는 속수무책이다.

비교적 최근에 관람한 〈슈렉Shrek〉은 아주 멋진 이야기였다. 저주를 받아 용의 감시를 받으며 잠을 자던 피오나 공주는 왕자가 아닌, 늪지에 사는 더럽고 못생긴 괴물인 오거Ogre의 키스를 받고 괴물 슈렉과 결혼한다. 이 영화는 개성적이고 생존력 강한 전문직 여성의 시대를 새롭게 반영한

반反 신데렐라적 공주병 치료를 위한 이야기이다. 그리고 슈렉의 조언대로 남자를 바꾸기보다 모든 면에서 우월한 여자가 바뀌는 게 더 쉬울 수도 있다. 이렇게 우월한 여성이 자기를 긍정하는 세계가 다가오는 듯하다. 더불어 노자를 새로이 해석하는 계기로 다가올 것이다.

거울 앞에 선 오빠

이제 '오빠'는 사랑의 원정길에서 돌아와 제정신으로 거울 앞에 서서 제 심정을 말한다. 오빠는 이렇게 생각한다. 애착의 의사소통? 도대체 뭔 놈의 대화가 이따위인가? 한마디로 대화의 과정은 없어진다. 즉 대對와 답答이 없어지고, 너와 나의 구분이 모호해져서 정신이 하나도 없다. 다시 말하자면 사랑의 화법은 대화가 아니다. 나이면서 또 너이기도 한 다른 나에게 반향echoing하는 독백일 뿐이다. 사랑의 언어가 지닌 소통방식에는 문제가 있다. 이제는 더 이상 이런 비생산적인 대화를 지속하고 싶지 않다.

사랑의 의사소통은 서로가 서로만 바라보고 진행하는 독백이기에 서로를 객관적인 세계로부터 맹목적으로 고립시키는 것 같다. 밖에서 할 일도 많은데 대화가 가진 강렬함과 밀도 높은 농밀함에 사로잡혀 현실로부터 멀어져 감정에 허우적거리며 정신을 못 차리고 있구나. 사랑의 관계가 주는 행복과 현기증은 좋다. 하지만 둘만의 상상의 세계를 건설했다지만 결국 개구리가 왕자가 된다거나, 잠자는 공주가 깨어나는 일은 벌어지지 않았다. 이렇게 서로가 서로에 대한 환상에서 벗어나지 못하면 지옥을 맛보게 될 것 같다. 이제는 이런 관계를 집어치우고 싶다. 그렇다면 이제 갈림길에 선 것인가, 헤어질 것인가, 아니면 결혼할 것인가? 이것이 문제구나!

그러고는 계속해서 읊조린다. 이렇게는 못 산다! 여자도 마찬가지겠지만 포식자가 득실거리는 야생의 한가운데에서 살아가는 남자에게 나와 남, 세상과 나의 분리는 절실하게 필요하다. 그래! 애인은 애인이고 현실은 현실이며 나는 나로서 살아남아야 한다. 이를 구분하지 못한다면 이 세상에서 생존하기 힘들 것 같다.

남자에게 사랑은 16~30개월이라는 유효기간에만 가능한 관계이고, 이제 오빠는 복무기간을 끝내고 제대했다. 의무복무가 끝나면서부터는 이제는 주말이면 의무감으로 연락을 하는 현실에 발을 딛고 선 '아주 오래된 연인', 예비군인 것이다. 직접 이렇게 말할 용기 있는 오빠는 별로 없겠지만 현실은 그렇다. 그리고 남자는 현실에 맞서야 한다. 그래서 아쉽지만 연애는 여기까지다. 아울러 관계의 도에도 역시 변화가 필요하다.

노자 『이별경』[138]

갈등은 사랑과 애착, 그리고 연애의 속편이다. 왜냐하면 갈등은 애착과 동일한 스토리텔링 방식이기 때문이다. 단지 사랑에 마이너스 부호가 붙으면 이게 바로 갈등이다. 사랑이 강렬했던 만큼 갈등도 격렬하다. 문제는 사랑이 애착이라는 소통에서 시작하듯 갈등 역시 같은 소통 구조를 지닌다는 것이다. 그래서 노자도 "화여! 복이 기대고 있는 것이구나, 복이여! 화가 엎드려 있는 곳이구나![139]"라고 탄식한다.

인간이 생로병사의 과정을 거치듯 연인만의 우주 역시 장자莊子가 말하듯 "만들어져 이어지다 망가져서 없어지는成住毀滅" 과정을 거치게 마련이다. 그리고 불행한 결말인 훼멸毀滅은 시작단계에서 사랑과 함께 시계바늘로 똑딱거리는 것이다. 즉 연애라는 환상이 끝나는 지점에는 피할 수 없는 현실, 즉 내 감정의 확인이 아니라 상대를 있는 그대로 바라봐야 한다는 현실이 버티고 서 있다. 그래서 '이제 가슴에 아름다운 환상을 남기고 헤어질 것인가', 아니면 '양보하고 현실로 받아들여 서로 겹쳐질 것인가'를 결정하는 사랑의 제2절이 시작되는 순간이다.

남자의 청혼은 마취에서 풀려 정신을 차리기 시작한 남자가 '현실을 바로 보자'며 다짐하는 신호라고도 한다. 그래서 결혼은 연애와 애착의 무덤이라고도 부른다. 노자는 이 역시 도의 과정이라고 본다. 노자는 그 때문에 도는 어둠으로 "자라게 하고, 키우고, 잘 나가게 하고는 죽인다[140]"고 말한다. 애착의 뜨거움과 갈등의 찬바람도 역시 도의 작용인 것이다.

나일론 예비군

'연애복무'에서 소집해제된 남자는 애인의 얼굴과 몸 말고도 챙겨야 할 일이 많다. 그동안 못 만난 친구, 은사, 부모, 선배를 찾아다니며 인사를 하고 취직도 준비해야 한다. 그래서 남자의 시선은 이전과 다르게 애인의 얼굴이 아닌 세상의 얼굴인 신문에 가 있고, 둘만의 대화가 아닌 세상 이야기에 더 집중한다. 이는 둘 사이에 이미 외부세계가 끼어들었음을 의미한다. 그래서 서로의 애착이나 소통이 더 이상 상승하지 않는다. 남자의 시선이 계속 어긋나기 때문이다. 노자가 말하는 '문을 벗어나지 않아도 세상을 아는 시절'은 간 것이다.

남자의 입장에서 사랑은 일시적인 정신적 일탈이고, 여자의 언어세계로의 일시적 방문에 지나지 않았다. 남자는 사랑으로 완전한 변화를 겪어 노자가 말하듯 무장해제를 한다. 하지만 사랑은 그가 살아가야 할 본질적인 세계는 아닌 것이다. 그의 본질인 테스토스테론은 무리 속에서 경쟁하고 상대와 투쟁하는 결합체의 세계에 있기 때문이다. 노자가 "무기를 놓고", "해하려고 해도 해할 곳이 없다"고 표현하듯 사랑의 시선은 둘만의 세계를 만들고 갈등을 회피하며 전쟁을 반대했다. 하지만 자세히 보면, 남자에게 사랑은 손에서는 무기를 놓았지만 그가 좋아하는 경쟁이나 전쟁과 너무나도 닮은꼴이었다. 무기 대신 꽃과 매력이란 '무기'를 든 전쟁이었던 것이다.

남자는 사랑을 정복하기 위해 세계를 등지고 여성의 세계로 떠나 경쟁하고 투쟁하여 쟁취했다. 이제 쟁취하고 정복한 토지에서 철수하여 가면을 써야 하는 남자의 감성세계인 인의예지仁義禮智로 다시 돌아갈 차례라고 생각한다. 그래서 노자도 그렇게 '돌아오는 일'을 도의 움직임이라고 했다.

하지만 사실 사랑은 남자만 쟁취를 한 것이 아니라 동시에 쟁취당한 것이기도 하다. 그래서 여자도 '남자'라는 전리품을 요구하고 나선다. 둘이 건설한 성스러운 "새 하늘과 새 땅"을 등지고 세속으로 다시 돌아가려는 남자에게 성스러운 의무를 이행하라고 복무계약서를 내민 것이다. 남자에게 이 계약서는 군대에 다시 가라는 말과도 같이 암담하다. 아무리 복무계약서를 들이밀어도 국방부 시계는 계속해서 돌아 남자의 복무기간은 끝났고, 시선은 더 이상 애인을 향하지 않으며, 따라서 서로를 끌어올릴 대화도 만들어지지 않는다. 어쩔 수 없이 결혼으로 복귀한 군인은 사실 나일론 예비군이다.

남편이 결혼기념일을 자주 잊는 이유도 관계가 더 이상 성스럽지 않고 속된 일상생활이기 때문이다. 속됨은 특별해야 할 성스러운 공간과 시간을 하잘 것 없는 먼지로 만들어 버린다. 그래서 성스러움은 주기적으로 반복되면서 달력을 반포하고 시간과 우주를 새로이 선포해야 하는 것이다.[141] 하지만 남자에게 이미 크리스마스란 그저 집에서 치킨과 맥주를 마시며 TV나 보는 날로 바뀌었다. 남자는 이제 성스러움을 무시하는 속물이고, 노자가 비난하는 예의 무리로 타락한 것이다.

사랑과 우정 사이

사랑과 우정 모두 아름다운 감성이라지만 사랑이 제일 싫어하는 적은 우정, 그리고 남자의 남자친구들이다. 심지어 모두의 연인인 줄리엣조차도 로미오의 친구를 골칫거리라고 여길 정도로 사랑과 우정은 사실상 원수 관계다. 여자는 남자가 우정의 이름으로 말하는 패거리들 가운데 자기 애인만 빼고는 존재할 권리도 없는 것들이라고 생각하기도 한다. 왜냐하면 그들은 사랑의 친밀한 관계에 끼어들어 성스러움의 조화를 깨기 때문이다. 더 결정적으로는 사랑하는 사람이 거기에 있지만 정작 그곳은 여자는 입장할 수 없는 또 하나의 세계이기 때문이다. 여자는 친구들의 세계로 들어간 남자에게서 소외되는 것이다. 노자도 이런 남자들을 보고 '지들끼리 희희낙락하며 돌아다니는데 나만 멍청한 것 같다'고 고백할 정도이다.

짧은 기간 몸의 명령인 호르몬의 마법에서 풀려나 이제 제정신을 차린 남자는 무능력에 책임마저 질 수없는 '또라이'라는 누명을 벗고 패거리 간의 권력 경합이라는 결합체의 세계로 돌아간다. 이렇게 변한 남자는 이전까지 여자에게 보이지 않던 경쟁자나 권력자의 얼굴을 하고 명령을 내리거나 지시하며 논쟁하려고 한다. 속된 말로 남자의 변화는 잡은 물고기에게 밥을 안 주는 경우가 아니다. 변한 남자는 냉정하고 경쟁적이며 호전적인 모습을 드러내며, 여자의 시선을 외면하고 대화를 무시하기 일쑤다. 이제 연극은 끝나고 무대의 조명도 꺼진 것이다.

사랑의 가면을 벗고 남자의 진면목인 진짜 모습을 드러내면, 남자를 애착의 대상으로 생각하던 여자는 이 변화를 사랑의 배반으로 여기고 이를 간다. 남자들이 속한 세속의 결합체 세계는 유학에서 말하는 예禮의 세계이다. 예라는 것이 무엇인가? 노자의 평가에 의하면 "한쪽에서 예를 행하는데 그에 응하지 않으면 팔을 걷어붙이고 엎드려서라도 절 받아야 하는[142]"것이다. 그래서 노자는 "자기감정과 믿음이 얕은 혼란의 우두머리[143]"라고 혹평한다.

여자가 말하는 사랑의 배반이란 애착의 관계가 만든 우주, 같이 이룬 추억의 역사, 함께 쌓은 둥지를 파괴하는 순전한 악이다. 그래서 남자의 가면인 예에 대한 비난을 퍼붓기 시작한다. 물론 경쟁을 세계의 합리성이라고 여기는 남자는 여자의 비난이 지닌 깊은 어둠을 전혀 이해하지 못한 채 밝은 세상의 합리적인 대화를 요구한다. 앞에서도 지적했지만 사랑은 합리적인 대화로 풀릴 수 없는 어두운 스핑크스다. 결국 남자에게 친구들 사이의 우정이라는 경쟁의 결합체를 재건하는 일은 바로 애착관계를 파괴하는 데서 시작한다. 노자가 지적하듯 예는 도의 반대에 자리 잡고 있는 것이다. 『요한복음』도 "빛이 있지만 어둠은 *깨닫지 못 하더라*"고 말한다. 물론 그 반대인 우주 가득 어둠이 있지만 빛은 그저 여기저기 쓸데없는 구석이나 비추며 돌아다니기만 하더라도 가능하다.

둥지 갈등

잡부와 설계자의 차이는 무엇일까? 우리가 만나는 동네 철물점의 장인이나 잡부는 '대충' 받은 주문에 '대충' 있는 거 가지고 '대충' 용도에 맞게 '대충' 만든다. 방목하는 젖소를 위해 울타리 만드는 데 꼭 정해진 치수, 모양, 색깔의 백양목이나 적송이 필요한 것은 아니기 때문이다. 한마디로 용도나 주문에 상관없이 '대충'이다. 하지만 설계자는 다르다. 그는 미리 '맞춘' 대로 정확한 치수에 정확한 재질과 색깔의 자재를 챙겨 놓고서야 작업에 들어간다. 까마귀는 둥지를 지을 때 수단과 재료를 가리지 않고 아무거나 모아다 아무렇게나 만들지만, 휘파람새는 설계대로 모든 색을 이용하여 예술적이고 완벽한 환경을 다듬는다. 잡부와 설계자, 까마귀와 휘파람새의 갈등은 둥지를 만들면서부터 벌어진다.

여자의 진정한 꿈은 어머니를 떠나 자기 영역인 둥지를 꾸려 새로운 지배자 혹은 생명의 창조자가 되는 일이다. 그리고 새로운 친밀의 세상을 창조하는 작업은 당연히 친밀의 대상인 사랑하는 연인과 함께 이루어야 하는 일이라고 생각한다. 문제는 연인도 자기와 뜻이 같을 것이라 오해하는 데 있다. 현실에 한 발을 걸쳤지만 아직 애착의 언어가 만들어 낸 환상을 벗어나고 싶지 않기 때문이다. 하지만 남자는 이미 애착의 언어가 주는 마법과 호르몬의 장난에서 벗어났으며, 애착의 언어가 주는 환상의 마력에서도 완전히 풀렸다. 게다가 더 큰 문제가 있다. 남자가 이제는 이성적 추론의 세계로 돌아왔기에 감성적인 내부의 어두운 문을 닫았다는 점이다. 심지어 눈길도 외부로 가 있으니 당연히 여자의 요구가 지닌 의미를 느끼지도 깨닫지도 못한다.

여자에게 둥지가 바로 우주이니 당연히 중요하다. 모든 벽지와 장식 하나하나가 "하나를 얻어 그 의미를 지니는[144]" 질서와 성스러운 살림의 세계인 것이다. 하지만 속세의 남자는 '내게 벽지의 재질과 색은 중요할까'라고 질문해 보지만 다시 막혀 버린 내부는 아무 대답도 하지 않는다. 즉 그에게 둥지 꾸미기란 '혼돈'에게 네가 직접 화장cosmetic해서 개판인 네 얼굴에 구멍을 뚫어 질서를 세워 보라는 요구와도 같다. 더 큰 문제는 남자란 자기 전문영역에 대한 관심 말고는 아무런 생각도 없지만 차별화된 전문가의 의견이라면 깜빡 죽을 수밖에 없는 분업적 계급세계를 살아가는 예의 종족이다. 그래서 여자에게 "둥지는 내 전공이 아니니 전문가에게 맡기자!"고 유학자적인 건의를 한다. 물론 무위無爲를 표방하지만 사실상 모든 것을 다 하는 여자 입장에서는 씨알도 먹히지 않을 예에 기초한 인위人爲적인 요청이다.

여자는 남자의 의견을 거부하고 직접 세계를 건설하기 위해 뛰어든다. 즉 남자들은 아무 생각 없이 둥지에 무심한 동안 여자는 건설에 뛰어들어 동분서주하는 것이다. 그러다 자기만 버려져 안달하고 있는 것 아니냐는 오해와 마주친다. 하지만 못 느껴서 모르는 남자를 어찌할 방도는 없다.[145]

집에 들어오면서 남자의 탈의는 문간에 걸치는 양말로 시작해서 화장실 앞 팬티까지 모두 바닥에 집어던져 어지럽히는 행위로 마감한다. 그러나 새로운 문명을 창조한 둥지의 주인은 남자에게 계산된 동선, 정해진 행동 그리고 마지막으로 말끔한 뒤처리까지 요구한다. 하지만 이미 남자의 정신은 거친 세계로 다시 진입해서 자리를 튼 야수에 머물고 있다. 야심만만한 남자는 여자의 법칙이 지배하는 둥지에서는 모든 게 조심스럽고 걸리적거린다고 생각한다. 마치 인형으로 축소되고, 분재처럼 작아지고, 소인국의 걸리버처럼 보이지 않은 줄에 묶여 버렸다는 느낌을 받는다.

도저히 견딜 수 없다고 깨달았을 때부터 남자는 탈출의 꿈을 꾸기 시작한다. 물론 탈출과 함께 갈등이 시작되리라는 것을 안다. 하지만 용감한 자가 미인을 차지하듯 갈등을 두려워하지 않고 맞서야 남자로서의 생활이 제대로 자리를 잡는다. 즉 둥지가 자기의 환경이 아니라면 과감하게 짐 싸들고 자신의 영역인 지하실이나 차고, 혹은 서재로 이주해야 한다는 것이다. 그렇다. 장자가 말하는 남자의 혼돈이자 어둠은 좌망坐忘이다. 이것은 결국 자기가 알아서 지키고 일궈 나가야 하는 것이다.

갈등은 사랑의 쌍둥이 자매

사랑의 쌍둥이 자매는 갈등이다. 이는 마치 아름다운 아프로디테의 쌍둥이 자매가 무섭고 못생긴 메두사일 것 같은 느낌이다. 메두사도 원래는 미인이었다. 서로가 서로만 바라보면서 모든 잘못된 허물을 상대방의 탓으로 돌리고 오직 상대방의 대응에만 반응하며 상대방만 원망하는 게 갈등이다. 사랑과 동일한 시선, 그리고 동일한 반응으로 쳇바퀴를 돌며 서로를 원망하기에 다른 의미에서 부부싸움은 '칼로 물 베기'인 것이다. 그래서 노자는 "하늘은 하나를 잃어 무섭게 찢어지려[146]"고 말한다.

갈등은 서로를 돌고 돌면서 서로가 서로를 탓하는 지경으로 흐른다. 2라운드의 시작이다. 그래서 갈등이 갈등을 낳고, 싸움이 싸움을 낳으며, 그러다가 싸움의 원인은 간데없이 사라지고 결국 서로 "어떻게 나한테 그런 식으로 말할 수 있어?" 같은 말투나 싸움방식을 둘러싼 싸움으로 비화한다.

사랑과 마찬가지로 싸울 때조차 서로가 서로에게 가장 중요한 사람인 것이다. 쌍방이 서로 깎아내리면서 속으로는 서로 다르다고 생각하지만 밖에서 보자면 둘이 하는 행동은 동일하다. 문제는 원인이 쌍방에 있기 때문에 분노의 상승작용을 만드는 의사소통의 틀에 빠지면 이 싸움에서 결코 쉽게 빠져나오기 힘들다는 데 있다.

노자가 도의 특징이 "높은 것을 낮추고 낮은 것을 높인[147]"다고 하듯 갈등도 상대의 장점을 낮추고 단점을 부각시킨다. 강조된 단점과 폄하된 장점은 서로가 서로의 흉을 지인들에게 떠들면서 더 크게 번진다. 마침내 둘의 갈등이 세상을 떠돌고 결국 서로는 진흙탕의 개싸움처럼 바닥을 뒹군다. 개싸움이 되면 마치 얼굴을 들 수 없는 스캔들을 일으킨 것처럼 망신에 봉착한다. 몸이나 마음은 물론, 두 사람이 고생스럽게 쌓았던 이름마저 크게 망가진다.

갈등은 맞서서 넘어야 하는 것이지 에둘러 피한다고 해결이 나지 않는다. 왜냐하면 갈등을 어설프게 피할 경우 상대의 공격을 부추기는 엉뚱한 효과가 나타나기 때문이다. 마치 가사 일을 하지 않는다는 불평이 가사 일을 더 기피하게 만들고, 그를 기피하면 할수록 갈등의 골은 더 깊어지는 것과 같다. 또 다른 예로, 아내가 남편에게 "밖으로 나돈다"며 바가지를 긁고 불평을 하면 할수록 남편은 아내의 바가지와 불평이 듣기 싫어 밖으로 나가면서 갈등이 더 깊어지는 경우와 같다. 노자는 "장차 빼앗으려고 하면 먼저 주라"고 했다. 그렇게 갈등도 먼저 줄 때 끝난다.

갈등은 사랑과 마찬가지로 폐쇄적인 독백이기 때문에 결코 진지하고 이성적인 대화로 해결이 불가능하다. 최근에 인터넷에 많은 공감을 받은 자동차 고장과 남녀의 대화가 갈등으로 번지는 이야기를 소개하고자 한다.

　　여자 : "자기야~ 자동차 시동이 안 걸려."

　　남자 : "그래? 배터리 나간 거 아냐? 라이트는 켜져?"

　　여자 : "어제까지는 제대로 됐는데. 왜 갑자기 시동이 안 걸리지?"

남자 : "엔진 트러블이면 곤란한데. 일단 배터리 문제인가부터 확인해 봐. 라이트는 들어와?"

여자 : "아이 참, 나 오늘 OO까지 가야 하는데! 차 없으면 안 되는데."

남자 : "그거 큰일이네. 어때? 라이트는 켜져?"

여자 : "아 분명히 어제 탔을 때는 괜찮았는데, 히잉. 이 고물차!"

남자 : "라이트는 켜져? 안 켜지는 거야?"

여자 : "O시에 약속이니까 아직 시간은 있지만, 걸어서 가기에는 넘 멀어."

남자 : "그래. 그런데 라이트는 어때? 켜져?"

여자 : "응? 미안, 잘 안 들렸어."

남자 : "아, 뭐, 라이트는 켜져?"

여자 : "왜?"

남자 : "아, 시동 안 걸리는 거 아니야? 배터리 나가서 그러는 걸 수도 있으니까."

여자 : "무슨 말이야?"

남자 : "응?"

여자 : "에?"

남자 : "자동차 배터리 나갔을 수도 있으니까, 그거 확인부터 해보자구. 라이트 켜 봐."

여자 : "그게 왜? 배터리 방전됐으면 라이트 안 켜지잖아?"

남자 : "아니, 그러니까. 그걸 알아보려는 거니까 라이트 좀 켜 봐."

여자 : "혹시 지금 화내고 있는 거야?"

남자 : "아니 별로 화 안 났어."

여자 : "화내고 있잖아. 왜 화 내?"

남자 : "그러니까, 화 안 났다고."

여자 : "뭐 내가 잘못했어? 말하면 사과할게."

남자 : "괜찮아. 화 안 났어. 괜찮아, 괜찮으니까."

여자 : "뭐가 괜찮은데?"

남자 : "휴~ 아냐. 배터리 말한 거야."

여자 : "차 이야기 하는 거야?"

남자 : "아 그래, 차 이야기."

여자 : "지금 차가 중요해?"

대화가 갈등으로 변질하고 불화가 상승해가는 과정을 잘 보여준다. 두 연인은 서로가 자기의 말만 한다. 내용으로 보면 확실히 대화에서 남자의 충고를 무시한 여자가 잘못했다고 보인다. 하지만 제3자의 관점에서 둘의 말을 따로 나누어 보면 전혀 그렇지 않다. 맨 처음부터 여자가 전화로 원하는 것은 차를 고치겠다거나 고쳐 달라는 것이 아니라, 그저 불행하다는 푸념이다. 물론 남자는 그걸 푸념으로 이해하지 못하고 그저 대상인 차를 직접 고치라고 충고하려고 한다. 하지만 여자는 차를 직접 고칠마음이 전혀 없다. 그래서 둘이 한 것은 대화가 아니라 서로 자기말만 한것이다. 여기서 여자의 말과 남자의 말을 따로 분리해서 볼 필요가 있다.

여자 : "자동차 시동" – "어제까지" – "나 오늘 가야 하는데!" – "히잉. 이 고물차!", "○시에 약속" – "응? 미안, 잘 안 들렸어" – "왜?", "무슨 말이야?" – "화내고 있는 거야?" – "내가 잘못했어? 사과할게" – "뭐가 괜찮은데?" – "차 이야기야?" – "지금 차가 중요해?"

남자 : "그래? 배터리 나간 거 아냐? 라이트는 켜져?" …… "아 그래,

차 이야기"

여자의 말만 모아보면 확실히 드러난다. 차가 고장 나기는 했지만 여자의 관심은 차가 아니라 불행한 느낌이고, 약속이고, 한탄이다. 반면 정작 여자가 말하는 감정의 편린을 못 알아들은 쪽은 계속 차 이야기만 한 남자이다.

서로가 자기만 바라보는 독백 같은 대화로 만들어진 갈등은 절대로 또 다른 독백인 대화로는 해결할 수 없다. 아마 자동차를 말한 남자는 자기는 이성적으로 사고하며 대화를 했다고 여기면서 여자의 비난에 황당해졌을 것이다. 그 반면 속상한 사정을 토로한 여자는 자기 마음을 몰라주고 차를 고쳐서 타고 가라는 애인이 야속했을 것이다. 남자에게 차는 내가 고쳐야 하는 것이라면, 여자에게 차란 수리 센터에 전화하면 알아서 고쳐주는 것이기 때문이다.

게릴라전 vs. 정규전

중국의 정치지도자였던 마오쩌둥毛澤東이 게릴라전을 펼친 이유는 한마디로 돈도 무기도 부족해서였다. 그래서 "적이 진격하면 일단 후퇴한다"로 시작하는 게릴라전의 16자 전법은 "적이 주둔하면 교란한다", "적이 피하면 공격한다" 그리고 "적이 퇴각하면 추격한다[148]"로 이어진다. 마오의 이런 게릴라 전법은 물량이 부족하고 전선이 좁은 국지전에서 효과적인 전법이다.

전쟁이란 영역을 선점하는 게임이다. 바둑에서 먼저 두는 사람이 유리한 것처럼 영역을 선점하는 쪽이 더 유리하다. 전쟁을 지배한다는 말은 먼저 전쟁에 필요한 주제와 범위를 명확히 하고, 다음으로 명분과 동기를 확정하여 국민들 설득하면서, 결국은 전쟁의 시기와 전쟁터를 자기에게 맞춘다는 뜻이다. 그래서 미국은 언제나 확실한 위협으로 다가올 수 있는 적을 앞에 두고 언론플레이를 통해 여론을 움직인다. 그 후 선제공격을 기정사실로 정해 놓고 전쟁을 수행한다.

당연히 노자는 전쟁을 반대한다. 하지만 불가피하게 전쟁에 임하게 된다면 부드러움이 단단함을 이긴다고 주장한다. 이런 전쟁론을 가진 노자는 유격전을 더 선호하여 "무식하게 앞으로 진격하지 않지만 물러설 때는 과감하다[149]"고 말한다.

노자와 유사하게 여자도 가급적이면 전쟁을 회피하려고 노력한다.[150] 하지만 전면전을 회피하려는 여자의 전략적 성향 때문에 일반적으로 여자가 남자를 공격할 때는 가볍게 신경을 긁는 방식을 선호한다. 위의 대화에서도 여자는 남자가 자기가 아닌 차를 말하고 있다는 점을 지적하며 화가 났다고 생각하고는 처음에는 갈등을 회피하려 한다. 남자가 계속 "차"를 주어로 말하자 여자는 화가 나서 진짜 주어는 "나"라고 확인한다. 그러나 남자는 주어가 무엇인지, 왜 이 일이 감정적인지도 모른다. 결정적인 갈등은 "뭐가 괜찮은데?"라는 여자의 질문으로 시작한다.

여자들이 선호하는 게릴라전은 미국이 고전했던 밀림 속 월남전처럼 '전선 없이War without frontier' 이루어진다. 여자는 일상의 잔소리, 투덜대기, 핀잔, 의도적인 홀대로 신경을 긁으면서 파상적으로 파고들어온다. 하지만 전면전을 선호하는 남자는 이런 작은 스트레스는 어떻게 처리할 방도를 가지고 있지 못하다. 왜냐하면 남자의 전쟁 양상은 다르기 때문이다. 항상 무리 속에서 경쟁하고 전쟁을 벌여온 남성에게 전쟁은 일상이면서 법칙이자 신앙이다.

남자의 전쟁은 마치 축구와 같다. 룰에 따라 선전포고를 하고, 룰에 따라 전면전을 벌이고, 룰에 따라 전리품을 나누고, 룰에 따라 패자를 인정하고, 룰에 따라 포로를 교환한다. 즉 남자는 룰에 따라 치르는 경쟁과 전면전의 전문가라고 할 수 있다. 그래서 전쟁은 항상 전면전이어야 하고 항상 룰을 따라야 한다고 생각한다. 하지만 여자는 선전포고로 시작하는 전쟁의 룰을 모르거나 아니면 무시한 채 그냥 생활 여기저기에서 도발하기를 그치지 않는다. 여자가 가진 폭력성과 경쟁성의 특질이 드러나는 대목이다.

하지만 여자의 자그마한 도발은 정식 선전포고를 하지 않기에 남자는 이것이 전쟁의 시작이 아니라고 여긴다. 도발이 생활영역에서 이루어지고, 반응의 임계점을 넘지 않기 때문에 화를 낼 수도 없고 짜증으로 대응하기도 멋쩍다. 게다가 룰에 따라 전쟁을 벌이는 남자의 입장에서 그를 전혀 고려하지 않는 상대의 도발을 두고 룰만을 따질 수도 없는 상황이다. 그러나 소규모 잔소리가 반복되면 될수록 남자는 점점 더 짜증나고 신경은 녹초가 되어 간다. 도무지 반격할 것도 없는 일상의 테러에 지쳐만 가는 것이다. 하지만 몇 주간 지속되는 테러는 어느 순간 도화선에 불을 붙여서 거대한 공격의 실마리를 마련해준다. 이때부터는 남자가 전쟁을 벌인다.

남자들의 분노는 사소한 일로 급작스럽게 터진다고 하지만 그렇지 않다. 남자의 분노는 사실 몇 주 동안 화를 낼 수도 짜증을 낼 수도 없는 자그마한 상황이 수위를 계속 올리다가 어느 순간 댐이 넘쳐 버리는 경우처럼 폭발하고 만다. 참을 수 있는 한계선을 넘기면서 남자는 선전포고와 함께 전면전에 돌입한다. 부연하자면 내부의 감정과 담을 쌓은 남자는 전해 오는 자그마한 감정의 조각을 잘 느끼지도 못할 뿐 아니라 풀어버릴 방법도 없이 그냥 쌓아둔다. 그러다가 터지는 것이다.

남자의 반격은 전문분야인 전면전의 성격을 띤 화력전에 비교할 수 있다. 이제부터 대규모 게릴라 토벌이 시작되는 것이고 엄청난 물량을 퍼부어 융단폭격을 하는 것이다. 어디에서건 게릴라는 전면전에 속수무책이다. 전면전이 시작되었다는 뜻은 정말 끝장을 보자는 것이다. 왜냐면 남자는 전면전이 시작하면 룰에 따라 싸우고 룰에 따라 상대를 대한다. 즉 법정으로 가기를 서슴지 않는다는 말이다. 그렇게 룰에 따라 아내나 애인을 대하니 사랑이나 애착이 자리할 데 없으므로 끝장인 것이다. 노자가 "잘 이기는 자는 더불어 싸우지 않는다"고 한 이유도 전쟁이 불러올 파국을 알기 때문이다. 파국의 화약 냄새를 맡았다면 자존심을 버리는 것이 현명하다.[151]

갈등의 극복

갈등은 고유의 대화방법이 있기에 이성으로도 감성으로도 극복할 수 없다. 갈등을 극복하는 최고의 방법으로는 갈등이 생기는 근본적인 원인인 '1인칭 시각'을 버리고 과감하게 '3인칭 시점'을 도입하는 방법이 있다. 따지고 보면 사랑도 1인칭, 갈등도 1인칭이기 때문이다. 사랑을 벗어나는 방법이 눈을 세계로 돌려 폭넓은 시야를 확보하는 것이듯, 갈등을 벗어나려면 나 자신만 생각하면서 상대에게만 머물러 있는 원망의 시선을 세계로 돌려야 한다. 한마디로 말해 소설 한 권 읽고, 영화 한 편 감상하라는 얘기다.

보통 동양철학의 시점은 1인칭이 많고 서양철학의 시점은 객관적인 3인칭이 많다고 한다. 그럼 가장 동양철학적이라 평가되는 노자가 말한 도는 3인칭인가, 아니면 1인칭인가를 알아보자. 여기서 재미있는 점은 일반 동양철학과는 다르게 노자의 도는 대부분 3인칭이라는 것이다. '유무'나 '나와 너'를 아우르는 하나의 초월적인 관계가 바로 도이기 때문이다. 서양의 이성이 새가 하늘에서 바라보듯 대상과는 떨어진 3인칭 조감도鳥瞰圖 같다면, 동양은 대상과의 밀접한 감응感應을 우선으로 한다. 만약 동양철학이 1인칭이라고 생각했다면, 노자의 철학을 따져보는 이 책에서만큼은 그 주장을 괄호( )에 집어넣어 둘 필요가 있다.

앞에서도 말했듯, 갈등도 대화이기 때문에 대화로는 갈등의 해결은 불가능하다. 오직 자기 자신을 조감해 보는 방법밖에는 없다. 이런 것을 철학에서는 자기를 비춰보기, 즉 '반성reflection'이라고 한다. 반성이란 자기의 어둠을 바라보는 일이다. 그러니 일단 거울을 한 번 보라는 말이다. 아무리 잔소리가 옳아도 그치는 게 갈등을 극복하는 방법이다. 왜냐하면 잔소리는 상황을 더 악화시키다가 급기야는 격렬한 다툼, 또는 전쟁으로까지 이끄는 단서를 제공하기 때문이다. 밖에 나도는 이유도 인정하기 싫겠지만 바로 집과 상대가 불편하기 때문이다. 남자나 여자나, 자기가 상대에게 불편하다는 점을 인정해야 갈등은 극복된다. 아무리 맘에 안 들어도 칭찬하고 편하게 해주면 갈등은 줄어든다. 그래서 노자는 "빼앗으려면 먼저 주라[152]"고 한다.

전쟁과 갈등이 일어나면 노자는 부드러움과 약함, 그리고 진정으로 "죽음과 고통을 슬퍼하는 자가 이긴다고[153]" 말한다. 이것이야말로 노자가 말하는 진정한 마음속 어둠에 자리를 튼 전쟁론이다. 사랑싸움의 상대는 바로 서로가 가장 사랑하는 사람이다. 결코 사랑하는 사람의 고통이 승리의 즐거움일 수 없는 것이다. 사랑하는 사람의 고통을 마음으로 느끼고, 아픔을 함께 슬퍼하는 사람만이 진정한 승자라는 말이다. 그래서 노자의 어둠에 관한 지식은 인간을 향한 사랑에서 비롯한 것이라고 볼 수 있다.

아파하는 사람이 여자만은 아니기에 다툼에서 여자가 모두 이긴다는 말로 이를 오해하면 곤란하다. 여자만 약한 게 아니고, 여자만 슬퍼하는 게 아니기 때문이다. 여자나 남자가 아니라 "조금 더 인간적인 관용을 보이고 조금 더 서로를 배려해서 양보하는 자가 이기는[154]" 것이다. 즉 마음속 어둠이 가진 감동을 깊이 느끼는 가장 인간다운 인간만이 승자라는 말이다.

궁극적인 친밀의 세계

남편이 무리들과 결합체를 이뤄 병정놀이하면서 밖으로 나도는 동안, 둥지 안에서 아내는 어여쁜 아이를 해산하고 몸을 풀었다. 이제 세계정복에 온통 정신이 팔려 언제 들어올지 모르는 남편의 사랑으로 둥지 채우기를 기대하는 것은 부질없는 일이라는 사실을 깨달았다. 그 대신 여기 분신이 있다. 몸 안에 있을 때는 한 몸으로 자랐고 나와서는 분신이다. 영원한 애착과 친밀의 대상이 바로 아이인 것이다. 그래서 어머니에게 자식은 각별하다.

노자는 아이에 대한 예찬을 입이 다물어지지가 않을 정도로 숱하게 했다. 심지어 그는 "벌레가 물지 않는다", "맹수의 이빨이 들어가지 않는다", "새가 할퀴지 못 한다"[155]는 등 별 희한한 소리를 다 한다. 하지만 신화의 설정처럼 검은 새玄鳥가 주는 알을 먹고 아이를 잉태했다거나 성령으로 처녀가 잉태했다는 식의 이야기는 집어치우자.

조금은 현실적이고 합리적으로 생각해 보자. 노자가 "기를 오롯하게 하여 부드러워지면 갓난아이로 될 수 있을 것인가"[156], "갓난아이가 아직 웃음을 머금기 전 같이"[157], "갓난아이로 돌아가고"[158] 등 갓난아이를 언급하는 이 세 문장에는 어머니 이야기가 함께 나온다. 그리고 "덕을 두텁게 머금은 게 마치 막 태어난 아이와 같고"[159], "뼈는 약하고 근육은 부드럽지만 움켜쥐는 힘은 단단하고 남녀의 섹스를 모르지만 고추가 잘 서는 것은 정기가 지극함이다"에서는 생명의 충만함을 말한다. 그럼 노자에게 갓난아기가 주는 의미는 무엇인가? 여기서 지금껏 우리가 살펴왔듯 도의 관계로 그 맥락을 파악해 보자. 바로 갓난아이와 엄마의 관계이다.

여성학에서 말하듯 '엄마'란 아이가 있어야 생기는, 아이를 위한 존재이지 여성 그 자체는 아니다. 당연히 아버지도 아이가 있어야 딸 수 있는 타이틀이다. 하지만 어머니와 아버지는 다르다. 아이에게 있어서 아버지는 옵션이지만 어머니는 필수이다. 즉 아이의 생명과 관계의 입장에서 어머니가 갖는 힘은 절대로 아버지와 비교할 수 없다.

여성학에서는 다른 것에 의해 규정되지 않은 여성 자신을 강조한다. 마치 남성이 아버지이자 자유로운 남자이듯, 여성도 어머니이자 동시에 자기 충족의 의미를 지닌다는 것이다. 그러나 여성에게 '어머니'는 생리적으로 목적이 확실하지만 남성에게 '아버지'는 필연적이지 못하다. 생리적으로 여성이 추구하는 바는 남성이 추구하는 것과는 다르기 때문이다.

어떤 다른 의미도 비집고 들어올 수 없는, 완벽하게 하나가 된 관계의 도가 바로 아이와 엄마 사이라고 할 수 있다. 아이란 엄마가 웃으면 같이 웃고 엄마가 울면 같이 우는 거울이다. 그리고 엄마가 손을 내밀면 같이 손을 내밀고는 작고 부드러운 손으로 힘차게 잡아주는 타인이기도 하다.

아름다움에 대한 보편적인 감각은 타고난다. 그래서 아이라도 예쁜 여자 얼굴을 더 오래 바라본다. 때문에 아이는 어머니 얼굴을 가장 오래 바라본다. 즉 아이에게 어머니는 궁극의 아름다움이기 때문이다. 어머니와 아이는 서로가 자기 자신이자 서로가 궁극의 애착이기에 엄마와 아이는 서로의 아름다움에 눈을 떼지 못한다. 여자의 소망인 자기만의 영역, 즉 둥지가 갖는 성스러움과 아름다움 그리고 조화도 이제 아이와 어머니로 완성되는 것이다.

심지어 우리는 타고 태어난 대로 자동적으로 호흡하고, 자동적인 생리작용을 하고, 생리적 균형homeostasis을 유지한다고 믿지만 사실은 호흡도 맥박도 생체리듬도 배워서 익힌 것이다. 그래서 심지어 생리작용까지도 엄마와 아이의 대화라고 할 수 있다. 엄마와 아이는 언어, 눈빛, 그리고 호흡뿐 아니라 심장박동까지, 마음에서부터 몸까지 서로를 실시간으로 맞추고 배운다. 아이를 낳고 키우는 어머니의 능력이 바로 생명의 도이고 덕이자 목적인 것이다. 바로 제대로 준비된 질서의 우주라 할 수 있는 둥지 안에서 아이와 엄마가 만들어 내는 관계가 바로 상무이자 상유이면서 도의 어두운 힘玄德인 것이다. 노자가 말하듯 범의 이빨이건 벌레의 침이건 어느 외부적인 무엇도 감히 끼어들 수 없는 밀접한 관계의 도다.

문제는 아이라는 사랑의 짐을 선택한 여자가 남자에게 도움을 청하기 시작하면서 생긴다. 원시시대 아이의 생존율은 남자가 옆에 있을 때 극적으로 올라갔다고 한다. 여자가 한쪽 옆구리에 애를 끼고 다른 손에는 도끼를 든 채 순록이나 물소에 맞장 뜨는 그림은 상상조차 할 수 없는 내용이라는 것이다. 그리고 뱃속에서 아이를 키울 때 필요한 엄청난 음식과 영양소, 그리고 젖먹일 때 필요한 10만 칼로리를 육박하는 열량을 여자 혼자 장만하기 어렵다. 특히 인간은 필수영양분을 식물에서 구할 수 없기에 임산부에게는 반드시 동물성 먹이가 필요하다. 남자는 그래서 더 필요하다. 이 이유로 구성된 것이 바로 부권父權이고, 남자의 아이임을 증명하기 위해 남자에게 섹스의 독점권을 인정하는 것이 결혼이라고 할 수 있다.

새 하늘과 새 땅

이제 어머니는 아이를 통해 애착과 친밀의 시간 및 공간을 완성하고 어두운 지식을 공유한다. 하지만 아이는 어머니와 한 몸인 동시에 타인이기 때문에 어머니를 떠나 자기만의 세계를 만들어 가야 한다. 이게 어머니의 역설이다.

처음 갓난아이 때는 어머니와 눈을 더 잘 맞추고, 더 잘 안기고, 더 젖을 잘 먹는 등 어머니와의 유대를 강하게 보이면 사랑과 칭찬을 받았다. 하지만 자라나면서 어머니는 아이를 동일하게 사랑하면서도 아이가 어머니를 떠나 '어느 곳'을 다녀올 때마다 애정을 주어야 한다. 즉 아이는 어머니에게서 헤어지는 법을 사랑이라는 이름으로 배우는 것이다. 그러면서 아이는 엄마와 점점 더 멀어져 종국에는 어머니와 줄긋기가 가능해진다. 아마 아들의 결혼이 엄마와 줄긋기의 마지막일 것이다.

여기서 남자와 여자의 차이와 역할이 생긴다. 엄마는 위대하고, 그 엄마가 잉태한 딸이 엄마가 되면서 그 위대함을 계승한다. 엄마가 된 한 여자는 그녀의 엄마와 또 그 엄마의 엄마, 그리고 다시 그 엄마의 엄마 등 지금까지 나온 모든 여자와 친구가 될 수 있을 것이다. 그렇게 위대한 그들은 친구로 지내면서 가족과 마을, 사회를 이룬다. 이게 바로 노자가 말하는 도의 면면한 이어짐[160]이다.

아버지? 물론 위대하지만 어찌 엄마가 가진 위대함에 비교하겠는가? 어머니가 중심을 이루는 가족과 가정이라는 우주는 인간이 이루려는 궁극적인 목적이다. 그럼 하느님인 어머니보다 위대함에서 조금 많이 떨어지는 남자란 무엇인가? 객관적이고 외부적인 세계에 많은 관심을 기울이는 남자가 할 일은 바로 이 친밀과 애착이라는 공간의 외부를 형성하는 일이다. 노자는 이를 "어머니를 얻었으니 아들을 알 수 있고, 아들을 알았으니 다시 그 어미를 지킬 수 있다"[161]라고 하고, "무거운 것으로 가벼운 것의 뿌리로 삼는다"[162]고 한다. 노자의 주석으로 유명한 왕필은 "근본을 높여서 가지를 더 키운다崇本息末"고 부연한다.

우주와 인간의 목적은 무엇인가? 우리가 봐 왔듯 우주와 역사는 남녀에서 시작하고 아이에서 완성된다. 우주와 인간의 목적이 명확해진다. 가족공동체인 집을 중심으로 한 친밀과 애착의 세계를 인간을 기반으로 건설하는 일이다. 애착의 세계는 바로 도의 내용인 유무의 관계를 말한다. 그리고 도의 내용인 유무가 인간적인 측면으로 확장한 상무와 상유는 바로 문화라고 할 수도 있다. 문명과 문화의 근간인 공동체는 가족의 중심인 어머니의 필요에 따라 아버지가 조연으로 출연해 거들면서 만든 것이다. 어머니가 만들어 낸 가정을 기반으로 하여 아버지의 조력으로 마을, 부족, 국가로 범위가 넓어지며 살아가는 방식이 문화이고 변해 가는 과정이 바로 역사인 것이다.

뇌 생리학자인 마이클 가자니가Michael S. Gazzaniga는 인간 두뇌의 회백질이 지닌 본래적인 능력은 사회적 관계를 관리하기 위한 영역으로 보고 있다. 그의 주장에 의하면 두뇌 크기에 따라 사회 크기가 다르다는 것이다. 뇌의 회백질 크기가 인간의 1/3 정도인 침팬지의 경우 한 마리가 관계를 맺고 관리하는 침팬지가 50마리가량이라고 한다. 이에 따라 침팬지 사회는 50개체로 분화한다고 말한다. 사람의 경우 침팬지의 3배인 150명 정도라고 본다. 즉 한 마을 크기 정도의 인구가 인간이 뻗을 수 있는 친밀의 영역이라는 말이다.[163]

어둠의 영역

그렇게 인류의 친밀성 영역의 핵은 가족이고, 그를 바탕으로 뻗어 가더라도 마을이나 부족 이상을 넘어가지 못한다는 한계가 있다. 노자가 사랑한 공동체의 이상인 "나라의 크기를 줄이고 백성의 숫자를 줄이라"[164]는 의미가 인간관계의 한계에 있는 것이다.

문제는 어두운 지식인 친밀성이 미치지 못하는 세계가 생겼고, 이 이질성은 때로는 공격의 형태로 보인다는 것이다. 그래서 노자는 이웃나라가 눈에 보여도 가지 말라 하는 것이고, 장자는 타인이 보기에 쓸데없는 존재로 보이지만 정작 자기 충족적인 존재[165]가 되라고 권한다.

그러나 세력이 만들어 내는 힘은 어쩔 수 없는 것이고 공격해 오는 적은 어쩔 수 없다. 이제 담을 쌓아 내부의 친밀성 영역을 지킬 '외부'의 구축작업에 나서야 할 순간이 온 것이다. 친밀의 공간을 위한 충분한 울타리가 필요하다. 그러기 위해서는 어린애가 아닌 남자를 만들어야 하고, 또 그를 위한 규격 만들기가 별도로 필요하다. 동아시아 문명에서는 이 규격이 바로 유교와 「대학」이다. 그래서 노자는 알맹이와 껍질의 관계를 "남성을 총괄하여 여성을 간직한다"고 말한다. 이 점에서 나는 유교와 「대학」은 친밀과 애착의 세계를 지키기 위한 요청으로 세워진 '껍질'이라고 본다. 군대는 부모와 가족을 지키기 위한 일이고 남자는 가족을 양육하기 위해 직장에 나가는 것이다.

「대학」 –
남자의 겉치레

「대학大學」을 통해 드러나는 남자의 특성

아들이란 자고로 가르쳐야 한다. 딸도 당연히 가르쳐야 한다. 그러나 딸은 배우는 데 욕심이 많지만 아들은 그렇지 않다. 내가 키워 본 바에 따르면 아들은 어르고, 뺨치고, 다그쳐야 겨우 엉금엉금거리며 배우려는 자세를 연기play할 뿐이다. 게다가 여자가 자연의 덕성을 갖추었다면 남자들은 공격적이고 야만barbarism적이다.

현재 발견되는 모든 일부일처제의 유인원과 원주민사회는 부권제의 틀을 보인다. 그런데 이러한 가부장제가 만들어 낸 소설은 "아버지는 창조자이고 어머니 빵 굽는 오븐"이라거나 "아버지는 씨, 어머니는 밭"이라는 도식을 이룬다. 하지만 정작 아이를 낳는 존재는 어머니이기 때문에 이건 오해다. 아버지가 중심을 이루는 가부장제도는 어머니가 중심인 모계만큼 연식이 그리 오래된 것도 아니다.

〈제우스Zeus〉, 아테네 국립고고학발물관Athens National Archaeological Museum 소장

확실한 어머니에 비해 아버지는 언제나 불확실하다. 아버지란 아들을 얻어야 비로소 그 아들에 의해 규정되는 존재에 불과하다. 하지만 어머니는 직접 애를 낳기 때문에 그와는 상황이 전혀 다르다. 아이를 직접 낳지 않으며, 그 아들이 규정하는 틀에서야 겨우 아버지의 자리를 찾는 남자에게 사실상 확실한 것은 하나도 없다. 즉 내가 키우는 아이를 확증할 수 없다는 것이다. 이는 뻐꾸기가 몰래 까놓은 알을 품고 마치 제 새끼인 양 키우는 뱁새의 강박과 우려를 닮았다.

분열된 자아

전통사회에서 남자란 아이가 어머니를 떠나듯 여성적인 것으로부터 이탈하면서 성적인 정체성을 확인하는 존재다. 성장한 남자가 여자나 엄마의 치마폭에 싸인 채 치기 어린 행동을 보이면 이는 망신이자 사회적인 죽음을 의미한다. 그 이유는 요즘 매도당하고 있는 '남성다움'이 고도리 치다 광 팔아서 딴 게 아니기 때문이다. 사회의 외부를 책임지는 '남자'는 자연적으로 이뤄지는 것이 아니라 성인식이라는 혹독한 통과의례를 거쳐야 비로소 자리를 잡을 수 있다. 현대 우리나라에서 남자의 그런 성인식이 치러지는 곳을 군대라고 하면 이해가 쉬울 것이다.

의무라는 측면에서 남자의 군대는 간혹 여자의 출산과 비교되기도 한다. 둘 모두 죽음과도 유사한 과정에 직면한다는 점에서는 비슷하지만, 결코 합당한 비교의 대상이 아니다. 비교가 오류라는 증명은 간단하다. 남자도 군대 안 갈 테니 여자도 애 낳지 말라고 한다면, 남자는 거의 군대를 가지 않겠지만 대부분의 여자는 그와 상관없이 계속 애를 낳을 것이다. 국방의 의무를 이행하기 위해서 가는 군대는 국가라는 사회적이고 정치적인 단체의 필요에 의해 생긴 것이지만 출산은 여자 자신이 몸으로 요구하는 일이기 때문이다. 그래서 어머니가 되는 것은 여성이 암컷으로서 자기 영역을 완성해 나가는 일로 보는 것이 더 타당하다.

남자가 흘리지 말아야 할 것

남자는 성인식을 치름으로써 남성으로서의 정체성을 형성해 나간다. 성인식을 통해 남자는 남성에게 어울리지 않는다고 여겨지는 불안, 절망과 극도의 공포를 극복하기 위해 대부분의 감정을 잘라내고 막는 법을 배운다. 즉 남자는 내면의 감정을 차단하여 근본적인 폭력으로부터 오는 공포를 극복해야 하는 것이다. 그래서 성인식은 인격에 대한 폭력이기도 하다. 내부를 차단한다는 것은 마음속에서 생기는 감정에 둑을 쌓아 막아 버리고, 마치 군대에서 보초를 서며 사주경계를 하듯 모든 주의력을 외부로 집중하는 것을 이른다. 이때 내면적 감정을 무시하는 훈련이 중요하다. 만일 여기서 감정에 굴복하고 휘둘리면 아이나 계집애라고 경멸당한다. 죽음을 거스르는 훈련으로 감정을 다스리는 남자에게 이런 경멸은 죽음보다도 두려운 것이다.

내부를 봉쇄하고 외부에 집중하는 남자는 감상적인 태도를 버리며, 더 나아가서는 감정표현조차 극도로 자제한다. 그래서 성인식을 거친 남자는 절대 다시 돌아가서는 안 될 어린이의 세계인 내부적 감상보다는 객관적인 질서와 통제가 가능한 외부세계에 눈을 돌린다.

요즘 화장실에 가 보면 종종 "남자가 흘리지 말아야 할 것은 눈물만이 아닙니다!"라는 헛소리가 붙어 있는 것을 볼 수 있다. 하지만 남자란 화장실이나 길거리 전봇대 같이 아무 데나 소변을 마구 갈길지라도 눈물만큼은 절대 공개적인 장소에서 함부로 흘려서는 안 된다. 적어도 그런 마음으로 훈련을 거듭해야 하는 존재가 남자다.

동아시아에서 규격에 맞춰 훈련된 남자를 만들어 내고 다시 그들을 이끌어 가는 데 가장 풍부한 지침을 제공하는 교과서가 바로 「대학大學」이다. 그래서 대학은 남자의 문화적인 판타지로도 여겨진다. 이제 유교가 만들어 낸 「대학」이라는 남성 교과서를 훑으며 남자의 특성을 알아보자.

「대학大學」

이 책은 이슬람Islam과 더불어 전형적인 남성 종교라고 하는 유가의 창업자와 수성자들, 즉 공자와 맹자, 순자, 한비자 등의 사상적 모색을 한꺼번에 정리하여 만든 '종합선물세트'식 책에 해당한다. B.C. 200년경 한나라 초기에 '대학'이라는 기관과 함께 만들어졌다는 설도 있고, 그 이전에 이미 어느 정도 체계가 잡혔을 것이라는 설도 있지만 지금 여기 21세기를 사는 우리에게 그 점은 그리 중요한 사항이 아니다.

유학은 앞에서 본 노자의 반대편에 자리를 잡고 앉은 '남성학'이자 제국이 시민지학이기도하다. 유학은 우리 민족에게 식민지학이었을 뿐 아니라 중원中原 대부분의 지역에서조차 남성을 가부장으로 만드는 식민지학으로 작용했다. 그리고 그 핵심 교리를 제공하는 책이 바로 「대학」이다.

문명과 야만華夷

고대 중원의 주나라와 상나라는 다른 신을 섬기는 각기 다른 부족이었다. 주나라는 부족연합의 종주였던 상나라를 침략하여 정벌한 뒤 정치체계를 부족연합에서 봉건제도封建制度로 바꾼다. 즉 주나라는 특유의 봉건제도를 실시하여 형제와 공신에게 봉토를 나누어 주고 제후로 책봉한다. 이론적으로는 모든 사람이 왕의 백성이지만 사실 제후국에서 살아가는 대부분의 인구는 지배층과는 문화, 언어 그리고 풍속이 모두 다른 이민족 원주민이었다. 심지어 공자조차 이민족인 은족 출신이었으니 민족문제는 심각했다. 그러므로 주나라가 당면한 문제는 바로 이민족을 효과적으로 다스리고 방어하는 일이었다.

부족연합과 봉건의 차이는 여기에 있다. 부족연합은 각 부족의 언어와 생활 그리고 풍습을 독립적으로 인정하면서 상호불가침이나 교역 같은 느슨한 연합의 형태를 유지하는 제도이다. 그에 비해 봉건제도는 각 부족의 언어와 생활이나 풍습을 인정하기보다는 중앙정부에서 파견한 지배자가 원하는 체계에 섞여 들어가 지배 민족의 언어와 풍습을 받아들여야 한다.[167] 즉 부족연합이 완전한 지방자치에 가깝다면, 봉건제도는 통일적인 체계 안에서 제한적으로 실시하는 지방자치라고 할 수 있다.

「대학」의 친구격인 「학기學記」는 '가르치기教化'와 풍속을 바꾸라는 '역속易俗'을 강조한다. 여기서 잠시 우리나라 교과서를 통해 교화와 역속의 의미를 알아보자. 지금 학생들이 배우고 있는 우리나라 교과서에는 우리 풍속의 아름다움을 예찬하는 내용이 실려 있다. 하지만 1970년대 유신헌법 아래에서의 교과서는 일제 교과서와 마찬가지로 설날을 포함한 모든 고유풍속은 미신이니 바꿀 것을 주장한다. 달력도 서양의 양력으로 바꾸고 무속과 세시풍속은 혹세무민하는 미신이라고 주장했다. 하지만 지금은 우리 풍속에 대한 긍지로 가득하다. 몇 십 년 사이에 교과서도 세상도 변한 것이다. 그러면 그들은 왜 우리의 풍속이 미신이라고 생각했는가? 유신정권이 옳다고 생각하는 풍속과 언어 그리고 문화가 따로 있기 때문이다. 그럼 일제와 유신정권이 옳지 못하다고 주장하는 것은 무엇인가? 토속에 기초한 문화, 자신이 지배력이 미치지 못하는 세상이 그것이다. 즉 풍속의 변화를 주장한 유신정권은 다른 민족의 관점에서 한국 국민의 문화를 본 것이다. 반면 설날 같은 전래풍속을 인정하는 현대의 교과서는 국민의 문화와 정부의 민족적 일치를 보여준다.

문화의 약육강식

과거 19세기 서양의 인류학은 선교사들이 모은 자료를 바탕으로 연구를 시작했기 때문에 항상 유럽의 그리스도교와 언어 그리고 문명을 최우선으로 주장했다. 이런 관점은 약육강식을 정당화하는 이론인 스펜서Herbert Spencer나 헉슬리Thomas Henry Huxley의 「사회진화론Social Darwinism」으로 발전했다. 이들은 일제가 우리에게 주입한 식민지의식을 정당화하는 이론이다. 즉 유럽을 사회적인 진화의 정점에 놓고 다른 문명을 그 아래 단계의 사회로 보며, 일본을 동아시아의 정점으로 보고 우리는 지배당해 마땅한 대상으로 규정한다. 이런 인식의 틀에 따라 진화한 문명은 진화하지 못한 원시적인 사회를 계도하고 이끌기 위해 지배하며 통치하는 것이 정당하다는 논리를 전개하면서 많은 나라들을 식민지로 삼았다.

20세기에 접어들어 선교사 신분이 아니면서, 유럽과 그리스도교의 관점에서 벗어난 말리노브스키Bronislaw Kasper Malinowski나 에반스프리차드Edward Evan Evans-Pritchard 같은 인류학자들이 등장해 기존의 문명진화론이 잘못이라는 점을 강조했다. 즉 이전까지 유럽인은 동아시아에 사는 우리를 계몽이 필요한 미개한 원시인Primitive으로 보았지만 이제는 유럽인과 마찬가지로 동아시아의 식생에 맞추어 진화한 원주민Indigenous peoples으로 보자는 견해다. 더 이상 물질문명이 문화의 척도가 아니라는 말이다.

누군가 풍속과 언어로 다른 사회를 지배하려면 항상 갈림길에 선다. 침략하여 지배할 것인가 아니면 동화시킬 것인가를 둔 선택상의 고민이다. 현대는 그 문화의 토대를 인정하면서 동화의 길을 선택하는 시대다. 심지어 세계화조차도 지역문화를 인정하고 그 안에서 함께 어울릴 요소를 찾아 동화의 틀을 만드는 방향으로 펼쳐지고 있다. 왜냐하면 모든 것이 다국적으로 벌어지는 매판적인 자본주의 현실에서는 빨대만 잘 꽂아 돈과 노동력만 빨아오는 것이 어떤 지역을 실질적으로 지배하는 것보다 훨씬 더 편하기 때문이다.

물론 그와는 반대인 상대를 가르쳐서 풍속을 바꾸자는 주장이 아주 없어진 것은 아니다. 세계화 시대에 적어도 현재 모든 사람이 동의하는 기본적인 원칙은 필요하기 때문이다. 언어에서 영어와 세계 자본시장의 기본 원칙이 그것이다.

다음으로, 세계화가 진행되면서 민족에 대한 의식이 줄어들기는커녕 반대로 지역문화를 더 강조한다. 예전에는 민족이 다른 민족에 맞서서 전쟁을 벌였다면 이제는 문화가 다른 문화에 맞서 싸움을 벌이는 상황에 접어들었다. 그렇다면 식민의 영원한 주제는 바로 돈이건 사상이건 타문화에 자기 문화를 가르치고 그 풍속에 변화를 주는 데 있다고 해도 지나친 판단이 아닐 것이다. 그리고 이 작업은 세계 모든 곳에서 과거부터 현재까지 진행형이다.

고대의 세계화

고대 동아시아의 '가운데 나라中國'인 주나라에게는 문명과 야만, 교육과 풍속이 중심적인 숙제였다. 봉토를 받아 점령지로 떠난 주나라 왕실 출신의 지배자는 그곳에서 필요한 세금을 걷고 인력을 활용해야 한다. 그러기 위해서는 먼저 원주민을 가르쳐 지배자와 말이 통하게 하고 거래가 가능하도록 만들어야 한다.

농업이 경제의 중심이었던 시절, 가장 큰 문제는 원주민이 경작하는 토종 작물과 지배자가 원하는 작물이 서로 달랐다는 점이다. 따라서 원주민은 지배자의 요구에 따라 새로운 작물로 바꾸어 밭을 경작해야만 한다. 새 작물은 토종식물과 파종, 추수, 요리법이나 보존하는 방법이 모두 다르기 때문에 식물의 재배와 성장을 알려줄 달력과 세시풍속도 변할 수밖에 없다. 또 이 작물을 계량하기 위해서는 중량과 길이 등을 통일적으로 잴 수 있는 도량형度量衡이 필요하고, 운송 및 거래와 세수稅收 등을 위한 통일적 문자 표기체계도 필요하다. 즉 '도로-언어-운송체계'까지 새로 정비해야 하는 것이다. 또 지배자와 아무 관계없는 이민족을 군대로 징발하여 '충성스러운 보병'으로 만들기 위해서는 전쟁이 지배자를 위한 것이 아니라 현지 주민들의 부모형제를 위한 것이라는 명분도 만들어 주어야 했다.

이민족을 효과적으로 다스리기 위해서는 교육을 통해 주나라 문명을 주입해야 한다는 말이다. 결론적으로 교육과 풍속의 변화는 이민족을 위한 것이 아니라 그들을 통치하기 위한 것이었다. 이러한 필요를 반영한 인물이 바로 제나라를 일으킨 명재상 관중管仲이었고, 다음으로 식민지 사상을 철학화한 공자였다.

공자는 춘추라는 혼돈의 시대를 종식하고 주어진 계급과 직분의 예禮에 따라 국가와 사회를 평화롭게 유지하는 문명에 관심이 있었다. 이상적인 문명이 실현되던 곳은 주나라 초기의 궁정이었고, 그곳에서는 예가 법이자 교양이자 기준이었다. 그는 주나라 궁정을 이상으로 삼고 그곳의 인간 행동과 문물의 척도인 예를 등불로 삼아야 한다는 가르침을 펼쳤다. 하지만 처음에는 실패할 수밖에 없었다. 그런데 정작 그가 남긴 유학이라는 남성 판타지가 가진 가능성을 알아본 후대의 황제는 한무제漢武帝였다. 그는 동중서董仲舒를 기용하여 이를 실행에 옮겼다.[168] 이런 황제들은 유학이 정치적 활용도가 매우 높은 사고체계임을 냉큼 알아보고 치밀하며 타산적인 이용방법 모색에 나선다.

「대학」의 기본 구조

「대학」은 원래 『예기禮記』의 제42편이었던 것을 당나라 때 유명 문인인 한유韓愈와 이고李皐가 주목하기 시작했다. 그러다가 송나라의 사마광司馬光이 따로 떼어내었고 그 후 정이程頤와 정호程顥 형제가 본격적으로 편집하기 시작한다. 정씨 형제의 해석을 이은 주희朱熹는 「대학」을 경經과 해설인 전傳으로 나눴다. 경은 공자의 말을 증자曾子가 기술한 것이고, 전傳은 증자의 뜻을 그 제자가 기술한 것이라고 갖다 붙였다. 그러면서 순서를 바꾸고 일부는 빠졌다고 우기면서 글자를 첨삭하여 「대학장구大學章句」를 저술하였다. 아무튼 주희가 사서四書의 으뜸으로 꼽았던 「대학」은 그의 막강했던 영향력 탓에 조선의 모든 지식인은 이를 내내 외우는 지경에까지 이르렀다. 그러나 이 책은 사실 주희가 날조한 것이라 고전 경전으로서의 가치는 없다. 오늘날의 관점에서 첨삭 편집은 그가 얼마나 문화적으로 야만스러웠는가를 드러내는 증거일 뿐이다.

후에 명나라에서 양명학陽明學을 일으킨 왕양명王陽明은 주희에 반대하여 본래 『예기』의 「대학大學」 편을 복구해 「대학고본방석大學古本旁釋」을 지었다. 원래 『예기』에 있던 「대학」을 되살린 것이다. 여기에서는 왕양명이 되살린 『예기』 속의 내용만을 따라서 앞부분의 주요 구절만 해석하겠다.

삼팔三八

먼저 「대학」에서 가장 중심 되는 소위 '삼강령三綱領 팔조목八條目'을 알아보도록 하자.

큰 배움의 길은 밝은 덕을 밝히는 데 있고, 민民을 친親으로 여기는 데 있으며, 지극한 좋음에 이르는 데 있다.[169] 가야할 곳에 이르면 주차parking를 하고 직위에 따른 위치에서 주어진 업무를 처리한다. 주어진 자리를 잡으니 움직임이 멈춰 고요해진다. 고요해지면 편안하게 긴장이 풀어진다. 편안하게 긴장이 풀어지며 지금까지 온 길을 돌아본다. 돌아보면 얻는 게 있다. (돌아보는 방법은 다음과 같다) 사물에는 근본적인 것과 사소한 것이 있고, 일에는 처음과 끝이 있다. 앞뒤가 의미하는 바를 알아야 길道에 가까워진다.[170]

예로부터 밝은 덕을 천하에 밝히고자 했던 사람은 먼저 나라를 다스렸다. 나라를 다스리고자 했던 사람은 먼저 가문을 정리했다. 가문을 정리하고자 한 사람은 먼저 몸을 닦았다. 몸을 닦고자 했던 사람은 먼저 마음을 바르게 하였다. 그 마음을 바르게 하고자 했던 사람은 먼저 자기에 집중했다. 자기에 집중하고자 했던 사람은 먼저 대상을 명확하게 알았다. 대상을 명확하게 안다는 것은 사물을 바르게 인식하는 것이다.[171]

사물을 바르게 인식하면 명확한 앎에 이르고, 앎에 이르면 몰입할 수 있다. 몰입하면 마음이 바르게 자리한다. 마음이 바르게 되면 몸이 닦아진다. 몸이 닦아지면 집안이 정리되고, 집안이 정리되면 나라가 다스려진다. 나라가 다스려지면 천하가 평안해진다.[172]

천자로부터 서인에 이르기까지 한결같이 모두 몸을 닦는 일로써 근본을 삼는다. 근본이 어지러운데 말단이 다스려지는 일은 있을 수 없고, 중요한 곳에 집중하지 않고 사소한 일에 치중해서 성공하는 자는 있어본 적이 없다. 이것을 일컬어 근본을 안다고 하는 것이다. 근본을 아는 것이 앎의 끝이다.[173]

「대학」의 결론도 노자와 마찬가지로 '수신', 즉 '몸'이지만 노자와 사뭇 다른 길을 걷는 듯하다. 노자는 몸의 체험을 중심으로 어두운 지식을 구성하는 반면, 「대학」은 수신과 치국을 위해 밝은 앎을 구성한다. 즉 노자는 어둠을 더 어둡게 하는 도玄玄道를 추구한 반면, 대학은 밝은 덕을 더 밝히는 도를 찾는다. 이런 차이로 볼 때 확실히 「대학」은 노자가 제시하는 마음을 채우는 체험으로서의 '마음이 된 몸'이라기보다는 외부지향적인 몸을 만들어 내는 '몸이 된 마음'의 방향으로 자기를 만들어 간다. 「대학」에서는 "인을 체득한 사람은 재물을 잘 사용해서 몸을 만들어 가지만 그렇지 못한 사람은 몸을 망쳐 가며 명품에만 집착한다"[174]고 한 대목에서도 "발신發身"의 의미를 확인할 수 있다.

　문제는 지금까지 내려온 「대학」의 '삼강령三綱領 팔조목八條目'의 해석이다. 좋은 해석은 많다. 하지만 찬찬히 읽다 보면 해석 때문에 궁금증이 일어나기도 한다. 어릴 적 내가 배운 해석도 마찬가지였다. 「대학」을 읽을 때 '빤히 보이는 기본 단어를 왜 기본대로 해석하지 않는가'라는 의문이 생긴 것이다. 심지어 나만 이것을 다르게 보고 있는 것은 아닌가 하는 걱정까지 들 정도로 한결같이 이상하게 해석한다. 기존의 해석이 남녀를 말하기에 충분하지 못하기에 나름의 부연설명을 하지 않을 수 없다.

　먼저 삼강령이라는 '밝은 덕明德', '민과 친하기親民', '좋음에 이르기至善'에서 시작한다. 이 세 구절은 옛날 학교였던 '대학'의 교훈이자 학습의 기본목표 같은 것이다. 원래는 쉽고 간단한 내용이라는 얘기다.

밝은 덕明德

　먼저 '밝은 덕明德'은 '준덕峻德'과 함께 유행가 모음인 『시경詩經』에서부터 정치강령 백서인 『상서尙書』에 이르기까지 주나라 왕실에서 매일 노래 부르던 정치선전의 후렴구다. 통치의 기본인 봉건제도와 권력의 분배 방식인 예禮라는 도道를 실현하는 사람이 바로 밝은 덕을 가진 통치자다. 그래서 그 아래 이어지는 구절이 "밝은 덕을 천하에 밝히고자 했던 사람은 먼저 나라를 다스렸다"이다. 한마디로 '예'로 나라를 다스리는 능력이 바로 '밝은 덕'이다.

　공자는 필생의 목표를 '도'에 두고 일로 매진했다. 그는 앞선 위대한 임금들이 이룬 업적先王之道을 본받으며 따라 하자는 것을 '도'로 풀었다. 『중용中庸』에 등장하는 "하늘이 인간에게 부여한 것은 본성本性이고, 이를 따르는 것이 문명의 도이며, 도를 조련하는 것이 교육이다"[175]와 같은 맥락으로 문명의 도를 말한다. 그러니까 '인간사회와 문명이 도'라는 의미다. 공자가 위대한 통치자로 여긴 주공周公과 문왕文王의 덕이란 봉건국가를 운영하는 원리, 봉건제도의 문물과 제도 그리고 봉건의 문화를 뜻하는 것이다.

너무 쉬워서 밝힐明 필요도 없을지 모르지만 결국 '밝은 덕'이란 바로 나라를 다스리는 기본적인 제도인 예악禮樂과 정치적인 위계를 말하는 존존尊尊이다. 이는 봉건주의를 지탱하기 위한 기본원리에 해당한다. 즉 예라는 통치술에 따라 나라를 다스리는 것이 "밝은 덕을 밝히는" 일이다. 앞에서 말한 노자의 '어두운 덕'과 대조를 이루는 구절이다.

민과 친하기親民 vs. 민을 새롭게 하기新民

먼저 원래 본문인 친민親民과 주희의 날조로 생긴 신민新民의 '민民' 조항을 알아본다.

친민이나 신민에서 목적어는 '민'이다. 민이란 나라님의 자식 같이 사랑스러운 백성이 아니다. 노예나 다를 바 없어 죽지 않을 정도로 노동력을 쪽쪽 빨아먹는 대상이다. 굳이 표현하자면 봉건 흡혈귀의 혈액은행이다. 여기서 흡혈귀들이 혈액은행 정도로 생각해 키우는 가축에 대해 조금 더 자세한 설명이 필요하다.

서주西周 봉건封建사회는 정치적·계급적 위계가 높은 놈이 늘 많은 것을 차지하며 폼을 잡는 노예제를 기본으로 하는 사회였다. '높은 놈이 먼저'라는 의미의 '존존尊尊'과 부계 친족체계상 관계구성의 거리를 의미하는 '친친

親親'이라는 두 원리가 제도의 근간이었다. 각 지역을 동족 형제나 친척, 혹은 태공망太公望처럼 주나라를 세우는 데 공이 큰 신하에게 나누어 주고 그 지역을 다스리게 하였다.

분봉제도는 존존과 친친의 원리에 의해 장자 상속을 원칙으로 한다. 큰아들이 왕을 계승하고, 차남부터는 한 계급 낮아진 공公이 되어 공국公國을 분봉分封 받는다. 다시 공의 장자는 공을 계승하고, 그 아래는 경대부卿大夫가 되는 식이다. 정치체계인 존존과 친족체계인 친친이 당시 사회를 구성했던 순서와 원칙이다. 원칙대로 보면, 모든 제후국의 지배자 계급은 주 왕실을 종가로 하는 친척이자 일가족이며, 나라가 바로 가문이고 왕의 가문이 바로 국國−가家인 구조다. 다른 성씨를 지닌 귀족들인 백성百姓은 인人, 혹은 국인國人으로 사士계급에 해당한다. 그 외 대부분의 인구는 토착민인 민民이나 전쟁으로 노획한 노비奴婢로 이뤄졌다.[176]

종족 및 계급 구성으로 인해 한 가족이나 마찬가지인 귀족은 공동체 유지 원리인 수치羞恥를 주는 예악禮樂으로 다스리고, 가문의 일원이 아니고 이민족인 민과 노비는 때리거나, 자르거나, 죽이는 형벌刑罰로 다스린다. 가족에 적용되는 친친의 원리에서 나온 규칙이기에 예악은 귀족 아래로 내려가지 않고, 형벌은 동족이 아닌 민을 다스리는 방법이기에 귀족에게 적용하지 않는다. 달리 말하면, 주 왕실과 한 동족이자 친인척인 귀족은 죄를 지어도 아들딸이자 가족이기에 예에 따라 야단을 맞고 수치를 당할 뿐이지, 민이나 노비처럼 육체적으로 가혹한 형벌을 받지 않았다. 즉 귀족은 예를 적용하여 다스리고, 민은 형벌로 다스린다는 이중적인 잣대를 갖는다.

공자는 주나라의 귀족주의적 태도를 문명론으로 새롭게 해석하고 그

의미를 확장해 귀족뿐만 아니라 서민들 또한 "예로써 다스릴 것"을 제안했다. 공자의 새로운 해석으로 보자면, 서민은 이제 더 이상 형벌을 받으며 생산을 담당하는 노예 같은 존재가 아니라 지배자의 아들딸이고 가족이다. 아울러 능지처참 같은 형벌의 대상이 아니라 교육과 수치로 다스릴 예악의 대상이자 정치적으로 거래해야 할 존재라는 뜻이다. 이게 바로 친민親民이 가진 의미이다.[177]

그렇다면 신민新民은 무엇인가? '새롭게'와 관련한 가장 유명한 구절로는 "날로 새로워지고, 나날이 새로워지고, 또 새로워진다苟日新, 日日新, 又日新"라는 「대학」에서 뜬금없이 날조한 문장일 것이다. 이는 상나라 시조 성탕成湯의 세숫대야盤銘에 새겨 놓은 문장이라고 한다.

남송의 주희朱熹를 추종하는 사람들이 이 글을 보고 주희로부터 얼마나 더 나아가고 새로워졌는지는 모르겠지만, 이 '새롭다新'는 두 가지 의미를 지닌다.

먼저, 갑골문甲骨文에 전하는 형태로 보면 이는 나무와 도끼의 형상이다. 보통 노자에서 많이 사용하는 '옷을 자른다'는 '초初'와 대비하여 나무를 자르는 형상이다. 그 첫째 의미로는 그냥 '새롭다'는 뜻이다. 이 새롭다는 말은 '~으로부터 새롭다'는 뜻이기도 하다. 요즘 식으로 표현하자면, 새롭고 만만한 시장인 블루 오션Blue Ocean을 개척하는 일이다. 또 달리 적자면 '신천지新天地'일 수도 있다.

다음은 구법舊法을 개선한 신법新法 같이 '개선'이라는 의미이다. 개선이라는 의미에 주희를 대입해 보면 확연히 그의 철학의 풍모가 드러난다. 주자학은 종합적이지만 개량은 아니다. 그리고 새롭지도 않다. 그렇다면 새롭고 개선해야 하는 것이 무엇인가가 문제로 떠오른다. 성리학 일색이던 조선은 무엇을 새롭게 만들어 팔아먹을 것인지를 고민해 보지 않은 배부른 문명이었다. 하나의 사상으로 일관하였기에 새로운 것 자체가 아예 없었으며, 따라서 레드 오션이나 블루오션과 같은 확장의 개념은 당연히 없었다.

각설하고, '새롭다'는 이전과는 다른 새로운 세상의 건설을 의미하는 말이다. 그러나 본문에서 어떻게, 어디로부터, 어떤 식으로 새로워져야 하는지에 대해서는 전혀 언급한 게 없어 허망하기만 하다. 밝혀 둘 것은 이 '새롭다'는 적어도 그리스도교의 "새롭게 하소서"에서 말하는 회개, 즉 윤리적이고 종교적인 면과는 다른 정치적이라는 것이다.

여기서 새로움이라는 게 도대체 무엇인지, 이 새로움이 이전보다 '업그레이드'인지 '옆그레이드'인지, 옆이라면 좌左인지, 우右인지, '뒷그레이드'인지 아니면 '다운그레이드'인지를 따져야 옳다. 그런 과정으로써 명확한 좌표를 잡은 뒤 의미를 정확하게 밝혀야 한다.

먼저 기본적인 육하원칙에 입각해 앞뒤를 다시 정리해 보자. 상나라 탕왕은 이번 원정에서 새로이 점령한 지역의 원주민, 잡아온 노예의 풍습과 농작물을 상나라에 쓸모가 있도록 고쳐 보려고 한다. 왜냐하면, 조공으로 보낸 음식 대부분이 꿈틀거리는 벌레가 들어 있거나 냄새가 나는 혐오스러운 것들 투성이고, 보물이라고 바친 물건들은 중원에서는 하등의 쓸모가 없는 이상한 것이기 때문이다. 게다가 원주민과 노예들은 말까지 통하지 않아 전혀 부려먹을 수도 없다. 그러므로 현지 원주민을 '가르치고敎化', '풍습을 새롭게新 바꾸어易' 상나라의 경제적인 필요에 부응하는 지역으로 만들어야 하겠다고 결심한다. 이 사항을 잊지 않으려고 세숫대야에 메모해 놓았다고 한다.

이렇게 육하원칙으로 말하니 이제 좀 말도 되고 이유도 합당한 것 같지 않은가? 비유하자면 이는 일제 초에 조선의 한글을 키워서 한자와의 밀착도를 줄이고 결국에는 중국과의 차이를 크게 벌리려고 했던 일본의 의도와 유사하다. 일제는 한글을 키우고 근대사상과 자본주의를 주입해 한반도를 일본의 경제체제에 맞추다가 결국에는 도구적으로 이용했던 한글을 없애고 언어와 풍습까지 일본과 통일시키는 내선일체內鮮一體의 계획을 세웠다. 위대한 탕왕의 세숫대야 메모와 조선을 삼키려고 실시한 일제의 정책은 상당히 유사하지 않은가? 그래서 일제가 만든 게 『시경詩經』에서 따온 "주나라는 비록 오랜 나라이나 주어진 천명은 오로지 새롭다周雖舊邦, 其命維新"의 "오로지 새롭다維新"였는지도 모른다. 탕왕의 위대함을 찬양한다면 똑같은 맥락으로 우리가 "히로히토裕仁의 위대함이여!"라고 해도 달리 이상할 게 없는 것이다. 즉 상나라, 주나라를 찬양하나 히로히토를 찬양하나 매한가지라는 얘기다.

이로써 『상서尙書』의 "새로운 백성을 짓는다作新民"에서 나왔다는 '새로움'의 의미가 드러났다. 점령한 식민지를 자국의 문화에 맞춰 유용하게 개조하기 위한 제국의 식민교육정책이 바로 '신新'인 것이다. 노자가 강력하게 비판하고 저항한 대상이 바로 이것이 아닌가 한다.

'새롭다'는 개념을 이렇게 푼 뒤에는 다시 이를 앞에서 설명한 '친'과 연결해 볼 수 있다. 식민지 정복과 동화정책인 '신'이 신분의 변화를 의미하는 '친親'보다 먼저 진행되는 과정이라 할 수 있다. 즉 민을 형벌과 '신'이라는 무단정책으로 교화를 펼친 다음에야 신분변화의 메커니즘인 '친'을 통해 민족과 계층에 따른 동화정책을 시행한다는 말이다.

친이란 이미 동화되어 경제적으로 나라에 도움을 줄 수 있게끔 성장한 서민을 군사적으로까지 이용하기 위한 정치적인 장치다. 요즘 식으로 말하자면 군대에 자원입대하면 시민권을 약속하는 정치적인 거래라고 할 수 있다. 이와 유사한 정책을 실행하였던 곳은 바로 로마였고 현재의 미국이다. 즉 주나라도, 로마도, 현대의 미국조차도 서민humble을 군인으로 쓰려면 먼저 시민citizen으로 신분을 상승시킬 필요가 있었던 것이다.

참고로 유가가 감싸 안아야 할 알맹이를 제시한 노자에게서도 당시 제국이 펼친 정책의 일단을 엿볼 수 있는 이야기가 상당히 많이 나온다. 제국이 원하는 세계화는 어제 오늘의 일이 아니기 때문이다. 앞에서도 말했듯, 제국은 선택의 기로에 선다. 나라 사이의 차이를 없앨 것인가 아니면 지역문화를 포용할 것인가 하는 문제다. 현대는 당연히 지역문화를 지켜야 한다고 주장할 것이다.

하지만 잘 보라. 현대의 지역문화 보존에 대한 주장은 세계가 화폐경제로 통일된 이후에 나올 수 있는 생각이다. 즉 지역문화 보존은 주나라와 유사한 문화적 통일정책으로 인해 이미 기본적인 합의를 이룬 후에야 시행이 가능한 정책이라는 것이다. 이미 근대화가 이루어지고 세계화가 도도한 흐름을 이룬 뒤에야 지역적 특성을 용인하는 일이 가능해진다는 얘기다. 우리가 살고 있는 지금의 세계는 경제적인 네트워크로 이어져 단일한 체계를 형성하고 있다. '지구촌'이라는 단어가 등장해 버젓이 쓰이고 있으며, 세계 기준 통화인 달러화와 유로화가 존재한다는 점이 이것을 말해준다.

화폐경제가 없던 주나라에서 화폐를 대신하던 기준 통화는 곡식인 밀小麥이었다. 그래서 일단 인구가 많고 밀 수확이 많은 나라가 부강한 나라였다. 밀의 수확을 늘리려면 농경지를 확대해야 한다. 보통 농사를 자연과 연결해서 자연적인 삶으로 오해하는데, 농경과 목축만큼 자연을 많이 파괴하는 것도 없다. 자연을 위해서라면 농사보다는 차라리 도시화가 낫다고 할 수 있다. 농사로 자연의 황폐화를 부른 대표적 사례는 지금 중국 황하 유역의 황토고원에서 찾을 수 있다. 지금은 누런 먼지만 날리는 사막과도 같은 지역이다. 하지만 놀랍게도 5000년 전에는 그곳 대지의 80% 이상이 숲이었다. 그때부터 무분별한 농경과 목축 그리고 나무 베기가 마구 벌어져 이제는 산림 비율이 5% 이하로 떨어졌다. 이제는 자체적으로 생태계를 복원할 수 없을 지경에 이르렀다. 식민과 문명의 결과는 결국 지역문화와 삶의 피폐인 것이다.

지역의 특색에 따라 자연이 주는 다양한 혜택에 주목하지 않은 채 죽어라고 밀농사에만 집착한다면 바로 현재의 황토고원 같은 환경적인 비극이 계속해서 발생하는 것이다. 유학이 경제와 사회 그리고 정치를 지배한 2000년 정도의 시간이 바로 농경으로 인한 환경파괴의 시대와 같다. 유학도 당연히 자신의 표어 "조화롭게 각자의 특성을 인정하고 독과점을 거부하는和而不同" 것처럼 지역경제와 문화를 지켜야 한다고 주장해야만 했다. 하지만 유학은 주나라가 주장하는 '신'과 '친'이라는 사상을 선전하는, 표리부동하며 똘똘하고 처세에 밝은 사람들의 종교에 지나지 않았다. 지역이 지니는 의미, 그 다양성에 포함된 진정한 가치를 깊이 생각하며 '어두운 지식'을 추구하는 사고체계는 아니었다.

노자는 당연히 지역경제와 작물 그리고 문화를 지키자고 주장했다. 노자의 관심 가운데 하나는 바로 제국과 소국의 관계, 즉 세계화와 연관이 있다. 이는 그가 "큰 나라를 다스리는 것은 작은 생선을 굽는 것과 같다" [178]라거나, "큰 나라는 하류가 되어야 한다"[179]고 한 대목으로도 알 수 있다. 그가 바라는 것은 작은 나라의 작물과 문화 그리고 그들의 역사를 이해하고 받아들이는 큰 나라였다. 모든 물이 모이는 바다와도 같이 큰 나라는 문화적으로도 크게 놀아야 한다고 본 것이다. 즉 작은 나라의 문화를 바꾸거나 교화하려 들지 말고 모든 것을 수용하는 마음으로 대해야 한다고 말한다. 하지만 문제는 제국인 주나라와 제국학인 유학은 모든 물이 모이는 하류가 아니라 모든 물을 지배하는 '상류'가 되어 모든 것을 자기 식으로 바꾸어 통일하고자 하였다는 데 있다. 노자가 비판했던 대상은 암컷의 수용성과 관용을 모르는 큰 나라 제국, 나아가 그에 빌붙어 각박하기 이를 데 없는 모습을 보이던 유학의 민낯이었다.

이런 '친'의 정책을 시행하여 성공한 대표적인 스타 정치인이 제나라의 관중管仲이다. 관중 이후로 대부분의 나라들은 그를 성공의 롤모델로 삼아 '친'이라는 원리를 내세워 개혁을 실시한다. 관중은 당시 세금을 낼 의무만 있고 권리는 없으며, 인권은 고사하고 형벌로 고통당하던 이민족인 민에게서 경제와 군사라는 두 가지 가능성을 발견한다.

그는 노예나 다름없는 서민에게 시민으로의 신분상승이라는 낚싯밥을 이용해 충성을 이끌어 낼 생각에 착안했다. 관중은 민에게 세금을 부과할 뿐 아니라 병역의 의무까지 지게 해 이들을 훌륭한 군사력으로 키우는 데 성공한 것이다. 관중의 개혁 이후로 중원에서 수레를 타고 전쟁을 벌이던 주나라의 전쟁방식은 보병을 위주로 벌이는 스타일로 바뀐다. 당시로서는 혁명적이라고 할 수 있는 변화였다. 하지만 이전에는 귀족만이 벌이던 자그마한 전쟁터의 전쟁놀이에 민이 보병으로 참가하면서 이제는 전쟁과 죽음이 대륙적인 규모로 커진다. 즉 민과 상관없이 귀족과 지도층만의 일이었던 전쟁에 민이 끌려 들어간 것이고, 귀족들의 자그

마한 전쟁터가 민의 마을을 비롯한 전국으로 확대된 것이다.[180]

결론적으로 '신'에서 '친'으로 이어지는 과정은 원주민이 가지고 있던 문화를 야만이라고 매도하며 문명화敎化를 통해 제국의 의도대로 개조하려는 진정한 야만이었다. 아울러 민을 개조한 뒤에는 이들을 다시 정치적으로 이용하려는 야욕도 드러냈다. 만약 유학이 이러한 정치적인 음모와 결별하고 한 발 더 나아가 지역의 개성을 돌보았다면 진정한 자기반성을 통해 새로운 문명을 일구는 학문으로 성장했을 것이다. 그래서 오늘날 새 시대를 선도하는 현대사상으로 주목 받았을지도 모른다. 하지만 슬프게도 '밝음'만을 추구한 유학에게는 수용성도 관용도 기대할 수 없었다. 관용이나 수용성은 말할 것도 없이 진정한 반성도 할 능력이 없는 독점 종교로 끝이 난 것이다. 이런 유학은 철저한 자기반성에 입각해 인권의 개념을 제시한 근대 유럽의 철학과 견줄 만한 대상조차 아니다. 유학의 '신'과 '친'이 지니는 제국적인 문화 독점주의와 불관용은 노자가 '초'를 통해 말하고자 했던 원주민의 문화적인 격조에서 보자면 '옆그레이드'도, '좌우그레이드'도 아니다. 그저 '다운그레이드' 정도라고 하겠다.

가장 좋음至善

「대학」에서 말하는 '지선'이 지목하는 덕성은 인仁과 충서忠恕다. 간단히 말하자면 그렇다. 공자가 주장하는 문명화한 행위, 즉 예가 마음으로 드러나는 현상이 바로 인과 충서다. 이전 책(졸저 『공자의 축구, 양주의 골프』, 2013)에서 자세히 설명했지만 공자가 추구하는 도道의 심정적이고 실천적인 표현이 바로 인과 충서이기 때문이다.

요즘과 달리 고대에는 양심이고 도덕이고 윤리 같은 것은 거의 없었다. 그래서 그때는 양심이 없었으니 마음에 안 들면 그냥 죽이거나, 예쁘면 강간하고도 아무런 죄책감이 없었다고 봐도 무방하다. 수백 명의 노예를 순장한 것을 봐도 경전에 나오는 양심이나 도덕 혹은 인간 존중 같은 것은 입에 발린 소리였다. 양심은 언어와 문명이 자리를 잡아야 생기는 것이다. 즉 양심은 비교적 최근에 나온 발명품인 셈이다. 양심 대신 공동체의 모든 선한 행동은 예라는 틀 안에서 규정됐다. 이게 양심과 다른 점은 특정 공동체 안에서 계급적으로 해야 할 일이 이미 정해져 있었다는 얘기다. 즉 계급에 따라 할 일이 달랐으니 예를 어기지 않는 한 달리 선할 필요가 없었다는 말이다.

이런 상황은 '서인'과 '민'이라는 새로운 계급이 전면에 등장하면서 변화에 직면했다. 기존에 귀족들에게 적용한 선악 판단의 기준으로는 서민의 선악을 해결하기가 쉽지 않았기 때문이다. 그래서 만든 방법이 예를 내면화하는 기술인 인仁이다. 즉 '인'이란 귀족의 예가 아니라 마음속에다 만든 예를 따라 행하는 마음가짐이다. 이런 예의 내면화는 바로 문명의 내면화를 의미하며, 내면화한 문명이 곧 인이라는 등식이 성립한다. 예의 내면화인 인은 맹자에 이르러 선善과 양심良心으로 발전한다. 맹자가 인간의 본성이 선하다고 주장하며 염두에 둔 대상이 바로 서인과 민이었다. 노예와도 다를 바 없는 서인과 민을 양심을 지닌 '시민citizen'으로 만들어 써먹으려는 의도인 것이다.

공자에 의하면 '충忠'은 자기의 중심을 확고히 하는 방법이고, '서恕'는 타인과 공감하는 정서적 기능이다. 내면화한 예의 기술인 '인'의 내용이 바로 '충서'와 일치한다. 그래서 '서'는 '도'이고 '예'며 '인'이자 타인에게

공감하는 자신을 투사하는 특징을 지닌 정서적이고 도덕적인 기능이다.[181]

정리하자면 '밝은 덕明德', '민과 친하기親民', '최고의 좋음에 이르기至善'는 근본적으로 같은 것이지만 기능에 따른 의미의 분화가 있다. '명덕明德'은 '예악+봉건'의 정치 원리인 존존尊尊을 따라 나라를 다스리는 일이자 '밝은 덕을 밝히는 일'이다. 다음으로 '친민親民'은 '예악+봉건'의 가족 원리인 친친親親에 속해 문명화한 식민지 원주민에게 일종의 시민권을 주는 일이다. 마지막으로 '지선至善'은 바로 주나라 문명의 도인 봉건의 예악 원리를 내면화한 인仁과 충서라는 행동의 기준이라고 정리할 수 있다.

남자들이 가장 관심을 갖는 정치의 동아시아적인 기본 구조가 바로 여기에 있다고 해도 지나치지 않다,

주차–자리 잡음–고요함–편안함–모색–얻음止-定-靜-安-慮-得

이렇게 키워드만 모아 보니 수수께끼 같다. 이런 난제를 만나면 일단 한 차례 선현의 덕을 찬양하고 이전의 주석을 들먹이면서 명철한 후세를 기다린다며 넘어가는 게 미덕이다. 하지만 재수 없게 그 후세가 전혀 명철하지 못한 나와 같은 사람이 될 경우는 밥 먹다 돌 씹은 기분이 들 수도 있다.

여기에는 흔한 동양철학자가 보기에는 약간 착잡한 그림이 있다. 왜냐하면 경전에서야 절대 변할 수 없다고 허풍 떨지만 사실 변할 수 없는 도란 없고, 바뀔 수 없는 관계는 없는 것이다. 그래서 경전에 나온 말 그대로 믿었다가는 바보 되는 것은 시간문제다. 예를 들자면, 이전에 말하던 군신과 부자 관계는 이미 증발해서 없어졌다. 시대에 따라 말과 사물이 갖는

관계, 사물과 사물이 맺는 관계도 모두 변했기 때문이다.

역사적으로도 실재와 명칭 안의 요소들이 헤쳐 모여를 반복하고 있는 것이다. 대표적으로 '군사부일체君師父一體'라는 말이 옛날에는 먹혔지만, 지금은 군과 사와 부가 각기 갈라선 지 오래고 이제는 다른 친구들과 뭉쳐 노느라고 다시 만날 일이 별로 없어졌다. 이렇듯 옛날에는 유사한 개념이나 사실이 같이 몰려다녔지만 지금은 사고방식이 변하면서 다들 새살림 차렸기 때문에 지금의 언어로는 고대의 개념들을 다시 구성하기 힘들다. 어떤 사람들은 단어 하나하나의 원류를 찾아 올라가면 알 수 있으리라 생각한다. 하지만 대부분 원류의 문 앞에는 니체Friedrich Wilhelm Nietzsche가 『도덕의 계보학Zur Genealogie der Moral: Eine Streitschrift』에서 말했듯 분화되지 못한 고대의 언어나, 인간 진화의 시초에 해당하는 원숭이가 한 마리씩 지키고 있다. 시초를 열심히 찾다가 원숭이를 발견하고 허망하게 되돌아오는 경우가 허다하다. 그래서 동양철학의 우월성을 주장하는 고매한 선생님들의 설명은 마치 대나무 방석에 방구 빠져나가듯 하는 것이다.

그래도 걸렸으니 한 번 그 안을 들여다보자. 앞에서 이미 「대학」이 향하는 종착점이 지선至善이라고 했다. 목적지에 이르면 좋은 자리에 주차止를 하고 차에서 내려 주어진 직분, 마련된 사무실에 들어가 자리를 잡고 앉아 컴퓨터를 켜고 이메일 검토를 비롯해 주어진 업무를 본다. 이게 '자리를 잡는다'는 의미의 정定이다. 즉 '정'이란 관계 안에서 자기 위치와 업무를 확정하는 일이다. 그래서 요즘 같이 임시직이 대세인 세상에서는 자리 잡는다는 개념도 희미해진다. 부연하자면 정은 공자가 말하는 충忠과 유사한 개념이지만 조금 더 주어진 직분 안에서의 공적인 업무를 강조하는 말이다.

다음으로 등장하는 '고요하다靜'는 좀 문제가 있다. 이 말을 이해하기 위한 가장 좋은 힌트는 뒤의 구절 "일의 본말을 안다"이다. 답은 이미 나와 있는 것이다. 일의 본말을 알기 위해서는 고요하게 집중해야 한다는 말이다. 즉 흔들리지 않고 직분에 충실한 고요한 남자의 굳센 마음이 바로 그것이다. 그러니까 고요함이라고 함은 흔들리지 않고 업무를 수행하는 공무원의 마음을 의미한다. 하지만 결코 이렇게 쉽게 끝날 말이 아니다. '고요함'에 대한 이론이 많다. 이를 명확하게 알아보기 위해 조금 부연해 보자.

'고요하다'는 말 자체가 사실은 알 수 없는 신비이다. 『악기樂記』에는 "사람이 태어나서 고요한 것이 성"이라는 이해하기 힘든 구절이 등장한다. "사물에 감응하여 발동하는 것이 성의 바람이다"로 이어지는 이 구절 역시 문제이다. 계속되는 본문은 "사물이 이르면 지혜가 이를 알고, 그런 뒤에야 좋고 싫음이 나타난다. 좋고 싫음은 내부적인 구분은 없지만 앎은 외부에 끌린다."[182]라고 한다. 인용을 도식화하면 다음과 같다.

본성性(靜)→ 사물과 만나서 움직임(感物: 動)→ 감정情(動)七情

이를 조선에서는 미발未發과 이발已發 그리고 중中과 화和로 분리하여 보았다. 여기서 우리가 생각하는 인간의 본성과 고대의 고전에서 말하는 인간의 본성 간의 차이가 있다. 고전에서는 우리가 태어날 때 갖추고 있는 것은 인간의 본성이 아니라고 말한다. 고전에서 말하는 인간의 본성本性이란 자연적인 것이라기 보다는 '생生+정靜'이다. 인간 본성에 대한 상식 밖의 견해다.

태어난 애기生는 잠을 잘 때를 빼고는 대부분 묶어 놓거나 다시 집어넣고 싶어질 정도로 시끄럽고 부산하다. 하지만 노자를 비롯한 대부분의 고대 사상가들은 '고요하다靜'는 정숙주의를 인간의 본성이라고 강조한다. 아마 이들은 아기가 잘 때만 본 모양이다. 혹시 옛날에는 애들이 조용했다는 말인가? 대부분의 신화에서 부모신이 자식신을 죽이려고 한 이유가 애들이 시끄럽고 요란스러워서다. 그리스 신화 속 올림포스Olympos의 주신 제우스의 별명이 '요란스러움Tonans'일 정도로 애들은 시끄럽게 떠들면서 자기를 확인한다. 이런 점으로 보아도 옛날 애들 역시 전혀 고요하지 않았을 것이다. 즉 인간의 생이 절대로 고요하지 않고, 그렇기에 생은 절대 성이 아니다.

고요함에 대한 가장 가시적인 설명은 세상을 비추고 자기를 비추는 '거울'에서 찾을 수 있다. 17세기 베네치아에서 발명한 초기 유리거울은 편평하고 깨끗하게 정제한 유리에 주석을 접착하는 방식이었고 이후에는 수은 흡착식 거울이 나와 공전의 히트 상품이 되었다. 당시 최고의 기술인 편평한 유리에 수은을 붙인 거울 값이 같은 크기의 라파엘로Raffaello Sanzio 그림과 맞먹었고, 프랑스에서는 거울을 사들여 베르사유 궁전을 치장하느라 프랑스 재정이 휘청거릴 정도였다고 한다. 타원형의 베네치아 거울을 시초로 하는 유리거울 덕분에 요즘 거울은 밝고 맑다. 지금이야 베네치아 거울이 누렇게 퇴색해 보이겠지만 옛날 청동거울과 비교해 보면 멋진 베네치아의 타원형 유리거울이 가지는 진정한 가치가 보인다.

청동거울은 열심히 닦아야 겨우 희미하게 비친다. 아니면 어둡고 고요한 물에 불을 비추어야 얼굴이 보인다. 게다가 밝은 낮에는 잘 안 보인다. 그러니까 겨우 보이는 울퉁불퉁하고 누런 거울에 얼굴을 비쳐가며 여드름이라도 짜려면 눈을 사팔뜨기로 만들고는 고요하게 집중해야 한다. 더구나 물에 자신을 비추려면 고요해야지 바람이라도 불면 모습이 흩어진다. 숨도 쉬지 말아야 하는 것이다. 즉 본성의 고요함이라는 말에서 본성은 청동으로 만든 보경이나 물거울에 세계를 반영하는 일과 같다. 그 거울이 품는 의미에서 고요함을 떠올릴 수 있다. 다음으로 물이 고요해야 자신을 비추어 볼 수 있듯 마음이 고요해야 스트레스가 없이 세상에 자신을 반영하여 코털을 다듬거나 여드름이라도 짤 수 있다는 말이다.[183]

거울의 역사는 인간이 자기를 인식하고 반성하며 자기를 만들어 가는 역사이기도 하다. 프랑스의 정신분석가 라캉J. Lacan은 어린아이가 자기의 동일성을 발견하는 과정을 거울로 설명한다. 즉 인간은 거울이나 타인을 통해서만 자기 동일성을 확보한다는 얘기다. 즉 거울을 통해서야 비로소 내가 나를 볼 수 있고, 내가 나를 인식할 수 있는 것이다. 거울이 없다면 나는 나를 볼 수 없기에 나는 내게 낯선 사람인 것이다.

다시 성性으로 돌아가 보자. 인간의 생은 절대로 고요한 것이 아니고 고요할 필요도 없는 요란한 것이다. 여기에 고요하게 거울을 통해 자신을 바라보는 노력이 곁들여지면서 유학에서 말하는 본성이 생겨난다. 즉 거울을 고요히 바라보는 주체적인 노력을 통해서만 자기를 볼 수 있고 도덕적인 본성이 나타난다는 말이다. 부연하자면 거울이란 외부의 사물이다. 그리고 우리는 오직 외부의 사물인 거울(타인)을 통해서만 자기를 인식할 수 있고 자기를 중심으로 만들어지는 본성을 알 수 있는 것이다.[184] 즉 인간의 본성이란 본래적인 것이라기보다는 사회적인 것이다. 그래서 본성이 고요하다고 할 때 '본성'이란 이미 외부와 거울과 타인을 통한 자기반성의 의미가 들어가 있는 것이다. 즉 『악기』에서 말하는 인간의 본성이 지니는 고요함이란 결국 외부의 사물과 만나 움직이고 감정과 판단이 일어난 후에 되돌아와 거울 앞에 서서 반성하는 모습을 말한다. 유학에서 말하는 인간의 본성이란 사회적인 것이고 태어난 그대로의 모습이 인간의 본성은 아닌 것이다.

잠시, 미발未發과 이발已發에 대한 문제를 짚고 넘어가자. 희로애락喜怒哀樂이라는 인간의 감정이 드러나기 전을 미발이라 하고 드러난 뒤를 이발이라고 한다. 하지만 이는 우리가 살펴본 인간의 본성으로 보자면 사실상 잘못된 추론이다. 즉 고요함靜을 겸비한 본성性이 사물과 만나 움직여서 감정情이 생기는 것이 아니라 그 반대의 과정을 거친다. 인간은 감정에 근거한 요란한 움직임을 통해 자기를 지각하고, 돌아와 고요하게 자신을 반성하여 인간이 지닌 사회적 본성을 알게 된다는 것이다.

마찬가지로 「대학」에서 '몸을 닦는다修身'고 할 때도 그 목적을 제대로 이루려면 먼저 자신의 몸이 어떤지를 정확히 알아야 한다. 즉 육체라는 대상에 대한 지각과 인식이 존재를 확증해주고, 이를 통해 자기를 대상으로 인식해야 수신이 가능하다. 육체에 대한 지식은 그 본 모습을 제대로 살펴야 얻어진다. 따라서 자기를 보려면 타인을 통하거나 거울에 비추어보는 방법밖에 없는 것이다. 그래서 통치를 위해 귀족들이 연극처럼 벌이는 행사인 예절 역시 상호관계성이라는 의미에서 서로를 비추는 또 하나의 거울이라고 할 수 있다. 즉 시종과 귀족들이 고개를 숙여야 내가 왕이라는 것을 알 수 있다는 말이다.[185]

거울을 통해 보기 위해서는 먼저 고요하게 제 모습을 바라보되, 거울에 비친 자신의 흉한 모습에 메두사Medusa를 본 것처럼 놀라서 돌로 굳어버리거나, 나르키소스Narcissus처럼 자기의 아름다움에 반해버려 메아리로 변하지 않도록 주의해야 한다. 하나는 돌로 변해 거울을 외면하고, 하나는 메아리로 변해 거울에 먹혀 버린 것이다. 그러기 위해서는 집착이나 격정을 벗어난 '편안한' 마음상태로 자기의 모습과 행위를 반성해야 자신의 정체에 대한 깨달음에 이른다. 이 고요함이 바로 남자의 어둠이고 남자의 본성을 만드는 기제라고 할 수 있는 것이다. 그러므로 "고요하고 편안하고 반성해서 얻는靜安慮得" 과정은 자기인식을 위해 거쳐야 하는 길목인 것이다.

하지만 거울 이미지로 비추는 '고요함'이란 하나의 이상적인 상태天之性일 뿐이다. 인간의 본성은 언어로 만들어지는 욕망도 포함하기 때문이다. 그래서 사물을 접촉하면서 흔들리는 본성의 욕망을 갖는다. 잠시 첨언하자면 욕구need와 욕망desire은 다른 것이다. 애기가 배가 고파서 울면 욕구다. 이때 나같이 털 많고 못생긴 아빠가 인상 쓰면서 나타나 분유통을 입에 물려주면 배고픔이야 풀린다. 하지만 진정으로 원하던 엄마 젖을 물고 눈 맞추며 어를 때의 애정은 채워지지 않았다. 이 채워지지 못한 애착이 바로 욕망이다. 욕망은 모두 달성하지 못하기에 한恨이 되고 언어가 되어 가슴에 얼룩으로 남는다. 애기가 "엄마"하고 부를 때는 밥만 말하는 것이 아니다. 풀리지 않는 욕망은 어릴 적에는 대상이 엄마였다가 커서는 애인의 사랑으로 변하고, 배고프기라도 하면 맛있는 음식으로, 술자리에서는 친구의 우정으로 계속 변화한다. 즉 인간의 욕망은 그렇게 언어라는 마음의 배를 타고 있기에 언제나 흔들리는 것이다. 이처럼 인간의 마음은 계속 흔들리기에 변하지 않는 이상이란 하나의 개념일 뿐이다.

다시 말해, 외부의 거울이건 내부의 거울이건 고요하게 자신의 완전한 모습을 비춰 보는 데서 인간의 도덕적 본성性이라는 문명의 반성

reflection이 시작된다. 고요한 물거울에 바람이 불면 물결이 흔들리면서 화면이 흩어진다. 이게 바로 불교에서 말하는 '바람慾'이고 노자가 말하는 상도이다.

마지막으로 거울은 자기를 확증해주고 나아가 타인과의 관계를 만들어 준다. 때문에 근대적인 의미의 '자아'도 거울이 만들었다. 현대 여성의 자의식은 거울이 만든 것이 확실하다. 거울을 보지 않고 화장하거나 옷을 입는 여자는 없다고 할 정도로 거울은 현대인의 몸이자 마음이다.

근본과 곁가지-시작과 끝-앞과 뒤-도 本末-始終-先後-道

우리가 물건을 다루거나 일을 할 때 순서에 따라서 해야 하는 것은 너무 당연하다. 그런데 순서는 누가 정했는가? 문맥으로 보자면 고요하고 편안하고 반성하는 과정으로부터 얻은 깨달음에서 근본과 말단, 즉 본말本末의 순서가 생긴다고 한다. 사무실에서 일할 때도 순서가 중요하니 여기까지 별 문제가 없는 듯하다. 하지만 철학은 비판이다. 즉 그냥 넘어갈 수 없는 문제가 있다.

왜 지금까지 내적인 마음을 말하다가 결론에 가서는 외부 기자재의 사용법과 순서를 들이대는가. 「대학」이 남자의 체계라고 말하는 이유는 이 책이 남자가 세계를 만들어 내고 체험하는 특질을 설명하고 있기 때문이다.

답은 이미 주어져 있다. 앞에서도 말했듯 「대학」에서 말하는 수신의 목적은 나라를 다스리고 천하를 평안하게 하는 일이다. 남자가 외부적인 질서를 실행하고 만들어 내는 일은 '몸이 된 마음'에 가깝다. 수신을 위해 몸에 갖추어야 할 가장 중요한 덕성은 바로 예禮, 그러니까 도道이다. 즉 '정-안-려-득'이라는 한 세트로 이룬 몸을 예를 통해 밖으로 드러낸다는 말이다. 유가에서 말하는 도는 사물이고 인간의 일이며, 본성에 따라 사물과 인간을 사용하는 방법이다. 앞에서도 유가의 도는 선왕의 제도와 문물이라고 하였듯 문물을 제작하기 위해서는 도량형度量衡이라는 규격이 필요하다. 그리고 주어진 도량형의 적합한 사용법을 알아야 적합하게 인원과 시설을 배치 할 수 있다. 그렇듯 예는 인간의 계급관계에 따른 행동의 규약code이고 실행의 방법이다. 사물과 인간관계의 효용과 책임, 일의 순서를 정하는 일이기에 도에 가깝다고 한 것이다.

그렇다면 앞에서 설명한 지선至善의 내용이 바로 '사물의 순서order of things'라고 할 수 있다. 청나라 유학자 대진戴震도 이치理란 것은 기의 순서條理라고 설명한다. 그렇듯 도란 바로 이치이고 이치란 사물의 기氣가 외부로 드러나는 순서理일 따름이다.[186]

나라-가정-몸國-家-身

'수신제가치국평천하修身齊家治國平天下'는 참으로 지겹게 들은 말이다. 너무 지겨우면 질리기 마련이다. 지겨운 이유는 이 대목이 파시스트의 18번 노래의 후렴구이기 때문이다. 이 노래에 뭔가 논리적인 문제가 있음을 잘 알 것이다.

첫째로는 개인적인 문제이다. '수신제가치국평천하'는 보통 노래하듯 '수신'을 해야 '제가'를 하고 '제가'를 해야 '치국'을 하는 것이 아니다. 그리고 수신은 제가와 치국을 위해서 하는 것이 아니다. 그저 '수신'이 모든 것의 목적이고 수신을 중심으로 모두가 동시적으로 일어나는 일이다.

먼저 '수신제가치국평천하'는 바로 '밝은 덕'을 밝히는 일에 해당한다. 즉 도를 실현하고 국가를 다스리는 업무를 말한다. 사물을 사용하고 일의 순서를 정하며, 직위의 높고 낮음과 일의 선후를 정하는 일을 '개인-가문-나라'라는 순서로 보여주고 있을 뿐이다. '나 한 사람予一人'이라고 자칭하는 왕은 왕가의 수장이기도 하고 나라를 다스리는 왕이기도 하다. 고대에는 왕가를 다스리는 일은 바로 경공대부의 귀족가문을 다스리고 권력관계를 조절하는 일이었다. 왕가의 모든 구성원은 귀족가문과 긴밀한 연관성을 지니는 결합체를 유지하고 있기 때문이다. 그래서 고대에는 자기를 중심으로 왕가를 다스리고 제후와의 관계를 조절하는 일이 정치이고 수신이다.

둘째로는 나라에 관한 이해가 드러난다. '수신', '제가', '치국', '평천하'는 모두 같은 말의 다른 표현일 뿐이다. 왕이 곧 나라인 곳이 바로 고대 왕정의 세계였다. 예로 통치하던 봉건사회에서 왕이 직접 통치를 한다기보다는 왕은 모든 인간을 대표하는 상징적인 존재였다. 그래서 예가 지배하는 고대 왕정에서는 공과 사公私의 구분이 없었다. 루이 14세를 인용하자면 "짐이 곧 국가이다"가 된다. 왕이 어디로 숨든 왕이 곧 국가이니 국가가 왕을 따라가는 것이다. 심지어 조선에서는 왕이 섹스를 시작할 때마다 궁에 붙은 종각에서 종을 쳤다. 왕이 공무를 시작한 것이기 때문이다. 그렇게 왕은 나라와 가문 그리고 모든 사람을 대표한다. 즉 주나라의 희姬씨 왕 한 명의 몸에 집안과 나라가 겹치고 일치한다. 단지 규모에 따른 처신의 이름을 달리할 뿐이었다. 그걸 몸으로 표현하면 예절의 함양이고, 가문으로는 말하면 정리이고, 나라로 말하면 다스림이다. 그렇듯 셋이 하나이기에 수신을 한 다음 제가를 하고 치국을 할 방도는 전혀 없는 것이다.

닦음-정리-다스림修-齊-治

지금까지 '신身-가家-국國'의 관계를 봤다면 이제 '닦음-정리-다스림'의 내용은 무엇인가 알아보자. 유학자들은 몸을 닦으라고 말만 하고는 어떻게 닦는지를 물으면 「대학」이 생긴 지 1000여 년 뒤에 나온 주희의 방법을 들이댄다. 1000년이나 2000년이나 글이 생긴 당시가 아니라면 뭐가 다를 것인가? 이에 답한답시고 성리학은 수신의 다음 구절인 정심正心, 성의誠意, 치지致知 그리고 격물格物을 꺼낸다. 하지만 이런 개념은 수신을 위한 방법이지 수신 자체의 내용은 아니다.

수신의 내용은 예禮다. 예가 갖는 의례적인 측면과 연극적인 상황을 육예六藝라고 부르며, 남자들이 벌이는 이 경쟁적인 게임을 마음에 새겨 넣고는 몸을 가두는 '몸이 된 마음'의 자기 생성과정이 바로 수신인 것이다. 즉 눈 감고 앉아서 하는 거경居敬 공부는 방법이지 내용이 아니라는 말이다. 한마디로 성리학에서 수신 공부는 사격장에서 옆에 있는 동료의 타깃에다 열심히 총질하는 격이다.

남자의 결합체 안에서 예가 지니는 연극적인 상황을 연출하고 연기하는 수신이 바로 「대학」의 전통에 따른 행위이고 법이자 도다. 제가는 앞에서 말한 대로 가족 사이의 순서를 말하는 친친親親의 원리로 작동한다. 친척과 공신 및 동생들에게 작위를 수여하고 작위에 따른 봉토를 배분하는 일이 그것이다. 주어진 위치와 업적에 따라 정확히 분배함으로써 왕가에 생길지도 모를 골육상쟁의 씨앗을 애초에 해결하는 일이 바로 친친에 근거한 제가의 도이다. 다음으로 다스림의 내용은 바로 권력의 위계를 가르는 존존尊尊에 있다. 위계와 지위를 확실하게 하고 적합한 업무를 부여하며 근본과 사소한 것, 시작과 끝, 그리고 앞과 뒤를 확실하게 하여 국정을 바로 하는 일이 바로 다스림의 도의 목적인 명덕과 지선이다.

정리하자면 예의 내용은 근본적으로 연극이고, 그 안에서도 인과 충서라는 진정성이 연극에 의미를 부여하는 것이다. 진정성 없는 작품은 그저 쓰레기일 뿐이기 때문이다. 그래서 내용 없이 방법만 강조해서는 앙꼬 없는 찐빵이나 고무줄 없는 팬티에 다름없다. 그러므로 '예-친친-존존'이 바로 '수-제-치'의 도식과 같이 맞물리는 내용을 형성한다. 결론적으로 '수'는 기본 법도인 예의 내용이므로 모든 것은 바로 '수'에서 시작할 수밖에 없는 것이다.

마음을 틀 지우고–뜻을 오로지 하여–앎에 이르고–사물을 다룬다正心–誠意–致知–格物

앞에서 설명했기 때문에 더 부연할 필요는 없지만 오해를 없애기 위해 수신을 위한 방법들을 조금 더 설명하자.

치지와 격물은 주희나 왕양명이 주장한대로 물리적인 지식에 이르거나 사물을 바르게 하는 일이 아니라 「대학」 본문에서 계속해서 강조하듯 사물과 일의 본말과 선후를 밝히는 일에 해당한다. 내가 주희나 왕양명 같은 천재보다 더 똑똑해서 그들의 견해를 반대하는 것이 아니라 그저 문맥상 앞이나 옆에서 그 허점을 가리킬 수 있기 때문이다. 이는 그들이 너무 똑똑해서 빤한 것에서 뭔가 더 보려다가 머리가 헛돈 것이 아닌가 싶어서다. 그들이 맑고 밝은 현대적인 거울을 갖추지 못해서 뭔가 더 보려다 생긴 일이라고 치부하자. 좋은 거울에 비추어 보면 내 얼굴이나 네 얼굴이나 빤하게 보인다. 나쁜 거울은 아무리 집중해도 희끄무레한 것과 같은 이치이다.

대학에서 말하는 것은 지식이다. 대학에서 말하는 지식의 정의는 일과 사물의 본말, 선후를 알도록 하는 것이다. 때문에 "천자로부터 서인에 이르기까지 한결같이 모두 몸을 닦는 일로써 근본을 삼는다"고 했다. 다른 말로 지식과 수신의 근본은 바로 예인 것이다. 그리고 근본인 예를 알고 적절하게 시행하여 가문을 정리하고, 나라를 다스리는 일이 바로 지식의 끝이다. 지식이 '이른다'는 주희나, 사물을 '바르게 한다'는 왕양명의 자기 시대에 갇힌 견해로는 「대학」이 만들어진 당시의 세계를 제대로 해석할 수 없었던 게 아닌가 한다. 본성에 가미된 고요함을 통하여 예를 기준으로 만들어진 사물이나 일을 착오 없이 판단하는 것이 지식이다. 사실 주희가 하려던 일은 격물치지를 가지고 객관이성을 세우려는 것이었다. 하지만 대학에서 말하는 '격물치지'는 예를 기초로 하는 차별성이지 절대 객관적이지 않다. 객관이성이 아닌 것으로 객관성을 만들려는 노력은 헛짓이다. 역사적인 결론도 객관이성이 아니라 객관을 표방한 독선獨善이었다. 결국 헛발질한 꼴이다.

다음으로 '정심'과 '성의'를 간단히 알아보자. 「대학」은 '수신'이라는 국가를 다스리는 예로 시작한다. 수신은 정신이 몸을 만들어 내는 데에서 시작하여 나라로까지 그 범위를 넓혀가며 예의 정신을 드러내는 일로 마친다. 예의 훈련이기도 한 수신을 위해서는 반드시 필요한 과정이 바로 '정심'과 '성의'이다.

'정심'을 주장하는 이유는 마음을 바르게 만들어야 예의 기본이 되는 몸을 만들 수 있기 때문이다. '몸이 된 마음'의 원리를 따라 먼저 마음을 육체의 감옥으로 만들어야 한다. 몸을 언어의 개념으로 이루어진 마음의 틀 안에 수감해야 한다. 이것이 바로 정심이다. 연극을 하려면 얼굴 표정을 비롯한 몸의 세세한 동작까지 정확하게 컨트롤해야만 한다. 다시 말해 정교한 몸놀림의 결합체인 연극을 표정부터 손짓까지 제대로 연출하려면 마음으로 몸을 장악해야 한다.

다음으로, 남자가 닫아놓은 깊은 내부를 직시하는 일은 혼돈이고 견디기 힘든 일이기 때문에 자기 보호를 위해 색안경을 쓰고 볼 것만 보고 외면하고 싶은 것들은 따로 정리整理해 둘 필요가 있다. 정심이 바로 그 색안경을 끼고 마음속을 정리하는 작용이다.

우리는 한여름 해수욕장에서의 과시용 몸을 만들기 위해 보통 몇 달 전부터 피트니스클럽에 다니기도 한다. 하지만 대부분은 작심삼일로 3개월치 회원권을 날리고 독한 놈만 남아 몸을 만든다. 여기서 마음에 일과표를 만들어 놓고 정확하게 시간에 맞추어 움직이는 사람의 성공확률이 높다는 점에 주목할 필요가 있다. 정심이 바로 마음의 일과표와 같이 시간과 생활을 체계화하는 작용을 한다. 피트니스클럽에서는 운동복이 바른 복장이다. 그렇듯 바르다는 것이 무엇이고, 몸을 닦는다는 것이 무엇인지 다시 생각할 필요가 있다. 예의 일과표에 따라 마음을 조절하고 만들어 내는 것이 바로 정심이고, 일과표에 따라 바른 복근을 만드는 게 수신이다. 그래서 수신이 되면 궁정의 파티에서 복근이나 '갑빠' 좀 세울 수 있는 것이다.

공자의 말대로 한시라도 예에서 떨어지지 않기 위해서 정신은 육체에 제대로 뿌리를 박아야 한다. 술을 마셔도 몸가짐을 제대로 갖추기 위해서는 정신이 중요하고, 골프를 칠 때도 육체를 제어하기 위해서는 멘탈mentality이 중요한 것이다. 즉 마음이 바른 프레임을 만들면 그에 따라 육체도 바르게 갇힌다는 말이다. 그러니 건강한 육체에는 건강한 정신, 네모난 정자正字 프레임 정신에는 네모난 육체가 만들어지는 것이다.

성의를 설명하기 전에 알아두어야 할 점이 있다. 사람은 사물을 객관적으로 보는 게 아니라 훈련받은 대로 보고, 보고 싶은 것만 본다. 즉 마음은 형성된 대로 자기의 관점을 체계적으로 만들어 낸다. 이 선택적인 시각은 기본적으로 정심이 만들어 준다. 즉 정심은 육체를 규격화할 뿐 아니라 세계를 바라보는 시각까지 체계적으로 규격화한다. 아이들에게 물건을 찾으라고 하면 앞에 놔두고도 못 보거나, 그래서 아예 찾지 못하는 경우를 본 적이 있을 것이다. 시신경이나 시각에 문제가 있어서 못 보는 것이 아니라 그것이 마음에 들어 있지 않아 알아채지 못하는 것이다. 세계를 바라보는 시각이 정심으로 바르게 정리되어 있지 않기 때문이다. 정심이 되면 우리는 집중해서 볼 것에만 몰두할 수가 있다. 이 몰두가 바로 '성의'다.

성은 처음에는 '참으로', '진정', '진실한' 의미로 사용하던 부사였다. 이후 유학에서는 행위의 당위성을 이르는 추상명사로 바뀐다. 더 나아가 『중용中庸』에서는 "성실이 없으면 만물이 존재하지 않는다"[187]고 하여 성실을 만물의 존재 근거로 본다. 마치 노자의 도와 유사하게 성을 얻어 만물이 존재한다고 한다.

현대 대만의 유학자 무쫑싼牟宗三은 성의를 '관심' 혹은 '집중'으로 풀이한다.[188] 좋은 의견이지만 그보다는 조금 더 나아가서 미하이 칙센트미하이Mihaly Csikszentmihalyi가 말하는 '몰입flow'의 개념[189]으로 이해하는 것이 낫지 않을까 한다. 우리는 무엇엔가 집중하고 몰입하면 다른 것도 보이지 않고 소리도 들리지 않는다. 반대로 집중하고 몰입하지 않으면 관심도 생기지 않아 세상 사건의 본말이나 시종이 아무런 의미로도 다가오지 않는다. 즉 성의는 우주의 본질이 아니라 우주를 바라보며 그를 인간적인 의미로 파악해 내는 일종의 '시선'이다. 바로 앞 절의 노자에서 말한 상무, 상유와 유사하다고 하겠다.

문제는 관심과 집중 그리고 몰입은 내부적인 작용이지만 바라보는 방향과 대상은 외부에 있다는 점이다. 즉 성의는 정심과 마찬가지로 작용은 내부적이지만 작용하는 방향은 외부다. 거듭 말했듯, 성인식이라는 통과의례를 통해 이룬 문화적 본성의 존재인 남자가 내부적인 관점을 유지하는 일은 결코 쉽지 않다. 하지만 유학의 종합인 「대학」은 먼저 내부를 보고 정리하며 집중하라는 차원에서 성의를 언급한다. 내부를 보려는 남자는 먼저 내부를 직시할 수 있도록 그곳을 어떤 바람직한 내용으로 채워 넣어야 할 필요가 있다. 그 바람직한 내용이 바로 인의예지仁義禮智라는 사단四端이 그것이다.

'인의예지'라는 도덕적인 덕목은 문화적으로 정제된 감정이기에 본성이다. 반면 문화적이고 도덕적으로 정제하지 않은 감정을 희로애락喜怒哀樂 같은 칠정七情이라 한다. 남자가 절제를 통하지 않고 감정을 그냥 드러내는 것은 정심으로 내부를 정리하지 못했음을 의미한다. 즉 남자의 문화적 본성에 따라 내부를 정리했다면 칠정은 문화적으로 승화하여 사단으로 드러난다.

그래서 정심으로 수신에 성공한 통치자는 승화한 감정으로써 백성을 통치하는 자본으로 삼는다. 만약 왕이 사단으로 내부를 정리해서 채우지 못하고 그저 담아만 놓는다면 감정이 메말라서 세계와 감성적인 소통을 할 수 없다. 왕이 백성의 고통을 보고 느끼려면 불쌍하게 여기는 마음인 측은지심惻隱之心이 있어야 한다. 만약 백성의 고통을 보고도 측은지심을 못 느낀다면 왕의 기본적 자격인 수신에 문제가 있는 사람인 것이다. 즉 사단은 도덕적 감성이고 세상과 인간에 대한 감수성이기 때문에 이를 보지 못한다면 통치자로서 세계와 공감하며 대화하는 소통의 능력이 없어진다는 말이다.

감성적인 소통의 가능성이 생겼으니 다음은 세계를 올바로 보고 판단해야 한다. 앞에서 말했듯 판단 역시 감정의 작용이다. 그래서 다음 구절로 '격물치지格物致知', 그러니까 사물의 본말과 선후에 대한 지식이 뒤따른다. 그럼 '본本'과 '선先'은 무엇이고, '말末'과 '후後'는 무엇인가? 이를 알기 위해서는 먼저 '정심-성의-치지-격물', 혹은 반대로 '격물-치지-성의-정심'의 과정이 지목하는 것이 무엇인가를 알아야 한다. 객관이성이 아니라 "수신으로 본을 삼는다修身爲本"고 다음 구절에 바로 나온다.

산천山川은 의구하지만 인간은 상황에 따라 세상을 달리 바라보고 새로운 해석과 판단을 한다. 그러니 백성이 원하는 것의 가치를 깨닫지 못한다면 왕은 더 이상 왕이 아니다. 성의라는 내부적인 관점이 가지는 중요한 이유가 바로 여기에 있다. 자기를 비추어 남을 보고, 남을 비추어 자기를 보는 감성적인 소통을 위한 도구는 바로 자기 몸이다. 자기의 몸을 기준本으로 타인을 비추어 보는 행위를 혈구지도絜矩之道라고 한다. 내가 나를 벗어나서 타인과 공감할 수 있다는 것은 바로 독단적인 지식을 피하게 해주는 자기반성이며 타인과 감성을 공유하는 소통의 길이다. 그렇다. 나와 타인을 비추어 보는 행위가 바로 반성이다. 이 이유로 유학에서 반성의 근원이 바로 성의인 것이다.[190]

정리하자면, 유학의 핵심어인 예는 외부지향적인 '몸이 된 마음'으로 드러난다. 하지만 외부로 향하는 마음을 다시 안으로 돌려 백성과 감성적으로 소통하고, 통치에 필요한 감성으로 자기를 교정하는 행위가 성의에서 일어난다. 다시 말해 '몸이 된 마음'이 몸을 통해 드러났다가 다시 마음으로 돌아와 자기를 돌아보는 작용을 한다는 말이다. 노자가 말하는 "돌아오는 것反者"이 바로 이것이다. 예라는 외부지향적인 행위에서 결핍되기 쉬운 '마음이 된 몸'의 자기 작용이 바로 성의라고 할 수 있을 것이다.

그래서 '성의'란 자신에 대한 집중이고 몰입이다. 하지만 자신에서 끝나는 것이 아니라 자기 몸과 마음에 대한 집중과 몰입에서 시작하여 외부의 타인에 대한 지식으로 향하는 것이다. 노자는 이렇게 말한다. "남자의 학문은 여자의 체험을 공유해야 세상의 모범이 된다."

지금까지 남자의 학문이라는 「대학」에 나온 기본 개념을 쉽고 간단하게 설명하려고 노력해 보았다. 물론 조금은 새롭기도 한 이 해석이 틀릴 수도 있다. 하지만 어떤 해석이든 타당한 이유를 갖는다면 의미가 있다. 다시 짚어 보건대, 여기서 우리의 관심은 사실 「대학」이라는 틀로 만들어지는 남자다. 이제부터 조금 더 구체적으로 남자에 대해 말해 보자.

패거리 광시곡

삼삼오오로 다니며 종일 서로 조잘거리는 여자와 달리 남자는 정말로 '개떼'처럼 집단으로 몰려다니며 높은 자는 명령을 내리고 낮은 자는 임무를 수행한다. 인류학자에 의하면 원주민 사회에서는 가끔 '개떼'와 함께 몰려다니는 남자아이들을 목격하기도 한다고 보고할 정도이다. 여자가 내부적으로 벌이는 은근한 경쟁 및 폭력과는 달리 남자는 집단 안에서 언제나 가시적인 권력과 위계질서를 펼쳐 놓고 더 높이 올라가려는 경쟁을 벌인다. 이런 행태의 남자들이 이루는 집단을 결합체figuration라고 한다. 남자는 결합체가 제공하는 성인식 같은 통과 의례적인 장치를 통해서만 야만을 벗어나 문명으로 진입할 수 있기 때문이다.

결합체

결합체는 사람들이 서로 지향하고 의존하는 사회 구조를 만든다는 의미이다. 즉 인간은 고립된 개인이 아니라 서로가 끊임없는 관계 변화의 흐름 속에 놓여 있다는 의미이다. 엘리아스Nobert Elias는 축구를 예로 들어서 설명한다.

집단 스포츠인 축구에서는 한 팀의 움직임이 상대팀과 관련을 지으며 경기가 이루어진다. 경기장에서 생기는 결합은 서로 유동적이며, 개방적이다. 경기의 흐름도 어느 한 편 혹은 어느 한 개인에 의해서 일방적으로 통제되기보다는 상호관계의 틀 속에서 펼쳐진다. 경기는 선수들 간의 역동성과 균형상태에 따라 계속적으로 변화가 생긴다. 그래서 축구경기는 역동적이다. 심지어 경기가 중단되었을 때조차 결합체를 이루고 있는 각 선수들은 서로 간의 관계에 따라 자신의 위치를 끊임없이 조정하고 또 재조정한다.[191]

남자를 문명적인 존재로 만들어 주는 예절과 의례도 바로 이 결합체라는 인간관계의 게임에서 시작한다. 낭만적이고 잘생긴 정의의 사도라는 이미지의 중세의 기사knight는 사실 무자비하고 무지막지하게 살인을 일삼는 칼잡이였고, 기사들이 모여 살던 영주의 궁정은 야만적인 폭력이 난무하는 강도 소굴이었다. 주나라의 귀족도 별 차이 없었을 것이다. 여기서 여자는 폭력적인 남자의 육체적 쾌락을 충족시켜 주는 도구에 불과했기에 강간은 일상이었다.

하지만 국가의 규모가 더 커져 왕궁에 모여 살 기회가 많아지면서 폭력 대신 귀족 공동체를 위한 예절과 사교가 생겨난다. 강도와 다를 바 없이 거칠고 무례한 귀족이라도 자기보다 높은 왕비나 공주를 강간할 수는 없는 노릇이기 때문이다. 이런 예절이 절정에 이르렀던 곳은 프랑스의 절대왕정시대 루이 14세Louis XIV를 위해 새로 지은 베르사유 궁전Chateau de Versailles이었다.

베르사유 궁전은 엄격한 원칙과 위계에 따라 철저하게 계획하고 연출한 무대와 같은 곳이었다. 연출과 주연은 루이 14세가 맡고 조연은 궁정에서 공동생활을 하던 귀족 그리고 엑스트라는 귀족을 따라 들어와 시종 역할을 하던 시민계급의 부르주아가 담당했다. 베르사유에서는 아침에 일어나는 기상의례부터 잠자리에 드는 취침의례까지 만들어졌다. 궁정의 모든 일상생활은 차별적인 계급에 따라 각기 다른 의례를 적용하는 '연극'과 같았다. 다른 말로 하면 연극적인 의례가 바로 일의 선후를 정하는 예이고 문명인 것이다.[192] 그러니까 문명세계의 삶은 결국 연극이다. 그러니 연극에서 쓸데없이 자신을 찾으려고 하지 말자.

위계와 경쟁

궁정에서 남자 귀족들은 신분상승을 위해 예절을 받아들이면서도 점차 예절의 순서와 위계를 놓고 서로 질투하며 치열한 경쟁을 벌였다. 이 질투와 경쟁은 궁정예절의 위계와 서열을 서로 강하게 확인하는 결과로 나타난다.

이렇게 결합체를 장황하게 설명한 이유가 있다. 보이지 않게 뒤로 경쟁하는 여자들보다는 떼 지어 몰려다니는 남자를 문명으로 만들고 예절을 가르치는 데 해당사항이 많기 때문이다. 즉 남자는 다른 남자의 행위에 따라 달라지는 결합체의 세상에서 위계를 만들고 경쟁하면서 의례와 룰

을 배워 문화적인 존재로 성장한다. 앞에서도 잠시 말한 칸트Immanuel Kant
의 '비사교적인 사교성'이 말하는 바가 집단적 경쟁 속의 개인이다. 칸트는
이 집단성에서 개인적인 측면을 주목한 것이다. 바꾸어 말하면 가톨릭에
근거한 집단적인 경쟁사회에 반대하고, 개신교에 근거한 개인적 종교성을
강조한 것이라고도 할 수 있다.

밤에 강남 신사동이라도 가 보라. 떼 지어 배회하는 남자들을 쉽사리
볼 수 있다. 심지어 취객의 무리에게도 위계질서가 있고 그 안에서 서로 경
쟁한다. 고등학생 폭력배를 주제로 한 한국영화 〈친구〉에서도 잘 드러나
는 공격적 성향은 청소년 깡패들의 신념이다. 이런 곳에서 폭력을 거부하
는 태도는 비겁한 짓으로 응징당하기도 한다. 깡패의 일원이 되려면 먼저
자기가 가진 한 방의 주먹을 과시하는 동시에 남의 공격에도 견뎌내는 맷
집도 보여야 하는 것이다. 이런 깡패들의 상호 공격은 현대적 남자들이 만
들어 낸 성인식의 한 모습이라고 봐도 무방하다. 이런 결합체에서 만약에
누군가 자리에 따른 권력이나 폭력성을 버리면 다른 패거리들의 신뢰를 잃
고 따라서 남자라는 정체성까지 상실한다.

대개의 남자는 어느 형태로든 가시적인 권력에 따른 위계와 경쟁으로
이루어진 패거리의 회원으로 등록되어 있다고 봐도 무방하다. 남자의 패
거리가 갖는 근본적 토대가 바로 정치성이기에 '남자의 왕조'였던 조선의
붕당정치를 나무랄 일이 아니다. 그저 그 개떼들이 인간적이지 못했을 뿐
이다.

남자는 자기의 패거리에 속할 때 기쁘고, 패거리에서 위계에 따라 경쟁
하면서 서로 티격태격하고 비꼬며 상대를 끌어내리는 처신을 배울 때 행복
하다. 이 때문에 이런 폭력 속에 아등바등하며 경쟁하는 남자가 불쌍한

것이 아니라, 그 반대의 남자가 한없이 초라하다.

정치

원래 유럽에서 정치는 남자의 전유물이 아니라 모든 계층의 남녀가 각
자의 방식으로 견해를 표현하고 토론하는 장이었다. 하지만 개신교 부르
주아가 지배한 모더니즘의 세계로 들어서면서 정당을 주축으로 하는 의회
주의가 정치에 담긴 여성의 친밀성을 사적인 영역으로 몰아내고 급기야 정
치를 공적 영역으로 만들어 버렸다. 즉 정치를 공적인 영역에만 한정한다
고 하면서 실상은 남자의 것으로 독점한 것이다.

동아시아에서도 정치로부터 여자를 배제하지는 않았다. 겉으로 드러나
지 않았을 뿐 수신과 제가, 치국에 여자도 적극 참여했다. 왕이나 사대부
의 결혼은 정치행위이고 가정을 다스리는 일도 정치행위였으며 그 극단적
인 형태가 외척정치였다. 결혼은 여자와 하고, 집안은 여자가 이끌어 간다.
그러므로 여자도 정치에 참여한 정치인이었다.

유럽에서 여자를 배제한 남자의 정치는 불행히도 결국은 공적인 정치
가 아니었다. 정치 영역을 남자가 독점한 결과 역설적이게도 의회와 정당
에서 실제적인 공적 영역은 없어지고 공적인 것처럼 연극하는 남자 패거리
들만의 충돌지대로 바뀌었다. 패거리들끼리의 경쟁원칙에 따라 말로 하는
싸움이 공적인 합의를 대치한 것이다. 바로 패거리의 입심과 목청이 '공
익'으로 둔갑한 것이다.[193]

그리스의 아테네는 맨 아래부터 시장인 아고라Agora, 정치토론장인 아
크로폴리스Acropolis, 그리고 꼭대기에 있는 신전 파르테논Parthenon이라는 구

조를 갖는다. 이와 마찬가지로 남자들도 아래에서부터 위로 계단식 위계에 따른 모임을 갖는다. 맨 아래 술집부터 위원회를 거쳐 의회까지 역할에 따라 위계가 달라진다.

하지만 남자이기에 하는 짓과 결론은 똑같다. 특히 안건을 내걸고 전체회의를 하는 경우 그야말로 가관의 풍경이 벌어진다. 남자의 회합은 본질적으로 서로 경쟁하고 투쟁하는 일이지만 역설적이게도 회의를 통해 합의를 내야 하는 딜레마를 만난다. 싸워서 합의에 이를 수 있겠는가? 이런 이유로 남자들은 회합을 상당히 황당하게 전개한다. 합의 때문에 모였지만 실상은 서로 상대방을 야유하고 방해하고 치명타를 주기 위한 경기를 하는 것이다. 남자가 할 줄 아는 것은 그것뿐이다. 그러니 정작 안건은 논외가 되기 일쑤이고 오직 승부만 남는다.

남자들은 모든 것을 축구 혹은 야구처럼 생각하는 경향이 있다. 그래서 정치에서도 축구나 야구 경기와 유사하게 작전과 승부로 합의를 이룬다. 정치인에게 의회는 경기장이고 정당은 구단이며 의원은 선수의 역할을 한다. 각 구단과 마찬가지로 정당의 선수인 의원들은 각기 팬클럽을 가지고 있으며 이를 통해 관중이라는 지지자를 동원한다.

스포츠 경기의 시즌과 마찬가지로 정치의 그라운드는 의회다. 이때 모든 선수들이 포지션에 따라 화려한 기량을 펼쳐 상대방을 공략하여 득점으로 연결하려는 전략을 세운다. 그런 남자에게 정치적 합의는 경쟁에서의 승리를 의미한다. 그렇다고 오직 단점만 있는 것은 아니다. 경기를 해야 서로의 장점과 단점이 모두 드러나고, 게임이 지닌 문제점이 모두 나타난다. 남자들은 정치로 안건을 처리하지만 사실은 경기이기에 상대방의 약점을 까발리고, 이겨야 하기에 안건이 지닌 문제점을 모두 까발릴 수 있는 것이다.[194]

술집

  정당의 지지자들이 모여 서로의 주장을 내걸며 각축을 벌이는 곳이 술집이다. 이곳에서 제대로 대우 받으려면 무릇 먼저 큰 목소리로 허풍 떨기와 비꼬기의 내공을 다지면서 상대로부터 날아오는 비난에도 꿈쩍하지 않도록 맷집을 길러야 한다. 뻥이나 구라, 허풍 혹은 비꼬기는 경쟁을 위해 남자들이 개발한 언어형식으로 패거리의 단합을 위해 필요한 요소이다. 보통 여자들은 이런 언어나 인신공격에 익숙하지 못하기 때문에 상황을 오해할 가능성이 많다. 그래서 이곳에서는 여자의 참여를 별로 반기지 않는다.

  남자의 허풍은 보통 큰소리로 "내가 김대중 선생을 뵈었을 때"나 "박정희 전 대통령이 내게 이렇게 말씀하셨는데 그게 바로 이런 뜻일 줄이야!" 같은 검증할 수 없는 신화로 시작한다. 그 허풍에 "야! 네가 김 대통령을 만난 건 줄 서서 악수한 게 전부 아니었어?"하는 비꼬기가 들어온다. 이렇게 악의 없이 오가는 허풍과 비꼬기로 시작하여 지지자들은 정치적으로 "우리가 남이가?"라는 식의 공동체적인 의식, 즉 단합을 만들어 간다.

  세勢를 과시하는 방법으로는 뭐니 뭐니 해도 소음이 최고이다. 영국의 극작가 셰익스피어William Shakespeare는 "만약 인간에게 천둥을 치는 능력이 있다면 종일 아무것도 안 하고 천둥만 칠 것이다"라고 말한 적이 있다. 그렇듯 하나로 단합한 회원들이 모여서 지르는 소음은 패거리가 보여줄 수 있는 위대함의 척도인 것이다. 적을 무찌르기 위해 모두가 하나 되는 거대한 힘은 소음으로 드러나는 것이다. 남자란 원칙적으로 시끄러운 존재이고, 서로를 소음으로 인식한다. 심지어 사내아이들도 소리를 지름으로써 자기의 힘을 느낀다. 아들을 데리고 터널 같은 곳을 지나가 보면 알 수 있다. 아들들은 터널에서 꼭 소리를 지른다. 심지어 스포츠카를 타고 다니는 사람도 터널에서는 일부러 엔진소리를 크게 낸다. 시끄러움, 자기 뻥튀기, 허풍, 비꼬기, 야유, 욕설의 행위자가 바로 남자인 것이다.[195]

외부 세계

남자는 내부의 감정을 봉쇄하고 외부의 적에 집중하기 때문에 내부보다는 외부에서 질서를 구현하려고 한다. 그러므로 「대학」에서 말하는 수신도 근본적으로 내부의 일이 아니라 의례라는 외부적인 사항을 몸에 구현하는 방법이다. 내적인 기술로 볼 수 있는 성의도 사실은 외부와의 소통을 위한 성찰과 집중인 것이다. 즉 남자는 몸과 가정 그리고 나라라는 외부를 닦고 정리하며 다스리는 일에서 마치 우주를 정복ㅠㅈㅏ한 것과 같은 행복을 느끼는 것이다.

객관적인 세계

외부의 세계는 객관적이고 물리적인 세계이다. 즉 모든 것을 길이, 중량, 숫자, 서류, 규칙, 도구 그리고 공구로 측정하고 체계화하는 곳이다. 남자는 객관적으로 분석하기 힘든 무차별적인 내적 감정의 세계는 기피한다. 오직 계급과 직분에 따라 명확하게 구분할 수 있고 기준이 확고하여 차별화할 수 있는 객관적인 세계에서 예와 직분에 맞춰 서로 정치적으로 거래하는 것을 더 좋아한다. 즉 남자에게 내부는 혼돈이고, 외부는 질서를 부여하고 조절하며 통치할 수 있는 곳이다. 이 질서가 바로 우주정복을 의미하는 평천하의 의미이다.

외부세계를 선호하는 이유는 외부라는 상징을 통해 담을 쌓아 막아놓은 내부세계까지 들어가 그 내용들을 일목요연하게 정리할 수 있기 때문이다. 이게 바로 '정심'의 작용이다. 우리의 내부가 두뇌에 있다고 생각해도 그렇다. 모든 외부세계는 두뇌가 만든 것이나 다를 바 없다. 외부도 사실은 내부의 반영이며 외부세계의 조절 기제도 따지고 보면 내부에 있는 것이다. 그러니까 사물인 몸을 닦는 일도 정심 같은 내면세계를 정리하는 수단을 통해 가능한 것이다. 「대학」이 수신의 바탕을 성의라고 지적하듯, 아무리 객관화가 가능한 외부세계라도 결국은 우리의 마음속에서 형성되는 것이다. 게다가 친절하게도 「대학」은 성의 이전에 정리작용인 정심을 마련해 놓았다. 정심이란 앞에서도 지적한 대로 '몸이 된 마음'의 대표적인 작용이다. 정심의 목적이 바로 수신이고 수신을 통해 다시 외부세계를 내부에 끌어들여 정리하는 작업이다. 그래서 통치자는 정심으로 정돈한 내부에서 쾌적하게 성의를 통해 세상을 도덕적으로 살피며 질서 있게 통치할 수 있는 것이다.

그렇게 남자는 객관적인 세계를 건설한다지만 사실 세상은 객관적이라기보다는 자기생성적인 주관의 세계이다. 따라서 객관적 세계를 만든다는 일은 결국 내부세계를 비추기 위한 거울 만들기에 지나지 않을 것이다. 하지만 대부분의 남자는 자기가 반영한 자기의 표상조차 내적인 감성에서 나온 상징이라는 것을 알아차리지 못한다는 약점을 지니고 있다.

우리 주변을 한 번 돌아보면서 가족, 직장, 친구, 취미를 살펴보라. 모든 애증의 관계가 바로 나를 비추고 있다. 주변을 보면 내가 보이는 것이다. 내 관심과 욕망을 바라보면 거기에 내가 있음을 알아차릴 수 있다. 아니 인터넷 방문기록이나 쇼핑 리스트만 봐도 내가 있다. 그렇게 내가 만들려는 외부세계는 객관적으로 존재하는 게 아니라, 내 마음속을 비추는 마음의 질서인 것이다. 하지만 남자는 외부세계가 자기 내부를 비추는 거울이라는 것을 알아차리지 못하기 때문에 수신과 제가 및 치국을 서로 다르다고 여기기도 한다.

정심으로 감정을 정리하지 못하고, 성의로 세계와 자기의 감정을 조율해 보지 못한 남자는 자기감정을 표현하는 대목에서 꽤나 낑낑댄다. 즉 마음속 감정조차 기억하고 추론하는 과정을 거쳐야 그 내용을 어렴풋하게 짐작할 수 있는 것이다. 그렇게 남자에게 내부세계는 외부의 은유적인 질서로 모습을 드러내지만, 직접적으로는 그와 대면하지 못하기 때문에 정확히 내적인지 외적인지를 구별하기 어렵다. 그래서 남자란 마음의 공부가 필요한 존재이다.

자의식

남자는 성기 크기 비교로 자기의 위계를 측정하듯 자신이 외부에 미치는 영향의 크기로 자아의 크기를 체험한다. 박수를 받으며, 여자들이 보내는 선망의 웃음으로, 사람들의 주목으로, 열리는 문으로, 존경으로 자아를 체험한다. 즉 남자가 만드는 자기 이미지는 내부가 아니라 외부적인 업적에 있는 것이다. 내부의 인격보다는 건축물, 작품, 통치권의 영역으로 드러난다.

외부적인 성공에 집착하지만 꼭 현실의 성공에 집착할 필요는 없다. 성공하지 못하고, 도를 이룰 수 없는 경우 숨어 버리거나 또는 기만적인 변명을 줄줄이 늘여 놓을 수 있는 여지가 남아 있기 때문이다. 그저 자신의 이미지를 단순히 연극적인 역할의 요건에 부합시키면 웬만한 실패와 무능함은 대충 무마할 수도 있다. 하지만 미래나 세상에 대한 변명은 그리 바람직하지 않은 결과를 낳기도 한다. 패배자라는 결과가 그것이다. 눈앞의 현실을 외면하는 일이 그것이고 두려움에 갇혀 패배자로 전락하는 경우가 그것이다.[196]

동아시아 문화의 중심인 유학은 언제나 헤게모니를 장악하고 싶어 한다. 맞다. 남자라면 무릇 우주정복을 꿈꾸어야 한다. 여기까지는 아무 반발이 있을 수 없다. 하지만 헤게모니를 장악하지 못하고 패배했을 때 남성적이지 못한 변명과 태도는 실망스럽기만 하다. 자고로 남자란 실패를 인정하고 당당하게 맞서서 포기하지 않으며 결국 다시 일어나야 하는 것이다.

그래서 남자인 유학자는 언제나 근엄한 승자의 표정이라는 가면을 유지하려고 한다. 패배를 인정하는 법을 배우면 자기를 성찰하는 유리한 고지에 서서 실패 극복능력을 얻고, 어려움에서 벗어날 수 있다. 그럼에도 패배를 인정할 수 없는 이유는 동정과 연민 때문이다. 남자인 유학자가 세상에서 가장 증오하는 것은 누군가가 자신을 여자와 아이로 강등시키는 일, 즉 동정과 연민이다. 이 경우 남자는 더 이상 존경스러운 군자君子가 아니라 소인小人으로 전락하고 마는 것이다. 따라서 남자들은 남으로부터 오직 부러움을 살 뿐이지, 위로는 받을 수 없으며, 그래서도 결코 안 된다고 생각한다.[197]

소인과 어린아이 그리고 여자는 아프면 울고, 패배하면 화를 내거나 풀이 죽고, 손해를 보면 애석해한다. 하지만 남자인 유학자는 초연하려고 애쓰며, 패배를 인정하지 않으려 한다. 패배를 인정하면 상대방이 승리하는 것을 의미한다고 보기 때문이다. 그러나 이제는 그런 남자들이 울어도 전혀 부끄러울 게 없는 세상이다. 그러니 이제부터는 울어도 된다.

내부세계

모든 것이 내부세계로부터 나온다는 점은 남자에게는 곤혹스러운 문제다. 내부의 감정을 외면하려고 외부세계에 집착하면 할수록 외부에서 오는 자극이 커지고 따라서 내부의 압력도 더불어 커진다. 하지만 남자는 내부를 들여다볼 능력이 떨어지기 때문에 내부의 환경이 어떤 상황에 처해 있는지를 명확하게 판단하지 못한다. 아무리 스트레스가 쌓여 내부적인 압력이 커져도 인식을 못한다. 그러다가 어느 순간에 그 압력이 터져 나와 분노의 불을 뿜는다. 이유 없는 침묵이나 스트레스로 인한 건강상의 문제로 나타나기도 하지만 남자의 급작스러운 분노는 이렇게 내부압력의 폭발로 설명할 수 있다. 모두 자신의 내면, 즉 감정과 영혼의 상태를 말할 능력이 부족하기 때문이다. 그래서 「대학」은 정심과 성의를 통한 수신으로 내부와 감성적으로 소통하고 치유하는 방법을 권하는 것이다.

「대학」의 격물치지를 예로 들어 보자. 외부적인 세계에 질서를 부여하는 예의 작용인 격물치지는 근본적으로는 수신을 위한 내부적인 지식의 문제이다. 동시에 격물치지는 앞에서 말했듯 사물, 사건 혹은 다스림에 있어 근본인 수신과 곁가지 그리고 앞뒤를 구분하여 안배하는 객관적인 세계에 대한 밝은 지식이다. 즉 내부의 기준을 통해서 외부세계의 문명을 운영하고 질서를 부여하는 '다스림知'인 것이다. 비록 내부를 정리하는 기능인 성의와 정심이 있기는 하지만 유학의 궁극적인 목적은 수신을 통해 외부세계를 질서 있게 다스리는 평천하에 있다. 즉 정심으로 내부를 만들고 성의로 내부를 반성하는 이유는 내부를 외부세계에 반영하여 내부를 더욱 정교하게 통제하기 위함이다. 그래서 정심과 성의라는 남자의 반성은 바로 노자가 말하는 '마음이 된 몸'에서 시작하지만 결론은 '몸이 된 마음'인 수신이라는 자기 형성으로 끝난다고 하겠다.

악당 그리고 영웅과 주인공

어느 전통에도 문화를 위협하는 적 한 둘은 있는 게 흥미진진하다. 그래서 도가의 창시자인 노자는 '예禮'를 나쁜 놈으로 보고, 공자와 유학에서는 소인小人과 노자 같은 이를 사문난적斯文亂賊으로 규정해 맹공을 퍼붓는다.

악당

나는 한때 세계정복(?)이 꿈이었기에 어떤 면에서 보면 영웅보다는 악당이 더 흥미로웠다. 동아시아에도 예로부터 지목하는 문명의 사대 악적四凶과 사대 죄인四罪이 있다.

재미있는 건 이들 악당들이 모두 명문대가 출신이라는 것이다. 심지어 전설의 오제五帝인 전욱顓頊이나 소호씨少昊氏 같은 하느님의 아들도 대거 포함되어 있다는 점이다. 명문가 출신 악당들은 한때 맹위를 떨쳤던 재벌 2세의 '7공자 클럽' 같았던 것일까? 꼭 그렇지만은 않다. 주어진 임무에 실패하여 악당으로 몰려 사형당한 경우도 더러 있었다. 대표적인 경우가 곤鯀을 들 수 있다. 그는 하느님이었던 전욱顓頊의 아들로 순舜임금에게서 황하의 범람을 다스리라는 명령을 받았다. 명령을 수행하기 위해 하늘에서 식양息壤이라는 저절로 자라나는 흙을 훔쳐 치수 공사를 실시했다. 하지만 최고의 중장비를 갖추고도 치수에 실패하자 곤은 책임을 지고 사형을 당한다. 후에 그의 아들인 우禹가 그 위업을 물려받았다. 우는 다리털이 다 빠질 정도로 뛰어다녀 13년의 노력 끝에 치수에 성공하여 순임금이 죽은 후 부족 연맹의 수령이 된다. 그 후 하천이 있는 곳의 경계에 따라 중국의 땅이 구주九州로 나뉜다.

요즘 게임에도 나오는 사흉四凶이란 고대 요임금 시대에 서쪽 땅에 살았다고 하는 네 명의 흉악한 괴물들을 지칭하는 말이다. 『장자』에도 등장하는 눈, 코, 입은 없으나 개와 비슷하게 생긴 혼돈渾沌이 있고, 사람 얼굴에 범의 몸을 하고 성격은 매우 거만한데다가 고집스러우며 항상 천하의 평화를 어지럽히는 도올檮杌이 다음이다. 도올은 동양철학자 김용옥이 호로 사용하는 바로 그 괴물이다. 다음의 궁기窮奇는 범 같이 생겼으며 사람의 말을 이해하고, 날개가 있어 비행능력이 있었다. 싸우고 있는 사람 중에 옳은 쪽의 사람을 물어 죽이고 충성스러운 사람이나 신의가 두터운 사람의 코를 베어 먹는다. 반대로 악인이나 배신자에게는 짐승을 잡아 선물로 준다고 한다. 내게 이 궁기는 호로 삼을 마음이 생길 정도로 멋진 녀석이다. 마지막으로 도철饕餮은 이름 자체가 재산을 탐하고 음식을 탐한다는 의미이다. 탐욕스러운 성질은 마치 이리와 같고, 재산을 불리는 일은 좋아하지만 그것을 쌓아놓기만 할 뿐 소비하지는 않았다고 한다. 상나라 청동기에 가장 많이 등장하는 범의 얼굴이 바로 도철이다.

사죄四罪에 해당하는 악당으로는 홍수를 일으키는 물의 신 공공共工, 순임금의 제위에 도전한 요임금의 아들 단주丹朱, 단주와 함께 반기를 들었던 남방의 삼묘三苗, 식양息壤을 훔쳐 치수 공사를 실시했던 곤鯀을 말한다. 이들 사죄가 실제로는 사흉과 거의 같으리라고 보는 사람도 적지 않다. 즉 공공이 궁기窮奇, 단주가 혼돈混沌, 삼묘는 도철饕餮, 곤은 도올檮杌에 해당한다는 설이 있다.[198]

'역사적인 악당'이라고 이름을 붙였지만, 곰곰이 따져볼 때 이런 명칭과 대접은 사실 지역에 사는 부족을 두고 중원 사람들이 보였던 문화적인 편견일 수도 있다. 최소한 그런 의도가 담겨 있는 분류방법일지도 모른다는 얘기다. 역사적으로 전쟁을 벌인 상대 부족에 대한 모함과 폄훼가 편견으로 발전한 경우라고 할 수 있다. 특히 홍수를 일으켰다는 공공은 조금 특이하다. 공공은 이름 그대로 '공동작업하는 공돌이'이다. 이름만으로 보아서는 문명의 죄인이 될 이유는 없는 것이다. 『중국의 과학과 문명 Science and Civilisation in China』을 저술한 조셉 니담Joseph Needham은 공공의 경우 공업에 대한 농경인의 편견이고, 공장工匠에 대한 문인들의 거부감이라고 풀이하기도 한다.[199] 그래서 동아시아에서 공업은 언제나 농업의 아래에 놓였으며 천시를 받았다.

유학의 경우, 공자는 군자와 대비되는 소인을 여자와 함께 지목하여 잘해주면 기어오르고 멀리하면 원망하는 골치 아픈 존재로 싸잡아 비난하고 있다.[200] 유학에서 말하는 소인은 이익에는 밝지만 의리에는 어두운

자이며, 욕망에는 밝지만 밝은 덕을 무시하고 사사로이 탐욕을 부리는 도철 같은 사람을 말한다. 또 감정에는 밝지만 도덕적인 감성에는 관심 없고 욕망을 여과 없이 드러내는 남자이다. 그렇기 때문에 소인은 「대학」에도 어김없이 등장하여 맹위를 떨친다.

영웅과 주인공

극이 되려면 '영웅protagonist-악당antagonist-관객chorus'의 삼박자가 균형을 이뤄야 한다. 동아시아 역사에서 유학은 언제나 영웅이 아닌 주인공이 되고 싶어 했다. 결국 후한後漢에 이르러서 원톱one top의 자리를 획득했다. 하지만 진정한 영웅은 일이 완수되면 조용히 물러나는 자를 말한다. 즉 노자가 말하는, 공을 이루고 머물지 않기에 공에서도 떠나지 않는다는 이상을 실현하는 자가 바로 영웅이다. 하지만 유학이 존경 받지 못하는 측면은 바로 주인공은 좋지만 기득권을 버리는 희생은 사절하는 태도에 있다. 희생을 마다하는 종교에 무슨 대속이나 구원을 이야기할 수 있을까?

동서양의 신화 등 영웅이 등장하는 스토리의 구조는 대개 비슷하다. 그 스토리 속의 영웅이 그리는 발자취는 동서양이 다를 게 없다는 얘기다. 노자가 지적하듯 일을 이룬 뒤 세속의 영예에 매달려 길을 떠나지 못하는 자는 결코 영웅이 아니다. 동양의 무협지가 그렇고, 전쟁 영웅이 등장하는 서양의 설화적 무대도 다 그렇다. 머물면서 일을 이룬 뒤의 안온함과 향락, 나아가 권력을 차지하는 자는 결코 진정한 영웅이 아니다. 그에 비한다면 지금까지의 유학이 그려온 발자취는 그런 영웅의 모습과는 매우 동떨어져 있다.[201]

벤베누토 첼리니Benvenuto Cellini, 〈메두사의 머리를 들어 올리는 영웅 페르세우스Perseus and Medusa〉, 피렌체 시뇨리아 광장Florence Piazza della Signoria

유학은 영웅의 풍모 대신 '매우 독선적인 남자 주인공'의 얼굴이었다. 모든 것을 좌지우지하지 않고는 직성이 풀리지 않는 남자 주인공으로서 제가 저지를 수 있는 모든 만행을 유감없이 사람들에게 펼쳐 보였다. 한 마디로 독무대를 꾸미며 자기 이외는 모두를 코러스와 엑스트라로 만들고는 조금이라도 자기 비위에 맞지 않게 행동을 하는 연기자를 악당으로 몰았다.

주인공과 영웅의 차이는 위기를 대하는 태도에 있다. 주인공은 위기를 관리하며 그로부터 최대한의 이득을 끄집어내는 반면, 영웅은 이득이 아닌 위기 그 자체에 관심을 둔다. 유학이 영웅이 되지 못하는 이유가 바로 여기에 있다. 진짜 영웅은 마치 어린아이 같이 영웅의식이 없어야 한다. 아니 적어도 그렇게 보여야 한다. 어린아이를 찬양했던 양명학자 이지李贄의 비극이 여기에 있는 것이다. 영웅은 과시적이지 않고 겸손하며 항상 숨어 있다가 위기가 닥치면 그때서야 어디선가 불현듯 나타난다. 이어 사람을 도운 뒤에 표표하게 사라져야 슈퍼맨이고 스파이더맨이다. 그래서 영웅은 당연히 돕는 존재고, 아이와 아가씨는 기피해야 할 소인이 아니라 늘 그 도움을 받는 존재다. 영웅은 너무나 당연한 일을 했기에 비록 도움을 받았더라도 전혀 고마워할 필요가 없다. 마치 노자가 말하는, 낳고 키워주지만 머무르거나 가지려 하지 않는 성인과 유사하다.[202]

유학의 문제점은 영웅이 아니라, 모든 이름과 이득을 함께 챙기는 주인공이고자 한다는 데 있다. 하지만 초연한 영웅적 풍모를 지니지 않고는 주인공 노릇을 계속할 수 없었다. 영웅이 아니라면 진정한 찬사를 받을 수 없다는 게 유학의 현실이었기 때문이다. 그래서 나온 "도가 없어지면 숨는다"는 유가의 지침은 사실 따지고 보면 치밀한 계산에서 나온 태도다.

유학자가 영웅일 수 있는 길은 몇 개가 있다. 관리가 가능한 작은 위기를 계속 만드는 것과, 겉모습만은 그럴 듯해 전혀 소인 같이 보이지 않는 적을 만드는 것이다. 다른 하나의 가능성은 『삼국지연의三國志演義』라는 드라마에서 나오는 유비劉備 정도다. 한나라 황실을 되살린다는 명분을 내걸고 그럭저럭 유학자 행세를 했다는 점에서 그렇다. 그러나 마지막에 영웅주의를 채택한 유비는 결국 실패한다. 차려진 밥상에 숟가락 얹는 게 유가의 미덕인데 유비는 밥을 차리려 직접 나섰기 때문이다.

그래서 유학이 지향하는 바는 최소한의 비용으로 최대한의 이익을 올리려고 작은 위기를 만들어 해결에 나서는 '소영웅'이다. 진짜 영웅과는 달리 경제적 법칙, 즉 이해타산의 틀을 들이대는 사람이 바로 소영웅이다. 유학이 주인공 노릇을 지속하려면 진짜 영웅이어야 하는데, 앞에서 말했듯 진짜 영웅은 실제적인 이익이나 영양가가 없다. 하지만 소영웅은 영웅과 달리 공을 이루고 몸을 뒤로 물리는 사람이 아니다. 자기가 이룬 공에서 절대 멀어지지 않고 이를 여러 모로 선전하며 찬사를 받은 뒤 최대한의 수익을 올리려는 경제인이다.

이순신이나 안중근 같이 남으로부터 찬사를 받으면서도 제 업적에 머물지 않고 떠나야 진정한 영웅이다. 하지만 박정희나 전두환 같이 찬사나 대가를 바라면서 정권을 차지하는 사람은 진짜 영웅이 아니라 사실은 협잡꾼에 불과하다. 결국 명리만을 좇는 세상은 모든 국면에서 주인공 역할을 맡고자 하는, 이해타산의 셈법이 뛰어난 소영웅이나 협잡꾼을 얻을 수밖에 없다. 말하자면 "꿩 대신 닭"의 결과만을 얻는다.

그래서 장자는 "자기가 한 일을 큰일이라고 여기는 자는 큰일을 할 수가 없다. 작은 주머니에는 큰 것을 넣을 수가 없다. 짧은 두레박줄로서는 깊은 우물의 물을 퍼올릴 수가 없다. 사람도 이와 같다"[203]고 했다. 장자는 심지어 공자의 말을 인용해 "잘 다스려진 나라에는 별로 할 일이 없으니 이곳을 떠나 혼란스런 나라에 가서 힘써 일할 것"[204]이라며 진정한 영웅이 어떤 사람인지를 말한다. 물론 영웅이라고 문제가 없는 것은 아니다. 영웅은 절대 한 여자나 한 세상이라는 정해진 곳에 머무르지 않기에 둥지를 만들지 않는다. 그러니까 영웅은 여자나 나라에 관심이 없고 오직 위기와 정의에 관심을 두는 사람이다. 그래서 우리는 이순신 장군이나 안중근 의사 혹은 현대의 체 게바라Che Guevara 같은 사람을 최고의 영웅으로 꼽는다. 공자의 말대로 "위기를 보면 목숨을 바치는"[205] 사람이 바로 그들이었다. 그래서 그들이 영웅인 것이다. 이런 영웅은 유학의 2500년 역사에 몇 있었던 것 같다.

예로부터 영웅은 '봄'이었다. 그래서 늘 '겨울'을 격퇴하여 물리치는 상징이었다. 보통 천하를 어지럽히거나 처녀를 묶어 두고 있는 '겨울'은 아버지인 '용'으로 상징되었다. 머리카락이 허연 아버지는 눈 덮인 설산으로 상징되고, 딸을 걱정하며 부릅뜬 아버지의 눈은 용의 시선이며, 그의 호통은

안토니오 델 폴라이올로Antonio del Pollaiolo,
〈헤라클레스와 히드라Hercules and the Hydra〉,
피렌체 우피치 미술관Florence Uffizi Gallery 소장

용이 뿜는 불을 상징한다. 겨울의 용이 지키는 처녀에게 봄을 상징하는 애인이 등장한다. 겨울은 봄을 이기지 못하니 용은 물러날 수밖에 없다. 이어 처녀는 용의 감시에서 풀려나 바야흐로 수태受胎의 계절인 여름으로 넘어 가려고 한다. 하지만 대부분의 낭만적인 이야기가 전하는 영웅은 마치 단군신화의 환인이 그렇듯 처녀를 떠나 자기의 길을 떠난다. 처녀를 지키는 용

이 없기에 그녀와 볼일이 없어진 것이다. 관심의 대상이 없어졌기에 자리를 뜨는 것이다. 노자의 입을 빌려 말하자면 "공을 이루면 거기서 떠나야" 영웅이기 때문이다. 즉 그의 관심은 여자가 아니라 용이었던 것이다.[206]

떠나는 게 영웅이 지닌 특징이자 문제점이다. 물론 영웅을 붙잡아 둘 방도(?)가 없는 것은 아니다. 용이 완전히 물러나지 않고 여자 곁을 맴돌면서 지속적인 위협을 가하는 상황이 바로 그것이다. 그 결과 여자가 주기적으로 불행해지면 영웅은 떠나려고 짐을 싸다가도 다시 장비를 풀 수밖에 없다.

주인공 짓거리하기

유학이 중국과 동양의 역사에서 폼 나게 자리를 잡은 이래 이들을 향한 반발이 그치지 않았다. 그 이유는 바로 남자 주인공 혼자 독무대를 꾸며서 저지른 짓 때문이다. 남자 주인공만의 독무대였기에 유학자가 꾸미는 연극과 공연은 극적이지도 않고, 이야기 전개도 무지하게 재미없었다. 유학이 지닌 가장 큰 결핍은 보편관념이나 체계적인 지식이 아니라 이야기 구조의 빈곤이다. 게다가 재미없는 빈곤한 이야기를 권력으로 대체하려 했다. 여기에 유학의 스토리텔링이 갖는 역설이 있다. 재미없을수록 더 재미없는 이야기를 강화한다는 것이다.

송나라 때 유교가 한 짓이 가장 대표적인 예다. 불교와 도교가 유행하던 송나라 때 가장 널리 실행한 장례의례는 도교道敎의 황록재黃籙齋 및 불교의 수륙재水陸齋였다. 특히 황록재에서는 죽은 영혼이 지옥에서 구원을 받아 천당으로 올라가는 과정을 의례 진행과 동시에 눈으로 보는 듯 극적으로 실현하였다. 의례 참가자들에게 이를 확신시키기 위한 장치로 의례공간이 소우주임을 시각적으로 표상하고, 법사法師의 의례행위 역시 마술적 효과를 내는 퍼포먼스로 꾸몄다. 제사의 이야기도 재미있게 장식해서 현실세계의 정치가들도 등장하고 이들이 저승의 법정에서 죄를 심판 받는 이야기도 많이 나왔다. 한마디로 현실을 풍자한 극을 만들었다. 하지만 의례의 이런 이야기에 유학자들은 심적으로 편치 못했다. 유학자들은 이를 유교 질서에 대한 도전으로 받아들였다.

「대학」을 강조했던 『자치통감資治通鑑』의 저자 사마광司馬光은 머리가 좋은 자였다. 그는 『서의書儀』를 통해 유교의례가 사회 위계질서 표출임을 강조하면서 유학자를 모아서 이 질서는 경제적 부가 아니라 관직의 등급에 따라 확립되어야 한다고 주장하였다. 즉 사마광의 무리들은 풍부한 상상력을 자극하는 돈 많은 자들의 불교·도교식 의례를 금지하고 오직 관직의 등급에 따른 위계적 차별만 있는 사회질서를 꾸리자고 주장한 것이다.

상상력이 빈곤한 유교가 다른 종교에 대한 지배력을 행사할 수 없었기 때문이다. 만약 부모가 지옥에 있다면 유학자로서도 절이나 도관에 가서 부모의 구원을 위해 비는 방법밖에는 없었다. 유교가 보여줄 수 있는 것은 오직 관직과 국가의례뿐이니 불교나 도교가 보여준 저승의 심판과 승천을 흉내 낼 수 없었다. 당시 사회에 흘렀던 이런 경향을 사실로 인정하면 유교의 권력은 불교와 도교로 옮겨 가는 것이다. 이런 상황에서 사마광과 그 무리들은 유학의 약점을 극복할 전술을 재구성한다. 유학은 재미없고 재미있을 방법도 없었다. 그래서 생각한 것이 불교와 도교의 재미를 없애는 방법이었다.

우습게도 왕王이나 천자天子라는 말은 그 자체로 유교의 최고 가치인

'하늘의 아들'이라는 의미를 담고 있다. 그리고 왕권에 대한 규정이나 국가구조 자체가 바로 유교이다. 따라서 궁중의 모든 권력과 예식은 유교적 구조를 갖는다. 즉 정치권력은 곧 유교적 권력이었다. 그래서 유교는 다른 종교의 의식을 정치의 영역으로 끌어들이고 유교경전이 정한 게임의 룰을 지키라고 강요한다. 다른 종교예식의 금지가 바로 게임의 룰이었다. 우리나라 상황에 빗대어 말하자면, KBS가 너무 재미가 없어서 시청률도 안 나오니 방송법을 개정해서 MBC와 SBS에서 시청률 높은 드라마나 예능을 없애 버리는 것이다. 모두를 더 재미없게 만들려고 설교나 훈계 방송만 허용한 것이나 마찬가지라고 할 수 있다.[207]

억지 춘향의 가위질

재미없는 것을 더 재미없는 것으로 만드는 게 유학의 가장 뚜렷한 특기다. 그런 유학이 가장 잘하는 짓이 강력한 검열이다. 유학의 검열은 조금이라도 재미의 요소가 눈에 보일라 치면 잽싸게 가위질에 들어간다. 유학은 이 같은 가혹한 가위질 그리고 그런 검열을 통해 권력을 유지한다. 게다가 자기 혼자 주인공에다 악당까지 해먹겠다는 것이다. 유학자 출신인 탐관오리가 대표적인 유학자 악당이다. 즉 타인을 인정하지 못하면서 갈채만 원하는 것이 남자가 가진 옹졸한 모습이다.

유학은 모든 것을 다 검열하고 금지하여 결국 "나는 재미없는 놈이다!"를 온 세상에 선포한다. 바로 음사淫事와 죽음, 괴력난신怪力亂神에 대한 금지가 그것이다. 도덕적인 선함은 옳은 일이지만 꼭 사실과 부합하거나 아름다운 것은 아니다. 하지만 유학은 자기가 절대적으로 선하다고 주장하며 진리와 아름다움을 선에 우겨넣고 선 이외의 다른 이야기는 못 보도록 금지한다.

영화를 봐도 그렇다. 좀 관계가 깊어지면 음사인 베드신Bed Scene이 들어가기 마련이고, 뭔가 '신비한 일'이 생기고 '반란'이 일어나야 정의가 실현되기 마련이다. 이런 거 다 빼고, 차와 포 다 뗀 장기판처럼 효자孝子, 열녀烈女, 충신忠臣, 성군聖君 이야기로만 채워 도덕을 강조한다면 어떨까. 도덕이 강화되는 것이 아니라 이야기가 재미없어질 뿐이다. 효자나 성군이야기도 괴력난신이라는 요소로 재미를 덧붙여야 시청률이 올라간다는 점을 유가는 전혀 인정하지 못하는 것이다.

재미없다는 건 이런 것이다. 『심청전』에서 심청이가 공양미에 팔려간 이야기와 인당수에 빠진 이야기 빼고, 용궁의 신령스러운 이야기 빼고, 장님 눈 뜬 괴이한 이야기 뺀다면 그냥 심청이라는 효녀가 있었고 아빠를 잘 봉양하며 잘 살다 죽었다가 내용의 전부이다. 『춘향전』에서 이몽룡과 춘향이가 노는 음란한 장면 빼고, 나중에 관아를 습격하는 하극상의 반란 빼고, 신분 때문에 부모님의 반대로 둘이 맺어지지 못한다는 결론을 첨가하면 모두가 외면할 이야기만 남는다. 즉 유학은 모든 이야기의 전환과 클라이맥스를 싫어하는 듯하다. 더우기 우리 생활의 여러 재미요소를 무시하면서 그저 인륜人倫만을 내세운다. 참고로 인륜이란 우리가 살아가는 유교 문화권의 '생활문화+도덕'을 말한다.

한마디로 유학이 지배한 역사를 평하자면 인간의 드라마가 아니라 '인륜'이라는 권력을 억지로 강요한 과정이었다. 정말로 재미가 없었기에 이제 사람들은 유학이 꾸미는 연극은 더 이상 보려하지 않는다. 그럼에도 아직도 자기가 역사무대의 주인공이라고 큰소리치며 억지 감동을 자아내려는 게 유학이다. 재미의 요소를 하나도 찾을 수 없었으니 2010년 개봉한 중국영화 〈공자〉가 실패한 것은 너무나도 당연한 일이었다.[208]

소영웅학

다음으로, 죽치고 앉아 계산하고 이익을 챙기는 소영웅이고자 한 유학자는 자기의 학문을 가장 '현실적인 학문實學'이라고 우기지만 이들은 실제 현실이 아닌 '미래'에 집착한다.

보통 남자는 가까운 미래를 현실로 여기는 경향이 있다. 그래서 작은 장애를 보지 않고 언제나 승리한다고 확신한다. 유학의 근거 없는 자신감 역시 여기서 나온 것이다. 몸으로는 현실을 느끼지만 눈으로는 미래만 보기 때문에 몸이 마음이 되기까지의 시간차가 생긴다. 인식론적으로 설명할 때, 눈으로 들어오는 사실은 모두 과거의 빛이지만 실상 우리의 두뇌가 만들어 내는 것은 미래다. 보는 것에는 항상 예측이라는 내적인 요소가 들어가기 때문이다. 그래서 미래가 눈으로 보듯 확실하다고 착각한다. 하지만 예측은 내 안에 있는 것이지 객관적인 현실은 아니다.

다음은 유학이 역할에 충실한 영웅이 아니라 관객에게 자기만이 주인공이자 적임자라고 강요한다는 데 있다. 그는 의례에서의 역할이 무대 위의 연극 속 요소라는 점을 제대로 알지 못한다. 의례에서의 역할과 자신 사이의 거리를 인식하지 못한 채 그저 역할에 완전히 심각하게 빠져들기 때문에 자아인격에 대한 의식 자체가 연극에 매몰되어 버리는 결과를 낳는 것이다. 하지만 연극은 연극일 뿐이고 유학자는 유학자일 뿐이다. 이것을 혼동했기에 유학자는 자기들이 구호로 내세운 대로 위급함을 보면 목

숨을 희생하는 영웅이 절대로 되지 못했던 것이다.[209]

여기서 잠시 유학자와 처녀귀신의 관계를 이야기하자. 처녀귀신 설화에 가장 많이 등장하는 사람은 유학자이다. 좋은 유학자와 나쁜 유학자가 그것이다. 유학자가 주인공으로 나오는 처녀귀신의 이야기 구조는 다음과 같다. 정의로운 유학자가 주인공이고 처녀를 따먹고 버린 이전 사또 혹은 나쁜 유학자가 악당이다. 처녀귀신은 코러스다.

보통 귀신이 나타나 귀곡성을 울리면 보통 유학자 사또는 죽는다. 그러다 정의로운 젊은 사또가 나타나 귀신의 한을 듣고 전임 사또의 만행을 파헤친다. 그러면 한을 푼 처녀귀신은 귀천한다. 그런 귀신 이야기는 신비하고 무섭다기보다는 유학자 사이의 정치적인 싸움이라는 점에서 눈에 띈다. 그래서 한을 품고 죽은 처녀귀신은 정의의 화신인 주인공에게 힘을 주는 코러스 역할로 변죽을 울리다 귀천하는 꼴이다. 유교가 처녀귀신의 한을 정치적인 당파투쟁으로 만들어 버렸기 때문이다. 그렇게 한국문화의 특징이라는 한 조차도 사실은 유학의 당파싸움이 드러낸 다른 얼굴일 뿐이다.[210]

사실, 처녀귀신의 한을 풀어준 정의롭고 담이 큰 사또에게 희생을 무릅쓴 위험은 아무것도 없었으나 백성의 찬사는 가득했다. 그런데 구조적 모순을 지적하던 처녀귀신도 사또가 그리 찬사를 받으니 어쩔 수 없이 세상을 뜰 수밖에 없었다. 이를 통해 보아도 유교는 진정한 영웅이 아니었으며, 관객에게 자신의 주인공 역할만 강조하는 소영웅 남자의 얼굴인 것이다.

아녀자와 소인

아녀자는 앞에서도 설명하였듯 성인식이라는 통과의례를 거칠 이유를 갖지 않기에 마음속의 감정을 직접 바라보는 사람이다. 이들은 군자와 달리 흔들리는 감정을 표현하는 데 거리낌 없다. 자기감정에 충실한 것이다.

소인이 무작정 나쁜 새끼라서가 아니다. 하지만 유학은 소인과 아녀자를 묶어 악당으로 경계 짓는다. 또 그런 인식을 바탕으로 수신의 학문체계를 완성한다. 유학의 중심에는 내부의 감정이 직접적으로 드러나는 것을 막기 위한 장치인 성의와 정심이 있다. 하지만 소인이란 이 칸막이 장치가 흐릿한 존재이다. 그래서 소인과 군자의 사이에는 근본적으로는 감정을 처리하는 방법의 차이가 있는 것이다. 항상 마음속의 감정과 담을 쌓아 사단四端으로 정리된 감정만 보이는 군자의 입장에서는 아녀자와 마찬가지로 자기감정을 여과 없이 드러내는 종잡을 수 없는 소인이 역겨운 것이다.

앞에서도 말했듯 밝은 덕이 가지는 의미는 예의로 만들어진 질서이다. 대학은 명덕을 소인과 대비한다. 여과되지 않은 욕망을 드러내는 나쁜 놈이 파멸에 이르도록 유도하여 자기가 승리하는 드라마를 만들려고 하기 때문이다. 문화적인 여과를 거치지 않아 직접적으로 감정과 욕망을 드러내는 아녀자를 소인과 함께 묶어 악당으로 취급하는 구조가 유학의 이야기 구조이다. 유학은 비록 대인을 주장하지만 영웅이 아니기에 정정당당하지 못하다. 정당하지 못한 주인공으로 강박증으로 드러낸다.

남자의 강박증 1 - 조심

유학은 언제나 내면이 드러날지도 모를 "혼자 있을 때를 조심하라愼獨"고 경계한다. 또 도와 한시도 떨어지지 말라고 한다. 유가가 말하는 도란 외부적인 의례이자 질서이고 문명이다. 모두가 공동으로 구현하는 결합체의 일이므로 항상 서로의 관계에서 생각해야 할 문제이다.

유학이 제기하는 신독愼獨이란 남자가 주로 가지는 강박증의 다른 이름이다. 그런 강박의 근원은 내부에 존재한다. 강박증에 걸린 사람은 사물과 일이 자기의 통제를 벗어날 것에 대한 두려움에 시달린다. 사물과 사건이 통제를 벗어나는 이유는 유학이 마음속을 정리하는 작용인 정심에 맞춰서 세계의 질서를 미리 정해 놓기 때문이다. 만약 유학자가 세계의 변화에 따라 동시적으로 대응한다면 사물은 결코 통제를 벗어날 수 없다. 동시에 대응한다고 주장하지만 마음속에서 미래에 대한 설계를 해놓고 외부를 여기에 맞추려면 언제나 감시와 경계를 늦출 수 없다. 강박은 여기서 생긴다. 그래서 외부로부터 오는 강박이 심해질수록 내부의 압력도 덩달아 높아진다. 내부단속을 위한 노력이 바로 자기 검열인 신독으로 드러난다. 그래서 자신은 흐트러지면서도 외부세계가 정리되어 평천하를 이루는 경우는 본적이 없다고 「대학」은 말하고 있다.

유학이 언제나 강조하는 '우환의식憂患意識' 역시 대표적인 주인공 강박이기도 하다. 우환은 내부에서 생기는 '걱정憂'과 외부에서 생기는 '환란患'에 대한 내부 정리와 적에 대한 경계심을 말한다. 앞에서 지적한 대로 내외를 정리하고 경계하여 맞추는 일이 바로 통치와 평천하의 관건이다.

주나라의 예를 보자. 주나라는 내부에서 역모가 일어나거나 외적이

변경을 압박하는 등의 걱정을 가지고 있었다. 이미 주나라는 부족연맹의 맹주이던 상나라에 반란을 저질렀다. 때문에 다른 이가 자신에게 반란을 벌인다면 명분상으로 궁색해질 수밖에 없었다. 즉 주나라의 봉건제도는 정통성의 입장으로 따질 때 부족연합보다는 우월하지 못했다는 말이다.

그래서 주나라는 내적인 정통성의 문제를 해결하기 위해 도덕을 제시했다. 주나라는 상나라가 망한 것은 도덕적이지 못해서였다고 '모함'의 스토리를 꾸미기 시작한 것이다. 상나라에게는 필요도 존재도 희미한 도덕으로 모함을 한 것이다. 왜냐하면 상나라에게 도덕적인 문제란 각 부족이 내부적으로 알아서 할 문제였기 때문이다. 부족 간의 합의로 이루어진 상나라의 입장에서 도덕은 중요하지 않았다. 하지만 주나라는 자기들이 발명한 도덕을 통해 상나라와 자기를 차별화한다. 즉 상나라가 망한 것은 도덕이 해이했기 때문이라는 것이다. 이러다 보니 외부에 대한 경계와 강박이 심해질수록 더욱 도덕성에 매달릴 수밖에 없었다. 이는 자기의 정통성과 존재 이유를 도덕으로 잡았기 때문이다.[211]

주나라는 착각했다. 권력의 정통성이 통치자의 도덕성에 있다고 주장했기 때문이다. 정통성은 도덕이 아니라 백성에게 있는 것이다. 오늘날 프랑스나 이탈리아만 봐도 그 점을 알 수 있다. 집권자가 아무리 외도를 해도 국민이 꼬떡도 하지 않으면 정통성은 굳건한 것이다. 이는 지도자의 도덕이 정통성을 보증해주지 않는다는 말이다. 전두환 정권이 아무리 '정의사회 구현'을 외치고 '국풍國風81' 행사를 했어도 정통이 될 수 없었듯, 주나라가 천명을 외치고 상나라의 타락을 비난했어도 주나라는 동맹의 배신자였을 뿐이다. 결국 맹자는 천명天命이라는 정통성을 국민에게서 찾을 수밖에 없다고 고백한다. 그러므로 아무리 도덕으로 단속을 해도 내부나 외부를 확신할 수 없는 상황인 것이다.

　자기가 자기를 의심하고 두려워하는 강박증에서 벗어날 수 있는 방법은 오직 자기 내부의 욕망을 인정하고 내면을 직시하는 길이다. 즉 내면을 인정하고 대화하면서 양보하고 조율하는 방법밖에는 없는 것이다. 즉 주나라가 진정한 정통성을 가지려면, 서민을 인정하고 그들에게 마땅한 권리를 주어야 했다. 하지만 주나라는 그럴 만한 능력도, 의사도 없는 노예제 나라였다. 마찬가지로 유교라는 주인공은 영웅이 아니기에 자기를 희생할 능력도, 의도도, 방법도 없었다. 주나라가 자기의 주체성을 던져 소위 야만인이라는 민民과 동화되기를 두려워했듯, 유학이라는 남자는 자기통제를 중시하면서도 어느 땐가는 실족해 소인이나 아녀자가 될 것을 두려워하였다. 그래서 주나라의 의심과 마찬가지로 유학의 소심한 강박증은 고칠 방도가 없는 것이다.

자기통제의 기술

　'몸이 된 마음'인 남자들이 사용하는 효과적인 기술은 눈을 계속해서 외부로 돌리는 것이다. 가장 좋은 방법은 정심과 성의라는 반성을 통해 내부를 정돈하고 이에 호응하여 외부 세상을 정리하는 일이다. 외부를 정돈하는 방법은 다스리는 세상의 지도를 만들고 토지의 크기를 계산하고 경작할 작물을 정하고 인구를 배분하는 일이었다. 혹은 홍수를 다스리기 위해 세계를 구주九州로 구획하고 운하를 파면서 산을 옮기기도 한다. 대중에게 집단의식을 제공하는 대토목공사를 벌이기도 한다. 또 자기가 다스리는 영토의 인구조사, 세금계산 및 시간계획 등도 포함된다. 극단적으로는 외부의 혼돈과 야만을 극복하기 위해 전쟁을 벌이기도 한다. 훈Hun(흉노匈奴라는 말은 지극히 편견에 사로잡힌 잘못된 표현이다)족을 토벌하기 위한 한무제漢武帝의 정벌이 그런 것이다.

정벌은 문명화하지 못해서 무례하고 야만적인 이웃을 때려눕힌 뒤 그들에게 문명을 전파하는 일이기도 하고, 문명세계를 지키기 위한 명분이기도 하다. 물론 그 과정에서 야만적이던 이웃을 노예로 만든 정벌자는 문명을 모르고 짐승같이 살아가는 것보다는 차라리 문명 속에서 노예의 삶을 택하는 게 낫다고 최면을 건다. 이러한 기만적인 통제와 최면은 사실 내부의 혼돈이 외부로 드러나는 일이다. 이 기술이 가지는 상징성이 가장 잘 드러나는 곳은 바로 취미이다.

남자와 취미[212]

호모 콜렉투스Homo Collectus, 즉 '수집하는 인간'이라는 말이 있다. 그러니까 남자는 취미의 동물이다. 동호회가 남자의 무리 짓는 모습을 보여준다면 동전이나 우표, 레코드, 로봇, 자동차 수집은 혼돈스러운 내부를 질서 잡힌 외부의 모델로 바꾸는 수신과 치국의 상징이다. 이 질서의 모델을 통해 남자는 자신의 제국에 '문명의 질서를 부여平天下'한다. 수집한 전리품을 질서 있게 다스리는 통치자로, 선장으로, 우주비행사로 남자만의 결합체 역할놀이에 빠진다. 그러므로 수집과 취미는 혼돈으로 침묵하는 내면을 대신하는 대체품이다.

우리나라 여자들은 어릴 적 친구를 '소꿉친구'라고 하는 반면 남자들은 어릴 적 친구를 '죽마고우竹馬故友'라고 한다. 소꿉과 죽마는 상징하는 경험의 세계가 다르다. 소꿉놀이는 가정이라는 둥지에서 일어나는 친밀한 현실의 모방이다. 마주 보고 서로 도와가며 밥을 짓고 반찬을 장만하고 밥을 먹고 먹이는 연습인 것이다. 반면 죽마는 마주한 적을 향해 전략을 시뮬레이션할 때 사용하는 도구다. 죽마는 상대의 영역을 빼앗으려 전쟁을 벌이고 떼거리 안에서 명령을 실행하는 예행연습의 상징인 것이다.

영어에서 취미hobby라는 말도 원래 죽마hob에서 시작한 단어다. 전쟁에서 성 불구자가 된 사람이 자기가 부상을 당한 전투가 치러졌던 성城의 모형을 제작하고 전쟁을 재현하면서 유래한 말이다. 그는 거세라는 내부적 상처를 외부적인 문제로 전환하려는 상징적인 행위를 긴 막대기를 가진 죽마라는 가짜 성기로 대체한 것이다.

거세는 한나라의 역사가 사마천司馬遷이 당했다는 궁형宮刑에서부터 내시가 되기 위해 자신의 생식기를 자르는 것까지 여러 종류가 있지만 결국에는 자기의 에너지와 자의식의 원천인 성을 잃는 일이다. 그러나 잘렸다고 그냥 포기하는 남자는 드물다. 꺼진 불도 다시 봐야 하는 것이다. 남자는 어떻게든 한다. 한나라의 역사학자 사마천이 『사기史記』를 통해 한무제의 정신 빠진 짓거리를 엄청 욕하고 뒤통수치면서 자기의 욕구불만을 승화했듯, 언제나 대체품을 찾는 게 남자다. 그래서 독하지 않으면 장부가 아니라는 말이 있는 것이다.

남자의 마음속은 절대 대범하지 않고 옹졸하다. 그래서 남자는 옹졸하다고 욕을 들으면 내면을 들켰다고 부끄러워한다. 독하고 옹졸한 남자를 위한 외부적인 대체품이 바로 취미이고 수집이다. 즉 남자의 취미란 옹졸한 성욕의 승화라고 할 수 있는 것이다.

취미에 탐닉하는 남자는 하는 말과는 동떨어진 행동을 하는 경우가 많다. 남자에게는 감정에 겨운 말을 믿으니 취미로 저지르는 행동이 더 믿음직하다. 왜냐하면 남자는 마음속을 말하는 능력이 떨어지기 때문에 숨겨진 무의식을 취미로 드러낸다. 남자에게는 마음의 상태를 묘사하는 언어가 별로 없는 대신 모형자동차나 로봇 부품 용어는 많다. 남자는 내면이 명확하게 구성되지 않았기 때문에 여자에게 사랑한다는 표현을 모형비행기 부품에서 찾는다. 그래서 여자에게 사랑을 전했다고 하더라도 "어떻게 사랑하느냐"고 물으면 그 대답을 항상 모형자동차 바퀴나 우표, 카메라 부품으로 쓰는 단어에서 찾는다.

따라서 남자가 여자에게 자꾸 모형비행기 같은 취미를 말하면 사랑한다는 뜻이다. 남자가 얼마나 머릿속에 할 말이 없으면 노자는 "말이 많아지면 궁해진다多言數窮"고 하겠는가. 내 경우를 예로 들면 이렇다. 예전에 사랑하는 여인에게 "사랑한다"고 한 다음 그럴듯한 표현을 찾다가 "내 마음은 마치 45mm 구경의 매그넘 권총 같다"거나 "페라리의 빨간 엔진 같다"고 말한 적이 있었다. 할 말이 없는 데는 어쩔 수가 없었다. 그러니까 남자의 마음은 바로 1/18로 줄어든 모형자동차의 바퀴나 모형비행기의 60 엔진으로 대체되어 있는 것이다.

이렇게 취미에 몰입하여 평천하를 꿈꾸는 남자는 아름답다. 하지만 아내에게는 그렇지 못하다. 그래서 남자들은 취미 속에서 서로를 위로하기에 분주하다. 그래도 모형비행기가, 오디오가, 카메라가, 컴퓨터가, 자동차가 허구한 날 술 마시고 계집질하는 것보다는 낫다는 도덕적인 자위를 한다. 하지만 이런 자위는 남자들만의 위로이고, 서로 위로하던 남자는 결국 마누라 눈치를 볼 수밖에 없다는 현실에 불평을 터뜨린다.

불평이란 이해되지 않는 것에서 생기는 부산물이다. 남자로서 이해되지 않는 궁금증이 있다. 연애할 때는 취미를 용인하면서 심지어는 같이 즐기던 여자가 결혼 후에는 남자의 취미를 싫어하는 것이다. 술도 안 마시고 계집질도 안 하겠다는데 싫어한다. 그래서 마누라가 좋아하리라고 철석

같이 믿고 무엇인가를 저질렀다가 욕먹으면 도무지 이해하기 힘들고 황당하다. 하지만 마누라의 배반에는 몇 가지 이유가 있다.

남자는 외부로 향하는 취미로 자기의 마음을 표현하지만 여자의 마음은 외부의 죽마가 아닌 내부적인 소꿉놀이를 가리키고 있기에 취미에 크게 관심이 없는 경우가 많다. 즉 여자가 보기에 남자의 취미는 여자의 관심 밖인데다 돈만 축낸다. 그러니까 여자가 이제는 상징적인 소꿉놀이가 아닌 진짜 가정을 꾸리는 둥지놀이를 하게 되었다는 것이다. 여자는 둥지놀이를 통해 직접적인 사회적 접촉과 대화 그리고 영혼의 교류를 위한 친밀의 놀이를 즐기며 내면의 관계를 이루려고 한다. 하지만 남자의 취미는 마치 칸트의 취향으로서의 미학처럼 직접적으로 이득이 없고 감상만 하는, 그림 속의 사과나 포르노 잡지의 여체와 같을 뿐인 사이비 세계이다. 아무리 아니라고 우겨도 사실은 사실인 것이다. 그러니까 남자가 예쁜 여자를 앞에 두고서도 (자신은 잠정적인 거세이므로) 힐끔거리면서 자위나 하겠다는 것, 이것이 바로 취미이다.

다음으로 여자의 둥지놀이는 남자의 죽마처럼 허공에 미래를 설계하는 판타지 픽션이 아니라 바로 현실이다. 그러기에 여자에게 공상은 관심 밖의 그 무엇이다. 현실감이 충만하면 판타지는 힘을 잃을 수밖에 없다.

마지막 가능성은 남편이 아닌 궁극적인 애착머신이라는 아이에 대한 발견이다. 여자는 아이를 통해 이미 취미가 지향하는 미래의 가능성의 끝을 보았기 때문이다. 아이는 미래보다 더 좋은 현실이기에 상징과 허구는 더 이상 의미를 잃고 퇴색하는 것이다.

수집과 취미에 광적으로 집착하는 마니아Mania, 혹은 오타쿠お宅와 마찬가지로 취미는 더 풍부하고 전문적으로 발전하기도 하고 심지어 학문이

되기도 한다. 당연히 취미의 전문화와 더불어 남자도 점점 자라 자기의 숨은 재능을 발견하기도 한다. 즉 취미를 통해 남자는 새로운 세계의 건설자라는 의식을 지니는 것이다. 하지만 아무리 취미를 개발하여 새 세계의 창조자가 되었더라도 남자의 마음은 마치 자기가 좋아하는 뼈다귀를 주인 침대 앞에 놓는 개와 마찬가지다. 남자에게 취미, 개에게 뼈다귀는 둘의 내면이 표현하는 유일한 언어이기 때문이다.

포커페이스

공자는 "교언영색에 인仁이 드물다"[213]고 하였다. 말을 그럴 듯하게 하고, 얼굴 표정도 상대를 봐 가며 바꾸는 사람은 어질지 않다는 얘기다. 「대학」에도 유사한 구절이 나온다. 이 구절도 유학의 언어적 특징인 명령과 훈계의 원리에 따라 던져놓기만 하고 자세한 설명을 생략하고 있다.

공자가 그렇듯 유학에서는 말 잘하는 놈은 당연히 다 사기꾼이라고 믿는다. 하지만 달리 보면 유학처럼 외부적으로 교언영색을 강조하는 학문도 드물다. 시문詩文을 짓는 방법부터 과거시험에 쓰는 문장인 팔고문八股文까지 엄청난 수사학을 배워야 한다. 게다가 매일 나오는 구절이 옷을 가지런히 입고 표정과 언행을 바르게 해야 한다고 강조하여 소위 교언영색이 주는 효과는 다 누린다. 하지만 결정적인 순간에 공자의 말을 들어 뒤통수를 친다. 달리 뜯어보자면, 자기보다 멋진 언변과 외양은 '교언영색'으로 비난하는 모양새다.

모름지기 유학자가 배워야 할 것이 바로 가장 발달된 연극의 언어인 시詩이고 서書이고 예禮이기 때문에 유학자들은 어쩌면 이 '교언영색'과 연극의 가장 활발한 행위자다. 노자도 이 점을 비난한다. 즉 역사상 모든 좋은 말을 다 외워서 요소, 요소에 써 가면서 상대를 공격하지만, 누군가 자기보다 멋진 말을 사용하면 '교언'이라고 모략한다는 것이다.

예수도 당시 지식인이었던 바리사이Pharisees를 공격하면서 "긴 옷 입는 독사의 자식"이라고 비난했다고 한다. 심의深衣라 불린 사대부의 긴 옷과 패옥 등 모든 액세서리는 덕을 상징한다고 하지만 결국 외모를 꾸미기 위한 영색令色이라고 아니 부를 수 없다. 다른 학파나 멋쟁이, 심지어 요즘 젊은이들의 피어싱piercing도 유학자와 변명은 똑같다. 언제나 남이 하면 불륜이고 내가 하면 로맨스다.

'교언영색'하면 가장 먼저 생각나는 인물이 앞에서 한 번 언급했던 멋쟁이 댄디dandy다. 그리고 도덕적 선비인 칸트는 댄디를 씹었다. 부러워서 진 것이다. 왜 댄디가 나쁘고, 교언영색이 나쁜가? 칸트와 공자의 대답은 상당히 근접하다. 칸트는 "자연의 저주"라고 했고, 공자는 "인仁이 드물다"고 했다. 댄디의 꾸미기와 귀족 계급의 교언영색에 대한 이들의 비난은 예를 연극이 아닌 현실로 바라보지 않는다는 불만의 표현이다. 하지만 예는 그 자체로 연극이다. 유학자는 연극을 실제로 착각하는 게 잘못인 줄도 모른다.

회색 양복을 주장하는 개신교 부르주아는 댄디처럼 매일 몇 시간씩 자기 몸을 치장하는 존재를 부지런히 일하라는 신의 섭리를 거역하는 문명의 남용자라고 비난한다. 유학자라는 부르주아에게 교언영색이란 바로 궁중에서 예절의 연극을 벌이는 귀족으로 여겨졌다. 예를 몸에 익히기는 했지만 예를 삶이 아니라 연극으로 공연하는 사람들이 바로 귀족이다. 그들은 베옷深衣이 아닌 예쁜 옷彩衣을 입고 수사학에 통달한 연극인들이다.

그래서 칸트는 자기의 감정을 겉으로 드러내는 댄디를 공격했고 공자는 귀족의 교언영색을 경계한 것이다. 하지만 문명은 근본적으로 연극이라는 점을 부인했다는 점에서 칸트와 공자는 모두 틀렸다.

몸 관리와 옷에 신경 쓴다는 면에서 요즘 젊은 남자들이 여자를 닮아 간다고도 할 수 있고, 근대 개신교의 회색 양복 이전의 화려한 복장과 외모로 돌아간다고도 할 수 있다. 근대세계의 초기 남자들이 옷이나 몸이 아닌 돈과 권력으로 매력의 원천을 삼았다면, 현재의 남성은 마치 댄디와 유사하게 육체를 매력의 원천으로 삼게 되었

데이빗 보위David Bowie.
앨범 〈The Man Who Sold the World〉(2001) 커버.
데이빗 보위는 남성이면서도 여성적인 치장을 하는 대표적인 음악가이다.

다. 즉 이전은 옷으로 성적인 차이를 드러냈다면 오늘날은 신체적 차이를 더욱 강조하게 된 것이다. 게다가 개신교 부르주아가 일구어 낸 근대와는 달리 현대에는 여성의 역할도 급격하게 변화하고 있다. 근대적인 세계가 제시했던 근검한 회색 양복의 남편과 자녀만 위할 줄 알았던 현모양처의 타입으로는 더 이상 현대 여성의 정체성을 만들 수 없는 세상이다.

유학의 세례를 받으면서 성장한 어르신네들이 그렇듯, 유학은 근엄한 표정을 강조한다. 왜냐하면 유학자는 수신에 성공한 존재로서 정심의 수양을 통해 언제나 밖으로 표정이 드러나지 않게 냉담과 무감동한 포커페이스로 일관해야 하기 때문이다. 거기에 성의와 인의예지의 수련을 거쳐 '네 마음을 다 안다'는 듯 뜻 모를 인자한 표정을 짓기 때문이다. 칸트가

말하는 프로테스탄트 부르주아도 유사하다. 냉담한 표정이 가장 남자다운 겉모습인 이유는 내면을 숨기기 좋기 때문이다. 물론 내면이 없기에 표현을 얼굴에 드러낼 수 없기도 하지만, 무엇보다 유학자와 개신교 부르주아는 그렇게 훈련된 마음을 몸으로 드러내는 존재이다.

남자와 달리 여자들은 끊임없이 서로 종알거린다. 여자의 내부 감정은 그렇게 말로 드러나지만 남자는 내부보다는 외부에 집중하도록 훈련 받기에 종알거리기보다는 혼잣말로 자기에게 명령한다. 문학에서도 주인공은 자신이 종알거리기보다는 종알거리는 남자를 시종으로 부린다. 그래서 시종은 주인공 대신에 말을 하고 악당도 주인공 대신 말을 한다. 대신 주인공은 언제나 중요하고 의미 있는 일에 몰두하는 척하며 포커페이스를 유지한다. 물론 남자도 여자와 같이 감정과 정서를 갖지만 주인공 행세를 하려면 모든 것을 무시하고 부인하는 척해야 그림이 나오기 때문이다. 내면에서 일어나는 감정의 호오_{好惡}를 차단하는 척하며 은근히 시종에게 말하게 하는 것이다.[214]

혼잣말

앞에서 말했듯 대부분의 남자는 속마음을 표현하지 않는 대신 행동으로 드러낸다. 이걸 언어적인 의사소통능력이 떨어진다고 여기고 여자가 말로 도우려고 하면 자칫 낭패를 본다. 폭력적 언어와 행동이 돌출하거나, 심지어는 그보다 과격한 상황을 빚을 수도 있다. 남자가 무게를 잡는 상황에서 여자가 그 감정표현을 돕는다고 나서는 일은 남자의 내면을 폭로토록 하는 일에 가깝기 때문이다. 그래서 유학자나 프로테스탄트 부르주아는 숨겨 놓은 속내를 까발리지 않으려고 포커페이스를 유지한다. 그리고 소인과 아녀자의 말은 교언영색으로 치부하며 꺼리는 것이다.

남자의 언어는 독백과 명령의 형태를 갖는다. 남자의 독백은 애착과 유사하게 보이지만 다르다. 애착은 상호 지향적이지만 독백은 상대를 무시하는 권력의 의지가 들어가기 때문이다. 즉 남자의 언어는 하느님의 명령 같이 비대칭적으로 드러나고, 여자가 자주 사용하는 친밀의 언어는 대칭적인 대화형식을 띤다고 하겠다. 남녀의 친밀함은 극단적으로 밀도가 높아지면서 대화과정이 없어지는 애착으로 바뀌지만 보통의 친밀한 언어는 대화를 좋아한다.

남자의 언어 특징이 가장 잘 드러나는 것은 군대의 명령, 교장선생님의 연설, 정치적 강연 등과 같은 장광설이다. 이런 연설도 나름 장점을 많이 가지고 있다. 첫째 다른 사람이 갖는 권리이자 의무인 질문과 발언권을 방해할 수 있다. 즉 크게 떠드는 혼잣말은 바로 다른 사람의 침묵을 강요하는 권력의 무력시위인 것이다. 땡볕 아래 지겹도록 이어지는 교장선생님의 훈시나 학동들을 향해 한 시진(2시간)간 반복되는 훈장님의 가르침은 가르치기 위한 것이 아니라 학동의 무기력을 절감하게 만들기 위한 권력의 과시이다. 즉 연설을 듣는 동안에 대상자가 느끼는 권태는 의도적 설정이라는 말이다. 연설을 듣는 청중은 권력 앞에서 복종할 수밖에 없는 무력감을 느낀다. 이를테면 연설은 권력을 과시하는 정치적인 행사인 것이다.

독백을 권력투쟁의 무기로 사용하기도 한다. 정당의 목적이 정권을 쥐는 데 있듯, 발언자의 목적은 내용이 아니라 발언권을 쥐는 데 있다. 그래서 독백은 타인의 말을 듣지 않기 위한 가장 좋은 방법이다. 만약 대화 같은 형식을 사용하여 상대방에 대꾸하거나 응하면 가장 나쁜 결과, 곧 상대에게 발언권을 주는 결과가 생긴다. 상대방에게 반론의 기회 자체를 원천적으로 봉쇄하는 기술은 자기와 주고받는 독백에 있다. 적의 공격까지 미리 예상하고 방어하는 것이다. 즉 마이크를 계속 쥐고 놓지 않는 것은 독백의 최고 기술이다. 이 기술을 마스터한 사람을 우리는 유학자 혹은 지식인이라고 한다.[215]

유학자–지식인

남자는 서로 경쟁하지만 적절한 이론과 선명한 의견을 제시하는 상대를 인정하고, 선수의 자리를 마련해준다. 그래서 지식인에게 학파는 무기고이고, 견해는 이론으로 무장한 학파의 표식이다. 다른 말로 지식인에게 학파는 축구팀이고 지식인은 학파의 담론을 몸에 익혀 그라운드를 뛰는 선수다.

학파에 속한 유학자와 지식인은 세계를 문명과 타락이라는 스테레오타입stereo type으로 바라본다. 학자는 남자의 영역을 대표하기 때문에 먼저 친밀성 영역을 주장하는 상대를 "소인과 아녀자"라며 평가 절하한다. 이 때문에 지식인은 만나는 모든 일에서 사회 모순과 원칙이 망가지고, 도가 땅에 떨어진 개탄스러운 현상을 본다. 그 이유를 소인과 아녀자가 본분을 망각해 타락했다는 점에서 찾는다. 심지어 가사 일을 하면서도 그 자리에서 소인과 사회모순 그리고 사문난적을 떠올리기도 한다.

문제는 이론으로 무장한 지식인은 토론을 통해 한 번도 설득당하지 않을 뿐 아니라 자기와 똑같은 부류를 절대 설득하지도 못한다는 데 있다. 그러니 그저 부닥치고 깨지는 '상처뿐인 영광'만 남는다. 깨지면 자기

학파에서 성질을 부리거나 친밀의 영역인 마누라와 하인에게 푸념한다. 넘어서지 못한 한을 문인을 모아놓고 하는 독백으로 푸는데, 이는 그가 유일하게 실력을 행사할 수 있는 영역이다.

이렇게 형성한 학파의 이념ideology은 학파 안과 밖의 경쟁을 통해 소통 과정을 전투적인 과정으로 만들어 간다. 사실 조선의 붕당이나 학파를 보더라도 그들의 차이란 대동소이했다. 학문적인 견해가 아니라 권력을 위해 붕당과 학파를 만들어야 하기에 작은 차이를 만들어 낸다. 그리고는 인위적으로 만들어 낸 차이를 중심으로 서로 경쟁하였다.

학파의 시작은 전쟁과도 유사하다. 학파는 자신의 학설을 주장하면서 시작한다. 다음으로 학설을 주변에 호소하고 전파하면서 자신을 중심으로 한 여론을 형성한다. 사회이론과 학설로 무장한 지식인이나 유학자가 상대방을 비난할 때 상대의 견해란 진정한 진리가 아니라 수상한 의도의 사이비 구호이며 사문난적에 지나지 않는다. 상대의 이론 때문에 세상이 멸망하고 인륜이 땅에 떨어진다고 호들갑을 떨며 마땅히 상대방의 목을 자르고 능지처참하거나, 적어도 귀양을 보내야 한다고 주장한다. 마치 공격 대상을 소인이나 사문난적 혹은 건달이거나 바보 혹은 눈먼 자라고 설정한 것과 같다. 이런 이론은 상대방에 대한 예방조치를 반드시 지닌다는 게 특징이다. 즉 마르크스Karl Heinrich Marx를 비판하면 "부르주아에 물든 물신주의 돼지"로 매도하거나 프로이트Sigmund Freud를 반박하면 "콤플렉스에 가득한 자의 방어기제"라고 비판하는 것과 같다. 이와 마찬가지로 유학의 이론에도 상대의 비판을 의미 없게 만드는 '소인과 사문난적'이라는 방어기제가 미리 갖추어져 있다.

근본적으로 지식인이나 사대부는 탁월한 지성만을 자랑할 것이 아니라 사회를 고치는 엔지니어의 기능도 수행해야 한다. 그러니까 지식인은 사회의 문제를 고민하는 일을 업으로 삼아야 한다는 얘기다. 그래서 대중의 자아이해를 변화시키는 사대부 선비나 자유롭게 사회를 비판하는 도가 사상가 모두는 사회의 어엿한 지식인이다.

때문에 이들 지식인은 결코 사회의 주인공이 아니라 관찰자의 자리에 머물러야 한다. 유가의 문제가 바로 여기에 있다. 사회를 비판하기 위해서는 주인공이 아니라 사회적인 현실과는 어느 정도 거리를 유지해야 하는 것이다. 주인공은 이끌어 가는 역할을 하는 자다. 역할과 거리를 두는 주인공은 있을 수 없다. 자기가 자기 밖에 서서 자기를 비평할 수는 없기 때문이다. 그래서 지식인은 귀농을 주장하고 무소유를 주장할 수는 있지만 정작 자신은 사회로부터 떠나 귀농할 수 없는 것이다. 이상적인 사회를 바라면서 사회변화와 개조를 주장해야 하기 때문에 사회를 떠날 수도, 그렇다고 사회의 주인공이 될 수도 없는 것이다. 이런 점에서 언제나 주인공이고자 하는 유학자는 지식인으로 자격을 일정부분 상실할 수밖에 없다.[216]

또한 '남자'들이기도 한 유학자 지식인은 공자가 한 것과 마찬가지로 자신의 무리를 찾아 결합체를 이루며 함께하려고 한다. 우리는 이걸 학파라고 하기도 하고 붕당이라고 하기도 한다. 물론 공자는 "군자란 떼 지어 몰려다니지 않는다君子不黨"고 하면서 붕당을 반대했다. 하지만 공자도 붕우와 어울려서 잘도 돌아다녔고, 한국의 정치도 그렇게 이합집산하며 몰려다닌다. 그렇게 과거의 조선과 현재의 한국은 붕당의 폐해 그 자체다.

사실 이렇게 무리 짓는 남자들의 양태는 양아치나, 조폭, 나아가 군자 등으로 표현의 정도만 조금 달리 했을 뿐 목적은 그리 크게 다를 바 없다. 바로 결합체이자 경쟁이며, 권력을 좇는다는 점에서 같다. 그렇기에 이런 행태를 비판하는 목소리도 나오지만, 이들 또한 남성인 이상 같은 행태를 보이며 몰려다니기에 사회를 바꿀 수는 없다. 그저 권력이 센 놈이 이기는 그림이 반복될 뿐이다. 그저 좋은 의도와 목적을 가지고 사회를 조금이라도 바람직하게 개혁하는 꿈을 꾸는 정도인 것이다.

남자의 강박증 2 – 조울증

남근은 무엇을 상징하는가? 바로 위대함과 장대함이다. 우주의 중심에 뿌리를 두고 하늘을 뚫을 듯 장대한 우주의 나무인 시바Shiva신의 링감lingam이 바로 남근의 본모습인 것이다. 그토록 자부심이 깊기에 패배는 더욱 비참하다. 시든 남근은 남근이라고 하지 않고 삶은 가지라고 한다. 그렇듯 시든 남성의 성기만큼 처량하고 희망 없는 것은 없다. 그래서 축 처지고 붕괴하는 모든 것은 비참하다. 때문에 남자의 자부심은 본질적으로 극과 극을 오르내리는 조울증에 걸려 있다. 마치 하늘로 승천하려다 나락으로 떨어져 죽은 이카루스Icarus와도 같이 비극적이다.

남녀평등의 세계라지만 섹스에서 남녀평등은 불가능에 가깝다. 왜냐하면 남자는 침실에서 능력을 입증해야 하는 존재이기 때문이다. 아무리 사회적인 지위가 높고 힘이 세더라도 침실에서 남자가 아니라는 사실이 밝혀지면 남자로서의 자의식은 깨져 버린다. 그래서 섹스를 대하는 남자에게 분위기 세팅, 즉 '자리 잡는_室' 일은 중요하다. 자리가 잡혀야 업무를 볼 수 있는 것이다. 하지만 여자는 남자와 상황이 다르다. 세울 것도 없으니 숨길 것이나 장대함으로 허세를 부릴 일도 없다. 이는 별도의 증명이 필요치 않은, 있는 그대로의 빈 구멍이기 때문이다. 하지만 남자는 기둥, 그것도 강철 같이 단단한 기둥을 세워서 증명해야 한다. 세우지 못하거나 물 컹거리면 시늉도 통하지 않는다. 아무리 뻐꾸기를 날리는 사기꾼 행각을 벌여도 침실에서는 안 통한다. 그저 벌거숭이 몸을 측정기 삼아 능력을 증명해야 하는 것이다. 비아그라가 나와서 많이 좋아졌지만 측정기는 돈이나 권력으로 살 수 없는 남자의 근본적인 신분증이다. 반칙 없이, 약 없이 진검승부를 펼쳐야 남자인 것이다.

그런데 여기에 더 기가 막힌 현실이 있다. 위대한 광기와 끝없는 나락 사이를 진동하는 남근은 남자의 마음을 벗어나 자기만의 고유한 삶을 갖는 듯이 보인다는 것이다. 자! 여기 예쁜 여자가 벗고 있기에 남근은 바야흐로 강철 같은 의지를 보여야 할 때라고 해 보자. 하지만 아무리 힘을 줘도 남근은 콧방귀도 안 뀔 때가 종종 있다. 즉 내 맘대로, 내 의지를 따르지 않고 독립적인 삶을 주장한다는 것이다. 움직이는 방향도 종종 예측 불가능해서 아예 소유자를 관객의 수준으로 만들어 버리기도 한다. 얇은 삼각 수영복을 입고 수영장에 입장할 때 나도 모르는 뭔가를 발견한 남근이 갑자기 발기하여 수영복 밖으로 삐져나오려고 용을 쓰는 경우가 바로 그것이다. 차가운 수영장 물속 잠수만이 답인 때이다. 남자의 성기는 소유자를 소외시키기도 하는 것이다. 그래서 주인이라지만 그 독립적인 움직임을 바라만 볼 뿐 완전히 지배할 수 없다.[217]

남자에게 남근은 권력이자 자발성과 독립의 상징이다. 따라서 함부로 명령이나 강요를 할 수 없다. 지배하려고 하면 할수록 자발성을 방해하게 되어 더 말을 안 듣는 것이다. 자발적인 것을 명령으로 강제하려는 행위는 모순이기 때문이다. 그런 이유로 명령을 내리면 내릴수록 명령의 주체는 초라해져서 결국 소유자를 무의미한 존재로 만드는 것이 바로 남근이다. 결론적으로 말해 남자의 신분증인 남근은 독립적이라서 주인이 좌우할 수 있는 것이 아니다. 남근이 주인을 좌우하는 것이다. 남자의 치료할 수 없는 조울증은 바로 여기에서 시작한다.

사냥감 엿보기

남녀의 성에 따른 행동과 움직임은 다르다. 무엇보다 성에 관한 흥분 곡선인 오르가즘에 이르는 시간과 구조가 다르다. 그래서 남자 테크닉의 생명은 연장과 지속에 있다고 한다. 누누이 말했듯 남자는 자기 몸을 도구로 여기는 경향이 있다. 따라서 남자는 외부세계에 있는 여자의 몸도 기본적으로 인격이라기보다는 사냥감인 동물로 여긴다. 즉 몸을 외부의 객관적인 사물로 생각하며 지배하고 통제할 수 있다고 확신한다. 몸의 통제는 곧 공간의 통제를 의미하고 단련된 몸의 기동성은 바로 공간 정복을 말한다. 몸의 통제와 움직임은 사냥능력의 증대로 이어진다고 믿는 것이다. 여기서도 남녀의 선호가 갈린다. 남자는 육체의 거대한 근육이 바로 남성의 매력이라고 생각한다. 하지만 대부분의 여자들은 거대한 근육을 선호하지 않는다.

사냥의 가장 중요한 미덕은 바로 사물이 지닌 의미를 제대로 판단하는 격물치지에 있다. 격물치지에 이르기 위해서는 자기의 움직임과 마음을 정확하게 일치시키는 정심, 반성을 통해 사냥감의 감성과 일치시킬 수 있는 성의가 필요하다. 몸의 움직임을 통제하는 일과 대상에 집중하는 감성이 그것이다. 그래서 사냥의 성공 가능성은 바로 동체시각과 집중에 의존한다.

남자의 성은 시각에 크게 의존한다. 마치 포르노를 보는 것과도 유사하게 작동한다. 모든 상대의 행동을 미래에 있을지 모르는 섹스로 연결하는 것이다. 그러므로 일단 무방비상태의 사냥감인 여자라는 대상에 신경을 집중해 관찰하고 공략하면서 결국 섹스로 이끌기 위해 여자의 행동패턴을 알아내야 한다. 여자를 사물화해 바라보며 행동패턴을 관찰하면서 사냥을 완수할 수 있을지 아니면 불가능한지를 여러 측면에서 판단하고 예견하는 것이다.

사냥의 가능성이 있다면 남자는 사냥감에 집중한다. 행동을 엿보면서 사냥감과 의식을 일치시키고 미래의 행동을 예측하며 낚아챌 기회를 엿보는 것이다. 이때 중요한 관건은 거리감을 유지하는 일이다. 거리를 유지해야만 사냥감이 모르게 상대에 대한 지식을 수집할 수 있고 접근 가능성과 섹스 가능성을 예견할 수 있는 것이다.[218]

남자는 시선을 통해 여자라는 사냥감을 사물로 대상화하고 인격적으로 소외시키면서 사냥을 시작한다. 다음으로 대상에 대한 지식을 만들어 여자라는 사냥감을 지배하고 통제하려고 한다. 이러한 남자의 엿보기 본능은 집단적, 과학적으로 표출하기도 한다. 19세기 생리학의 탄생과 함께 인간을 세포로 보기 시작한 것이다. 인간의 질병도 당연히 세포와 세균의 문제로 접근하였다. 그러면서 남성이라는 보편적인 인간과는 다르게 여자의 문제는 '부인병'이라는 특징으로 차별해 여자를 특이한 존재로 만들었다. 여자를 엿보면서 남자와 달리 임신과 부인병을 가진 특수한 관찰대상으로 만든 것이다. 남자의 엿보기 본능이 새로운 지식이 되어 여자의 신체를 성적인 대상으로 보게 만든 것이다.[219]

또 하나의 예는 19세기 회화에서 벗은 여체를 그리는 남자의 시각이다.

고전시대에는 신성한 존재의 표현으로 나체를 그렸다면 19세기 회화에서는 욕망의 대상으로 여체를 그린다. 성스러움이 욕망을 위한 엿보기의 대상이 된 것이다. 남자의 엿보기는 격물치지에 입각한 남성만의 시각이며, 성을 정치적 권력의 대상으로 만드는 남성의 기본적인 전략인 것이다.[220]

성별 역할의 황혼

현대는 여성의 시대다. 그리고 남녀평등으로 유학자와는 달리 남자들이 가벼워지면서 더 이상 포커페이스의 가면을 쓰지 않아도 좋은 해방이 가까워졌다. 여성의 해방은 콘돔과 낙태가 상징하는 결혼의 자유에서 시작해 경제적이고 정치적인 해방으로 이어졌다. 하지만 남성의 해방은 여성의 그것과는 다른 얼굴을 하고 있다. 이는 여성으로도 그리 반가운 상황은 아닐 것이다. 여성이 바라는 남성은 자기와 유사한 본성을 가진 인간일 터이지만 누누이 말했듯 남자는 여자가 생각하는 사람이 아니다.

전통적으로 여성의 직업공간은 모두 여자의 차지였다. 근대 이전의 부엌을 예로 들 수 있다. 이런 전근대 사회에서는 사회적 차이나 복장이 바로 성적인 차이었다. 그래서 "남자가 부엌에 들어가면 고추가 떨어진다"고 했다. 사극에서 자주 등장하는 남장 여자는 현재의 관점에서는 별 의미가 없지만 전근대의 사회에서는 희귀한 일이었기에 분장만 잘하면 알아채기 쉽지 않았다. 왜냐하면 남녀를 가르는 기준이 몸이 아니라 옷이었기에 남장한 사람을 여자라고 상상조차 못했기 때문이다.

현대는 성별차이가 무시되는 유니섹스의 시대로 접어들었다. 현재는 직업과 공간의 구분이나 복장으로는 남녀를 구분할 수 없다는 말이다. 특히 1920년대 시작된 여성 해방으로 남녀의 차이는 옷이 아니라 몸으로 구분하는 등 육체적 특징을 강조할 수밖에 없는 상황으로 변했다. 직업이나 복장에서 성적 차이는 무시해야 하기 때문에 육체적이며 성적으로 더 예쁘고 더 멋진 모습을 강조하는 사회로 바뀐 것이다. 현대사회 이전에는 매춘부들만 하던 화장이 지금은 모두가 하는 행위로 자리 잡았다. 그러다 보니 개인적인 육체의 성적인 차별이 아니면 성을 확정할 수도 만날 수도 없는 것이다.

문제는 여기에 있다. 여성의 해방과 더불어 남성도 행동이나 복장에서 해방되어야 하지만 회색 양복의 근대세계에서 드레스 코드Dress Code는 꼭 그렇지는 못하다. 규모가 큰 대기업에 들어가 보면 바로 표가 난다. 남자는 와이셔츠에 타이를 매고 회색 양복을 입어야 한다. 특히 은행권 사람을 만나거나 대기업의 비즈니스 미팅에서 드레스 코드는 결정적으로 작용한다. 긴 머리에 코나 혀에 피어싱을 박은 펑크Funk 밴드의 복장으로는 계약을 절대 성사시키지 못한다. 만약에 남자가 여자의 옷이나 화장 또는 액세서리를 한다면 이는 '동성애자'라는 표식을 다는 것과 같은 의미다.

하지만 여성의 변화에 따라 남성도 변화하면서 서로의 성적 역할은 점점 없어진다. 문제는 남성의 성인식이나 통과의례의 의미가 희석되고 성적 역할도 희미해지면서 남자로서의 자아의식을 지키기 어려워진다는 점이다.

문제는 이런 현상이 절대로 좋다고 할 수도 없고, 아울러 진정한 남성 해방을 의미하지도 않는다는 점이다. 남자의 문화는 남자를 억압하기 위해 존재하는 것이 아니라 남자의 내적인 구조와 외적인 역할을 지키려고 있는 것이다. 이런 추세로 남자의 문화가 없어지면서 결국에는 아버지도 없어지고 결혼도 없어질 것이다. 아버지가 될 의무도 결혼할 의무도 없어지기 때문이다.

여성은 피임에 대한 권한과 낙태를 할 수 있는 권리를 쥐면서 결혼으로부터 해방의 실마리를 찾았다. 아울러 남자는 더 이상 가정을 지키고 튼튼한 울타리를 만들어야 한다는 의무로부터 면제되기 시작한 것이다. 다시 말해 콘돔이나 낙태가 여자의 옵션과 액세서리로 발달함에 따라 남자가 성적인 보상으로 지게 된 가정이라는 의무도 이제는 값비싼 시계 같이 꼭 필요하지 않은 것으로 바뀌어 간다. 이제 가부장도, 아버지도 아닌 떠돌이 남자에게 가정은 아무리 계산해도 막대한 비용까지 치르고 유지해야할 대상이 아니다. 가정은 너무 바가지가 심하고 비용이 많이 든다. 예전에는 남자라면 무조건 차고 다니던 두껍고 무거운 시계도 이제는 비용문제로 안 차고 다니는 것과 마찬가지다. 시계야 도처에 있는 거 아닌가?

이는 남자에게 외부에 대한 선호는 그대로 둔 채 책임만 없어졌음을 의미하기에 나름대로 해방이다. 외부에 대한 관심이 없다는 것이 아니라 외부를 구성해야 할 책임과 의무만 없어졌다는 말이다. 다른 말로 이제 남자는 내부가 되어도 된다는 뜻이기도 하고, 여자 사냥을 즐기지만 가족을 이루는 일은 거부하는 남자가 많아졌다는 사실을 말한다. 섹스가 사랑과 자식 그리고 가정으로 이어지지 않고 쾌락만으로 끝난다는 말이

다. 이 점에 있어서는 여자도 마찬가지일 것이니 아쉬워할 필요는 없다.[221]

남자란 여자가 생각하는 '젖 안 나오는 엄마'가 아니다. 즉 부성이란 사회가 주입한 공식으로 계산해야 도출되는 것이었다. 하지만 이제 부성에서 해방된 남자는 사회적 짐을 덜었으니 허전하기는 하겠지만 홀가분하기도 하다. 남자가 없어졌다는 말은 더 이상 곤경에 처한 공주를 구하려는 왕자님이나 가족을 위해 모든 희생을 무릅쓰는 근엄한 아버지가 사라졌다는 것과 마찬가지다.

새로운 종족[222]

현대는 패배자들이 당당한 세상이다. 그리고 그게 좋다. 우리는 패배를 인정할 때 다시 일어설 힘을 얻을 수 있다. 하지만 패배가 당당한 것만은 아니다. 패배를 인정하지 않으려던 시대와 달리 여성의 시대는 모든 것을 용인하기도 하지만 그 반대의 경우도 가능하다. 이미 남성을 지키기 위한 문화도 희미해졌다. 더 이상 '유학자-지식인'이 권력의 핵심을 이루는 세계가 아니다. 그래서 원칙적으로 불가능하지만 소위 패배자들이 자리를 차지하고 화두를 던지며 언론과 권력을 만들어 낸다. 소위 막장들이 마이크를 쥔 시대인 것이다. 동시에 이전까지 남자를 옥죄던 자격에서 해방되면서 새로운 형태의 천재가 등장하기도 한다. 해방을 알리는 남자의 군상 몇을 열거해 보자.

쪼다들

첫째는 겁쟁이, 혹은 평범한 패배자다. 이들 대부분은 어머니의 치마폭을 벗어나지 못하는 마마보이다. 튼튼한 외부를 구성할 능력이 없어 물렁한 겉에 뒤죽박죽으로 섞인 내부를 안고 있다. 이들은 가진 것도 능력도 없지만 자기의 패배에 대한 자격지심으로 늘 부정적 불평을 늘어놓고 술만 마시며 빈둥거리는 패배자들이다. 매일 술 마시며 어머니에게 어리광부리듯 사회에 항변을 늘어놓지만 문화적인 변화의 세례를 받지 못했기에 남성으로서의 구원은 불가능하다.

다음은 더욱 안 좋은 유형인 '자전거 맨'이다. 이들은 패배한 남자들이고 자기의 패배를 다른 곳에서 보상 받으려는 사람들이다. 자전거 맨은 남자 사회가 만드는 결합체에 들어가 경쟁하고 투쟁하는 즐거움을 모른 채 결합체의 압력에 찌그러져 버린 이들이다. 이들은 강자에게는 감히 도전장을 내지 못하지만 약자에게는 더욱 가혹하게 대한다. 그래서 자전거 맨은 위로는 구부러지고 아래로는 남을 짓밟는 성향을 가지고 있다.

이들은 결합체 내의 경쟁자에게 전혀 인정을 받지 못하기 때문에 아내나 애인에게서 피해보상을 받으려 한다. 직장에서 받은 억압과 스트레스를 가정에서 풀려고 하기 때문에 결국 모두를 괴롭힌다. 결정적으로 경쟁과 투쟁을 하지 않으려고 하기에 겉으로 보기에는 부드러운 남자다. 하지만 부드러운 겉보기와 다른 억눌린 얼굴을 가지고 있다.

다음으로 '염소인간'을 들 수 있다. 이들 초식동물들도 자전거 맨과 유사하게 경쟁에 뛰어들지 않고 종이나 씹으며 살아간다. 모든 가치는 다 의미 없다고 염세적이고 자조적인 태도를 보이며 심술을 부린다. 보통 나약한 문인이나 돈 없고 능력 없는 인터넷 폐인들에게 많이 드러나는 유형이다. 이들은 『이솝우화』에 나오는 염소처럼 자기 입이 닿지 않는 모든 포도는 신 포도라고 주장하며 인간과 세계가 품고 있는 가치를 무시한다. 겉으로는 냉소적이고 오만하게 보이지만 속으로는 굴종으로 가득한 아주 잘은 초식소인국 거주민Short People이다. 가끔 물기도 한다.

'거세된 숫양'이라는 부류가 있다. 요즘 각광 받는 일본의 초식 남자나, 너무나도 문명화된 세계에 잘 맞춰 사는 남자가 거세된 숫양에 속한다. 이들은 증명할 남근도, 적을 제압할 힘도 없다. 그저 자기의 세상을 건설할 이론도 없는 키보드 워리어Keyboard Warrior들이다. 즉 남근이 거세되었기에 오직 키보드라는 죽마에 푹 빠져 있는 이중인격자들이다.

거세된 숫양이 익명의 세계에 들어가면 못하는 짓이 없고, 사이비 도덕군자로 행세하면서 사람들이 힘들여 가꾼 세계를 무작스레 뭉갠다. 가까운 예로는, 우리나라의 '일간베스트'나 '오늘의 유머'에 소속된 잉여나 음식물 쓰레기가 그런 부류이다. 이들은 선량한 삶을 모함하면서 신상명세를 털어 사생활을 공개하기도 한다.

남자는 경쟁을 하건, 전쟁을 하건 룰을 벗어나서는 곤란한 종자다. 그래야 타협도 가능하고 화합도 가능하다. 축구선수 마라도나의 '신의 손'처럼 룰을 벗어난 변칙도 오직 한 번만 가능한 것이다. 하지만 거세된 숫양은 모든 것을 룰도 없이 자기 입맛대로 하려는 상종하기 힘든 사람들이다. 인간과 인격에 대한 존중은 철저히 무시하곤 해서 아무 데서도 받아주기 힘든 부류다.

무엇보다 황당한 부류로 '불행한 까마귀'들이 있다. 가끔 등장하는 고독하고 불행하며 저주받은 천재가 여기에 속한다. 고흐Vincent van Gogh, 튜링Alan Mathison Turing, 테슬라Nikola Tesla 같은 창조적인 인물들이 이들인데 알고 보면 '쪼

다들이기도 하다. 이들은 실패를 예술과 발명으로 승화하려고 노력한 사람들이다. 하지만 이런 사람은 언제나 남자들의 결합체를 벗어나 일탈하고, 일탈을 통해 궁극적인 아름다움을 창조하는, 별로 남성적이지 않은 인간들이다. 무리를 짓는 것이 아니라 무리와 떨어져 홀로 다니는 외톨이에다 정착을 싫어하는 떠돌이다. 이들은 보통 혼자 다니다 길을 잃기도 한다.

이들과 같이 되려면 먼저 남자의 집단에서 따돌림을 당하고 남근이 지니는 권력의 희생자가 되어야 한다. 동양의 도가 사상가인 장자에게서도 이런 냄새가 많이 난다. 그래서 지나친 상상력으로 아로새겨진 작품을 만든다. 카프카Franz Kafka 같은 작가 또한 바로 이런 부류의 사람이다. 까마귀 하면 생각나는 바보는 아마도 토마스 누탈Thomas Nuttall이라는 식물학자를 따를 사람이 없을 것이다. 그는 구제할 데 없는 길치였고 언제나 따라가야 할 깃발을 놓치고 다른 곳에서 헤매고 다녔다. 그의 위대한 업적 중 많은 부분은 길을 잃고 헤매다 나온 것이라고 한다. 심지어는 자기를 구하려고 온 구조대를 오지의 식인종으로 오인하여 숨어 다니다가 '다행스럽게' 또 길을 잃어서 구조 받았다고 한다. 일생을 간질로 고생한 고흐도 비슷하다. 이들은 진정으로 창조적이고 거룩하지만 같이 놀 줄 모른 불행했던 남자들이라고 하겠다. 남자란 개떼처럼 몰려다니며 아옹다옹하거나 치고받을 때를 가장 행복하다고 여기기 때문이다.

오빠들

현대의 여자가 가장 좋아하는 남자는 아마 축제의 주인이자 언제나 유머감각을 잃지 않는 감성적인 남자, 바로 아이돌 혹은 스타일 것이다.

하지만 이런 엔터테이너는 소영웅이기는 하지만 반만 남자인 경우가 많다. 물론 여성의 시대에는 당연히 그런 남자가 각광 받는다.

이런 사람은 보통 남자보다 다분히 여성적인 성격을 가지고 있다. 자기의 내부를 바라보고 여성과의 감정적인 교류를 쉽게 하는 능력을 가지고 있다는 말이다. 이런 엔터테이너는 자신의 감성을 타인에게 맞추는 스타일이기 때문에 외향적이고 대중의 갈채를 사랑한다. 그러나 결정적인 순간에는 그녀만의 남자나 그녀 아이의 아버지가 되기를 고사한다. 이런 남자들은 골치 아프게 한 여자에게 물리는 일을 피하려고 여자보다는 편하게 호모섹슈얼이나 트랜스섹슈얼과 함께 몰려다닐 때가 많다. 영국의 록밴드 퀸Queen의 싱어 프레디 머큐리Freddie Mercury가 바로 이런 오빠다. 만약 감정을 교류할 파트너를 원한다면 좋은 선택이지만 깊은 사랑과 가정을 책임질 이유도 의무도 갖지 않는 존재이다. 엔터테이너가 결혼을 할 때는 사회적으로 궁지에 몰렸을 때가 대부분이다. 한마디로 말해 그대 말고도 여자는 많고 많으며, 심지어 사랑할 남자까지 많다.

마지막으로 가장 경계해야 할 존재인 교주가 있다. 우리가 앞에서 살펴본 노자가 바로 교주라고 여겨진다. 이 부류는 한마디로 존재 그 자체로 모순이고 신비이며 쉽게 이해하기도 힘들다. 그래서 노자도 이해하기 힘들다.

교주는 여자의 체험을 공감하며 동시에 남성의 외부적인 욕망인 권력을 결합하여 자기만의 왕국을 건설한다. 그래서 대부분의 교주는 남신도가 아니라 여신도를 이끈다. 그는 외부적인 질서세계의 배후에 있는 내부적인 체험을 그대로 드러낼 줄 아는 사람이다. 외부적인 현실세계는 남자가 집중하는 세계이지만 여자도 외부세계의 체험을 갈망한다. 하지만 남편이나 애인은 제공해주지 않는다. 교주는 외부세계의 경험을 내적인 체험으로 바꾸어 준다. 내부의 모든 것은 외부에서 오는 것이고 종교적인 신앙은 강렬한 권력의 체험이기도 하다. 교주는 여자의 필요를 알아채고 외부의 권력으로 여성의 갈망인 내부를 채워줄 줄 아는 사람이다. 즉 교주는 현실의 경계를 넘고자 하는 여자의 갈망을 직시하여 비밀스러운 종교적인 의례로 그 안을 채워준다. 마치 노자가 그러하듯 교주는 혼돈으로 접근할 길을 제시하며 도가 지니는 고차원적 감성을 설파한다. 이러한 고차원적인 방법은 결국 여자를 탈脫 경계의 황홀경으로 이끈다.

그래서 밀교의 추종자 대부분은 여자이고 교주는 남자인 것이다. 때문에 교주는 한 사람, 한 여인에게 종속될 수 없다. 이 점은 인도의 신 비쉬누Vishnu의 대표적 화신인 크리슈나Krishna가 잘 보여준다. 목동인 크리슈나가 수많은 처녀들과 함께 목욕했다는 설화가 있다. 크리슈나는 하나지만 수없이 많은 처녀들은 마치 그가 자기와 함께 목욕하며 사랑을 나누는 것 같은 오르가즘의 느낌을 가졌다고 한다. 그래서 교주는 모든 여자에게 공평하게 자기를 제공하는 것이다. 이런 면에서 보자면 아마도 신부의 독신주의도 분배정의에 입각한 것이 아닐까 한다. 그래서 신부의 독신은 성적 금욕이 아니라 어떤 사람과 친밀성의 관계를 갖는 것을 회피하는 일이기도 하다는 생각이 든다. 모두에게 줄 수 없다면 공평해야 하기 때문이다.

平

等

여자와
남자, 뒤집어
입기

양성 평등과 진정한 해방을 위하여

지금까지 동아시아의 고전을 근거로 남녀의 차이를 훑었다. 결국 그 차이는 세상을 알아가고 체험하며 표현하는 방식에서 나온 것이라는 점을 알 수 있었다. 남녀의 차이를 밝힌 대표적인 화두는 아마 '화성남 금성녀'가 대표적일 것이다. 존 그레이John Gray의 『화성에서 온 남자 금성에서 온 여자Mars and Venus starting over』는 남녀의 심리학적 차이에 대한 이해를 대중적인 차원으로 확대한 수작이다. 그는 여자란 자기와 세계를 감성적으로 표현하고, 남자는 세계의 문제를 해결하려고 한다는 도식을 제시했다. 크게 동감할 만한 구도임에 틀림없다. 하지만 우리는 한국인이기에 그레이를 비롯해 남녀의 차이를 밝히는 심리학이나 사회학적 통계만으로는 썩 충분하지 못하다.

한국인이라는 몸

우리의 몸에는 동아시아 지역의 역사가 그린 흔적이 들어 있다. 병원 출산으로 바뀌기는 했지만 예전에는 여자가 해산하면 미역국을 먹고 씻지도 않은 채 싸매고 누워 몇 주를 보냈다. 씻으면 큰일 나는 줄 알았다. 성스럽거나 불결한 일이 생겼기에 집에는 금줄을 치고 외부인의 출입을 막았다.

영국에서 아이를 낳은 한국 사람의 문안을 간 적이 있다. 전하는 말에 의하면, 영국 여자들은 아이를 낳고 나면 먼저 찬물로 시원하게 샤워를 한다. 다음으로 차 한 잔Cuppa Tea과 함께 (흡연자일 경우) 참았던 담배를 한 대 쭉 빨고는 "바로 이 맛이야That's better!"를 외친다고 한다. 병원 음식으로는 미역국이 아니라 수프와 샌드위치가 나온다. 우리나라 여자는 이러면 죽는 줄 알고 기겁을 한다. 그렇다면 어려서 외국에 입양됐더라도 핏줄이 한국인인 여자는 출산 뒤에 서양식으로 조리를 하면 죽어야 하지만 반대로 생생하다. 마찬가지로 밥 못 먹고 김치 못 먹고 몇 년간 생존한 사람인 내가 보기에 김치를 못 먹으면 죽어 버리는 한국 남자는 신기하다. 우리가 관심을 가져야 하는 게·바로 이 문화적이고 역사적인 '한국인의 몸'이다. 즉, 생리와 문화의 차이이다. 문화는 생리에서 비롯했지만 생리와는 다른 세계로 우리를 이끈다.

외국에서 생활하다 보면 한국 문화의 진정한 지킴이는 바로 서양음식 못 먹고 외국어 못하는 한국 남자가 아닌가 하는 생각이 든다. 나도 그랬지만 한국 남자는 밖에서도 죽어라고 한식만 찾고, 그게 힘들면 집에 들어가서 밥과 김치 달라고 칭얼댄다. 맛있는 스테이크 썰고 집에 들어와서 밥에 김치를 한 쪽이라도 집어먹어야 살겠다고 징징대는 남자들은 도대체

인간인가? 이런 한국 남자와 달리 한국 여자는 현지 언어도 곧잘 하고 음식에도 적응을 잘한다.

중국이라는 문화적 진공청소기 옆에서 중국문명을 적극적으로 수용하면서도 살아남은 나라가 둘 있다. 베트남과 한국이다. 베트남은 그렇다 치고, 우리나라의 경우 한반도 북쪽이 산악지역이라 점령하기 힘든 측면도 있었겠지만 그보다 중국 음식 먹고 김치 찾으며, 외국어 배우고도 입 한 번 뻥끗 못하는 한국 남자의 못난 모습 때문이 아닐까 한다. 그래서 외국에서도 한국 문화는 잘난 한국 여자가 아니라 적응능력 없는 한국 남자가 지킬 수밖에 없다. 때로 이렇게 적응 못하고 공부 못하는 것도 쓸모가 있기는 하다.

한국에서 여성 해방, 혹은 방해

현재 사방에서 여성의 목소리가 들린다. 그런데도 여성들은 아직 도처에서 "억압이야"라고 소리치며 해방되지 못했다고 주장한다. 반면 남성들은 이리 가도, 저리 가도 남자를 밀어내는 여자들 때문에 행동을 제약 받아 불편하기 그지없다. 흩날리는 눈처럼 사방에서 들러붙는 여성적인 것들은 털어도, 털어도 떨어질 줄 모른다. 그래서 남자들은 매사를 조심스럽게 만드는 여성적인 것들로부터 해방되고 싶어 한다. 정작 여성은 실감 못하는 듯하지만 남성은 여성 해방을 절실하게 실감하고 여자로부터의 해방을 고민한다.

앞에서도 말했듯 남자는 상대를 소음으로 인식하기에 시끄러우면서 잔소리가 심하면 거대한 대상으로 여긴다. 아직까지 여성에게 진정한 해방이 오지 않았는지는 모르겠지만, 남성들은 여성이 만들어 내는 소음을 해방된 존재나 대적할 적으로 인식한다.

지하철에서 매너 손과 매너 눈이 화제가 된 적이 있다. 이때 문명화에서 시작한 매너란 참으로 우습고 방해되는 개념으로 변질된다. 지하철에 앉아 그냥 앞을 보면 하얗고 빨갛고 파란 팬티가 보인다. 지켜주고 자시고 할 것도 없이 보려고 하지 않아도 보인다. 아니 보이려고 하기에 보인다. 노자가 '예'와 '응'의 차이가 없다고 하듯, 핫팬티와 팬티의 차이는 얼마나 날까? 별거 아닌 팬티를 보이거나 보는 것은 정말 별 문제 아니다. 그런데 보이는 팬티 본다고 성추행이라고 한다. 보이고 싶지 않으면 가려야 하는 것이지 보는 사람을 나무라는 것은 적반하장이다.

앉아 있는 사람에게 팬티보다 더 중요한 것은 눈을 뜨고 앞을 바라볼 권리와 의무이다. 지하철이나 버스는 공적 공간이지 사적인 매너공간이 아니다. 대중교통을 이용하는 문화시민으로서 올바른 태도는 내릴 곳을 미리 살피고 언제 어디서 닥쳐올지도 모를 위험에 대비하기 위해 눈을 뜨고 있어야 한다. 서 있을 때는 옆에 여자가 있건, 남자가 있건 손잡이를 꼭 잡아야 한다. 사적으로 보이기 싫으면 감추면 되는 것이고, 닿기 싫으면 피하면 되는 것이다. 물론 나쁜 치한은 격퇴해야 한다. 하지만 억지로 문명과 매너로 호도하며 사적인 양보를 요구하는 짓은 (복장의 자유와 상관없이) 타인의 공적인 시선의 자유와 의무를 방해하고 타인의 사적인 도덕을 강요하는 야만이다. 자기의 개인적 치부를 감추기 위해 타인에게 위험을 요구하는 것이다.

노출을 하였을 때는 좋건, 싫건 모두가 본다. 그러니까 마주앉은 건너편 여자의 다리 사이로 보이는 팬티는 도덕이나 매너의 대상이 아닌 사적인 취향인 것이다. 그런 복장을 하고서 애인도 아닌 남자에게 시선의 매너를 요구하는 것은 몰염치이고 악이다. 즉 매너는 해방의 지표가 아니다. 공적인 공간에서도 그저 전근대적인 방식으로, 사적으로 여성을 대접해 달라고 요구하는 행위는 공익을 방해하는 짓거리이다.

여성의 한쪽에서는 '매너'를 여성 해방의 지표로 삼으려고 모략을 꾸미기도 한다. 하지만 남녀평등과 해방의 시대에 일방적으로 전근대적인 매너를 요구하는 한 여성 해방은 요원하다. '약자에 대한 배려'나 '여성 존중'을 해방으로 여긴다면 결국 스스로의 자유와 해방은 타인의 배려에서만 가능하다는 것을 증명하는 것이다. 즉 자기의 자유와 해방을 타인에게 구걸하고 있는 셈이다. 자기의 자존은 구걸이 아니라 자기의 힘으로 만드는 것이다. 따라서 남성이 여성을 어떻게 대우하는가는 해방과 아무 상관이 없다는 말이다. 아직도 그런 사적인 매너를 기대하며 여성 해방을 주장한다면 응석 부릴 줄만 알고 진짜 해방에는 관심이 없거나, 아니면 그를 방해하는 족속일 것이다.

결합체의 딜레마

현재 우리사회의 학교나 직장은 여성들처럼 삼삼오오로 짝지어서 수다 떨기보다는 남성적인 의사소통방식인 명령과 실행을 위주로 하는 더 큰 조직으로 구성되어 있다. 대부분의 사회와 직장의 조직은 사회적 결합체와 유사한 형태로 짜여 있기 때문이다. 이런 조직이 만들어진 이유는 아마도 현대적인 노동이론이 강조하는 '효율성' 때문일 것이다.

남자들은 이 조직 안에서 결합체를 이루어 서로 경쟁하고 협동하며 진급하고 성장한다. 진급하고 출세하려면 여자도 마땅히 그래야 한다. 직장 안에서 단합을 위한 모임이나 업무도 결합체의 구성에 따르고 진급이나 출세도 결합체 안에서 경쟁으로 이루어진다. 따라서 직장은 비대칭적이고 계급적이며 집단적인 명령체계로 되어 있다. 여자들이 직장사회가 가장 성적으로 불평등하다고 말하는 이유는 여기에 있다. 하지만 효율성과 생산성을 중시하는 현재의 결합체 형태를 지향하는 기업에서 여성이 바라는 직장구조를 만들기는 불가능하다. 이미 그 규모에 따른 구조가 애착과 친밀의 영역을 넘어서 있기 때문이다. 그럼에도 이 사회의 직장에선 종알대며 친밀의 구조를 요구하는 여성의 목소리만 들린다. 이런 여성들은 공적인 세계에서 사적인 관계와 배려를 요구하는 것이다. 지긋지긋한 잔소리를 털어버리려고 담배를 피우기 위해 밖으로 나가도 잔소리는 떨어지지 않는다.

인류 최대의 위기

근대화가 펼쳐지고 세계화가 이루어지면서 지금까지 인류가 봐 왔던 어느 것보다 더 큰 혁명이 다가왔다. 현재까지 발생한 사회혁명 중에서도 우리 생활 속으로 이토록 깊숙이 파고드는 혁명은 없었다. 가족의 해체가 그것이다. 이 혁명은 현재 진행형이다. 가정은 해체되지만 재생은 기대만큼 빠르지 않다. 그러면서 우리는 서서히 고령화 사회로 들어가고 있다.

가족 해체를 혁명이라고 하지만 속뜻을 찬찬히 들여다보면 가족이 없어진다기보다는 이제까지 가족의 중심으로 역할을 하던 가부장제가 희미해지며 사라지는 현상이다. 이제 가족은 엄마와 자녀로 구성된 조직이라는 말이다.

여성 해방은 가부장제의 약화와 소멸을 가져오고 또 이를 통해 여성의 해방과 여권신장을 가속화한다. 그런데 여기에 예기치 못한 부작용이 나타났다. 여성 해방이 여성만 해방해야 하는데 남성의 해방도 불러왔다는 것이다. 가정의 해체는 남자에게 더 이상 가정에 묶일 이유를 없애 준 것이었다. 가부장제의 해체로 남자의 권력과 권리가 없어지면서 덩달아 의무도 없어진 것이다. 그래서 남자를 대체하여 가정의 중심을 이루는 여자의 해방과 남자의 해방은 다르다. 남자가 가정에서 풀려나는 사건이기 때문에 가족의 해체라기보다는 여자를 중심으로 한 가정의 재구성인 것이다.

예수를 비롯해 누구에게나 어머니는 확실하며, 아이를 키우는 어머니의 영역인 '가정'이라는 둥지는 매우 명확하다. 어머니는 아버지라는 떠돌이와 다르게 자녀와 육체적으로 연결돼 있고 '가정'이라는 지배영역에 있어서 본질적이다. 그래서 가족의 해체 혹은 가부장제도가 희미해지면서 문제가 되는 것은 가정과 어머니가 아니라 아버지의 위상과 아버지라는 자의식이다. 이제 아버지는 박물관에서 찾아야 하는 유물relics인 것이다.

졸지에 아버지가 된 X씨

졸지에 아버지가 된 남자로 상황을 설명해 보자. 여자친구가 출산을 했다. 여자친구는 이상하게 생긴 핏덩이를 내 아들이라며 안아 보라고 한다. 믿기지 않아도 비슷하게 생겼다고 우기니 믿을 도리밖에 없다. 전통사회에서 아버지는 고유의 권한을 가지고 있었다. 하지만 이미 부권이 붕괴하고 특혜가 없어졌기 때문에 이제 아버지로서 권리는 없고 의무만 남는다. 아니 의무도 없어질 것이다. 즉 허울만 남은 아버지는 아이가 예뻐서 어쩔 줄 모르겠다는 듯 자애로운 미소를 지으며 연극을 해야 한다.

핑크 플로이드Pink Floyd 〈더 월 콘서트the Wall Concert〉의 무대장치.
꽉 막힌 벽과 흔들리는 시선이 남자의 내·외부적인 모습을 잘 보여준다.

반면 가정의 핵심인 여자는 아이 사랑을 너무도 당연하고 자명한 것으로 여기면서 남자 역시 자기와 마찬가지일 것이라고 믿는다. 남자도 여자처럼 자기 자식에 대한 사랑에 기초한 부성애를 갖는다고 착각한다. 그리고는 부성애라는 억지 춘향을 만들어 모성애와 대칭적으로 배치하고는 부성을 인간성의 표준으로 격상시킨다. 하지만 이 대칭적인 사고는 한마디로 어처구니없는 억지다. 여자의 모성애는 근대에 들어 교육을 통해 강화된 본능이다. 즉 원래 있던 것이다. 하지만 직접 아이를 낳지 않는 남자에게 부성애라는 것은 애를 키우면서 학습하는 것이다. 자기 아이일 가능성이 높기에 더 잘해 주는 것이지 애초부터 거의 없다고 봐야한다.

켄 스콧Ken Scott 감독의 2011년 영화 〈Mr.스타벅Starbuck〉은 자기의 정자 기증으로 태어난 아이를 찾아서 만나는 이야기를 소재로 만든 코미디다.

제작진에 따르면, 스타벅은 캐나다에서 '가장 장수했던 우량 수소'의 이름에서 딴 것이라고 한다. 전 세계 45개국, 68만 5,000회분의 정자가 판매됐으며, 20만 두 이상의 소가 태어났다고 한다.

실재했던 스타벅이라는 수소처럼 정자를 기증해 자신의 씨를 널리 퍼뜨린 남성도 꽤 많다. 실제로 정자 기증을 통해 160여 명의 자녀를 둔 남성도 있었고, 260명에게 생명을 준 남성도 있었다. 심지어 영국에서는 500명의 아버지가 된 경우도 있었다고 한다. 이렇듯 남자는 모르는 아이의 아버지일 수도 있다. 직접 낳은 게 아니니 아이에게 부성애를 전혀 못 느낄 뿐 아니라 태어날 때도 아무 느낌이 없으니 존재 자체도 까마득히 모른다. 존재도 모르는데 부성애는 어떻게 느끼겠는가? 그러니 직접 아이를 낳는 모성과 대칭을 이루고 자시고 할 것조차 없는 것이다.

부성애를 근거로 육아를 주장하는 것은 도덕적으로 아름다운 일이기는 하지만 없는 것을 가지고 도덕을 윽박지르는 헛짓이다. 아버지의 의미가 없어지는 현대적인 의미에서 더더욱 부성은 부당한 억지주장이다. 그러니까 현대 상황에서 아버지가 가진 새로운 의미를 찾으려면 부성은 부정하고 다른 가능성을 찾아야 한다는 말이다. 아버지의 추구는 지나간 강물에 몸을 담그려는 헛수고일 뿐이다.

유럽의 가정에는 부계 혈통이 서로 다른 아이가 10~15%에 이른다고 한다. 다른 남성의 아이를 자기 아이라고 착각하면서 키우는 남자들을 볼 때, 남자에게는 핏줄의 이끌림 같은 것은 없다고 보는 게 더 현실적이다. 즉 핏줄의 이끌림은 신화고 동화일 뿐이다. 이제 우리는 '핏줄-가족'이라는 신화를 벗어야 한다. 1차 사회에 대한 기억은 집어치우고 2차 사회의 합의에 따라 내일을 바라봐야 한다. 즉 이제 아이는 남자와 여자의 합의로 낳고, 합의한 대로 어머니와 아버지로서 계약을 이행하는 것이다. 왜냐하면 모성은 있지만 부성은 학습이기 때문이다. 먼저 이 문제를 정확히 인식할 필요가 있는 것이다.

EBS에서 방영하고 출간한 『아버지의 성』은 새로운 시대의 아버지를 위한 새로운 영역의 기반을 다지려는 기획이다. 이전과는 달리, 이제는 명령하는 가부장 아버지가 아니라 가사와 육아를 같이 짊어진, 아이의 멘토Mentor이자 친구로서의 아빠라는 주장을 한다. 요지는 좋다. 하지만 책은 남자의 본능적인 모습을 무시하고 아이와 아버지의 관계를 무리하게 생물학적으로 엮으려고 한다. 다시 한 번 강조하건대, 생물학적인 부성은 없다. 그렇기에 생물학적인 아버지에게 주어진 새로운 자리는 추락하는 기러기 아빠의 삶에서 보듯 위태롭다. 흐르는 물 위에 집을 지었거나, 허공에 지은 공중누각일 수 있다. 그렇다고 가부장제도가 반석 위에 지은 집이라는 뜻은 아니다. 둘 다 허망하기는 마찬가지이지만 새로이 등장한 멘토 아빠가 지닌 생물학적인 근거는 너무나 빈약하고 궁색한 변명으로 보인다. 생물학적인 억지가 아닌, 조금은 더 굳건한 '인간적인 반석'에 자리 잡아야 한다. 가족이 해체되어 가는 현대를 살아가면서 『아버지의 성』에서처럼 억지로 생물학적인 관계를 강조하기보다는 자식을 같이 살아가는 동료로 받아들이는 것이 현명하다.

남자에게 아이, 특히 남자아이란 일단 경쟁자이다. 아버지로서 특권은 아무것도 주어지지 않은 현실에서 아이는 짊어져야 할 재정적인 부담일 뿐 아니라 가정 내에서 자기의 위치를 위협하는 괴물 같은 놈이다. 하지만 직접 아이를 낳은 여자는 아이에 집중하면서 애착관계를 쌓아간다. 그래서 아버지는 언제나 뒷전이다. 적 때문에 '찬밥' 신세인데다 심부름꾼이 되는 신세를 받아들일 수밖에 없는 것이다. 하지만 잘 보라. 진짜 권한을 가진 아버지라면 그 이름만으로 결코 뒷전일 수 없고, 만약 아버지가 아니라면 남이니까 앞전이나 뒷전일 필요조차도 없다.

아버지와의 애착관계가 소원해진 엄마에게 '궁극적인 애착의 머신'은 아이다. 때문에 아내에 대한 섹스의 독점적 접근 권한이 없어진 것이나 매한가지다. 게다가 아이란 이기적이고 불평불만 많은 까다롭기 그지없는 놈일 뿐 아니라 시도 때도 없이 울어대는 시끄러운 놈이다. 그냥 보기에는 참 귀엽고 예쁘지만 사실 남자에게 아이들은 악마 같은 괴물로 다가온다. 떨어질 줄 모르고 항시 붙어 있는 존재, 자고 있는 아이와 엄마를 두고 밖에 나와 담배를 한 대 물고 곰곰이 생각해 보면 아내의 본래 목적이 내가 아니라 아이였다는 결론에 이르게 된다. 그럼 '나는 무엇이었던가'를 자문해본다. 나는 바로 애를 낳기 위한 생물학적 도우미, 사냥에 나서는 먹이 공급자, 심부름꾼, 알바 그리고 아이가 요구할 때 시중드는 사환이었던 것이다.

아무튼 아버지의 역할을 수행하게 된 남자는 아내에게 찬밥신세가 된 것까지는 인정할 수 있다. 아울러 자식이라는 괴물의 심부름꾼으로 전락한다는 건 쉽게 받아들일 수 없지만, 한편으로는 또 어쩔 수 없는 현실이자 인간의 역사다.

그래서 아버지는 아이에게 적개심을 드러낸다. 전설 속 순舜임금의 아버지가 아들을 죽이려고 한 것이나 올림포스의 주신 제우스의 아버지 크로노스Cronos가 아들을 잡아먹고 다시 제우스가 아버지를 죽인 이야기가 그것이다. 유명한 오이디푸스Oedipus의 신화가 단순히 프로이트가 말하는 '아버지를 죽이고 어머니와 하고 싶다'는 심리적 콤플렉스만은 아니다. 아들을 죽이고 못살게 구는 아버지가 괜히 있는 것이 아니라 사내라는 동물은 서로 근본적으로 권력을 다투는 적이기 때문이다. 그래서 여자는 아이의 아빠에게 당신의 자식이라고 '발가락'을 내보이면서 생물학적인 근거로 설득하지만 아버지의 적개심은 가시지 않는다. 증명한다고 달라질 것은 하나도 없다. 그저 자식 발가락을 뭉개 버리면[223] 끝나는 일이다.

오늘날 부권을 상실한 남자는 아이에게 적개심을 드러내면 쫓겨날 위험이 있기 때문에 웃는 얼굴로 사랑스럽다고 자꾸 되뇌며 아버지를 연극해야 한다. 그러다 아빠와 아이가 서로 좋아져서 연대를 이루면 다행이다. 그래서 현대에는 생물학적인 혈연보다 둘 사이의 사회적 연대를 더 중시한다. 어쩌면 후자의 방법이 더 바람직해 보인다.

아이에 대한 남자와 여자의 이런 차이도 근본적으로 체험의 형식에 따른 것이다. 그래서 아이와의 관계 역시 엄마와 아빠의 대화방법에 따라 상이하게 드러난다. 아이를 가진 여자는 몸으로 키우고 몸으로 출산을 체험하며 커 가는 사랑스러운 아이로 마음을 채운다. 하지만 남자는 아이가 생겨서 크고 있다는 사실을 통보 받고 나서야 몸의 태도를 바꾼다. 그러니 『아버지의 성』에서 남자에게도 생물학적인 부성이 있다는 것을 강조하기 위해 예를 든 남자의 입덧은 남자의 체험에서 나온 현상이 아니라 사실을 알아 가면서 몸이 반응한 것이다. 한마디로 위약효과나 마찬가지인 심리적인 착각인 것이다.

결론적으로 피임과 낙태, 다시 말해 아이의 아버지를 선택할 권한은 여성이 가진 힘이다. 현대에는 유전자 검사가 있지만 과거에는 확증할 수 있는 것이 아무 것도 없었다. 그렇다고 무조건 유전자 검사에 의존하고 생물학적인 증거로 가족을 이루기에는 인간의 문명과 문화가 다른 동물들에 비해 너무 멀리 와 있다. 이제는 가족이 생물학적인 근거로 이루어진 무리만은 아니다. "가슴으로 낳는다"는 입양이 그걸 확증하고 있다. 우리 인간은 생물학적으로 다르더라도 충분히 가족을 이룰 수 있는 능력을 가지고 있다. 그렇게 우리는 입양을 하기도 하고 반려동물을 키우기도 한다.

여성의 귀환

노자와 「대학」을 빌미로 말한 고대 동아시아 남녀의 모습은 안과 밖, 내부적인 체험과 외부적인 체계에 대한 지식이었다. 인간의 성비는 다른 동물에 비해 거의 1:1에 이를 정도로 균일한 편이다. 즉 여자만큼 남자가 있는 것이다. 이는 자연의 필요에 의한 선택일 것이다. 그렇듯 세상에는 여자가 필요한 만큼 남자도 필요하고, 내부적 감성이 필요하듯 외부적 규율도 필요하다.

인간에게 주어진 언어 자체가 그렇고, 아울러 태어나면서 함께 세상을 체험하고 표현하는 방법에 있어서도 남녀가 다르다. 하지만 이제 여자도 적극적인 사회활동을 하고 싶어 한다. 즉 과거처럼 내부의 감성을 반영한 둥지만으로는 충분치 못하다는 뜻일 것이다. 현대의 여자는 그렇게 밖으로 나와 여성으로 활동하고 싶어 한다.

강자의 윤리

루돌프 테그너Rudolph Tegner, 〈아테나의 탄생Zeus giving birth to Athena〉.
루돌프 테그너 박물관Rudolph Tegners Museum 소장[27]

---

27 아테나$A\theta\eta\nu a$는 그리스 신화에 나오는 지혜·전쟁·직물·요리·도기·문명의 여신이다. 로마 신화의 미네르바와 동일시된다. 제우스와 메티스 사이에서 태어난 딸로 완전무장을 하고 제우스의 머리에서 태어난다. 올림포스의 12신의 두 번째 세대에 속한다. 투구, 갑옷, 창, 메두사의 머리가 달린 방패Aegis, 올빼미, 뱀이 대표적 상징물이다.

현대 생물학적 연구에 따르면 남자는 여자에 비해 생물학적, 지적 그리고 사회적으로 열등한 제2의 성이라고 한다. 보부아르Simone de Beauvoir가 1949년 『제2의 성Le Deuxieme Sexe』을 써서 여권을 강조한 지 50년 만에 미국의 생리학자 헬렌 피셔Helen Fisher가 1990년 『제1의 성』을 집필하면서 여성과 남성의 지위가 뒤바뀐 것이다. 현대의 학문적 담론과 권력의 작용에 따라서 나온 결론에 의하면 생물학적으로 남자는 열등하다. 아울러 사회적으로도 열등한 약자로 자리매김하기 시작했다. 노동집약적인 초기 자본주의 사회와 달리 현대는 언어와 감성이 중심을 이루는 관리 중심 사회로 바뀌었다. 남자는 자본주의 초기부터 성적인 우월을 주장하며 모든 외부적인 일과 권력을 다 장악했다. 그래서 근대 세계에서는 남근Phallus이 곧 권력이 된 것이다. 하지만 과거에 그가 알통을 까 보이며 들이민 무기였던 주먹과 육체적 능력은 이제 3D(힘들고Difficult, 더럽고Dirty, 위험한Dangerous) 업종에나 쓸모가 있다. 현대 관리사회에서 모든 일은 뽀송뽀송하고 부드러운 손과 뇌로 이루어지기 때문이다.

여자는 남자보다 하루 평균 3배 가깝게 관계를 부드럽게 해주는 대화를 통해 인간관계의 친밀함을 만들어낸다. 이는 마치 어른과 애가 동일한 단어를 사용하더라도 안에 담고 있는 의미의 깊이가 다른 것과 마찬가지다. 게다가 여자는 양쪽 두뇌를 동시에 사용하므로 정보 교환에 더 유리하고 감성이 풍부하다는 증거를 모든 인지과학 실험실에서 산더미처럼 쏟아내고 있다.

생물학적이나 사회적으로도 여자가 유리하다는 사실이 이제는 학문적인 검증을 거쳐 정착한 상태다. 그렇다. 이제 여성은 우월한 강자이고 생물학적 본질로도 인간의 원판인 제1의 성이며, 남자는 원판에서 파생한 제

2의 성이다.

남녀평등 개구라

'남녀평등'은 법률 용어다. 남자건 여자건 법적인 의무와 권리 그리고 행위에 대한 적용이 동등하다는 말이다. 물론 이와 다른 개념인 '능력에 따른 평등' 역시 모두 받아들이고 있지만 남녀의 문제는 능력의 문제가 아니다. 사실 모든 논란은 정확히 양성에게 동등하게 법을 제정하고 적용한다면 문제가 없어진다. 여자도 남자와 동등하게 군대를 가서 의무를 다하고 남자도 동등하게 육아휴가 같은 권리를 사용해야 한다. 소위 선진국이라는 곳은 이렇게 남녀 간의 동등함을 질적인 차이 이전의 산술적인 부분에서 만들어 나가고 있다.

'남녀평등'은 정의Justice의 문제이다. 남녀가 법적으로는 동등하지만 생물학적으로 타고난 것이 다르다. 이 생물학적 차이에서 비롯하여 남녀의 사회적 모습도 달라진다. 과거 남녀가 옷이나 행동, 일터로 달라지던 낭만적인 사회는 근대적인 사회가 만들어 낸 회색 양복과 레이스 치마로 대체된다. 여성학이 주장하는 질적인 차별인 성차Gender의 개념을 본격적으로 강조하는 세계가 현대인 것이다. 남녀의 차이를 사회적인 원인으로 파악하는 성차는 남녀의 육체적인 차이를 부정하려고 한다. 현대사회에 이르러 남녀의 복장과 역할이 사회적으로 비슷해졌다. 이전과 달리 주어진 것이 '평등하다Unisex'는 말이다. 주어진 것이 같으면 해야 할 일도 같아야 한다. 이게 정의를 따르는 평등이다.

하지만 여성 해방에 대한 사회적인 시선이 아직 요원하다고 한다. 한때 프랑스의 사팔뜨기 철학자 사르트르Jean Paul Sartre가 "타인의 시선은 지옥"이라고 한 적이 있었다. 시선에서 성차를 말하는 여자들은 자격지심으로 가득한 이 못생긴 사팔뜨기 철학자와 같은 짝이다. 사르트르의 집 근처에 살던 잘생긴 작가 카뮈Albert Camus는 유명한 저서 『이방인L'Etranger』의 마지막 부분에서 "타인은 나를 따뜻한 무관심으로 봐 주고 있다"며 못생긴 남자의 자격지심을 꼬집은 적이 있다. 시선이 말하는 권력은 인정할 수 있지만 우리가 말하는 강자는 시선의 권력을 밟고 넘어서는 초인Superman이다. 개가 인간을 어떻게 보건 무슨 상관이라는 말인가? 우리 주변에 당당한 강자는 많다. 더 이상 자기만 억압되었다고 징징대는 소리는 해방된 족속이 부를 노래가 아니다.

남녀는 다르다. 그리고 현대 남녀의 사회적이고 생물학적인 차이가 상승작용을 하여 상대성의 취향을 강요하기도 한다. 요즘은 남자아이에게 인형놀이나 소꿉장난 같은 역할놀이를 시키기도 한다. 하지만 남자아이는 인형보다는 자동차나 기차에 완전히 몰입하여 자기를 동일시한다. 대부분의 남자와 마찬가지로 남자아이도 인형을 폭신해서 깔고 앉거나 베고 자기에 좋은 것으로 생각한다. 하지만 남자아이들은 색깔도 이상하고 베거나 깔기 불편한 핑크빛 바비Barbie는 강요해도 가지고 놀지 않는다. 반면 여자아이에게 빨간색 소방차를 주었더니 담요로 차를 감싸면서 울지 말라고 달래 주었다는 사례가 있다. 아마 남녀는 서로를 이해하는 데 도움을 줄 수 있을 것이다. 하지만 생물학적 경향성은 아무리 사회적으로 강화하거나 약화시키더라도 끝까지 살아남는다. 이렇듯 타고난 것이 발전하여 고치기 힘든 문화적인 본성이 된다. 이제 우리에게 주어진 것은 자유와 해방이다. 남자나 여자에게 사회적이나 생물학적인 것을 억압하는 일은 자유

도 해방도 아닌 방해일 뿐이다.[224]

여자와 남자, 뒤집어 입기   375

남성과 여성의 투쟁

남성과 여성은 투쟁의 양상이 다르다. 여자끼리는 서로 따돌림이나 스트레스를 주면서 배제를 통해 경쟁하며 권력을 장악하지만 남자에 대해서는 잔소리로 투쟁한다. 그 반면 남자는 결합체 안에서 남녀를 가리지 않고 룰에 따라 공개적인 힘으로 경쟁하고자 한다. 하지만 이 둘이 원하는 결론은 동일하게 권력이다.

여성가족부의 여성적이지 못한 속내

최근 여성가족부(이하 여가부)가 내건 성폭력 방지 포스터를 보자(사진 참조). 여기서 보듯 딸 하나만을 꽁꽁 감싸고 있는 듯한 모습의 포스터에 대한 비판이 일각에서 일고 있다. 현실을 생각한다면 아들과 딸 등

두 명 정도를 데리고 있어야 하지만 여가부의 머릿속에 있는 가족과 성폭력에 대한 사고 그리고 그 행위는 그저 딸 하나만을 감싸고도는 신경질적인 엄마의 모습과 흡사하다. 그러기에 여가부에 쏟아지는 비판은 당연하다. 여기서는 초, 중학교에서 덩치가 더 크고 성숙한 여자아이들에게 당하고 있는 남학생의 성추행 피해는 말하지 않기로 하자. 이 포스터에서 눈여겨보아야 할 것은 아이의 성별이 아니라 숫자이고 안팎의 문제이다. 먼저 여성의 해방과 자유 그리고 사회적 진출을 지향한다는 여가부가 지키고자 하는 아이와 여성이 안에 있는지 밖에 있는지를 주시하라.

포스터에는, 둥그런 해와 푸른 하늘이 감싸고 있는 공간에 아이와 여성이 편안하게 웃음 짓고 있는 모습이 보인다. 하늘색은 대낮 같이 환하다는 의미에서 안정과 남자를 뜻한다. 보통 여자는 붉은색으로 표현하지 푸른색으로 표현하는 경우는 드물기에 이는 확실히 남자를 의미한다고 본다. 특이한 사항은 해이거나 머리인 원을 푸른색으로 사용했다는 점이다. 어린아이들이 그리는 그림이나 어른이 그리는 그림에서도 해는 거의 언제나 힘을 상징하는 노란색이거나 빨간색이지만 여기서는 푸른색이다. 다음으로 해는 푸른 테두리와 분리되어 있다. 해가 상징하는 것은 아버지이고 하늘은 그의 무대며 힘이지만 여기서는 그 둘을 분리했다. 남성이 지닌 강렬한 색을 제거하고, 힘의 표상인 팔과 힘의 상징인 하늘을 분리한 것이다. 한마디로 거세된castrated 남자를 표현한다.

포스터가 전하는 메시지로만 보자면 울타리를 이루는 사람 대신 전화

패드를 누르는 손가락 그리고 번호 '112'와 '1366'을 강조하는 게 더 효과적이다. 하지만 번호는 찾아야 겨우 보일 정도로 쪼그맣고 울타리는 크다. 뭘 바라는가가 명확하다.

우리나라는 정당방위의 개념은 없는 대신 쌍방과실이 있다. 얼마 전 성폭행당하는 여자를 구하려고 범인과 격투를 벌이다 범인으로부터 폭행으로 고발당한 사람의 이야기가 화제가 된 적이 있다. 당하던 여자는 이미 종적을 찾을 수 없고, 성범죄를 증언해 줄 증인이 사라졌으니 영웅은 혼자 폭력의 짐을 져야 했다. 심지어 주변의 증인이 있었어도 당사자가 없으니 쌍방과실이 적용되어 폭력범으로 몰렸다. 인터넷에 여성이 올린 댓글에서는 "얼마나 무서웠으면 도망쳤을까"라며 도주한 여성 편을 드는 동정론까지 등장했다. 하지만 정작 영웅은 폭력범이 되어 감옥에 들어가고 수백에서 수천만 원을 합의금으로 물어줘야 할 처지다. 이제 영웅은 자신이 펼친 '무모한 도움의 손길'을 앞에 두고 땅을 치며 후회하고 있다. 이런 현실에도 여가부는 법을 고치려고 하기보다는 울타리와 정의를 감정적인 하늘색으로 강조만 할 뿐이지, 정작 중요한 전화번호는 눈에 안 띄게 표기하고 있다. 뒤집어씌우겠다는 속셈으로밖에 보이지 않는다.

결론적으로 이 포스터로 여가부가 원하는 바는 명확하다. 남성성과 힘을 강조하지 않는 거세된 남자가 울타리가 되어야 한다는 주장이다. 알맹이 없이 희생만 하라는 주문이다. 스스로 외부가 되겠다고, 자리를 내놓으라고 그토록 한여름 매미처럼 노래를 부르다가 결정적인 순간에 드러낸 속내는 남자에게 울타리가 되라는 전근대적인 썩어빠진 주문이다. 여자아이는 당연히 노약자이니 보호해야 한다. 하지만 서 있는 여성은 힘없는 아이가 아니라 이제는 자기가 자기를 돕는 새로운 강자다. 먼저 자기의 힘을 보인 뒤에 서로 힘과 책임을 요청하는 게 옳다.

남자의 몰락을 외치면서 직접 외부가 되었다는 자신감은 이제 객관적인 시각으로 외부를 바라보고 자기가 자기를 지키겠다는 의지로 천명해야 했다. 더 나아가서 여성의 특징인 내적이고 주관적인 체험과 표현에 머물지 않고 외적이고 객관적인 관점으로 세계와 소통하겠다고 나서야 한다. 하지만 여가부가 원하는 여성의 외부적인 진출은 의무와 책임이 아니라 월급과 명성 그리고 권력인 듯하다. 자기는 열매를 원하면서 울타리는 남자에게 맡기겠다는 뜻이다. 알맹이만 빼먹겠다는, 빤히 속이 들여다보이는 속셈인 것이다.

김 여사의 새 둥지

울타리나 껍질이 아닌 여성이 취할 수 있는 제3의 대안은 사실 더 현실적이다. 내부가 아니라 바로 외부에 친밀성의 영역을 구축하는 일이다. 현재 우리가 처한 상황에서 이와 유사한 활동이 여기저기서 일어나고 있다. 공공영역인 도로에 나가보면 소위 친밀성을 기반으로 사적인 운전을 하는 김 여사를 여기저기서 볼 수 있다.

여자 운전자의 사고율이 더 적다. 확실히 남자들은 운전을 과하게, 경쟁적으로 한다. 주어진 도로 안에서 심판인 경찰의 눈을 피해 반칙을 하며 경쟁하고 승리하려는 것이 어쩌면 남성들의 본능이다. 하지만 흐름에는 복종하는 편이다. 그 반면 김 여사는 경쟁이나 공적인 흐름과 상관없이 사적인 운전을 하기도 한다. 다른 차보다 낮은 속도로 고속도로 1차로를 달리면서 속도위반만 안 하면 그만이라는 식이다. 하지만 고속도로에서

'추월차로'인 1차로를 계속 달리는 것 자체가 법규위반인 줄은 모른다. 시내에서도 교통의 흐름과 상관없이 화장을 비롯한 옷가게 기웃거리기까지 차 안에서 모든 일을 한다. 김 여사는 내적인 흐름을 따르기에 외적인 흐름을 무시한다고 할 수도 있다.

낮 시간 김 여사가 장악한 대부분의 카페도 음악이나 장식 등으로 김 여사 특유의 문화를 강요한다. 특정 호텔의 라운지는 아예 김 여사를 위한 둥지로 디자인해 놓았기에 삼삼오오 짝지어 둥지를 튼 김, 최, 박, 이 여사들이 모여 수다를 떤다. 심지어 주차장을 가도 김 여사 칸이 따로 마련돼 있을 정도이다. 세상에 대해 우선권을 주장하는 김 여사의 영역투쟁이 시작된 것이다.

김 여사의 특혜와 독단은 전혀 바람직하지 않다. 정당한 외부가 되기 위해서는 먼저 외부에 주어진 경쟁의 법칙에 따라야 한다. 더 나아가서 외부로서 정당성을 인정받으려면 먼저 법칙에 따라 경쟁하고 승리를 통해 결과를 획득해야 한다. 하지만 김 여사는 법칙에 따른 경쟁이 아니라 자기의 친밀한 대화방식을 포기하지 않으면서 모든 곳에서 친밀의 특권만 요구하려고 한다. 이를 비방하면 "네 어머니나 마누라가 운전하면 그렇게 평가하겠니?"하며 친밀성의 논리를 편다. 하지만 그 사람은 나와 애착관계를 이루는 내 어머니나 아내가 아니다. 그저 길에서 만나 교통법규에 따라 지나치는 한 사람의 운전자일 뿐이다.

정당한 경쟁을 무시하는 김 여사의 특권이 통하는 것은 곤란하다. 그녀가 아무리 잔소리를 퍼부어도 사회적 원칙은 흔들릴 수 없다. 친밀의 방식이 우리 사회와 문화에 깊이 들어오고 있지만 절대 기준선을 넘어설 수는 없는 것이다. 내외의 구분은 공사의 구분이기도 하다. 공사의 구분은 사회의 외부로 활동하고자 하는 모든 이의 의무이자 권리이다. 타인에게 피해를 주면서 자기만의 내부적인 세계를 외부에 만들려고 고집하는 것은 그저 이기주의일 뿐이다. 집에서 할 일은 집에서만 하는 게 지혜. 이제 노자의 애착의 '도'도 새로이 등장하는 강한 여성에 맞는 보편적 지식으로 거듭나야 할 때가 아닌가 한다.

잔소리, 해방 그리고 평등

남자와 여자가 느끼는 해방의 온도 차이가 바로 잔소리에서 가장 잘 드러난다. 여자는 외부세계에 자기가 바라는 내부가 구성되지 않으면 완전한 해방이 아니라고 보는 듯하다. 즉 세상이 자기 안방 같이 편하고 자기가 하고 싶은 대로 할 수 있어야 한다고 우기는 듯하다. 여성은 직장이나 학교에서도 여성 전용공간이 있어야 한다고 끊임없이 구시렁거리며 잔소리를 늘어놓는 방법으로 투쟁한다. 아울러 잔소리로 주변을 정리하고 영역을 확보하며 권력을 장악하려고 한다. 그러던 여성이 이상하게 여성에 대한 특별 배려가 없는 유럽에 가면 조용하다. 유럽의 대학교에도 여학생 휴게소 같은 것은 듣도 보도 못했지만 왠지 한국인을 비롯한 모든 여학생은 아무 불평 없이 조용했다.

여자는 내부의 영역을 잠식해 나가면서 경쟁하지만 남자는 외부세계에서 경쟁하고 투쟁하기를 좋아한다. 그렇게 남자의 외부세계는 잔소리가 아닌 경쟁이기에 고요하다. 여기에 잔소리와 수다로 경쟁하는 여자들이 둥지를 틀려고 한다. 그 때문에 FM라디오조차 음악은 온데간데없이 사라지고 그저 잔소리와 수다로 꽉 채운다. 아는가? 음악은 대화나 생각을 방해하지 않는 조용한 것이지만 수다와 잔소리는 이 모든 것을 방해하는 소음이다.

아름답고 고요해 보이지만 숲은 경쟁으로 가득한 곳이다. 특히 자기 이외의 다른 식물을 허용하지 않는 소나무 숲을 보면 가슴이 잔잔해지는 것이 아니라 나무가 뿜어내는 독선이 무섭기조차 하다. 남자의 세계도 마치 소나무 숲과 같이 들리지 않는 독선과 경쟁이 뿜어내는 소리로 가득하면서 고요하다. 여기에 여자들이 들어와서 잔소리를 해대는 것이다. 그러면 고요한 세상이 온통 여자들의 잔소리와 푸념이라는 감정으로 가득 차면서 소나무조차 옮겨가고 싶어 할 지경이다. 대개의 남자들은 잔소리가 듣기 싫어 집을 나서고 직장에 다닌다. 그런데 이제는 밖에서까지 잔소리가 가득하다. 남자들은 누구든 목소리 큰 놈의 존재감을 인정한다. 그러니 여자들이 그토록 잔소리를 해대면서 "아직 우리는 해방되지 않았다"고 하면 어떤 남자도 안 믿는다.

집은 어머니의 지배영역이기 때문에 밥 주는 두목인 엄마의 잔소리가 모든 소리를 압도한다. 그래서 예전에는 잔소리가 싫다면 집을 나섬으로써 그로부터 벗어났지만, 이제는 학교와 직장 또는 사회 어느 공간을 가도 여자들이 잔소리로 공간을 지배하기에 괴롭다. 남자에게 여성 해방의 잔소리는 편재遍在, 곧 모든 곳에 두루 퍼져 있는 상태라는 얘기다. 월급이나 처우의 문제가 아니다. 여자가 잔소리를 퍼부을 수 있는 그 순간부터 이미 담론을 장악한 것이고 남자를 눌러 해방을 얻은 것이다. 남자는 그렇게 느끼고 안다. 그래서 남자는 이미 여성 해방이 충분히 이루어졌다고 귀로, 피부로 아는 것이다. 여자가 잔소리하는 곳은 남자가 더 이상 머물 수 없는 정복된 공간이기 때문이다. 잔소리는 바로 여자의 영역을 알리는 깃발인 것이다.

이미 해방된 여성이 잔소리라는 담론으로 공간과 영역을 장악하고 바야흐로 권력까지 장악하려고 한다. 하지만 이렇게 잔소리로 영역을 장악해도 여간해서 남자는 여자를 권력의 주제자인 두목으로 여기지 않는다. 이에 대한 실망감으로 여성 해방의 목소리를 드높이는지도 모른다. 하지만 이는 문화적인 것이 아니라 어쩔 수 없는 생리적인 현상이다. 잠시 실험의 예를 보자. 남자들에게 남자 앵커와 여자 앵커가 전하는 두 종류의 뉴스를 들려준다. 그리고 내용을 물으면 남자 앵커의 뉴스는 조목조목 기억하지만 여자 앵커에게서는 입술 색깔, 가슴 크기, 눈 밑의 점 같은 것만 기억한다. 심지어 고등학교에서 여자 선생님을 대하는 남학생들의 태도도 유사하게 가슴과 입술만 기억한다. 여자가 해방되지 못했다고 우기는 데에는 남자의 태생적인 측면도 한 몫 한다는 말이다. 사회는 집이 아닌 만큼 잔소리의 권능이 안 먹힌다. 하지만 이것은 문화로는 어쩔 수 없는 자연의 선택이다.

정리하면, 여자가 과감하게 잔소리할 수 있는 공간을 남자들이 피하기 때문에 그곳은 이미 여자의 지배공간이다. 여자들은 잔소리 공간에 남자를 묶어 두고 잔소리의 권력을 휘두르고 싶어 하지만 그건 태생적으로 곤란하다. 그래서 아무 데서나 잔소리를 해대는 여자가 있는 한, 남자의 느낌에 여자는 이미 완전히 해방된 것이다. 그렇지 않다면 이토록 듣기 싫은 잔소리로 다른 사람의 권리를 무시하며 자신의 권력을 강요할 수는 없는 것이다.

잔소리와의 전면전

잔소리를 늘어놓는 여자들은 조심하라. 아무리 잔소리 게릴라전이 효과적일지라도 참을 수 없을 정도로 임계점을 넘어서면 남자들이 무기를 들어 선전포고를 한 뒤 전면전을 벌이려고 하기 때문이다. 이제 그런 남성들의 선전포고와 전면전 조짐이 조금씩 보이기 시작하는 상황이다.

잔소리 게릴라와 남자의 전면전이 국지적으로 붙은 사건이 있었다. 여기서 작은 전쟁을 소개해 본다. 얼마 전 연세대학교 여성휴게소 옆에서 비를 피하던 남학생에게 그곳의 지도교수가 나와 "너희들이 거기에 있는 바람에 여학생들이 편히 쉬지 못한다"고 야단을 친 일이 있었다. 비가 와서 피한다는 남학생의 항변에 여교수는 "남자는 그냥 바닥에 누워도 거기가 너희들 휴게실"이라고 했다. 그 대화가 우연찮게 언론에 소개되면서 교수는 망신을 사고 그대로 논란이 끝나는 듯했다.

여기까지가 비교적 평범한 1차전이다. 문제는 2차전이다. 언론에 노출되어 망신살이 뻗친 여교수는 남학생들이 자기를 언론에 팔아먹은 배신자라며 교수로서의 권위를 동원해 학생을 비난하는 장문의 잔소리 대자보를 붙인다. 잔소리란 한 마디, 한 마디를 들으면 도덕적이고 의미심장해 보이지만 모아 놓으면 논리도 원칙도 없이 횡설수설하는 푸념일 때가 많다. 이에 타깃이 된 학생은 교수를 향해 정식으로 선전포고를 내고 교수의 헛소리를 조목조목 논리적으로 반박한 대자보를 올린다. 결론은 잔소리 교수가 논리적으로 참패를 당하면서 "학생만도 못한 교수"라는 평과 함께 망신을 당한 일로 끝났다.

여자가 남자에게 하는 욕 중에 '쪼잔'과 '옹졸'이 있다. 남자를 만들어내는 문화적인 틀이 내부의 감성을 막아서 쪼잔과 옹졸을 잘 드러내지 않지만 사실 남자의 마음속은 여자보다 더 쪼잔하고 옹졸하다. 지금까지 아닌 척했지만 아마 해방된 남자의 특징이 바로 이런 면모들일 것이다.

남녀평등의 시작

이제는 남녀평등과 해방에 대해 조금 더 무식한 잣대를 들이댈 필요가 있다. 2000년 전 그리스의 도시국가 스파르타에서 18세까지의 남녀는 나체로 같이 체육을 했다고 한다. 1930년대 영국의 철학자 러셀Bertrand Russell은 고등학교를 운영하면서 스파르타의 남녀평등 정책을 본받아 남녀가 나체로 함께 체육교육을 받도록 했다. 상당히 성과가 좋았다고 한다. 이때 학교를 방문한 학부형이 이 모습을 보고 기겁해서 러셀을 제소했고 그 때문에 러셀은 런던대학교 교수직에서 잘렸다고 한다. 러셀은 옹졸하게 『결혼과 도덕에 관한 10가지 철학적 성찰Marriage and Morals』이라는 저서로 그들에게 복수한다.

1997년에 개봉한 미국영화 〈스타쉽 트루퍼스Starship Troopers〉를 보면 남녀가 군대에 입대할 때 직위와 보직 그리고 임무수행에서 둘을 완전히 동등하게 취급한다. 그리고 같은 부대에 배치된 남자와 여자 병사가 같은 샤워장에서 샤워를 하는 모습이 나온다. 모두 전라로 샤워를 하지만 전혀 성적인 감정이나 에로틱한 느낌을 가질 수 없었다. 모두가 다 벗고 아무렇지도 않게 농담을 주고

폴 버호벤Paul Verhoeven 감독이 연출한 영화 〈스타쉽 트루퍼스Starship Troopers〉의 한 장면

받으며 떠들썩하게 샤워를 한다. 우리나라에서는 검열에 의해 성기를 가리려고 뿌려놓은 모자이크 때문에 더 섹시하게 보이기도 했다. 섹스나 내부적 관계를 만드는 기능이 아니라면, 외부로 존재하는 남녀는 그저 신체적으로 차이가 날 뿐 다를 바가 전혀 없다는 시각을 보여준다. 러셀과 폴 버호벤Paul Verhoeven 감독이 말하는 것이 바로 양성 평등이고 해방의 시작이다.

남녀의 구분은 누가 했을까?

남녀가 샤워를 비롯해 많은 일을 같이 하면 안 된다는 편견은 누가 만들어 주었는가? 여성들이 그토록 거부하려는 남성의 전통인 유학과 개신교 그리고 근대세계가 만든 것이다. 유학은 '남녀칠세부동석男女七歲不同席'이라며 자리를 구분하고 서로의 가슴을 보지 못하게 남녀 옷깃 방향까지 반대로 해서 만들어 주었다. 그런데 그것을 금과옥조金科玉條로 모시면서 사적인 금남의 공간을 외부에도 똑같이 만들어야 해방이라고 외치는 여자는 모순을 한 몸에 지닌 존재일 뿐이다. 참고로, 남자아이가 7세쯤에 이르면 일부러 여자아이와 같이 앉지 않으려 한다. 도덕이나 성추행 문제가 아니라 어린 남자는 여자가 싫은 것이다.

얼마 전 「한겨레신문」에서 화장실 청소부 아줌마와의 인터뷰를 기사화한 적이 있다. 기자는 청소부 아줌마가 남자화장실을 청소할 때 자신은 투명한 존재라고 자조한다는 얘기를 실었다. 기사를 읽으며 어이없다는 생각을 떨칠 수 없었다. 아니, 이 기사는 불쾌하기 그지없는 여성 편향의 잘못된 시각에서 다뤘다.

기사를 작성하기 전에 기자가 알았어야 할 게 있다. 남자화장실은 청소부 아줌마가 아니라 남자가 주인이다. 거기는 여자가 존재하지 말아야 하는 곳이다. 기사대로 하자면 청소하러 들어온 아줌마를 성기 내놓고 오줌 싸는 남자들이 여자로 봐 주어야 한다는 말이다. 거기서 어떻게 해야 아줌마를 여자 대접해 줄 수 있을까? 확실히 하라. 거기는 여자가 잔소리를 늘어놓거나 존재감을 드러낼 곳이 아닌 '남자화장실'이다. 남자화장실에 아줌마가 들어오면 남자들은 여자라고 생각해 화들짝 놀라면서 급하게 오줌 줄기를 끊고 물건을 챙겨 넣어야 매너일까? 화장실 청소부 아줌마에 대해 남자도 부끄럽고 어쩔 줄 몰라 하다가 결국은 자기도 투명인간이라고 되뇌며 소변을 본다. 서로가 그런 투명관계를 만들어 서로를 도외시 할 것이 아니라면 아줌마 자르고 아저씨로 청소부를 교체해야 한다. 아마 기자도 그건 바라지 않을 것이다.

영화 〈스타쉽 트루퍼스〉에서처럼 화장실 같이 쓰고 같이 샤워하면 여자만 부끄러운 것이 아니라 남자도 부끄럽다. 그런데 그 부끄러움과 동시에 떠오르는 욕망의 상상은 언제 어디서 누가 만들어 낸 것인가를 물어보아야 한다.

부끄러움은 확실히 노자가 말하는 여자의 친밀과 애착의 언어에서 온 것이다. 하지만 둘이 마주 보는 친밀과 애착의 상황이 아니라 단지 업무의 필요에서라면 화장실 청소부 아줌마처럼 부끄러워할 필요가 없고, 더 이상 남자나 여자일 필요도 없다. 음탕하기 짝이 없는 문화는 바로 금지와 가림이 만든다. 이들 파시스트들은 금지와 가림을 먹고 산다. 도대체 사람의 몸이 어떻게 도덕적인 악일 수 있는가? 죄는 바로 유가와 개신교에서 주장하는 육체의 정욕에 대한 금지가 만드는 것이다. 지극한 선인 인간의 육체를 더러운 정욕이라며 막고, 금지하고, 음지로 몰아대면서 자연스럽던 인간의 몸에 곰팡이가 피는 것이다. 그래서 내 눈에는 인간의 육체를 죄로 만드는 도덕주의자와 포르노 제작자가 동종 산업에 종사하는 동업자로 보인다.

아직도 거의 벗고 살면서도 전혀 부끄러워하지 않는 원주민들이 많이 있다. 그들은 대개 점잖고 친절하며 문화적이다. 절대 우리가 생각하는 포르노 배우 같이 몰염치하고 삐뚤어진 욕망을 휘두르며 강간이나 일삼는 미개한 야만인이 아니다. 이들의 부끄러움을 모르는 벗은 몸은 우리가 생각하는 '샤워와 욕망의 관계'가 결국 학습된 그림일 뿐이라고 말하고 있다. 문명으로 소외된 우리의 몸과 억지 도덕의 잣대가 바로 인간을 옥죄는 악이다.

결론적으로 말하자면 여자가 남자처럼 외부를 이루고자 한다면 친밀과 애착에 얽매이지 말고 영역 구분과 업무 구분을 확실하게 할 필요가 있다. 그래서 새로운 시대를 위해서는 전통과 인습, 언어 등의 관습을 벗고 남녀 모두에게 적용할 수 있는 평등과 해방의 스탠더드를 세워야 하는 것이다. 진정한 여성 해방과 평등을 위한다면 학내 여성휴게소와 학교, 사회의 생리휴일 같이 여자를 약자로 만드는 불평등한 제도를 없애야 한다. 적어도 강자라면 불평등으로부터 자기를 먼저 해방해야 하는 것이다. 남자의 시선을 피하고 자기만의 둥지를 외부에 만들어 놓고 숨을수록 평등과 해방은 요원한 것이다.

강간일보

요즘 신문을 보면 '강간일보'라고 해도 좋을 정도로 강간 기사가 많이 난다. 이전에는 강간이 없다가 요즘 들어 남자들이 발정해서 집중적으로 강간을 하는 것은 아닐 테다. 그보다는 강간과 성을 대하는 언론의 태도가 바뀌었다고 볼 수 있다. 특히 언론은 마치 강간을 빌미로 사회 전체를 강간과 성매매가 판치는 더러운 색정의 세계로 몰고 가려는 듯하다. '새도-마조히즘'적인 스너프 필름 업자와 동업한 언론이 어디까지 보여줄지가 자못 궁금할 따름이다.

폭력과 강간은 인격이 만들어낸, 인간의 인격을 일방적으로 부수는 패악이다. 여성가족부 포스터에서 말하는 소위 성폭력은 동물적인 본능이 아닌 문명이 만든 인간적인 패악이다. 만약에 인간의 강간이 전적으로 동물적인 부분이라면 고치기 힘들다고 하겠다. 하지만 거의 대부분의 강간이 문명의 발명에 기인한 것이기에 지금처럼 비정상적인 문명을 노자가 말하는 정상적인 문명으로 바꾸면 고칠 수 있다.

강간이 인간 이외의 동물 사이에서 종종 나타나지만 사실 인간만큼 강간의 피해가 크고 잦은 동물은 드물다. 물론 랭감Richard Wrangham과 피터슨Dale Peterson[225]은 침팬지와 유전적으로 가장 가까운 인간의 폭력성을 동물적인 본성으로 설명하면서 문명에서 평화의 가능성을 찾고 있다. 아니, 문명조차도 인간의 동물적인 본성과 환경이 연합하여 만들어 낸 것이다. 즉 강간은 동물적인 본능이라기보다는 잘못 발현된 문명과 문화가 만들고 배급한 남자의 폭력 작품이다. 특히 전쟁 중의 강간이 아직도 없어지지 않는 것으로 볼 때 강간은 확실히 문명의 사건임에 분명하다.

랭감의 지적대로 침팬지와 인간은 모두 극단적인 부계를 이루고 있다.

그래서 암컷을 모두 차지한 두목 이외의 박탈감이 큰 무리가 강간을 행한다고 한다. 수컷의 폭력성은 고릴라사회에서 자기 새끼가 아닌 다른 새끼를 죽이는 유아살해에서 극명하게 드러난다. 하지만 인간은 고릴라가 아니기 때문에 자기 자식이 아니라면 은밀하게 괴롭히기도 하지만 공개적으로 무자비하게 죽이지는 않는다. 둘 다 폭력적이지만, 일부일처제를 기본으로 하는 인간사회에서 결혼한 남자가 저지르는 무수한 강간을 고릴라와 비교해 보아도 동물적으로만 해석하기 힘들다. 물론 인간이 폭력적인 유인원인 침팬지와 유전적으로 가깝다는 생리적인 특성도 무시할 수 없다. 하지만 인간의 폭력은 문명이 개입되기에 더 끔찍하고 잔인한 것이다. 즉 강간이 끔찍한 것은 인간적인 의미 때문이다.

침팬지를 포함한 동물들은 강간이 인간과 달리 협의로 이루어지는 경우가 많다. 동물들에게는 섹스를 하는 시기인 발정기가 인간보다 명확하기 때문이다. 발정기 때 외부로 빨갛게 드러나 보풀어 오르는 암컷의 성기는 일종의 초청장이다. 그리고 암컷은 가급적 많은 정자를 경쟁하게 만들어 우수한 후손을 보아야 하기 때문에 이리저리로 접속할 뒷문을 열어둔 상태이다. 소외된 젊은 수컷들은 두목 침팬지가 거느린 암컷들에게 접근할 기회를 노리며 서성거리다 애무의 시간도 없이 뒤에서 덮쳐 몇 초 이내의 빠른 시간에 사정을 하고 도망친다. 이때 암컷은 저항하지 않고 성기를 비빈다. 정확하게 강간이라기보다는 미필적 고의에 의한 간통에 가깝다고 하겠다.

하지만 발정기가 뚜렷하지 않고 언어가 발달했으며 자의식과 인격을 지닌 인간에게서 '협의'는 강간이 아니다. 강간과 애착의 차이는 인격적인 대화가 있기 때문이다. 그러니까 "들어가도 좋을까요?"하고 문을 두드리는 상대에게 "들어오세요!"라고 허락한다면 비록 부부관계가 아니라도 애착이다. 이런 인격적인 관계를 건너뛰고 상대의 인격영역을 파괴하면 그 게 바로 강간이다. 침팬지의 경우도 친밀한 애무나 대화가 없이 덮치기에 강간이라지만 인간만큼 명확하게 심리적, 육체적인 의미를 부여하지 않는다. 인격과 대화라는 인간의 소통 방식이 강간과 애착을 가르는 선이기에 강간은 문명의 발명이자 인간의 특징인 것이다. 그래서 인간은 강간의 후유증을 겪는다.

여자를 강간하는 일은 여자의 인격을 파괴하는 폭력이지만 남자의 강간은 결합체 내에서 항시적으로 일어나는 현상이다. 강간이 성적으로 인격적 관계를 파괴하는 폭력이라고 할 때, 경쟁과 전투가 목적인 남자의 결합체에서 인격을 무시한 성적인 폭력은 일상적이다. 즉 남자가 강간당하는 것은 탑골공원 옆에 있는 극장에서 영화 보고 화장실 갔다가 '뒤를 따였다'는 게이의 전설에서뿐만 아니라 항시적으로 일어난다. 그러니까 남자는 빈번하게 강간당한 느낌을 가지고 산다는 말이다. 물론 남자가 강간당한 사건은 신문에 안 난다.

정리하면, 강간은 문명에 기초한 인간의 특성이다. 이 문제를 해결하기 위해서 우리는 손가락을 놀려 위급전화에 의존하기보다는 인간의 문명이 지닌 폭력성을 극복하고 의식을 전환할 방법을 진지하게 생각해 보아야 할 것이다. 바로 스스로 강해지는 자강自强이 답이다.

성추행 권하는 사회

"열 번 찍어 안 넘어가는 나무 없다"는 말이 있다. 조금 나이든 세대는

〈아프로디테와 에로스 그리고 판Group of Aphrodite, Pan and Eros〉,
아테네 국립고고학박물관Athens National Archaelogical Museum 소장
역시 아프로디테는 한 방이 있는 신이다. 남편 헤파이스토스Hephaestus나 애인 아레스Ares보다 낫다. 그가 치한을 물리치려고 손에 든 것이 무엇인가를 보라. 그리고 어린 아들인 에로스의 대응을 보라. 그리고 앞으로 가서 여가부의 포스터를 다시 보라. 2000년 전 그리스만도 못한 한국의 여성은 무엇인가?

"미인이란 용기 있는 자가 차지하는 게 아니라 끈질긴 자가 차지한다"고 배웠다. 하지만 이제 끈질긴 자는 스토커로 잡혀 가거나 법원으로부터 접근금지명령을 받는다. 남녀가 접근하는 고전적인 방식 자체가 범죄가 된 것이다. 이제 법은 지나친 짝사랑을 금지한다.

현대의 성적 개성은 '노출'에서 펼쳐진다. 그래서 복장의 자유를 외치는 여성들이 많다. 복장의 자유가 강간의 자유를 허용하는 것은 아니라는 당연한 주장을 한다. 인격과 자율적인 다양성을 인정하는 민주사회에서 자기의 아름다움을 드러내는 노출은 너무나 당연한 권리이기 때문이다. 하지만 육체적인 아름다움을 표현하는 여자의 입장과는 다른 인간이 있다는 점도 인정해야 한다. 인간의 반을 차지하는 남자는 노출한 여자를 보면 여기를 주목하라는 깃발이나 표식으로 인식한다. 원래 여자가 말하고자 하는 노출의 목적과 상관없이 시선은 어쩔 수 없다는 말이다. 왜냐하면 노출한 몸은 책장의 표지이고, 그 표지에 쓰인 글자를 읽고 해석하는 것은 저자가 아니라 독자의 몫이다. 저자의 의도를 독자에게 강요할 수는 없는 것이다. 그러므로 독자가 어떻게 해석하든 성추행일 수 없다.

다음으로 사회조직의 문제이다. 대학에 여자가 들어와서 남녀공학이 생긴 것은 그리 오래 되지 않았다. 프랑스의 철학자 미셸 푸코Michel Foucault는 학교, 군대, 공장 그리고 교도소가 감시와 처벌을 시행하는 대표적인 장소라고 보았을 정도다. 여기(학교와 군대, 교도소)에서는 옳지 못한 남자들이 올바르게 변해 가면서 올바른 일을 하는 곳이 절대 아니다. 남자들이 결합체로 뭉쳐서 새로운, 더 옳지 못한 폭력을 만들어 가는 곳이다. 즉 경쟁과 폭력이 지배하고 욕설과 인신공격 그리고 강간과 성적인 모욕으로 대화하는 남성의 사회인 것이다. 이런 곳에서 폭력은 마치 공기와도 같아 떼거리에게 단결과 소속감을 준다. 문제는 여기에 여자가 들어왔을 때다. 군대나 교도소에 여자가 들어오면 어떤 일이 생기는지 상기해 보라.[226]

여기에 들어온 여성은 조직이 벌이는 경쟁, 폭력, 공격에 전혀 익숙하지 않다. 조직의 성격상 남자들은 서로 신체적으로 부닥치는 직접적인 접촉으로 대화를 한다. 하지만 마주 보고 1 : 1 대화에 익숙한 여자는 조직원 모두가 벌이는 무차별적인 경쟁, 폭력, 공격의 언어를 자기를 향한 직접적인 위협으로 느낀다. 여자는 이런 공격에 어찌할 바를 몰라 하다가 화를 내고 반격한다. 반격 방법이 바로 성추행 고발이다.

여성의 입장에서 보면 성추행은 확실하다. 그런데 문제는 거기에 여자가 없어도 동일한 성추행이 이루어진다는 데 있다. 즉 여자는 성추행과 성폭력이 늘 벌어지는 곳에 가서 성추행과 성폭력을 고발한 것이다. 다시 말해 어떤 여자가 남자화장실에 들어가니 남자들이 선 채로 성기를 노출하고 있어서 자기를 성추행했다고 고발하는 것과 다를 바 없다. 남자는 여자화장실에 들어가지 않는 것이 상책이라고 배운다. 이 문명이 말하는 성추행이란 다른 성의 화장실에 들어가서 느끼는 모욕적인 감정을 자기 식으로 해석하는 것과 유사한 경우도 많다.

예를 들자면 옛날의 왕은 내시와 궁녀가 지켜보는 앞에서 똥오줌을 쌌다.[227] 예전에는 남녀화장실의 분리가 없었다. 남녀화장실은 지금 이 문명이 분리한 것이다. 그러니 이 문명에 사는 여자는 남자가 여자화장실에 들어가지 않는 것과 마찬가지로, 성추행을 당하지 않기 위해서는 남자나 여자의 모임에 끼지 않는 것이 지혜롭다.

이 문명은 '분리'만으로 죄인을 만들어 낸다. 분리된 화장실을 놔두고 반대로 들어가면 성추행이지만 공용화장실에 들어갈 때는 누구도 성추행이 아니다. 우리는 이 점에서 남자화장실을 제집 드나들 듯 들어오는 화장실 청소부 아줌마의 지혜를 배울 필요가 있다.

성에 대한 새로운 관점이 그것이다. 꼭 청소부 아줌마만이 가진 장점이 아니라 외국만 나가 봐도 화장실이나 수영장의 탈의실을 분리하지 않은 곳이 많아 밖에서도 치마 한 벌 입고 훌렁훌렁 잘도 갈아입는다. 공원에서도 해가 나면 잘도 훌떡 벗는다. 우리처럼 팬티 좀 보인다고, 혹은 보았다고 호들갑을 떨거나 신고하지 않는다. 사실 학자들이 보고하는 한국 여성의 성은 예전과 다르게 전혀 보수적이지 않다. 심지어 외국인들에게 '헤픈 한국 여자 따먹는' 방법을 가르쳐 주는 동영상이 나올 정도다. 그렇지만 성과 노출 및 추행에 대한 우리의 형편은 기준도 없으면서 유난스럽고 또 촌스럽다.

여성의
수신과 남성의
친밀 Epilogue

남성성을 알고 여성성을 간직하라

　오래전부터 여성은 가사와 경제활동을 해왔기 때문에 여성의 사회참여는 그리 특이한 사항이 아니다. 하지만 근대세계와 동아시아 유교사회에서 여성의 사회참여는 극히 제한적이었다. 근대와 동아시아가 첫 단추를 잘못 끼운 것이다. 여자를 집안에 가둔 근대 개신교 세계와 동아시아 유교 문명 탓이었다. 그렇더라도 대부분 여성의 경제활동은 원주민 사회나 유인원 사회에서 보듯 식물채집 위주였지 도끼와 창을 들고 "이제 들소는 내 차지다"며 나서는 것은 아니었다. 하지만 오늘날 여성은 새로운 무기로 무장을 하고 거대한 SUV 코끼리에 시동을 걸어 사자와 버펄로 사냥을 위해 집을 나선다. 유사 이래 최초의 일이 벌어진 것이다. 이제 그녀는 더 이상 뒷동산에서 봄나물 캐던 처녀가 아니다.

　여성은 남성보다 생물학적이나 사회적으로 우월하다. 그러나 진화인류학자인 사라 블래퍼 홀디Sarah Blaffer Holdy는 다음과 같이 말한다. "여성이 본래 가지고 있던 것을 회복한다는 작업이 여성 해방이라고 생각하면 지금까지의 여성이 이룬 업적을 과소평가하는 것이다. 초기 설치류에서 시작해 과거 7000만 년 동안 지금 현재 만큼 여성들이 자신의 운명을 개척하는 자유를 얻은 적은 한 번도 없었다. 그러나 자기의 자유를 완성하는 길은 험하고 고된 여정이 될 것이다. 그 일은 오직 지성과 불굴의 의지, 용기를 가진 여성의 몫이다."

『노자도덕경』과 「대학」 뒤집어 보기

노자가 말하는 도를 내적으로 체험하여 드러내는 여성은 위대하다. 하지만 위대한 영향력만큼 한계도 명확하다. 마주볼 때만 애착이고 집안에서만 친밀이다. 즉 막강한 능력을 보여줄 영역의 크기가 크지 않다는 것이다. 그래서 소중한 작은 영역을 지켜줄 외부가 필요했다.

유학이 정하는 나라의 크기나 인구도 대단한 것은 아니었다. 예로 다스릴 수 있는 영역도 한정적이었기 때문이다. 그래서 주나라 봉건제도와 유가가 정리하지 못해 혼란이 극치에 이른 세상을 진정한 마초인 법가가 '황로지학黃老之學'이라는 새로운 학문을 들고 나와 정리하고 통일하였다. 커진 세계를 통일하는 데에는 법가가 유가보다 훨씬 효과적이었다. 외부세계를 정리하고 질서를 세우는 남자라는 측면에서도 그렇다. 이것은 유학이 지닌 '가족-국가'적인 결합체의 사회모델로는 이를 수 없는 규모다.[229]

결합체라는 게 고작 회사의 한 부서, 혹은 궁정 하나를 채울 수 있을 뿐인 것이다. 조선시대에 등록된 총 공무원 숫자만 봐도 300명이 넘지 않았다. 귀족이라고 모여 봐야 말대로 한 줌이고 결합체의 예라는 연극도 그네들만의 동네에서 벌이는 축구 수준이라는 말이다. 그래서 나라가 제국이라는 판도로 훨씬 크게 펼쳐지면 가족이나 형제들에게 땅 한 덩어리씩 나누어 주고 주먹구구식으로 운영하던 봉건제로는 다스릴 수 없는 것이다.

중국 최초의 통일제국인 진나라만 해도 당시 인구 규모가 현대 한국의 절반 수준인 약 2,000만 명 정도였다. 그러니 현대의 대한민국을 유학이나 봉건제로 '땅 나누어 먹기' 방식으로 다스릴 순 없는 것이다. 유학의 이런 한계를 인식한 한비자를 비롯한 법가는 과감하게 노자를 유가에 덮어씌웠다. 노자를 새로 해석하여 유가와 완전히 뒤바꿔 버린 것이다. 여자와 남자의 뒤바뀜이 이루어진 극단적인 형태가 오늘만의 일은 아니었던 것이다.

남녀의 도가 이룬 제국

그럼 노자의 도가 어떻게 제국을 다스리는 법이 될 수 있었는지를 묻지 않을 수 없다. 유학의 예는 그 내용을 계급과 가문에 따라 차별적으로 적용해야 한다는 계급 원리로 이뤄져있다. 법가는 이런 차별성을 적용할 경우 제국을 건설하고 운영할 수 없다고 보았다. 하지만 노자가 말하는 도는 예와 반대로 황제를 제외한 모두에게 하나의 도만 적용되는 무차별한 보편적인 법칙이라는 특성을 지녔다. 노자의 말대로 그 하나를 얻어 왕은 천하를 바르게 할 수 있는 것이다. 법가는 '그 하나'인 도를 법으로 본 것이다. 자연의 도를 제국의 법으로 확대한 것이고, 남자와 여자의 관계인 도를 백성과 황제의 관계인 법으로 전환하였다고 하겠다. 이게 바로 당시 새로이 대두한 학문인 '황로지학'이다.

이는 마치 개신교가 종교개혁을 통해 개인과 사회 및 사제의 관계를 개인과 하느님의 직접적인 관계로 바꾼 것과 마찬가지다. '하나'라는 관점이 주는 무차별성에 근거한 법의 정신을 제시하여 통일제국 건설에 성공한 것이다. 이에 대해 유학은 "조화는 이루나 같아지지는 않는다和而不同"는 예의 차별 원리를 들어 법을 반대한다. 유학이 차별성을 앞세우며 자기는 뭔가 잘났다고 주장하더라도 적용의 범위가 다르니 법 앞에 평등할 수밖에 없는 것이다.

유학이라는 제한적이고 계급적인 남성중심주의의 해가 지고, 개미 같이 일만 하는 남자와 현모양처라는 근대를 만든 프로테스탄트의 인간상도 서서히 저물어 가면서 신자본주의에 기초한 세계화라는 새로운 도道가 이 세상을 다시 바꾸려고 한다. 즉 세계화가 펼쳐지는 세상에서 유학에 눌려 있던 여자들은 그동안 못 찾은 일과 자유로 자기를 실현하고 싶어 한다.

자기의 일과 자유를 갖는다는 의미는 심장하다. 카뮈의 말처럼, 우리는 일이 없으면 인간적으로 폼이 안 나고 타락하지만 자유가 없으면 더욱 추레하고 지저분해지기 때문일 것이다. 그렇다. 이제 여자는 일과 자유를 동시에 구가하여 더욱 인간답고 아름다워지려고 한다. 그렇게 내부보다는 외부로 아름다워지고자 한다. 친밀과 애착이라는 여성성을 가지고 외부로 드러나는 존재가 되어 아름다움을 더 드러내고 싶어 한다.

겉의 껍데기와 속의 살

우리는 가끔 옷을 뒤집어 입기도 하는데, 이를 위해 원래 뒤집어 입도록 디자인한 옷도 있다. 유교를 비롯한 전통적인 세계가 '안-밖'의 질서를 말했다면 이제는 우리가 '뒤집어 입는' 옷처럼 '밖-밖'을 생각해 보거나 안팎을 새로 디자인해야 한다. 단순하게 안과 밖이 뒤집어지는 일은 심각한 문제를 야기할 가능성이 있기 때문이다.

그런데 만약 남녀의 역할이 사회적인 옷과 유사한 것이 아니라 유기체의 '몸'이라면 어떻게 될까? 생각만으로도 아찔하다. 피부를 이루는 세포와 살을 이루는 세포의 생김새 및 기능은 다르다. 인간은 피부의 1/3을 잃으면 죽는다. 살이 밖으로 나오고 피부가 안으로 들어가면 '몸'은 죽는다. 그러므로 어떤 모습으로라도 안을 감싸야 한다.

지금까지 내부였던 여자도 남자와 마찬가지로 외부가 되고자 한다. 하지만 문제는 외부가 되려면 몸과 마음이 피부가 돼야 한다. 문제는 감각을 닫아 어두운 '몸'을 이뤘음에도 피부의 광채를 요구하는 데 있다. 여기도 두 방법이 있다. 여자도 탄력적이면서 단단한 사회적인 세포로 피부를 덮는 것과 곤충 같이 겉을 감싸는 딱딱한 껍데기를 새로 도입하는 것이다. 사회적인 피부는 세포의 변화로 가능하다. 하지만 딱딱한 껍데기는 그리스 신화에 나오는 '여성 무사 족속'인 아마조네스Amazones와 같아지는 길이다. 호메로스Homeros의 『일리아스Ilias』에 등장하는 아마조네스는 여자만의 부족이라 아이를 얻으려면 일정한 계절을 정해 이웃나라 남자와 만나 수태를 해야 했다. 여아를 낳으면 기르고, 남아는 거세하거나 이웃나라로 보내지 않으면 죽였다고 한다. 여전사를 만들기 위해 활쏘기 편하도록 어릴 때 오른쪽 유방을 도려냈다. 오늘날에는 이처럼 하는 것이 불가능한 일이기에 아마조네스라는 단단한 껍데기는 무척 환상적이다. 아마도 전혀 현실적이지 않기에 더 그런지도 모른다.

여성의 수신

"남자란 마땅히 스스로 강해져야 한다男兒當自強"는 말이 있고, 우리는 그런 지침에 따라 그래야 한다고 배워 왔다. 앞에서 홀디가 강조하는 바가 바로 "여자란 마땅히 스스로 강해져서女兒當自強" 탄탄한 피부를 이루는 것이다. 그렇다. 지금까지 보아 왔듯 남자는 여자가 아니고 아빠는 엄마가 아니다. 그러므로 이제 자기 스스로 해방하고 자기 스스로 강해지기도 바쁜 남자에게 여자를 강하게 만들어 줄 여력도, 도와줄 시간도 없다. 자기 구원과 자기 존엄성은 자기가 알아서 세워야 하는 것이다. 자기 일은 자기가 알아서 해야 하는 것이 바로 자강이다. 홀디의 충고대로 이제는 스스로 강해져서 정정당당하게 남과 겨루어야 하는 것이다.

판돈이 없다면 도박판에 끼워줄 수 없듯 스스로 강한 자격을 갖출 수 없다면 사회 진출을 생각지 말아야 한다. 보라. 오늘날 남자에게는 돌아갈 둥지도 없고 폭력으로부터 지킬 가족도 없어지고 있다. 아니, 가족이 없으니 돌볼 필요도 없고 애인이 없으니 지킬 필요도 없다. 게다가 이제 쓸데없이 나서서 손해 보는 짓 하지 말라고 입을 모아 충고하고 있다. 그렇게 남자들은 이제 "왜? 내가?"를 노래하고 있는 것이다. 그런데도 기대고, 억지 쓰고, 응석 부리고, 잔소리하고, 눈물로 호소하면서 쇼하려는 우리 주변의 잘못된 일부 여성과 여성가족부의 헛소리는 일말의 동정이나 일고의 가치도 없는 것이다.

이제 남자뿐 아니라 여자도 강해져야 한다. 자강의 길은 피트니스클럽이나 태권도 도장을 다니며 몸을 만든다고 되는 것이 아니다. 동아시아 근대사 150년을 한 마디로 줄이자면 자강이었으나 아직까지 진정한 자강에 이르지 못했다고 할 정도로 어렵다. 산술적으로 이룰 수 없는 게 강해지는 길이다.

그렇다면 여자가 강해지는 길은 무엇인가? 우선은 경험과 인내다. 그리고 강한 남자를 만들어 낸 '수신'이라는 교과서에도 여성들은 눈길을 고정해야 한다고 본다. 그렇다면 여자의 수신은 어떻게 가능한지 알아보자.

노자의 도를 서민부터 왕까지 보편적으로 적용되는 법으로 새로 해석한 한비자는 마치 밥 위에 카레를 얹듯 노자를 유학 위에 덮어씌워 법가를 완성한다. 하지만 법가는 너무나 남성적으로 해석한 단단한 껍데기였기에 깨져 나가면서 그 틈으로 유가가 다시 비집고 나와 이중의 껍데기 구조를 만든다. 겉으로는 부드럽고 윤기 나는 유가, 속으로는 딱딱한 법가가 그것이고 외유내강外柔內剛의 실제적인 의미가 바로 그것이다. 이 구조가 2000년 가까이 동아시아에 안정적이지만 별 재미없는 남자라는 껍데기를 제공하였다. 이제 우리 앞에 새로 해방된 여성이 남성을 덮어 새로운 맛을 보여주려 하고 있다. 이번에는 극단적인 남성인 한비자와 진시황을 버리고, 홀디의 충고대로 여성의 손으로 직접 새롭고 아름다운 전기를 이룩해야 한다.[230]

우리는 노자를 통해 의사소통의 과정에서 보이는 여자의 특징이 내적이고 주관적인 감정의 표현인 '마음이 된 몸'이라는 것을 알 수 있었다. 즉 여자는 주관적인 감성이라는 가치의 세계를 선호하고 감성으로 경쟁한다는 것이다. 하지만 이것만으로 남자들과 객관세계의 권력을 두고 경쟁하기에 충분치 않다. 자기에 대한 감성의 지식만으로는 밖에 있는 나무에 달린 달콤한 권력의 열매를 딸 수 없다는 말이다. 달콤한 맛을 보기 위해서는 먼저 세계를 객관적으로 바라봐야 한다. 「대학」에서도 지극한 지식에 이르기 위해서는 일을 할 때 책임소재를 확실히 하면서 중요한 것과 중요하지 않은 것, 시작과 끝을 명확히 갈라야 한다고 말하고 있다. 그리고 정심과 성의로 내부의 감성을 정리하여 외부에 반영하라고 한다. 바로 권력의 달콤함을 맛보기 위해서는 세계에 대한 매뉴얼을 익혀야 한다는 얘기다. 이것을 「대학」에서는 '수신'이라고 한다.

노자에게 「대학」을 가르친다는 생각은 얼토당토않은 일로 보일 수도 있다. 하지만 이는 이미 조선의 유학자 이이李珥가 『순언醇言』으로 보였던 방법이다. 그는 「대학」의 체계에 맞춰 노자의 저서 절반 가량을 삭제하고 발췌했다. 그런 뒤에 노자의 사유를 수신의 관점으로 재조명한다. 노자에 대한 성리학자 이이의 견해에 동의하는 것은 아니지만 수신의 관점은 유지하고자 한다.

여성의 사회참여는 여성의 목표가 양육을 넘어서 「대학」에서 말하는 "밝은 덕明德", "친민親民" 그리고 "지선至善"으로 바뀌었음을 의미한다. 「대학」에서 말하듯 이 목표를 실현하기 위해서는 반드시 몸에 쌓아 수련해야 할 덕목이 있다. 남자들은 수십 세기 동안 해온 일이고, 이제 여성이 이 일을 하고 싶어 한다. 달디 달아 보이는 남자의 열매인 권력은 바로 이 덕목에서 비롯하는 것이다. 권력의 달콤함을 원한다면 정당한 자격을 갖추고 요구해야 하는 것이다. 바로 「대학」에서 말하는 "치지격물致知格物" 그리고 "수신修身"이 여성 해방과 평등이라는 달디 단 권력平天下에 이르는 지름길인 것이다.

과거 대부분 남자는 성인식을 하지만 여자는 성인식을 하지 않는 대신 혼인을 한 뒤 혹독한 시집살이를 하며 많은 아이를 낳았다. 자녀 낳기나 시집살이는 경험과 인내를 의미한다. 반대로 현대는 혼인도 하지 않고 아이를 낳지 않는 여성이 많아졌다. 가정과 자녀를 거느리며 둥지에 친밀의 영역을 이루는 대신 사회활동을 하기도 하고, 가정을 가졌어도 사회적 활동에 적극적으로 참여하기도 한다.

아무리 여성이 더 우월하고 문화적인 존재라도 격물치지로 수신하여 세상을 바로 보기 위해서는 교육이 필요하다. 그리고 사회를 책임지기 위해서는 남성의 군대에 준하는 통과의례와 성인식도 필요하다. 여성이 무엇보다 먼저 길러야 할 것은 자신을 객관적으로 바라보려는 눈이고, 자기의 몸과 마음을 정리하는 정심과 성의다. 그러기 위해서는 항상 자신을 세계라는 거울에 비춰 봐야 한다. 자기감정에 함몰하지 않고 객관적인 시선을 유지하는 길, 곧 정심과 성의로 강해지는 게 그런 길의 시작이라고 하겠다.

성공한 많은 남자나 여자는 자격증을 갖추고 인간관계와 업적에서 출중한 실력을 보이기에 더 대우를 받는다. 인간을 대하는 태도나 관계를 만드는 방법도 따지고 보면 자격증의 개념이다. 자격증도 없이 평등한 대우를 원하는 것은 불평등이고, 스스로 강해지려는 강자의 태도도 아닌 것이다. 이 자격증은 몇 개월 공부하고 시험 봐서 얻는 게 아니라 죽음과 맞선 통과의례를 말한다. 지금까지 수만 년 동안 남자는 통과의례를 통해서 이 세계를 격물치지하기 위해 필요한 합리성이라는 자격증을 갖춰 왔고 수없이 강한 여성들도 나름의 경험과 인내의 과정을 겪었다. 다시 말해 현대 남녀 간에는 자격미달이 있을 뿐, 불평등이 존재하는 것은 아니다. 그리고 자격이란 결국 자기가 만드는 것이다. 참고 견디며 자기를 만들어 나가는 경험이 없으면 얻는 것도 없고no pain, no gain, 산고를 겪지 않는다면 자녀도 얻을 수 없는 법이다.

구스타프 클림트Gustav Klimt, 〈팔라스 아테나Pallas Athena〉,
비엔나 시립역사미술관Historisches Museum der Stadt Wien 소장

나는 어머니 가이아Gaia나 모성의 헤라Hera가 아니라 딸로 시작했다. 그
리고 대표적인 세 딸의 이미지를 중심으로 논의를 하였다. 다이아나Diana,
아프로디테Aphrodite 그리고 아테나Athena가 그들이다. 이들은 각기 강한 개성
을 지니고 아름다우면서도 강하다. 딸은 심지어 사냥이나 전쟁 그리고 지
혜를 담당하기도 한다. 이게 바로 25세기 전 그리스의 이상적인 올곧은 여
성의 모습이었다. 오늘날 다시 이 이상을 도입하지 말라고 하지 않을 이유

는 없다.

불교에는 앎이 가장 중요하다고 주장하는 유식唯識학파가 있다. 이 학파는 '앎識'을 중심으로 깨달음을 세 가지三性로 해설하고 있다. 유식학파에 의하면 사람은 세계를 그대로 보지 못하고 경험했던 무언가에 기대고 비유해서 보려는 특성을 지닌다依他起性고 한다. 한밤중에 새끼줄을 보고 뱀으로 착각하는 것이 그것이다. 뱀이 아니라 새끼줄로 정확하게 판단하고 공포를 물리치면 완전한 지식圓成實性에 이르러 평정심을 찾는다. 하지만 정확한 판단에 실패하면 공포에 사로잡혀 한쪽으로 치우친 잘못된 판단遍計所執性을 하며 호들갑을 떤다고 보았다.

여성이 원하는 사회 진출과 자기실현을 위해서 무엇이 필요한지에 대해 더 이상 떠들고 싶지 않다. 하지만 여성들이 해방과 평등 그리고 사회 진출을 제대로 이루기 위해서는 일부 여성들과 여성가족부가 징징대며 말하는 '기대고依他', '치우친遍計所執' 마음의 작용에서 하루 빨리 벗어나야 할 것이다. 기대고 치우쳐봐야 공포에 사로잡혀 호들갑을 떨거나 웅크리게 될 뿐이다.

남성의 친밀

먼저 일러둘 게 있다. 필자는 적어도 남자의 친밀에 대해 말할 자격이 충분한 사람이다. 큰아들 놈은 너무 커서 이제는 내가 안겨야 하지만 그 외의 가족은 더 자주 마주 보려 하고, 안으려 하고, 손잡으려 하며 뽀뽀하려고 노력해 왔기 때문이다. 이렇게 자부심 가득한 나는 어느 날 아침 큰놈에게서 "구워 준 연어가 맛이 없다"는 충격적인 평가를 받았다. 녀석이 10여 년 전 "잠자리에서 해주는 아빠의 창작 이야기가 재미없다"고 한 이래로 내 가슴을 허무는 가장 충격적인 말이었다. 어려서부터 지금까지는 잠잘 때마다 이야기해 달라고 조르는 작은 놈도 곧 아빠의 구라가 재미없다고 할 것이고, 조만간 내가 해주는 아침밥도 맛없다고 할 것이다. 그래서 배신을 일삼는 머리 검은 아들 말고 배신하더라도 귀여운 딸을 낳자 했건만 아내는 줄곧 자기 닮은 아들만 낳았다. 정 없이 구는 지저분한 사내놈들이 아니라 개나 키워야 할 것 같다.

우리 남성의 자화상을 보여주는 좋은 책은 전인권의 『남자의 탄생』이다. 그는 여기에서 한국의 어머니와 아버지를 비교하면서 다음과 같이 평하고 있다. 지금까지 이 책의 논의를 함축한 듯한 고백이다.

"어머니는 전혀 다른 세 얼굴을 가지고 세 아들을 각각 극진히 사랑했다. 세 얼굴이란 세 아들을 대하는 각기 전혀 다른 태도를 말한다.

첫째, 어머니는 건달 기질이 다분했던 동생에 대해서는 느끼한 남성미와 건달들이 때때로 보여주는 화끈함에 신뢰를 표하고, 얼굴이 잘생긴 남자가수라면 무조건 좋아하는 여자가 되었다. 둘째, 섬세하고 생명에 대해 예민한 감각의 소유자이지만 자본주의적 생존경쟁에 어울리지 않았던 형에 대해서는 현모양처형 여인으로 변신하여 그의 하루하루를 보살피려 했다. 셋째, 공부나 하고 세상물정 모르는 나에게는 지적 허영심과 도덕적 자만심에 박수를 쳤다. 게다가 어머니는 세 아들 모두에게 '나는 자식들 중 너를 가장 사랑한다'는 식의 애정표현을 하곤 했다. 그 결과, 아들들은 각각 어머니가 자신을 가장 사랑한다고 착각하면서 살아왔다. 그것은 가부장제 사회에서 살아남기 위해 어머니가 나름대로 터득한 슬픈 생존의 방식이었다. 세 얼굴을 가진 어머니의 극진한 사랑 안에서 아들은 자신이 누구보다 뛰어난 존재라고 생각하는 황제의 기질을 갖게 되었다.

아버지는 어떤가? 아버지는 언제나 아버지의 길만 고집했다. 가장의 의무와 책임감을 생각할 뿐, 가족들과 사귀는 방법을 모르고 있었다. 기분이 좋으면 헛기침을 하고, 일이 안 풀려서 벼랑으로 떨어질 것 같은 순간에도 마음을 드러낸 적이 한 번도 없었다. 결국 아버지와 아들은 같은 집에서 살았지만 완전히 딴 세상에 있는 사람이었다."[231]

전인권의 말은 우리에게 남자란 무엇인가를 질문한다. 바로 함께 살아가는 가족과 사귀는 방법을 모르는 아버지의 허울과 자의식이다. 슈바니츠Dietrich Schwanitz도 "남자들은 가면을 쓰고 승리자 행세를 하며 허풍쟁이 노릇을 한다. 이렇게 함으로써 그들은 여자와 자신을 차별화하며 자신이 멋진 사나이임을 과시한다. 여자들은 남자와 마음을 터놓고 친밀하게 이야기하고 서로 의지할 수 있기를 원한다. 반면 남자들은 능력 있는 멋진 남자로 보이기 위해 연극을 할 뿐이며, 이 연극 도중에 여자들이 사랑의 감정을 고백한다면 그 순간 자신의 마음을 닫아버린다"고 남자의 허위와 기만을 평하고 있다.

근대세계와 유교가 만들어 놓은 이토록 절망적으로 슬픈 한국 남자에게 필요한 것은 무엇인가? 노자가 말하는 서로를 바라보는 친밀과 애착의 의미를 느끼는 것이라고 생각한다. 바로 '몸이 된 마음'에서 '마음이 된 몸'이 주는 지식을 느껴 같이 사랑하고 살아가는 방법을 아는 것이리라.

남성성을 알고 여성성을 간직하기

이제 이 책을 맺어야 할 시간이 다가온 듯하다. 인간이 가지는 두 가지

형식의 지식에 대해서 많은 말을 했지만 아마 지금 인용하려는 노자와 니체의 말이 결론인 듯싶다.

노자는 "남성을 알고 여성을 간직하라"는 구절을 썼다. 서로를 알고 서로를 이해하면서도 자기 자신의 몸이 가진 지식의 정체성을 지키자는 것이 바로 이 책이 내놓는 하나의 결론이다. 그 앎의 정체성은 앞에서 누누이 강조한 "눈을 버리고 배를 취한다"는 내적인 지식과 상통한다.

"남성성을 알고 여성성을 간직하여 세상을 한 데 모으는 광장이 된다. 세상이 모여드는 광장이란 인간을 인간이게 하는 지식과 떨어지지 않기에 우리는 어린아이로 되돌아간다. 하얀 것을 알고 검은 것을 지키면 세상의 모범이다. 세상에 모범이고, 인간을 인간으로 만들어 내는 지식과 어긋나지 않기에 여성의 원리인 순환의 삶無極으로 돌아간다. 영화로움을 알고 욕됨을 지키면 세상의 계곡이다. 천하의 계곡이기에 인간을 인간으로 만들어 내는 지식에 만족하고 하나로 충일된 감동으로 돌아간다. 통나무가 다듬어지면서 그릇이 되고 성인은 다듬은 나무를 사용하여 국가를 통치한다. 그러므로 큰 다스림은 가르지 않는다."[232]

다음은 니체의 '힘에의 의지'이다. 우리가 스스로 강해진다는 느낌은 바로 이런 것이리라. 니체는 말한다. 도덕이 선이 아니라 힘을 상승시키는 의지가 선이고, 육체의 정욕이나 부도덕이 악이 아니라 나약함이 바로 악이다. 이젠 약하다며 떠는 내숭은 아름다움이 아니라 그저 악일뿐이다. 이제 유교나 기독교가 규정하던 종래의 선악의 개념은 뛰어 넘어야 할 장애물이다. 우리 앞에는 힘과 나약 그리고 선과 악이 놓여 있다. 어느 길을 갈 것인가는 그대의 몫이다.

"선이란 무엇인가? 힘의 느낌을 상승시키는 모든 것, 힘에의 의지, 인간 안에 있는 힘 자체. 악이란 무엇인가? 약함에서 비롯되는 모든 것. 행복이란 무엇인가? 힘이 증가한다는 느낌 – 저항이 극복되었다는 느낌."[233]

주석

[1] 디트리히 슈바니츠, 『남자』, 인성기 역, 들녘, 2002. pp.24-29.

[2] 여자의 몸은 위쪽은 작고 아래쪽은 큰 '배'에 비견하기도 한다. 반대로 남자는 몸통의 어깨가 크고 허리와 히프가 잘록해서 사과에 비견하기도 한다. 특히 미인의 기준에는 마르거나 뚱뚱하다가 기준이 아니라 허리와 히프사이즈의 비율이 중요하다고 한다. 허리의 직경 0.7:1이 미인의 보편적인 기준이다. 울리히 렌츠, 『아름다움의 과학』 박승재 역, 프로네시스, 2008. 참조.

[3] 레너드 쉴레인, 『지나 사피엔스』, 강수아 역, 들녘, 2005. 참조.

[4] 크리스티안 노스럽, 『여성의 몸 여성의 지혜』, 강현주 역, 한문화, 2000.
나탈리 앤지어, 『여자─그 내밀한 지리학』, 이한음 역, 문예출판사, 2003. 참조.

[5]불교의 신화에 의하면 아무것도 없는 바다에 욕망의 바람이 불면서 우주가 시작했다고 한다. 끌어당기기와 밀어내기는 여기서 착안한 개념이다.

[6] 개미에 대한 생각은 『바이오필리아』(2010)로 유명한 개미학자 에드워드 윌슨E. Wilson의 생각에서 나온 것이다.

[7] 스펜서 웰스, 『인류의 조상을 찾아서─제노그래픽 프로젝트』, 채은진 역, 말글빛냄, 2007. 참조.

[8]요한 하위징아, 『호모 루덴스』, 이종인 역, 연암서가, 2010. 참조.

[9] 브라이언 보이드, 『이야기의 기원』, 남경태 역, 휴머니스트, 2013. 참조.

[10]스펜서 웰스, 『최초의 남자』, 황수연 역, 사이언스북스, 2007. 참조.

[11]레너드 쉴레인, 『지나 사피엔스』, 강수아 역, 들녘, 2005. 참조.

[12] 앞의 책, 참조. 그리고 브라이언 보이드, 『이야기의 기원』, 남경태 역, 휴머니스트, 2013. 참조.

[13] 조르주 바타이유, 『에로티즘』, 조한경 역, 민음사, 2009. 참조.

[14] 빌헬름 라이히, 『오르가즘의 기능』, 윤수종 역, 그린비, 2005. 참조.

[15]크리스 프리스, 『인문학에게 뇌과학을 말하다』, 장호연 역, 동녘사이언스, 2009. 참조.

[16] 이 부분에 나오는 여러 이론은 울리히 렌츠, 『아름다움의 과학』, 박승재 역, 프로네시스, 2008.을 참조하였다.

[17] 앞의 책, 참조.

[18]이 부분은 빌헬름 라이히, 2005., 베리 R. 코미사룩 외, 『오르가즘의 과학』, 오르가즘연구회 역, 어드북스, 2007. 그리고 메리 로취, 『봉크』, 권 루시안 역, 파라북스, 2008.을 참조하여 썼다.

[19] 레너드 쉴레인, 2005.

[20] 앞의 책, 참조.

[21] 앞의 책, 참조.

[22] 소동파蘇東坡, 『적벽부赤壁賦』.

[23] 앤서니 기든스, 『성 사랑 에로티시즘』, 배은경 역, 새물결, 2001. 참조.

[24] 브라이언 보이드, 2013. 참조.

[25] 디트리히 슈바니츠, 2002. 참조.

[26] 『도덕경』 56장. 知者不言, 言者不知.

[27] 앞의 책, 70장. 吾言甚易知, 甚易行.

[28] 송태효, 「동서양 『老子』 번역의 인문학적 비교 연구」, 세계문학비교연구 vol.25 2008. pp.204-208.

[29] 『도덕경』, 52장. 塞其兌, 閉其門.

[30] 앞의 책, 56장. 挫其銳; 解其分, 和其光, 同其塵, 是謂玄同.

[31] 앞의 책, 2장. 有無相生.

[32] 『禮記』, 「學記」, 化民易俗.

[33] 사마천司馬遷, 『사기史記』, 「공자세가孔子世家」.

[34] 이호영, 『공자의 축구, 양주의 골프』, 책밭, 2013. 참조.

[35] 『도덕경』, 2장. 行不言之敎.

[36] 앞의 책, 3장. 不尙賢, 使民不爭;

[37] 앞의 책, 19장. 絶聖棄智.

[38] 앞의 책, 80장. 樂其俗.

[39] 앞의 책, 使人復結繩而用之.

[40] 야생의 사고는 프랑스의 인류학자 레비 스트로스Levi-Strauss가 제시한 개념으로 폭력적인 야만Barbarism과는 다른 개념이다. 야생의 사고는 문명인의 사고와 본질적으로 다른 원주민들이 가지는 자연과 환경과 연관한 의식과 지혜를 말한다. 클로드 레비 스트로스, 『야생의 사고』, 안정남 역, 한길사, 1996. 참조.

[41] 델타에 대한 논의는 샤오 빙, 『노자와 性』, 노승현 역, 문학동네, 2000.을 참조하였다.

[42] 『도덕경』, 40장. 反者, 道之動.

[43] 앞의 책, 弱者, 道之用.

[44] 앞의 책, 天下萬物生於有.

[45] 앞의 책, 6장, 谷神不死, 是謂玄牝, 玄牝之門, 是謂天地根. 綿綿若存, 用之不勤.

[46] 앞의 책, 4장, 湛兮似或存, 吾不知誰之子, 象帝之先.

[47] 앞의 책, 5장, 虛而不屈, 動而愈出.

[48] 앞의 책, 10장, 天門開闔, 能無雌乎?

[49] 王弼, 『老子道德經, 王弼注』, 57장, 以無爲用.

[50] 요로 다케시, 『유뇌론』, 김석희 역, 재인, 2006. 참조.

[51] 無形有象, 최진석, 『노자의 목소리로 듣는 도덕경』, 소나무, 2001.에서 최진석은 노자철학의 기본구도를 無形과 有象으로 보고 있다.

[52] Ronald De Sousa, The Rationality of Emotion, MIT Press,1990. Richard S. Lazarus, Fifty Years of the Research and theory of R.s. Lazarus: An Analysis of Historical and Perennial Issues (Google eBook), Psychology Press, 2013. 참조.

[53] 『도덕경』, 55장, 未知牝牡之合而全作.

[54] 앞의 책, 骨弱筋柔而握固.

[55] 조지 레이코프, 『몸의 철학』, 임지룡 역, 박이정, 2002.와 마크 존슨, 『몸의 의미』, 김동환 외 1명 역, 동문선, 2012. 참조.

[56] 『도덕경』, 28장, 知其雄, 守其雌.

[57] 앞의 책, 48장, 爲學日益, 爲道日損.

[58] 앞의 책, 20장, 沌沌兮,…… 澹兮其若海, 飂兮若無止.

[59] 앞의 책, 50장, 豫焉若冬涉川, 猶兮若畏四鄰.

[60] 이 부분도 조지 레이코프, 『몸의 철학』, 임지룡 역, 박이정, 2002.와 마크 존슨, 『몸의 의미』, 김동환 외 1명 역, 동문선, 2012. 참조.

[61] 『도덕경』, 13장, 貴大患若身.

[62] 요로 다케시, 『유뇌론』, 김석희 역, 재인, 2006. 참조.

[63] 『도덕경』, 3장, 虛其心, 實其腹; 弱其志, 强其骨.

[64] 음식물 쓰레기에 대한 혐오는 노자의 직접적인 표현으로 보인다. 앞의 책, 24장, 曰餘食贅行. 物或惡之, 故有道者不處.

[65] 앞의 책, 9장, 持而盈之, 不如其已.

[66] 조지 레이코프, 2002.와 마크 존슨, 2012. 참조.

[67] 이 명제는 아일랜드의 철학자이자, 성공회 주교였던 유명한 조지 버클리George Berkeley의 말이다. 그는 우리가 지각하는 것만이 실체이며, 지각하지 못하는 것의 실체는 없다는, "존재하는 것은 지각되는 것이다Esse est percipi"라는 명제로 요약될 수 있는 극단적인 경험론자에 속한다. 그는 인간이 세상을 어떻게 지각하는지에 관심을 가지고 연구하였다.

[68] 『도덕경』, 13장, 爲吾有身, 及吾無身, 吾有何患!

[69] 자유의지를 다루는 책은 많이 있다. 그중 라마찬드란, 『라마찬드란 박사의 두뇌 실험실』, 신상규 역, 바다출판사, 2007.이 대표적이다.

[70] 이 문제는 데이비드 이글먼, 『인코그니토』, 김소희 역, 쌤앤파커스, 2011.를 참조하였다.

[71] 미셸 푸코, 『감시와 처벌』 오생근 역, 나남출판, 2003. 참조.

[72] 『도덕경』, 20장, 絶學無憂, 唯之與阿, 相去幾何?

[73] 앞의 책, 3장, 虛其心, 實其腹.

[74] 체화된 마음 이론은 프란시스코 바렐라, 『몸의 인지과학』, 석봉래 역, 김영사, 2013. 이름으로 번역되었는데 아마도 현대 철학의 가장 논란이 많은 부분이기도 하다. 아울러 움베르토 마투라나, 프란시스코 바렐라, 『앎의 나무: 인간 인지능력의 생물학적 뿌리』, 최호영 역, 갈무리, 2007.와 프란시스코 바렐라, 『윤리적 노하우』, 박충식, 유권종 역, 갈무리, 2009. 에도 나와 있다. 그리고 조지 레이코프, 2002.와 마크 존슨, 2012.도 이 문제에 집중하고 있다. 하지만 이 책에서 말하는 체화된 마음은 바렐라가 말하는 것과는 개념적으로 다르다.

[75] 이 책의 가장 중요한 개념인 '마음이 된 몸'은 사실상 이 책에서 처음으로 주장하는 개념이다. 바렐라가 말하는 체화된 마음에 오토포에시스Autopoesis의 의미를 더 강조한 개념이라 할 수 있다.

[76] 『도덕경』, 12장, 爲腹不爲目, 故去彼取此.

[77] 앞의 책, 38장, 上德不德, 是以有德;.

[78] 앞의 책, 10장, 天門開闔, 能無雌乎?

[79] 앞의 책, 40장, 反者, 道之動; 弱者, 道之用.

[80] 앞의 책, 51장, 道生之, 德畜之, 物形之, 勢成之. 是以萬物莫不存道而貴德.

[81] 앞의 책, 4, 51장, 挫其銳; 解其分, 和其光, 同其塵.

[82] 디트리히 슈바니츠, 2002. 참조.

[83] 앞의 책.

[84] 이 장은 Deborah Tannen, You Just Don't Understand: Women and Men in Conversa-tion, William Morrow & Co 1990. 그리고 디트리히 슈바니츠, 2002.에서 개념과 아이디어를 채용하였다. 특히 데보라의 언어소통이론은 가장 핵심적인 영감을 주었다.

[85] 『도덕경』, 12장, 爲腹不爲目, 故去彼取此.

[86] 토머스 루이스, 『사랑을 위한 과학』, 김한영 역, 사이언스북스, 2001. 참조.

[87] 『도덕경』, 30장, 以道佐人主者, 不以兵强天下.

[88] 앞의 책, 36장, 將欲歙之, 必固張之.

[89] 앞의 책, 65장, 故以智治國, 國之賊; 不以智治國, 國之福.

[90] 피어스 비텝스키, 『샤먼』, 김성례, 홍석준 역, 창해, 2005. 참조.

[91] 『도덕경』, 34장, 大道氾兮, 其可左右.

[92] 이 장 역시 Deborah Tannen, 1990.과 디트리히 슈바니츠, 2002.에서 개념과 아이디어를 채용하였다.

[93] 피어스 비텝스키, 2005. 그리고 샤오 빙, 2000. 참조.

[94] 루돌프 옷토, 『성스러움의 의미』, 길희성 역, 분도출판사, 1999. 참조.

[95] M. 엘리아데, 『성과 속』, 이은봉 역, 한길사, 1998. 참조.

[96] 이길용, 『종교학의 이해』, 한들출판사, 2007. 참조.

[97] 『도덕경』, 4장, 湛兮似或存, 吾不知誰之子, 象帝之先.

[98] 샤오 빙, 2000. 참조.

[99] 『도덕경』, 4장, 用兵有言, 吾不敢爲主而爲客, 不敢進寸而退尺.

[100] 앞의 책, 60장, 治大國若烹小鮮. 以道莅天下,

[101] 앞의 책, 61장, 大國者下流, 天下之交, 天下之牝. 牝常以靜勝牡, 以靜爲下. 故大國以下小國, 則取小國;

[102] 앞의 책, 67장, 一曰慈, 二曰儉, 三曰不敢爲天下先. 慈, 故能勇; 儉, 故能廣; 不敢爲天下先, 故能成器長.

[103] 앞의 책, 夫慈, 以戰則勝, 以守則固, 天將救之, 以慈衛之.

[104] 吳經態, 『선의 황금시대』, 류시화 역, 경서원, 1986. 참조. 이 책은 선불교를 노장의 사고방식으로 풀이하고 있다.

[105] 김용옥, 『나는 불교를 이렇게 본다』, 통나무, 1990.

[106] 『도덕경』, 42장, 道生一, 一生二, 二生三, 三生萬物. 萬物負陰而抱陽, 沖氣以爲和.

[107] 앞의 책, 2장, 故有無相生, 難易相成, 長短相較, 高下相傾, 音聲相和, 前後相隨.

[108] 앞의 책, 7장, 是以聖人後其身而身先, 外其身而身存. 非以其無私 故能成其私.

[109] 앞의 책, 38장, 下德不失德, 是以無德.

[110] 앞의 책, 上德不德, 是以有德;.

[111] 앞의 책, 49장, 聖人無常心, 以百姓心爲心.

[112] 王弼, 『老子道德經, 王弼注』, 38장, 德得也.

[113] 『도덕경』, 38장,上德不德.

[114] 앞의 책, 68장, 善爲士者不武, 善戰者不怒, 善勝敵者不與, 善用人者爲之下.

[115] 앞의 책, 34장, 上善若水. 水善利萬物而不爭, 處衆人之所惡, 故幾於道.

[116] 앞의 책, 80장, 雖有舟輿, 無所乘之; 雖有甲兵, 無所陳之.

[117] 앞의 책, 甘其食, 美其服, 安其居, 樂其俗.

[118] 『論語』, 「學而」, 子曰 : 弟子立則孝, 出則弟, 謹而信, 汎愛衆, 而親仁, 行有餘力, 則以學文.

[119] 『도덕경』, 34장, 大道氾兮, 其可左右.

[120] 앞의 책, 34장, 上善若水. 水善利萬物而不爭, 處衆人之所惡, 故幾於道.

[121] 앞의 책, 51장, 和光同塵. 원문은 和其光, 同其塵인데 불교에서 이 문장을 차용하여 세상과 함께한다는 의미로 화광동진으로 줄여서 사용하였다.

[122] 앞의 책, 40장, 反者, 道之動; 弱者, 道之用. 天下萬物生於有, 有生於無.

[123] Coulton, G. G. St. Francis to Dante, London, David Nutt, 1906,

[124] 데버러 블룸, 『사랑의 발견』, 임지원 역, 사이언스북스, 2005. 참조. 이 책은 해리 할로의 생애와 업적 그리고 의미에 대하여 자세히 다루고 있다.

[125] M. 엘리아데, 1998. 참조.

[126] 『도덕경』, 52장, 天下有始, 以爲天下母. 旣得其母, 以知其子; 旣知其子, 復守其母, 沒身不殆.

[127] 샤오 빙, 2000. 참조.

[128] M. 엘리아데, 1998. 참조.

[129] 『도덕경』, 39장, 昔之得一者, 天得一以淸, 地得一以寧, 神得一以靈, 谷得一以盈, 萬物得一以生, 侯王得一以爲天下貞.

[130] 앞의 책, 17장, 其次, 親而譽之.

[131] 토머스 루이스, 2001. 참조.

[132] 앞의 책, 17, 23장, 信不足, 焉有不信焉.

[133] 앞의 책, 49장, 信者, 吾信之; 不信者, 吾亦信之, 德信.

[134] 데이비드 브룩스, 『소셜애니멀』, 이경식 역, 흐름출판, 2011. 참조.

[135] 『莊子』, 「應帝王」, 南海之帝爲儵, 北海之帝爲忽, 中央之帝爲混沌. 儵與忽時相與遇於混沌之地, 混沌待之甚善. 儵與忽謀報混沌之德, 曰.「人皆有七竅以視聽食息, 此獨無有, 嘗試鑿之.」日鑿一竅, 七日而混沌死.

[136] 『도덕경』, 23장, 故飄風不終朝, 驟雨不終日.

[137] 앞의 책, 24장, 企者不立, 跨者不行.

[138] 이 장도 Deborah Tannen, 1990.과 디트리히 슈바니츠, 2002.에서 개념과 아이디어를 채용하였다.

[139] 앞의 책, 58장, 禍兮福之所倚, 福兮禍之所伏!

[140] 앞의 책, 51장, 長之, 育之, 亭之, 毒之, 養之, 覆之.

[141] M. 엘리아데, 1998. 참조.

[142] 앞의 책, 38장, 上禮爲之而莫之應, 則攘臂而扔之.

[143] 앞의 책, 忠信之薄而亂之首.

[144] 앞의 책, 39장, 天得一以淸, 地得一以寧, 神得一以靈, 谷得一以盈, 萬物得一以生.

[145] 디트리히 슈바니츠, 2002. 참조.

[146] 『도덕경』, 39장, 天無以淸將恐裂, 地無以寧將恐發, 神無以靈將恐歇, 谷無以盈將恐竭, 萬物無以生將恐滅, 侯王無以貴高將恐蹶.

[147] 앞의 책, 77장, 高者抑之, 下者擧之.

[148] 毛澤東, 『中國革命戰爭的戰略問題』, 新民主出版社, 1949. 敵進我退, 敵駐我進, 敵避我打, 敵退我追.

[149] 『도덕경』, 69장, 不敢進寸而退尺. 是謂行無行, 攘無臂, 扔無敵, 執無兵.

[150] 앞의 책, 68장, 善爲士者不武, 善戰者不怒, 善勝敵者不與.

[151] 디트리히 슈바니츠, 2002. 참조.

[152] 『도덕경』, 36장, 將欲歙之, 必固張之; 將欲弱之, 必固强之; 將欲廢之, 必固興之; 將欲奪之, 必固與之.

[153] 앞의 책, 69장, 故抗兵相加, 哀者勝矣.

[154] 앞의 책, 68장, 善勝敵者不與, 善用人者爲之下. 是謂不爭之德, 是謂用人之力, 是謂配天古之極.

[155] 앞의 책, 55장, 蜂蠆虺蛇不螫, 猛獸不據, 攫鳥不搏.

[156] 앞의 책, 10장, 專氣致柔, 能嬰兒乎?

[157] 앞의 책, 20장, 我獨泊兮其未兆, 如嬰兒之未孩, 儽儽兮若無所歸.

[158] 앞의 책, 28장, 復歸於嬰兒.

[159] 앞의 책, 55장, 含德之厚, 比於赤子. Xiaoting Liu, 「Lao Tzu's Thought of the Baby and Its Spiritual Value」, The 4th International Conference on Comparative Studies of Mind, 2013. 참조.

[160] 앞의 책, 6장, 綿綿若存, 用之不勤.

[161] 앞의 책, 52장, 天下有始, 以爲天下母. 旣得其母, 以知其子; 旣知其子, 復守其母, 沒身不殆.

[162] 앞의 책, 26장, 重爲輕根, 靜爲躁君, 是以聖人終日行不離輜重.

[163] 마이클 가자니가, 『왜 인간인가』, 박인균 역, 추수밭, 2009. 참조.

[164] 『도덕경』, 80장, 小國寡民.

[165] 『장자莊子』, 「逍遙遊」, 無用之用.

[166] 앞의 책, 28장, 知其雄, 守其雌, 爲天下谿.

[167] 윤내현, 『商周史』, 민음사, 1990. 張光植, 『商文明』, 윤내현 역, 민음사, 1988. 참조.

[168] 한漢나라 무제武帝가 정치의 올바른 지침에 대해 널리 대책을 써 올리도록 한 데 응하여 동중서가 "천인삼책天人三策"을 올린 것이 채택되었다고 한다. 무제는 "백가를 쫓아내고 유학만을 숭상한다罷出百家, 獨尊儒術"는 동중서의 의견을 받아들여 유교를 본격적으로 장려하여 오경五經박사를 두고 명당明堂을 설립하고 마침내 이를 국교로 삼았다는 역사적인 날조가 있다.

[169] 『禮記』, 「大學」, 大學之道, 在明明德, 在新民, 在止於至善.

[170] 앞의 책, 知止而后有定, 定而后能靜, 靜而后能安, 安而后能慮, 慮而后能得. 物有本末, 事有終始, 知所先後, 則近道矣.

[171] 앞의 책, 古之欲明明德於天下者, 先治其國; 欲治其國者, 先齊其家; 欲齊其家者, 先脩其身; 欲脩其身者, 先正其心; 欲正其心者, 先誠其意; 欲誠其意者, 先致其知; 致知在格物.

[172] 앞의 책, 物格而后知至; 知至而后意誠; 意誠而后心正; 心正而后身脩; 身脩而后家齊; 家齊而后國治; 國治而后天下平.

[173] 앞의 책, 自天子以至於庶人, 壹是皆以脩身爲本. 其本亂而末治者, 否矣. 其所厚者薄而其所薄者, 厚, 未之有也. 此謂知本, 此謂知之至也.

[174] 앞의 책, 仁者以財發身 不仁者以身發財.

[175] 『禮記』, 「中庸」, 天命之謂性, 率性之謂道, 修道之謂教.

[176] 윤내현, 1990. 참조.

[177] 이호영, 앞의 책. 참조.

[178] 『도덕경』, 60장, 治大國若烹小鮮. 以道￼天下.

[179] 앞의 책, 61장, 大國者下流, 天下之交, 天下之牝. 牝常以靜勝牡, 以靜爲下.

[180] 이호영, 앞의 책. 참조.

[181] 앞의 책, 참조.

[182] 『禮記』, 「樂記」, 人生而靜, 天之性也; 感於物而動, 性之欲也; 物至知知, 然後好惡形焉; 好惡無節於内, 知誘於外.

[183] 사빈 멜쉬오르 보네, 『거울의 역사』, 윤진 역, 에코리브르, 2001. 참조.

[184] 앞의 책, 참조.

[185] 앞의 책, 참조.

[186] 戴震, 『戴震全集』 vol.6, 「孟子字意疎證」, 安徽叢書,黃山書社. 1997. 참조.

[187] 《禮記》, 〈中庸〉, 誠者 物之終始, 不誠無物.

[188] 모종삼, 『모종삼 교수의 중국철학 강의』, 김병채 외 3명 역, 예문서원, 2011. 참조.

[189] 미하이 칙센트미하이, 『몰입』, 최인수 역, 한울림, 2004. 참조.

[190] 이호영, 앞의 책.

[191] 우리나라에는 노베르트 엘리아스, 『문명화과정 1-2』, 박미애 역, 한길사, 1999. 노베르트 엘리아스, 『궁정사회』, 박여성 역, 한길사, 2003.가 번역 출간되었다.

[192] 엘리아스, 2003. 참조.

[193] 앤서니 기든스, 2001. 참조.

[194] 디트리히 슈바니츠, 2002. 참조.

[195] 앞의 책, 참조.

[196] 앞의 책, 참조.

[197] 「대학」에는 소인을 군자에 비교하는 구절이 많이 나온다. 소인을 비난하는 것은 바로 남자의 길이 정해지고 그로써 비난할 명확한 타깃이 생겼기 때문이다.

[198] 『환상동물사전』, 들녘, 2001.

[199] 조셉 니담, 『중국의 과학과 문명 2』, 이석호 역, 을유문화사, 1990. 참조.

[200] 『論語』, 「陽貨」, 子曰 : 唯女子與小人 爲難養也 近之則不孫 遠之則怨.

[201] 설화구조에 관해서는 조셉 캠벨, 『천의 얼굴을 가진 영웅』, 이윤기 역, 민음사, 2004.을 보라.

[202] 하비 맨스필드, 『남자다움에 관하여』, 이광조 역, 이후, 2010. 참조.

[203] 『장자莊子』, 「지락至樂」, 顔淵東之齊, 孔子有憂色, 子貢下席而問曰 :「小子敢問,回東之齊, 夫子有憂色,何邪?」, 孔子曰 :「善哉汝問! 昔者管子有言, 丘甚善之, 曰 :「褚小者不可以懷大, 綆短者不可以汲深.」.

[204] 『장자莊子』, 「人間世」, 曰 : 回嘗聞之夫子曰. 治國去之, 亂國就之, 醫門多疾. 願以所聞, 思其所行, 則庶幾其國有乎!

[205] 『論語』, 「憲問」, 曰: 今之成人者, 何必然. 見利思義; 見危授命.

[206] 디트리히 슈바니츠, 2002. 참조.

[207] 최미화, 「사회적 상상의 경합: 북송시대의 장례와 정치Contesting Social Imaginaries: Death Rituals, Politics, and the Religious Construction of Northern Song China」, 서강대학교 종교연구소 콜로키엄, 2011.

[208] 이호영, 앞의 책, 2013. 참조.

[209] 디트리히 슈바니츠, 2002. 참조.

[210] 최기숙, 『처녀귀신』, 문학동네, 2010. 참조.

[211] 윤내현, 1990. 張光植, 1988. 참조.

[212] 디트리히 슈바니츠, 2002. 참조.

[213] 『論語』, 「陽貨」, 子曰 : 巧言令色, 鮮矣仁.

[214] 디트리히 슈바니츠, 2002. 참조.

[215] 앞의 책, 참조.

[216] 앞의 책, 참조.

[217] 사이먼 배런코언, 『그 남자의 뇌, 그 여자의 뇌』, 김혜리 역, 바다출판사, 2008. 참조.

[218] 레너드 쉴레인, 2005. 참조.

[219] 로이 포터, 『섹슈얼리티와 과학의 대화』, 이현정 역, 한울, 2001. 참조.

[220] 파스칼 보나푸, 『몸단장하는 여자와 훔쳐보는 남자-서양미술사의 비밀을 누설하다』, 심영아 역, 이봄, 2013. 참조.

[221] 해나 로진, 『남자의 종말』, 배현 외 1명 역, 민음인, 2012. 참조.

[222] 디트리히 슈바니츠, 2002. 참조. 슈바니츠는 책 전체를 통해 상당히 여러 부류를 소개하고 있다.

[223] 김동인의 소설 『발가락이 닮았다』를 말하는 것만이 아니라 오이디푸스 왕이 부권을 상징하는 발가락을 다친 이야기이다.

[224] 크리스티안 노스럽, 『여성의 몸 여성의 지혜』, 강현주 역, 한문화, 2000. 참조.

[225] 『악마의 남성: 원숭이와 인간 폭력의 기원Demonic Males: Apes and the Origins of Human Violence』, 1997.

[226] 미셸 푸코, 『감시와 처벌─감옥의 탄생』, 오생근, 나남, 2011. 참조.

[227] 쉬운 예로 최근 개봉한 영화 〈광해〉(2012)를 봐도 왕이 공개적으로 생리작용을 해결하는 모습이 나온다.

[228] 사라 블래퍼 홀디, 『여성은 진화하지 않았다』, 유병선 역, 서해문집, 2006.

[229] 바이시, 『직하학 연구 : 중국 고대의 사상적 자유와 백가쟁명』, 이임찬 역, 소나무 2013. 참조. 황로지학과 그 성과는 무척이나 흥미진진한 분야이지만 여기서는 지면상 생략하기로 한다.

[230] 바이시, 2013. 참조.

[231] 전인권, 『남자의 탄생』, 푸른숲, 2003.

[232] 『도덕경』, 28장, 知其雄, 守其雌, 爲天下谿. 爲天下谿, 常德不離, 復歸於嬰兒. 知其白, 守其黑, 爲天下式. 爲天下式, 常德不忒, 復歸於無極. 知其榮, 守其辱, 爲天下谷. 爲天下谷, 常德乃足, 復歸於樸. 樸散則爲器, 聖人用之則爲官長. 故大制不割.

[233] 프리드리히 니체, 『유고: 1885년 가을─1887년 가을』, 이진우 역, 책세상, 2005.

참고도서

『經國大典』

『論語』

『道德經』

『孟子』

『明律』

『法句經』

『史記』

『書經』

『성서』

『荀子』

『詩經』

『呂氏春秋』

『易經』

『列子』

『禮記』

『莊子』

『종교학대사전』, 편집부 저, 한국사전연구사, 1998.

『周禮』

『朱子語類』

『春秋左傳』

『韓非子』

『Key Concepts in Chinese Philosophy』

『經法』

『郭店老子』

『郭店楚簡《老子》研究』, 中華書局,

『觀念字解讀與思想史探索』

『管子』

『노자 도덕경과 왕필의 주』, 김학목 역, 홍익출판사, 2012.

『노자 도덕경』 황병국 역, 범우사, 2001.

『老莊辭典』

『論語索引』

『論語』

『논어』, 김형찬 역, 홍익출판사, 2005.

『도교사』

『道德經』

『道德經』臺灣中華書局

『道原』

『孟子』

『史記』

『十六經』

『列子』, 臺灣中華書局,

『莊子讀本』

『莊子』, 臺灣中華書局

『中庸』

『淮南子』

A. 매킨타이어, 『윤리의 역사, 도덕의 이론』, 김민철 역, 철학과현실사, 2004.

A. 마다이스, 『성과 사랑의 조화』, 박영도 역, 서광사, 1982.

G. 볼스, 『여성학의 이론』, 정금자 역, 을유문화사, 1986.

J. F. 비얼레인, 『세계의 유사신화』, 현준만 역, 세종서적, 2000.

M. 엘리아데, 『성과 속』, 이은봉 역, 한길사, 1998.

R.H. 반 훌릭, 『중국성풍속사』, 장원철 역, 까치, 1993.

강병조, 『뇌과학과 마음의 정체』, 하나의학사, 2009.

강신익, 『몸의 역사 몸의 문화』, 휴머니스트, 2007.

강신주, 『관중과 공자』, 사계절, 2011.

강신주, 『철학의 시대』, 사계절, 2011.

강효원, 『중국인의 성』, 예문서원 노장철학분과 역, 예문서원, 1993.

고마쓰 가즈히코, 『일본의 요괴학 연구』, 박전열 역, 민속원, 2009.

고미숙, 『한국의 근대성, 그 기원을 찾아서』, 책세상, 2001.

顧詰剛, 『秦漢代 方士與 儒生』, 臺灣, 里仁書局, 1989.

금장태, 『한국유교의 이해, 민족문화사, 1989.

김미영, 『유교문화와 여성』, 살림, 2004.

김용옥, 『나는 불교를 이렇게 본다』, 통나무, 1990.

김용옥, 『노자(길과 얻음)』, 통나무, 1990.

김용옥, 『노자와 21세기』, 통나무, 2000.

김용옥, 『노자철학 이것이다』, 통나무, 1990.

김용옥, 『논어한글역주』, 통나무, 2008.

김용옥, 『대학 학기 한글역주』, 통나무, 2009.

김용옥, 『여자란 무엇인가』, 통나무, 1986.

김용옥, 『절차탁마대기만성』, 통나무, 1996.

김용옥, 『중용 인간의 맛』, 통나무, 2011.

김재용, 『왜 우리 신화인가』, 동아시아, 2004.

김정운, 『노는만큼 성공한다』, 21세기북스, 2005.

김정운, 『나는 아내와의 결혼을 후회한다』, 쌤앤파커스, 2009.

김정운, 『남자의 물건』, 21세기북스, 2012.

김형준, 『인도신화』, 청아출판사, 2012.

나이즐 스피비, 『그리스 미술』, 양정무 역, 한길아트, 2001.

나카무라 하지메, 『중국인의 사유방식』

나탈리 앤지어, 『여자-그 내밀한 지리학』 이한음 역, 문예출판사, 2003.

노대환, 『동도서기론 형성과정연구』, 일지사, 2005.

노베르트 엘리아스, 『궁정사회』, 박여성 역, 한길사, 2003.

노베르트 엘리아스, 『문명화과정1-2』, 박미애 역, 한길사, 1999.

노용구, 이철원, 『여가학 총론』, 레인보우북스, 2008.

다이앤 애커먼, 『감각의 박물학』, 백영미 역, 작가정신, 2004.

다이앤 애커먼, 『뇌와 문화지도』, 김승욱 역, 작가정신, 2006.

다케우치 구미코, 『에로틱한 우리 몸 이야기』, 홍성민 역, 북스캔, 2005.

더크 보드, 『중국인은 무엇을 생각하고 어떻게 살아왔는가』, 이명수 역,
여강출판사, 1991.

데버러 블룸, 『사랑의 발견』, 임지원 역, 사이언스북스, 2005.

데스몬드 모리스, 『인간의 친밀 행동』 박성규 역, 지성사, 2003.

데이비드 버스, 『여자가 섹스를 하는 237가지 이유』, 사이언스북스, 2010.

데이비드 보드웰, 『영화 내레이션』, 오영숙 역, 시각과언어, 2007.

데이비드 브룩스, 『소셜애니멀-』, 이경식 역, 흐름출판, 2011.

데이비드 어윈, 『신고전주의』, 정무정 역, 한길아트, 2004.

데이비드 와이너, 길버트 헤프터, 『미친 뇌가 나를 움직인다』, 김경숙 역, 사이, 2006.

데이비드 이글먼, 『인코그니토』, 김소희 역, 쌤앤파커스, 2011.

도리언 세이건, 타일러 볼크, 『죽음과 섹스』, 김한영 역, 동녘사이언스, 2012.

디트리히 슈바니츠, 『남자』, 인성기 역, 들녘, 2002.

라마찬드란, 『라마찬드란 박사의 두뇌 실험실』, 신상규 역, 바다출판사, 2007.

라마찬드란, 『명령하는 뇌 착각하는 뇌』, 박방주 역, 알키, 2012.

레너드 쉴레인, 『지나 사피엔스』, 강수아 역, 들녘, 2005.

로버트 라이트, 『도덕적 동물』, 박영준 역, 사이언스북스, 2003.

로빈 베이커, 『정자전쟁』, 이민아 역, 이학사, 2007.

로이 포터, 『섹슈얼리티와 과학의 대화』, 이현정 역, 한울, 2001.

루돌프 옷토, 『성스러움의 의미』, 길희성 역, 분도출판사, 1999.

류승국, 『한국유교』, 세종대왕기념사업회, 1976.

리쩌허우, 『미의 역정』, 윤수영 역, 동문선, 1991.

리처드 도킨스, 『이기적인 유전자』, 홍영남 역, 을유문화사, 2010.

리처드 도킨스, 『확장된 표현형』, 홍영남 역, 을유문화사, 2008.

릭 핸슨, 『붓다 브레인』, 장주영 역, 불광출판사, 2010.

마가레테 브룬스, 『색의 수수께끼』, 조정옥 역, 세종연구원, 1999.

마르코 라울란트, 『뇌과학으로 풀어보는 감정의 비밀』, 전옥례 역, 동아일보사, 2008.

마르틴 콜랭, 『인간과 욕망』, 예하, 1989.

마이클 가자니가, 『뇌로부터의 자유』, 박인균 역, 추수밭, 2012.

마이클 가자니가, 『왜 인간인가』, 박인균 역, 추수밭, 2009.

마이클 폴란, 『잡식동물의 딜레마』, 조윤정 역, 다른세상, 2008.

마크 존슨, 『몸의 의미』, 김동환 외 역, 동문선, 2012.

매트 리들리, 『게놈』, 하영미 역, 김영사, 2001.

매트 리들리, 『붉은 여왕』, 김윤택 역, 김영사, 2006.

매트 리들리, 『이타적 유전자』, 신좌섭 역, 사이언스북스 2001.

메리 로취, 『봉크』, 권 루시안 역, 파라북스, 2008.

모나 리자 슐츠, 『여자의 영혼은 뇌에서 길들여진다』, 유혜경 역, 애플트리태일즈, 2006.

모리오카 마사히로, 『무통문명無痛文明』, 이창익, 조성윤 역, 모멘토, 2005.

모종삼, 『모종삼 교수의 중국철학 강의』, 김병채 외 역, 예문서원, 2011.

미셀 푸코, 『감시와 처벌』 오생근 역, 나남출판, 2003.

미셀 푸코, 『성의 역사1』, 이규현 역, 나남, 2004.

미셀 푸코, 『성의 역사2』, 문경자 역, 나남, 2004.

미셀 푸코, 『성의 역사3』, 이혜숙 역, 나남, 2004.

미조구치 유조, 『중국 전근대 사상의 굴절과 전개』, 김용천 역, 동과서, 2007.

미하이 칙센트미하이, 『몰입』, 최인수 역, 한울림, 2004.

바이시, 『직하학 연구(중국 고대의 사상적 자유와 백가쟁명)』, 이임찬 역, 소나무 2013.

박노자, 『우리가 몰랐던 동아시아』, 한겨레출판, 2006.

박명희, 『여가문화의 이해』, 대왕사, 2010.

박상환, 장시기 외, 『노자, 문화 콘텐츠를 만나다』, 상, 2011.

박선권, 『현대적 여가의 상태』, 르네상스, 2006.

박성은, 『서양미술사연구』, 다빈치, 2008.

박은아, 성영신, 『아름다움의 권력』, 소울메이트, 2009.

박종천, 『예 3천년 동양을 지배하다』, 글항아리, 2011.

박홍태, 『우리시대의 성과 사랑』, 문예출판사, 2011.

베리 R. 코미사룩 외, 『오르가즘의 과학』, 오르가즘연구회 역, 어드북스, 2007.

베버, 『프로테스탄티즘의 윤리와 자본주의 정신』, 문예출판사, 1988.

福永光司, 『莊子』, 이동철, 임헌규 역, 청계, 1999.

브라이언 보이드, 『이야기의 기원』, 남경태 역, 휴머니스트, 2013.

블라디미르 프롭, 『민담의 형태론』, 안상훈 역, 박문사, 2009.

비비아나 A. 젤라이저, 『친밀성의 거래』, 숙명여자대학교 아시아여성연구 역, 에코리브르, 2009.

빌헬름 라이히, 『오르가즘의 기능』, 윤수종 역, 그린비, 2005.

사라 블래퍼 홀디, 『여성은 진화하지 않았다』, 유병선 역, 서해문집, 2006.

사빈 멜쉬오르 보네, 『거울의 역사』, 윤진 역, 에코리브르, 2001.

사이먼 배런코언, 『그 남자의 뇌, 그 여자의 뇌』, 김혜리 역, 바다출판사, 2008.

샤오춘레이, 『욕망과 지혜의 문화사전 몸』, 유소영 역, 푸른숲, 2006.

서강종교연구회, 이호영, 「유교원리주의자 대진(戴震) 철학의 목적과 의의」, 『사람의 종교 종교의 사람』, 바오, 2008.

서종호, 『유학의 욕망론과 인간해석』, 한국학술정보, 2008.

섭서헌, 『노자와 신화』, 노승현 역, 문학동네, 2003.

소병, 『노자와 性』, 노승현 역, 문학동네, 2000.

수전 그린필드, 『브레인 스토리』, 정병선 역, 지호, 2004.

스티브 존스, 『자연의 유일한 실수 남자』, 이충호 역, 예지, 2003.

스티븐 핑커, 『마음은 어떻게 작동하는가』, 김한영 역, 동녘사이언스, 2007.

스펜서 웰스, 『인류의 조상을 찾아서-제노그래픽 프로젝트』, 채은진 역, 말글빛냄, 2007.

스펜서 웰스, 『최초의 남자』, 황수연 역, 사이언스북스, 2007.

슬라보예 지젝, 『삐딱하게 보기』, 김소연 역, 시각과언어, 1995.

시마다 겐지, 『주자학과 양명학』, 김석근 역, 까치, 1993.

시몬 드 보부아르, 『제2의성』, 이희영 역, 동서문화사, 2009.

신동흔, 『살아있는 우리신화』, 한겨레신문사, 2004.

아이작 아시모프, 『신화속으로 떠나는 언어여행』, 김대웅 역, 웅진출판, 1999.

안토니오 다마지오, 『스피노자의 뇌』, 임지원 역, 사이언스북스, 2007.

앙드레 기고, 『사랑의 철학』, 김병욱 역, 개마고원, 2008.

앤 무어, 데이비드 제슬, 『브레인 섹스』, 곽윤정 역, 북스넛, 2009.

앤서니 기든스, 『성 사랑 에로티시즘』, 배은경 역, 새물결, 2001.

앨런 피즈, 『말을 듣지 않는 남자 지도를 읽지 못하는 여자』, 이종인 역, 가야넷, 2000.

양국영, 『유교적 사유의 역사』, 황종원 역, 성균관대학교출판부, 2006.

양해림, 『섹슈얼리티와 철학』, 김선희 외 역, 철학과현실사, 2009.

嚴靈峰, 『무구비재노자집성, 經子叢著10冊』, 臺北 : 國立編譯館, 1983.

에두아르트 푹스, 『풍속의 역사』, 이기웅 역, 까치글방, 2001.

에드워드 윌슨, 『바이오필리아』, 안소연 역, 사이언스북스, 2010.

에드워드 윌슨, 『사회생물학』, 이병훈 역, 민음사, 1992.

에른스트 슈마허, 『작은 것이 아름답다』, 이상호 역, 문예출판사, 2002.

余培林, 『老子讀本』, 三民書局, 1995.

연세대학교현대한국학연구소, 팔레,
「유교적 경국책과 조선의 제도 : 유형원과 후기 조선왕조」

吳康, 『莊子衍義』, 臺灣商務印書館, 1966.

吳經熊, 『선의 황금시대』, 류시화 역, 경서원, 1986.

오다 하야토, 『여자의 언어를 이해하기 위한 기술』, 기정수 역, 혼, 2012.

오바라 요시아키, 『이기적 본능』, 신유희 역, 휘닉스드림, 2010.

오용득, 『섹슈얼리티로 철학한다』, 신지서원, 2008.

올리비에 몽젱, 『이미지의 폭력』, 이은민 역, 동문선, 1999.

올리비에 포스텔 비네이, 『X염색체의 복수』, 이화숙 역, 기린원, 2008.

왕건문, 『공자 최후의 20년』, 이재훈 외 역, 글항아리, 2010.

王力, 『중국고대문화상식』, 이홍진 역, 형설출판사, 1989.

王安石, 『輯王安石老子注』, 臺北: 藝文印書館, 1965,

요로 다케시, 『유뇌론』, 김석희 역, 재인, 2006.

요한 하위징아, 『호모 루덴스』, 이종인 역, 연암서가, 2010.

우석훈, 박권일, 『88만원세대』, 레디앙, 2007.

울리히 렌츠, 『아름다움의 과학』, 박승재 역, 프로네시스, 2008.

움베르토 마투라나, 프란시스코 바렐라,
『앎의 나무(인간 인지능력의 생물학적 뿌리)』, 최호영 역, 갈무리, 2007.

윌리엄 B. 어빈, 『욕망의 발견』, 윤희기 역, 까치, 2008.

유광종, 『중국은 어떻게 모략의 나라가 되었나』, 웅진지식하우스, 2012.

유민, 『결혼과 성, 유전』, 월드사이언스, 2012.

윤내현, 『商周史』, 민음사, 1990.

윤사순, 『한국유학사상론』, 열음당, 1986,

이경덕, 『그리스 신화 100장면』, 가람기획, 2000.

이길용, 『종교학의 이해』, 한들출판사, 2007.

이리스 라디쉬, 『여성학교』, 장혜경 역, 나무생각, 2008.

이브 엔슬러, 『버자이너 모놀로그』, 류숙렬 역, 북하우스, 2009.

이성무, 『조선시대 당쟁사 1(사림정치와 당쟁 : 선조조~현종조)』, 아름다운날, 2007.

이영찬, 『유교사회학』, 예문서원, 2001.

이정모, 『인지과학』, 성균관대학교출판부, 2009.

이중톈, 『중국 남녀』, 홍광훈 역, 에버리치홀딩스, 2008.

이춘식, 『중화사상의 이해』, 신서원, 2002.

이케가야 유지, 『착각하는 뇌』, 김성기 역, 리더스북, 2008.

이토 키미오, 『남성학 입문』, 정채기 역, 교육과학사, 1997.

이하배, 『유교적 사회학』, 심산, 2009.

이호영, 『공자의 축구, 양주의 골프』, 책밭, 2013.

任繼愈, 『老子新譯』, 上海古籍出版社, 1985.

임계유, 『중국의 儒家와 道家』, 권덕주 역, 동아출판사, 1991.

임기운, 증환상 외, 『죽음학』, 전병술 역, 모시는사람들, 2012.

임헌규, 『노자 도덕경 해설』, 김율 역, 철학과현실사, 2005.

장 보드리야르, 『유혹에 대하여』, 배영달 역, 백의, 2002.

張光直, 『商文明』, 윤내현 역, 민음사, 1988.

張立文編, 『心』, 人民大學, 1996.

장언푸, 『한권으로 읽는 도교』, 김영진 역, 산책자, 2008.

장영란, 황석영 외 2명, 『성과 사랑 그리고 욕망에 관한 철학적 성찰』, 서광사, 1999.

장영란, 『장영란의 그리스 신화』, 살림, 2005.

장윤수, 『정주철학원론』, 이론과 실천, 1992.

장하준, 『사다리 걷어차기』, 부키, 2004.

장하준, 『그들이 말하지 않은 23가지』, 안세민 외 역, 부키, 2010.

장하준, 『나쁜 사마리아인들』, 이순희 역, 부키, 2007.

재레드 다이아몬드, 『어제까지의 세계』, 강주헌 역, 김영사, 2013.

재레드 다이아몬드, 『총, 균, 쇠』, 김진준 역, 문학사상사, 2005.

장 루이 플랑드렝, 『성의 역사』, 편집부 역, 동문선, 1998.

錢穆, 『老莊通辯』, 北京 : 九州出版社, 2011.

錢穆, 『莊子纂箋』, 三民, 臺灣, 2006.

전인권, 『남자의 탄생』, 푸른숲, 2003.

정성희, 『조선의 섹슈얼리티』, 가람기획, 2009.

정용환, 하곱 사르키시안 외, 『유교 도교 불교의 감성이론』, 경인문화사, 2011.

제럴드 에델만, 『뇌는 하늘보다 넓다』, 김한영 역, 해나무, 2006.

제럴드 에델만, 『세컨드 네이처』, 김창대 역, 이음, 2009.

제임스 H. 루빈, 『인상주의』, 김석희 역, 한길아트, 2001.

조너선 헤이트, 『행복의 가설-고대의 지혜에 긍정심리학이 답하다』, 권오열, 물푸레 2010.

조르주 바타이유, 『에로티즘』, 조한경 역, 민음사, 2009.

조셉 니담, 『중국의 과학과 문명 2』, 이석호 역, 을유문화사, 1990.

조셉 브리스토우, 『섹슈얼리티』, 이연정 역, 한나래, 2000.

조셉 캠벨, 『천의 얼굴을 가진 영웅』, 이윤기 역, 민음사, 2004.

조안 B. 시울라, 『일의 발견』, 안재진 역, 다우, 2005.

조정욱, 『성의 눈으로 철학보기 철학의 눈으로 성 보기』, 서광사, 2004.

조지 L. 모스, 『남자의 이미지』, 이광조 역, 문예출판사, 2004.

조지 리처, 『맥도날드 그리고 맥도날드화』, 김종덕 역, 시유시, 2003.

조혜정, 『한국의 여성과 남성』, 문학과지성사, 1990.

조희철, 『호모섹시언스백과』, 오늘의책, 2006.

존 B. 던컨, 『조선왕조의 기원』, 김범 역, 너머북스, 2013.

존 그레이, 『화성에서 온 남자 금성에서 온 여자』, 김경숙 역, 동녘라이프, 2010.

존 레이티, 『뇌 1.4킬로그램의 사용법』, 김소희 역, 21세기북스, 2010.

죠지 레이코프, 『몸의 철학』, 임지룡 역, 박이정, 2002.

주영하, 『한국학의 즐거움』, 휴머니스트, 2011.

죠지 딕키, 『미학입문』, 오병남 역, 서광사, 1980.

池田知久, 『莊子 上』, 學習研究社, 1983.

진 월렌스타인, 『쾌감본능』, 김한영 역, 은행나무, 2009.

陳鼓應, 『莊子-今註今譯』, 三民書局, 1991.

채인후, 『공자의 철학』, 천병돈 역, 예문서원, 2000.

채인후, 『순자의 철학』, 천병돈 역, 예문서원, 2000.

천웨이핑, 『노자평전+장자평전』, 신창호 역, 2002.

철목, 『주자학의 세계』, 이문출판사, 1990.

최기숙, 『처녀귀신』, 문학동네, 2010.

최미화, 「사회적 상상의 경합 : 북송시대의 장례와 정치, Contesting Social Imaginaries : Death Rituals, Politics, and the Religious Construction of Northern Song China」, 서강대학교 종교연구소 콜로키엄, 2011.

최석호, 「경제위기와 일과 여가의 변동 : IMF 관리체제를 중심으로」, 『여가문화학회』, 7권 2호.

최진덕, 김상준, 한도현, 박현모, 이원택 『유교의 예치 이념과 조선』, 청계, 2007.

최진석, 『노자의 목소리로 듣는 도덕경』, 소나무, 2001.

최진석, 『道德經』, 소나무, 2001.

최현석, 『인간의 모든 감각』, 서해문집, 2009.

치가 가즈키, 『노자의 변명』, 김치영 역, 말글빛냄, 2011.

카이즈카 시게키, 『공자의 생애와 사상』, 박연호 역, 서광사, 1991.

칼 G. 융, 『인간과 무의식의 상징』, 이부영 등 역, 집문당, 2000.

칼 라크루와, 데이빗 매리어트, 『왜 중국은 세계의 패권을 쥘 수 없는가』, 김승완 역, 평사리, 2011.

칼리네스크, M., 『모더니티의 다섯 얼굴』(Faces of Modernity). 이영욱 역, 시각과 언어, 1993.

크리스 로젝, 『자본주의와 여가문화』, 김문겸 역, 일신사, 2000.

크리스 로젝, 『여가와 문화』, 최석호 외 역, 리체레, 2011.

크리스 프리스, 『인문학에게 뇌과학을 말하다』, 장호연 역, 동녘사이언스, 2009.

크리스티안 노스럽, 『여성의 몸 여성의 지혜』, 강현주 역, 한문화, 2000.

클라이브 해밀턴, 『성장숭배』, 김홍식 역, 바오출판사, 2011.

클로드 레비 스트로스, 『야생의 사고』, 안정남 역, 한길사, 1996.

탁현민, 『남자 마음 설명서』, 해냄출판사, 2007.

테리 해밀턴, 『배꼽 아래 10CM』, 박소애 역, 미토, 2003.

토니야 레이맨, 『왜 그녀는 다리를 꼬았을까』, 박지숙 역, 21세기북스, 2009.

토머스 루이스, 『사랑을 위한 과학』, 김한영 역, 사이언스북스, 2001.

파스칼 보나푸, 『몸단장하는 여자와 훔쳐보는 남자-서양미술사의 비밀을 누설하다』, 심영아 역, 이봄, 2013.

폴 테일러, 『윤리학의 기본원리』, 김영진 역, 서광사.

푸코, 『감시와 처벌-감옥의 탄생』, 오생근 역, 나남, 2011.

프란시스코 J. 바렐라, 『윤리적 노하우』, 박충식, 유권종 역, 갈무리, 2009.

프란시스코 바렐라, 『몸의 인지과학』, 석봉래 역, 김영사, 2013.

프란츠 부케티츠, 『사회생물학 논쟁』, 김영철 역, 사이언스북스, 1999.

프리드리히 니체, 『유고(1885년 가을-1887년 가을)』, 이진우 역, 책세상, 2005.

피어스 비텝스키, 『샤먼』, 김성례, 홍석준 역, 창해, 2005.

하비 맨스필드, 『남자다움에 관하여』, 이광조 역, 이후, 2010.

하워드 가드너, 『다중지능』, 유경재 외 역, 웅진지식하우스, 2007.

한경애, 『놀이의 달인, 호모 루덴스』, 그린비, 2007.

한국문화관광정책연구원, 『여가백서 2006』, 문화관광부, 2006.

한국여성연구소, 『새 여성학 강의』, 동녘, 2005.

한국역사연구회, 『조선은 지방을 어떻게 지배했는가』, 아카넷, 2003.

한국외대 외국학종합연구센터, 『세계의 성문화』, 한국외국어대학교출판부, 2005.

한도현 외, 『유교의 예와 현대적 해석』, 청계, 2004.

한스 게오르크 호이젤, 『뇌, 욕망의 비밀을 풀다』, 배진아 역, 흐름출판, 2008.

해나 로진, 『남자의 종말』, 배현 외 역, 민음인, 2012.

허버트 핑가레트, 『공자의 철학』, 송영배 역, 서광사, 1993.

헬렌 피셔, 『제1의 성』, 정명진 역, 생각의나무, 2005.

홍성욱, 『뇌속의 인간, 인간속의 뇌』, 신경인문학연구회, 바다, 2010.

侯外廬, 『中國思想通史』, vol.1. 北京 : 人民出版社, 1957.

후쿠오카 신이치, 『생물과 무생물 사이』, 김소연 역, 은행나무, 2008.

후쿠이 노리히코, 『유럽은 어떻게 세계를 지배했는가』, 송태욱 역, 다른세상, 2013.

Albert Welter, From Cakravartin Ideal to Realpolitik : -Accommodating Buddhism in Chinese Regimes-, 한국유교학회국제학술대회, 2011.

Benjamin A. Elman. From Philosophy To Philology :
Social and Intellectual Aspects of Change in Late Imperial China.
Cambridge: Harvard Council of East Asian Studies, 1984, 1990.

Bierlein, J. F. Parallel Myths, Ballantine Books, 1994.

CSIKSZENTMIHALYI, MARK, Material Virtue, Brill Academic Publish, 2004.

Deborah Tannen, You Just Don't Understand: Women and Men in Conversation, William Morrow & Co 1990.

Elias, Norbert & Eric Dunning. 'The Quest for Excitement in Leisure'.
Elias & Dunning(eds.). Quest for Excitement - Sport and Leisure in the Civilizing Process. Blackwell. 1986b.

Haidt, Jonathan, The Happiness Hypothesis, Perseus Books Group, 2007.

Jean Baudrillard, Symbolic Exchange and Death, London, Sage 1993.

John B. Henderson, The Construction of Orthodoxy and Heresy, Neo-Confucian, Islamic, Jewish, and Early Christian Patterns- State University of New York Press, 1998.

John F. Love, Mcdonald's Behind Arches, Toronto, Bantam, 1986.

Komisaruk, Barry R., Beyer-Flores, Carlos, The Science of Orgasm, Johns Hopkins Univ Press, 2007.

Lane, Nick, Power, Sex, Suicide, Oxford Univ. Press, 2007.

Legge, James, Confucian Analects. In Vol. I of Chinese Classics. Oxford: Clarendon Press, 1893-95.

----, The Texts of Confucianism: The Yi King. Oxford, 1899.

----, The Works of Mencius. Oxford: Clarendon Press, 1893-95.

Levi-Strauss, Structural Anthropology. Tran. by Claire Jacobson and Brooke Grundfest Schoepf. New York: Doubleday Anchor Books. 1963, 1967.

----, The Savage Mind, University of Chicago Press, 1966.

Marcel Granet, Fûtes et chansons anciennes de la Chine, 1919
("To the memory of Emile Durkheim and Edouard Chavannes.")

Marcuse, HERBERT, Eros and Civilization, Beacon Press, 1974.

Martin Plimer, "This Demi-Paradise: Martin Plimer, Finds Food in the Fast Lane is Not to His Taste", Independent (London)1998.

Matina Deuchler, The Confucian Transformation of Korea:
A Study of Society and Ideology, Harvard University Press, 1992.

Michael Kalton, To Become a sage, Columbia University press, 1998.

Michel Foucault, 「What is Enlightenment?」, The Foucault Reader, Paul Rabinow ed., Pantheon Books, 1984.

----, Histoire de la Sexualité 2 : L'Usage des Plaisirs, Gallimard, 1984.

----, Surveiller et Punir : Naissance de la Prison, Paris, Gallimard, 1975.

----, Two Lectures, Power/Knowledge, Colin Gorden ed., Pantheon Books, 1980.

Philip J. Ivanhoe. Confucian Moral Self Cultivation, Hackett, Indianapolis/ Cambridge, 2000.

Pritchard, James B. (EDT), The Ancient Near East in Pictures Relating to the Old Testament, Princeton: Princeton University Press, 1954.

Richard S. Lazarus, Fifty Years of the Research and theory of R.s. Lazarus: An Analysis of Historical and Perennial Issues (Google eBook), Psychology Press, 2013.

Ronald De Sousa, The Rationality of Emotion, MIT Press,1990.

Ronald Takaki, Iron Cages, Races and Cultures of 19th-Century America, New York, Oxford University Press, 1990.

Steven Pinker, The Language Instinct : How the Mind Creates Language, Perennial, Harper Collins, 1995.

Wm. Theodor de Barry, ed. The Rise of Neo-Confucianism in Korea, N.Y: Columbia University Press, 1985.

Wrangham, Richard, Peterson, Dale, Demonic Males, Mariner Books, 1997.

Xiaoting Liu, 〈Lao Tzu's Thought of the Baby and Its Spiritual Value〉, The 4th International Conference on Comparative Studies of Mind, 2013 참조.

Zygmunt Bauman, Modernity and the Holocaust, Ithaca, NY: Cornell University Press, 1989.